Tarifverträge und die Wettbewerbsordnung des EG-Vertrages

Zivilrechtliche Schriften

Beiträge zum Wirtschafts-, Bank- und Arbeitsrecht

Herausgegeben von Peter Kreutz und Dieter Reuter

Band 12

PETER LANG

Frankfurt am Main · Berlin · Bern · New York · Paris · Wien

Sebastian Graf von Wallwitz

Tarifverträge und die Wettbewerbsordnung des EG-Vertrages

Wettbewerbsbeschränkende Tarifverträge und das Kartellverbot des Artikel 85 EGV

PETER LANG
Europäischer Verlag der Wissenschaften

Die Deutsche Bibliothek - CIP-Einheitsaufnahme

Wallwitz, Sebastian Graf von:

Tarifverträge und die Wettbewerbsordnung des EG-Vertrages : wettbewerbsbeschränkende Tarifverträge und das Kartellverbot des Artikel 85 EGV / Sebastian Graf von Wallwitz. - Frankfurt am Main ; Berlin ; Bern ; New York ; Paris ; Wien : Lang, 1997
(Zivilrechtliche Schriften ; Bd. 12)
Zugl.: Freiburg (Breisgau), Univ., Diss., 1996
ISBN 3-631-31792-1

D 25
ISSN 0941-147X
ISBN 3-631-31792-1

Meiner Frau und meinen Eltern
in Dankbarkeit gewidmet

Vorwort

Die Untersuchung lag der juristischen Fakultät der Albert-Ludwigs-Universität Freiburg im Breisgau im Wintersemester 1996/1997 als Dissertation vor. Text, Literatur und Rechtsprechung befinden sich auf dem Stand von Januar 1997.

Meinen besonderen Dank möchte ich Frau Professor Dr. Christine Windbichler, LL.M. (Berkeley) aussprechen. Sie hat das Thema der Arbeit angeregt und diese während des langen Entstehungsprozesses kritisch, wohlwollend und geduldig begleitet. Verpflichtet bin ich des weiteren Herrn Professor Dr. Dr.h.c. Manfred Löwisch für die zügige Anfertigung des Zweitgutachtens. Wertvolle Denkanstöße erhielt ich zudem von Professor Harry First, New York University. Herrn Professor Dr. Dieter Reuter und Herrn Professor Dr. Peter Kreutz danke ich für die prompt erteilte Zusage, die Arbeit in die von ihnen herausgegebene Reihe "Zivilrechtliche Schriften. Beiträge zum Wirtschafts-, Bank- und Arbeitsrecht" aufzunehmen.

Für die Unterstützung bei der Fertigstellung der Arbeit bedanke ich mich bei Frau Sandra Kaddatz.

Die Arbeit widme ich meiner Frau und meinen Eltern, die mir meine juristische Ausbildung ermöglicht und mich zu jeder Zeit darin unterstützt haben.

Brüssel, im März 1997

Sebastian Graf von Wallwitz, LL.M

INHALTSVERZEICHNIS

ERSTER TEIL: TARIFVERTRÄGE UND § 1 GWB

1. Kapitel: Einführung

I. Marktregelnde Tarifvertragsvereinbarungen: Grenzfall zwischen Arbeits- und Kartellrecht

Gegenstand der vorliegenden Untersuchung ist die Schnittstelle zwischen kollektivem Arbeitsrecht und Wettbewerbsrecht, zweier Rechtskreise, die, obwohl auf vielfältige Weise miteinander verbunden, aufgrund ihrer Verschiedenheit in Konzeption und Aufgabenstellung innerhalb der Wirtschaftsverfassung weitgehend voneinander unabhängig und gleichrangig[1] nebeneinander bestehen[2].

Die grundsätzliche Unterschiedlichkeit dieser Bereiche ist durch den jeweiligen Regelungsgegenstand begründet: Das kollektive Arbeitsrecht bezieht sich auf die Vorgänge des Arbeitsmarktes, also der Teil des Gesamtmarktes, dessen Gegenstand in abhängiger Beschäftigung erbrachte Dienstleistungen sind, während das Wettbewerbsrecht die Gegebenheiten auf den Märkten für Waren- und Dienstleistungen zum Inhalt hat.

Dessen ungeachtet sind Normkonflikte dennoch nicht ausgeschlossen[3]. Denn eine trennscharfe Abgrenzung beider Bereiche ist trotz der unterschiedlichen Regelungsgegenstände nicht möglich. Vielmehr kommt es durchaus zu Überschneidungen. Im Zentrum steht dabei der Tarifvertrag, der sich, ein originär arbeitsmarktbezogenes Instrument, in erheblichen Maße auf die Gestaltung des Wettbewerbs auf den Märkten für Waren- und Dienstleistungen auswirkt. Denn nachdem Tarifverträge eine gleichmäßige Belastung aller tarifgebundenen Arbeitgeber bewirken, also zu einer Vereinheitlichung von Wettbewerbsparametern führen, wird der Wettbewerb zwischen den Unternehmen

---

1 SCHOLZ, Tarifautonomie, Arbeitskampf und privatwirtschaftlicher Wettbewerb, in: FS für Rittner, S. 629, 632 f.

2 KRAFT/HÖNN, ZHR 141 (1977), S. 230, 233; ROTH, Tarifverträge aus kartellrechtlicher Sicht, in: Tarifautonomie und Kartellrecht, FIW-Schriftenreihe, Heft 136, S. 7, 9.

3 Hinsichtlich der Konflikte zwischen Wettbewerbsrecht, Steuerrecht und Gesellschaftsrecht, vgl. WINDBICHLER, Arbeitsrecht im Konzern, S. 56 f.

hinsichtlich der tarifvertraglich geregelten Bereiche ausgeschlossen. Tarifverträgen kommt damit eine sog. "Kartellwirkung" zu.

Dementsprechend sind tarifvertragliche Regelungen ihrer Natur nach grundsätzlich geeignet, mit wettbewerbsrechtlichen Wertungen zu kollidieren, und viele Erscheinungsformen des Tarifvertragswesens können denn auch in bekannten Figuren der klassischen Kartelltheorie ausgedrückt werden: So lassen sich etwa Tarifverträge über Löhne und Gehälter als Mindestpreiskartell verstehen; ein Konditionenkartell ist tatbestandlich gegeben, wenn in einem Manteltarifvertrag Arbeitsbedingungen festgelegt werden, die nicht im Gegenseitigkeitsverhältnis stehen; mittels der Allgemeinverbindlicherklärung nach § 5 TVG werden Zwangskartelle gebildet; Arbeitszeitvereinbarungen entsprechen Mengenregelungen bei Warenkartellen. Diese Parallelen ließen sich ohne weiteres fortsetzen[4].

Während jedoch Kartelle auf den Waren- und Dienstleistungsmärkten[5] dem GWB unterworfen werden, sind demgegenüber tarifvertragliche Abreden trotz ihres Kartelleffekts in der Regel dem Zugriff wettbewerbsrechtlicher Vorschriften entzogen. Dies ist schon deshalb notwendig, da ansonsten eine sinnvolle Betätigung der Koalitionen im Rahmen der durch Art. 9 III GG garantierten Koalitionsfreiheit von vornherein ausgeschlossen wäre.

Dieser gesicherte Rechtsboden wird jedoch dann verlassen, wenn Tarifverträge abgeschlossen werden, die, neben der Ausgestaltung von Arbeitsbeziehungen, auch das wettbewerbliche Verhalten der Unternehmen auf den Gütermärkten bestimmen. Hier fragt es sich, ob tarifvertragliche Regelungen auch in diesem Fall eine solche Sonderstellung beanspruchen können, oder ob nicht eine abweichende Beurteilung unter stärkerer Berücksichtigung wettbewerbsrechtlicher Gesichtspunkte geboten ist[6].

Die Herausbildung der Überschneidungen zwischen kollektivem Arbeitsrecht und Kartellrecht lassen sich insbesondere auf die Auflösung des ursprünglichen Charakters des Tarifvertrages als primärem Instrument der

---

4 Ausführlich insbesondere SÖLTER, Arbeitslosigkeit und Tarifautonomie, S. 80 ff; s.a. MÖSCHEL, WuW 1995, S. 704 ff; MUNSDORF, Handelsblatt v. 21.8.1996, S. 8.

5 Insoweit im Folgenden der Begriff der Güter (oder Waren)märkte verwendet wird, so schließt dies auch Dienstleistungen mit ein.

6 Zu möglichen konzernrechtlichen Implikationen vgl. WINDBICHLER, a.a.O. (Fn. 3), S. 493.

Lohnfindung[7] und seiner Entwicklung zu einem Mittel gewerkschaftlicher Mitgestaltung des Wettbewerbsverhaltens der Unternehmen zurückführen. Zu nennen sind hier etwa die zunehmende tarifvertragliche Einflußnahme auf Produktionsabläufe, technologische Innovationen oder Umweltschutzfragen[8]. Diese Ausweitung des tarifvertraglichen Regelungsmandates soll nach Vorstellungen der Gewerkschaften und Teilen des arbeitsrechtlichen Schrifttums weiter forciert werden[9].

Damit ist jedoch gleichzeitig die Frage nach der Vereinbarkeit solcher sogenannter marktregelnder[10] Tarifverträge mit den Vorschriften des Wettbewerbsrechts gestellt[11].

II. Die Entwicklung der Thematik

Die Problematik der Anwendbarkeit kartellrechtlicher Normen auf kollektivvertragliche Absprachen mit unmittelbar wettbewerbsbeschränkendem Inhalt hat Kartellbehörden, Literatur und Rechtsprechung seit etwa 30 Jahren mit wechselnder Intensität beschäftigt[12]. Die Frage wurde dabei in verschiedensten Zusammenhängen virulent:

---

7 Zu den historischen Wurzeln des Tarifvertragswesens siehe etwa v. BRAUCHITSCH, Staatliche Zwangsschlichtung, S. 10 ff.; dies., AuR 1993, S. 137 ff.

8 BEUTHIEN, ZfA 1987, S. 1 ff.; SÄCKER/OETKER, Grundlagen und Grenzen der Tarifautonomie, S. 11 ff.; SCHOLZ, a.a.O. (Fn. 1), S. 629; vgl. auch SZ vom 20.1.1992 zu den Forderungen der Gewerkschaft Nahrung-Genuß-Gaststätten nach einem ökologischen Tarifvertrag.

9 Vgl. DÄUBLER, Tarifvertragsrecht, Rz. 1106 ff., insbes. Rz. 1112 m.w.N.; SIMITIS, AuR 1975, S. 321, 328 ff.; WEYAND, Die tarifvertragliche Mitbestimmung unternehmerischer Personal- und Sachentscheidungen, S. 181. Kritisch zur Beschränkung unternehmerischer Entscheidungsfreiheiten durch die Mitbestimmung ZÖLLNER, ZfA 1993, S. 423, 426 ff.

10 Man bezeichnet diese Tarifverträge auch als "januskopfig", so KULKA, WuW 1987, S. 5, 9; ders., RdA 1988, S. 336, 343; WIEDEMANN, RdA 1988, S. 231, 239, oder als Tarifverträge mit "Doppelwirkung", vgl. KG WuW/E OLG 4531, 4535 - Ladenöffnungszeit.

11 Teile des gewerkschaftsnahen Schrifttums befürchten denn auch, daß ein "stärkeres Hineinwirken in die unternehmerische Sphäre an wettbewerbsrechtlichen Normen scheitert", so DÄUBLER, Tarifvertragsrecht, Rz. 34; s.a. BULLA, DB 1980, S. 106, 108.

12 Zu der entsprechenden Diskussion in Italien und Österreich, vgl. RUNGGALDIER, Kollektivvertragliche Mitbestimmung bei Arbeitsorganisation und Rationalisierung.

Das Bundeskartellamt hatte die Zulässigkeit von Abreden zwischen Unternehmen hinsichtlich eines einheitlichen Geschäftsschlusses und einheitlicher Betriebsferien[13] oder eine Vereinbarung zwischen Filmverleih- und Produktionsgesellschaften über Gagenhöchstgrenzen für Spitzenschauspieler[14] unter kartellrechtlichen Gesichtspunkten zu beurteilen.

Die Rechtswissenschaft befaßte sich zunächst mit sogenannten Abwerbeverboten, in denen konkurrierende Unternehmen vertraglich vereinbarten, einander in Zeiten des Arbeitskräftemangels für einen bestimmten Zeitraum gegenseitig keine Facharbeiter zu entziehen[15].

Diskutiert wurde das Verhältnis zwischen Arbeits- und Wettbewerbsrecht auch in Zusammenhang mit der Frage nach der Zulässigkeit von Streikhilfeabkommen, einer bis heute umstrittenen Thematik[16], der zuerst *Säcker* eine eingehendere Untersuchung gewidmet hat[17].

Zu der Rechtslage in den USA vgl. aus der umfangreichen Literatur etwa HANDLER/ZIFCHAK, 81 Col.L.Rev., S. 459 ff.; Hoffmann, 50 Brooklyn L.Rev. (1983), S. 1 ff.; MARKS, 35 Am.U.L.Rev. (1986), S. 703 ff.; LESLIE, 66 Va.L.Rev. (1980), S. 1183 ff.; ders., Labor Law, S. 231 ff.; Posner, 51 U.Chi.L.Rev. (1984), S. 988 ff.; WINTER, 73 Yale Law Journal (1963), S. 14 ff.

Aus der Rechtsprechung des Supreme Court vgl. insbesondere Apex Hosiery Co. v. Leader, 310 U.S. 469, 60 S.Ct. 982, 84 L.Ed. 1311 (1940); United States v. Hutcheson, 312 U.S. 219, 61 S.Ct. 463, 85 L.Ed. 788 (1941); Allen Bradley Co. v. Local No. 3, IBEW, 325 U.S. 797, 65 S.Ct. 1533, 89 L.Ed. 1939 (1945); United Mine Workers of America v. Pennington, 381 U.S. 657, 85 S.Ct. 1585, 14 L.Ed.2d 626 (1965); Local No. 189, Amalgamated Meat Cutters & Butcher Workmen v. Jewel Tea Co., 381 U.S. 676, 85 S.Ct. 1596, 14 L.Ed. 2d 626 (1965); Connell Construction Co., Inc. v. Plumbers and Steamfitters Local Union No. 100, 421 U.S. 616, 95 S.Ct. 1830, 44 L.Ed.2d 418 (1975).

Hinzu kommt eine unübersehbare Anzahl von Entscheidungen, die im Bereich des Profisports ergangen sind. Vgl. grundlegend Mackey v. NFL, 543 F.2d 606, 616-617 (8th Cir. 1976); aus jüngerer Zeit McNeill v. NFL 790 F.Supp. 871, 880-881 (D.Minn. 1992) m.w.N.

13 WuW BKartA 339 - Sonnabendarbeitszeit.

14 WuW BKartA 502 - Gagenstoppabkommen.

15 HENDRIKS, Arbeitsrechtliche Vereinbarungen und Kartellrecht, S. 49, MÜLLER/GRIES/GIESSLER (M/G/G), Kommentar zum GWB, § 1, Rz. 82; REIMANN, BB 1961, S. 157.

16 Die Zulässigkeit bejahen: KRAFT/HÖNN, ZHR 141 (1977), S. 230 ff.; M/G/G, GWB, § 1 , Rz. 117; Gemeinschaftskommentar (GK)/MÜLLER-HENNEBERG, § 1 GWB, Rz. 109; REIMANN, WRP 1962, S. 154; MAUNZ-DÜRIG/SCHOLZ, GG, Art. 9, Rz. 254.

Der erste Tarifvertrag, dessen Rechtmäßigkeit unter kartellrechtlichen Gesichtspunkten Zweifel hervorrief, war der Manteltarifvertrag des Landesverbandes des Hotel- und Gaststättengewerbes in Baden-Württemberg von 1965. Dieser sah vor, daß zur Bezahlung des Bedienungspersonals seitens des Gaststättenbetreibers ein verpflichtender Aufschlag auf die Verkaufspreise zu erfolgen habe. In dieser Regelung wurde eine nach § 1 GWB unzulässige Beschränkung des Preiswettbewerbs gesehen. Ein arbeitsrechtlicher Ursprung der Bestimmung wurde allerdings verneint[18].

Aus dieser Zeit stammt auch die grundlegende Untersuchung von *Vaubel*[19], der sich als erster eingehender mit der kartellrechtlichen Bewertung tarifvertraglicher Arbeitszeitregelungen auseinandergesetzt hat.

Neueren Datums ist die Diskussion um die Zulässigkeit präventiven Rationalisierungsschutzes in Tarifverträgen, wobei hier insbesondere der Tarifvertrag über Einführung und Anwendung rechnergesteuerter Textsysteme in der Druckindustrie von 1978 Gegenstand der Auseinandersetzung wurde[20]. Im Rahmen der allgemeinen Kritik an derartigen Regelungen wurden auch kartellrechtliche Bedenken geltend gemacht[21].

Den aus deutscher Sicht vorläufigen Abschluß stellen schließlich die gerichtlichen Auseinandersetzungen um die kartellrechtliche Zulässigkeit einer

---

Die Zulässigkeit verneinen: HENDRIKS, ZHR 141 (1977), S. 1 ff.; ders. Arbeitsrechtliche Vereinbarungen und Kartellrecht, S. 154; RIEGER, Das Problem der Güterabwägung bei der Anwendung des Kartellverbotes, S. 190; WESTRICK-LOEWENHEIM, GWB, § 1, Rz. 93;
Differenzierend: HÜBNER, Außerkartellrechtliche Einschränkungen des Kartellverbotes, S. 66 f.; LOOS, Arbeitskampfhilfeabkommen der Arbeitgeberseite im Schnittpunkt von Wettbewerbsrecht und Arbeitsrecht, S. 74 ff.

17 ZHR 137 (1973), S. 455 ff.

18 NACKEN, WuW 1988, S. 475, 482; SCHOCH, BB 1965, S. 477.

19 VAUBEL, Die Anwendbarkeit des Gesetzes gegen Wettbewersbeschränkungen auf Tarifvertragsklauseln (1968); 1976 folgte dann die Arbeit von HENDRIKS, a.a.O. (Fn. 16).

20 Vgl. hierzu insbes. BECK, AuR 1981, S. 333, 341; BULLA, DB 1980, S. 103 ff., 158 ff.; KEUCHEL, Kann der Arbeitsmarkt dem Wettbewerb unterworfen werden?, S. 58 ff.; KOLLER, ZfA 1987, S. 45 ff.; RIETH, Die Steuerung unternehmerischen Handelns durch Tarifvertrag; RUNGGALDIER, a.a.O. (Fn. 12); SCHERTZ, Tarifgestaltung zwischen Innovationsnotwendigkeit und sozialer Verpflichtung, in: FS Gleitze, S. 315 ff.; WEYAND, a.a.O. (Fn 9), S. 181.

21 BULLA, DB 1980, S. 103, 106; KOLLER, ZfA 1978, S. 45 ff.; a.A. BECK, AuR 1981, S. 333, 341; RIETH, a.a.O., S. 97 ff.

tarifvertraglichen Festsetzung des Endes der täglichen Arbeitszeit von Beschäftigten des Einzelhandels dar[22]. Mit dieser Frage hat sich insbesondere auch *Rieble*[23] in seiner 1996 erschienenen Habilitationsschrift eingehend auseinandergesetzt, in der das Verhältnis von Arbeitsmarkt und Wettbewerb grundlegend untersucht wird[24].

Allerdings ist die Frage des Verhältnisses von Wettbewerbs- und Kartellrecht keineswegs auf das deutsche Recht beschränkt, sondern wird auch in anderen Rechtsordnungen virulent. Bemerkenswert ist in dieser Hinsicht insbesondere eine kürzlich ergangene Entscheidung des Tribunal de Defensa de la

---

22 Stellungnahme des BKartA v. 3.4.1989, S. 536, abgedruckt in EzA Art. 9, Nr. 45, S. 9 ff.; ArbG Frankfurt WuW/E VG 345; ArbG Berlin WuW/E VG 346; LG Berlin WuW/E LG/AG 634; BAG WuW/E EWG = EzA Art. 9 GG, Nr. 94 Arbeitskampf mit Anm. REUTER = BAG AP Art. 9 GG Nr. 113 Arbeitskampf mit Anm. WIEDEMANN/WONNEBERGER; KG WuW/E OLG 4531 - Ladenöffnungszeit. Aus der Literatur vgl. etwa ANZINGER/KOBERSKI, NZA 1989, S. 737 ff.; DÄUBLER, Tarifvertragsrecht, Rz. 379 f.; Frankfurter Kommentar (FK)/HUBER/BAUMS, § 1 GWB, Rz. 220 ff.; IMMENGA/MESTMÄCKER/IMMENGA, GWB - Kommentar zum Kartellgesetz, 2. Aufl., 1992, § 1 Rz. 325; ders., Grenzen des kartellrechtlichen Ausnahmebereichs Arbeitsmarkt; JARASS, Tarifverträge und Verfassungsrecht, in: Tarifautonomie und Kartellrecht, FIW-Schriftenreihe, Heft 136, S. 27 ff.; KULKA, RdA 1988, S. 336 ff.; NACKEN, WuW 1988, S. 475 ff.; POTH, NZA 1989, S. 626 ff.; ders., Die Grenzen des Arbeitsrechts aus kartellrechtlicher Sicht; ROTH, a.a.O. (Fn. 2), S. 7 ff.; SÄCKER/OETKER, Grundlagen und Grenzen der Tarifautonomie, S. 206 ff.; SCHMIDT-ERIKSEN, AuR 1991, S. 137 ff.; SCHOLZ, a.a.O. (Fn 1), S. 629 ff.; VOLLMER, Die wettbewerblichen Grenzen der Tarifautonomie, in: FS Bulling, S. 355 ff.

23 Arbeitsmarkt und Wettbewerb: der Schutz von Vertrags und Wettbewerbsfreiheit im Arbeitsrecht.

24 Nur am Rande kann hier auf die aktuelle Diskussion um die Reform der geltenden Arbeitsrechtsordnung hingewiesen werden, die im Wesentlichen eine Verstärkung des marktwirtschaftlichen Prinzips zu Lasten der Kartellwirkung fordert. In dieser Diskussion spielt der Einsatz des GWB jedoch lediglich eine untergeordnete Rolle. Vgl. beispielsweise HENSSLER, ZfA 1994, S. 487 ff.; KEUCHEL, a.a.O. (Fn. 20); KRONBERGER KREIS, Mehr Markt im Arbeitsrecht; KRONKE, Regulierungen auf dem Arbeitsmarkt. Kernbereiche des Arbeitsrechts im internationalen Vergleich; MÖSCHEL, WuW 1995, S. 704 ff.; MONOPOLKOMMISSION, Mehr Wettbewerb auf allen Märkten, Kap. VII, Tz. 921 ff.; REUTER, ZfA 1995, S. 1 ff., der sich allerdings für eine Adaption kartellrechtlicher Wertungen auf den Tarifvertrag ausspricht; SOLTWEDEL et al., Regulierungen auf dem Arbeitsmarkt der Bundesrepublik; ZÖLLNER, ZfA 1994, S. 423 ff. Siehe zuletzt JUNKER, ZfA 1996, S. 353 ff., insbes. S. 389 ff.

Competition, der spanischen Kartellbehörde, mit der diese einen Tarifvertrag für mit den spanischen Wettbewerbsregeln unvereinbar erklärte, in dem festgelegt worden war, daß Konditoreien an Sonn- und Feiertagen lediglich eine einzige Sorte Brot verkaufen durften[25].

III. Problemstellung und Gang der Untersuchung

Bisher weitgehend unbeachtet geblieben ist bei der Auseinandersetzung um die Behandlung der Kollision von kollektivem Arbeitsrecht und Kartellrecht hingegen die europarechtliche Perspektive, also die Frage, ob eine tarifvertragliche Absprache mit wettbewerbsbeschränkenden Auswirkungen auf die Güter- und Dienstleistungsmärkte unter Umständen dem Kartellverbot des Art. 85 des Vertrags zur Gründung der Europäischen Gemeinschaft ("EGV") widersprechen kann. Die wenigen vorhandenen Stellungnahmen in der Literatur entstammen weitgehend dem deutschen Schrifttum. Zu nennen sind hier etwa *Emmerich*[26], *Windbichler*[27], *Gleiss/Hirsch*[28], *Langen/Bunte*[29] und zuletzt *Fleischer*[30]. Allerdings handelt es sich hierbei jeweils um eher kursorische Anmerkungen. Auch *Rieble* streift den Aspekt einer möglichen Anwendbarkeit europäischen Kartellrechts lediglich beiläufig und lehnt diese ab[31]. Kürzlich hat allerdings Generalanwalt *Lenz* in Zusammenhang mit der Rechtssache *Jean-Marc Bosman* zur Anwendbarkeit der Wettbewerbsregeln des EGV auf Tarifverträge Stellung bezogen und der Problematik damit eine neue praktische Relevanz verliehen[32].

Insoweit die deutsche Rechtsprechung überhaupt zu der Frage Stellung bezieht, beschränkt sie sich auf eine weitgehend unreflektierte Wiederholung

---

25 Siehe Expansiòn vom 20.1.1997, S. 41.

26 Kartellrecht, 7. Aufl., S. 39.

27 RdA 1992, S. 74, 83.

28 Kommentar zum EG-Kartellrecht, 4. Aufl. Bd. 1, 1993, Rz. 19 f.

29 KartR - Kommentar zum deutschen und europäischen Kartellrecht, 7. Aufl., 1994, Art. 85 EGV, Rz. 5.

30 WuW 1996, S. 473, 483 ff.

31 Arbeitsmarkt und Wettbewerb, z.B. Rz. 426, 460, 471, 532.

32 Vgl. den Abdruck der Schlußanträge zur Rs. C-415/93 in EuGRZ 1995, S. 459, 501 ff.

der zu der Rechtslage in Deutschland entwickelten Argumente[33]. Eine originär europarechtliche Bewertung findet nicht statt. Diese zu versuchen, ist Gegenstand des Zweiten Teils der vorliegenden Arbeit.

Vorab soll allerdings der derzeitige Stand der Diskussion in Deutschland zur Kollision von kollektivem Arbeitsrecht und Wettbewerbsrecht, wie er sich insbesondere nach den Entscheidungen des BAG und des KG zur tarifvertraglichen Festlegung der täglichen Arbeitszeit von Beschäftigten des Einzelhandels darstellt, nachgezeichnet werden:

Im Rahmen des 2. Kapitels werden daher zur Verdeutlichung der Fragestellung zunächst die Auffassungen von Rechtsprechung und Bundeskartellamt zu dieser Frage näher erläutert.

Danach ist zu klären, ob und wann das GWB überhaupt auf arbeitsrechtliche Sachverhalte angewendet werden kann (3. Kapitel). Im Anschluß wird der Frage nachzugehen sein, inwieweit der Tatbestand des § 1 GWB auch auf tarifvertragliche Regelungen anwendbar ist (4. Kapitel).

Im Zweiten Teil wird nach einer kurzen Einführung (5. Kapitel) zunächst die Bedeutung des Wettbewerbsprinzips im Rahmen des EGV dargestellt (6. Kapitel). Dabei wird auch auf die Veränderungen einzugehen sein, die sich durch den Vertrag über die Europäische Union vom 7.2.1992 (Vertrag von Maastricht) ergeben haben. Im Anschluß hieran gilt es zu untersuchen, inwieweit die Koalitionsfreiheit und das Instrument des Tarifvertrages eine Verankerung im europäischen Primärrecht erfahren haben (7. Kapitel). Das 8. Kapitel ist der Frage gewidmet, ob die Wettbewerbsregeln des EGV prinzipiell auch im Bereich des Arbeitsmarktes zur Anwendung kommen können, während sich das 9. Kapitel mit den Schranken einer solchen Anwendbarkeit beschäftigt. Im 10. Kapitel werden mögliche Kollisionsfälle aufgezeigt, worauf in den Kapiteln 11 bis 13 der Tatbestand des Art. 85 EGV auf seine Anwendbarkeit auf marktregelnde Tarifverträge überprüft wird. Den Abschluß dieser Arbeit bildet schließlich eine Untersuchung der Frage, ob und inwieweit eine Allgemeinverbindlicherklärung marktregelnder Tarifverträge den wettbewerblichen Verpflichtungen der Mitgliedstaaten aus Art. 5 II, 3 lit. g) i.V.m. 85 EGV widersprechen kann (14. Kapitel).

---

33 Insbesondere BAG SAE 1991, S. 181, 187 m. Anm. Manfred WOLF. Der EuGH hat die Frage bislang offengelassen, vgl. etwa Rs. C-415/93, Jean-Marc Bosman, Tz. 138, EuZW 1996, S. 82 ff., m. Anm. WERTENBRUCH.

2. Kapitel: Die Zulässigkeit einer tarifvertraglichen Festlegung des Endes der täglichen Arbeitszeit

Praktisch relevant wurde die Frage nach der kartellrechtlichen Zulässigkeit kollektivvertraglicher Abreden mit unmittelbaren Auswirkungen auf die Güter- und Dienstleistungsmärkte zuletzt im Zusammenhang mit der Kontroverse um die tarifvertragliche Festsetzung des Endes der täglichen Arbeitszeit für die Beschäftigten des Einzelhandels auf 18.30 Uhr. Das erklärte Ziel der Gewerkschaften war, mittels dieser Regelung der Einführung des sogenannten Dienstleistungsabends entgegenzuwirken, welcher Dienstleistungsbetrieben die Möglichkeit einräumt, an Donnerstagen Geschäftszeiten und Publikumsverkehr bis 20.30 Uhr auszudehnen[34].

Rechtsprechung und Bundeskartellamt haben in dieser Auseinandersetzung ausführlich -- und gegensätzlich -- Stellung bezogen, so daß es gerechtfertigt erscheint, zur Verdeutlichung der Problematik die jeweils vorgebrachten Argumente nachzuzeichnen.

I. Die Judikatur

Sowohl die Arbeitsgerichte[35] wie auch das Kammergericht[36] vertreten, jedenfalls im Ergebnis, übereinstimmende Auffassungen:

Danach soll weder die tarifliche Fixierung des Arbeitszeitendes gegen das GWB verstoßen, noch ist der Zustimmungsbeschluß des Arbeitgeberverbandes zu einem solchen Tarifvertrag unwirksam.

In ihren jeweiligen Urteilsbegründungen weichen BAG und Kammergericht allerdings erheblich von einander ab.

---

34 Art. 1 Gesetz zur Einführung eines Dienstleistungsabends v. 10.7.1989 (BGBl. I S. 1382).

35 ArbG Frankfurt v. 22.1.1988, WuW/E VG 345; ArbG Berlin v. 25.1.1988, WuW/E VG 346; BAG v. 27.6.1989, WuW/E VG 347 = DB 1989, S. 2228 = AuR 1989, S. 386 = NZA 1989, S. 969.

36 KG v. 21.2.1990, WuW/E OLG 4531 - Ladenöffnungszeit; s.a. LG Berlin v. 4.4.1989, WuW/E LG/AG 643.

1. Die Ansicht des Bundesarbeitsgerichts

a) Das Urteil vom 27.6.1989[37]

Das BAG argumentierte in seiner grundlegenden Entscheidung vom 27.6.1989 zunächst dahingehend, daß Tarifverträge oder deren Abschluß bereits vom Wortlaut des § 1 GWB nicht erfaßt würden: Gewerkschaften besäßen auch unter Berücksichtigung eines funktionalen Unternehmensbegriffes keine Unternehmenseigenschaft i.S.d. § 1 GWB. Auch werde ein Tarifvertrag nicht zu einem gemeinsamen Zweck zwischen Wettbewerbern abgeschlossen. Diese Wortlautinterpretation befinde sich im übrigen im Einklang mit der amtlichen Begründung zum GWB[38].

Ausdrücklich abgelehnt wird darüber hinaus ein in der Literatur vertretener Ansatz, nach welchem tarifliche Regelungen mit wettbewerbsbeschränkender Wirkung jeweils einer Interessenabwägung zu unterziehen seien: Für eine solche Abwägung fehle es an "normativen Bewertungsmaßstäben"[39]. Zudem führe sie zu widersprüchlichen und in sich unausgewogenen Ergebnissen.

Schließlich könne, da Tarifverträge nicht durch § 1 GWB verboten würden, auch der Zustimmungsbeschluß des Arbeitgeberverbandes zu einem solchen Tarifvertrag nicht gegen das Kartellrecht verstoßen. Ein solcher Beschluß könne keinen anderen Zulässigkeitsregelungen unterliegen als der Tarifvertrag selber.

b) Stellungnahme

Dieses Urteil wurde in der Literatur äußerst kritisch aufgenommen, auch wenn das Ergebnis letztendlich von der h.M., jedenfalls des arbeitsrechtlichen Schrifttums, mitgetragen wird.

In verfahrensrechtlicher Hinsicht wurde zunächst gerügt, daß es das BAG abgelehnt hatte, eine Aussetzung des Verfahrens gem. § 96 II GWB anzuordnen und eine entsprechende Entscheidung der für Streitigkeiten aus dem GWB ausschließlich (§§ 87 I, 96 I GWB) zuständigen Zivilgerichte einzuho-

---

37 BAG WuW/E VG 347.

38 BT-Drucksache 2/1158, S. 30.

39 BAG, a.a.O., 349.

len[40]. Eine solche Aussetzung sei jedoch angezeigt gewesen, da sich das BAG nicht darauf beschränkt habe, das GWB im arbeitsrechtlichen Bereich für prinzipiell unanwendbar zu erklären, sondern eine eingehende Prüfung des Sachverhaltes anhand des Tatbestandes des § 1 GWB vorgenommen habe[41].

In materieller Hinsicht wurde unter anderem gerügt, daß eine Auseinandersetzung mit dem GWB und seinen Garantien nicht stattgefunden habe[42] und darüber hinaus anerkannte Argumentationslinien der Kartellrechtsdogmatik verkannt worden seien[43].

Die Argumentation des BAG stößt auch insoweit auf Ablehnung, als das Gericht nicht nur eine Anwendbarkeit des § 1 GWB auf marktregelnde Tarifverträge ablehnt, sondern gleichzeitig auch den verbandsrechtlich notwendigen Zustimmungsbeschluß des Arbeitgeberverbandes zu einem solchen Tarifvertrag kartellrechtlich immunisiert[44]. Hierfür sei, so die Kritik, vorab eine Auseinandersetzung mit der Frage erforderlich gewesen, ob es sich kartellrechtlich bei einem aufgrund eines solchen Verbandsbeschlusses zustande gekommenen Tarifvertrag im Verhältnis zu dem Beschluß um einen Ausführungs- oder Folgevertrag handele.

Abgelehnt wird schließlich die Ansicht des Gerichts, daß eine Interessenabwägung an dem Fehlen von normativen Berwertungsmaßstäben scheitern müsse[45]. Denn auch die Anwendung des Verhältnismäßigkeitsgrundsatzes und die Auflösung von einfachgesetzlichen Normkollisionen verlangten von einem Richter die Abwägung gegenläufiger Interessen, ohne daß in jedem Falle jedoch konkrete Leitlinien hinsichtlich der relativen Bedeutung der einzelnen beteiligten Interessen zur Verfügung stünden.

Über diese berechtigte Kritik hinaus ist die Argumentation des BAG auch in sich inkonsequent: So sollen zwar Fragen, die mit der Tarifautonomie in Verbindung stehen, dem Geltungsbereich des Kartellgesetzes *generell* ent-

---

40 NACKEN, Urteilsanmerkung zum Urteil des BAG v. 27.6.1989, WuW/E VG 352 f.

41 Eine solche Aussetzung nach § 96 II GWB hat das LAG Berlin in einem Parallelverfahren angeordnet; LAG Berlin, WuW/E LG/AG 643.

42 SCHOLZ, a.a.O. (Fn. 1), S. 629, 631; vgl. auch REUTER, Anm. zu BAG EzA Art. 9 GG Arbeitskampf Nr. 94.

43 SÄCKER/OETKER, a.a.O. (Fn. 8), S. 209.

44 SÄCKER/OETKER, a.a.O. (Fn. 8).

45 SÄCKER/OETKER, a.a.O. (Fn. 8); REUTER, a.a.O.; WIEDEMANN/WONNEBERGER, Anm. zu BAG, AP Nr. 113 zu Art. 9 GG Arbeitskampf.

zogen werden. Gleichzeitig prüft das BAG jedoch die Einschlägigkeit der einzelnen Tatbestandsmerkmale des § 1 GWB. Eine Prüfung des Tatbestandes setzt jedoch wenigstens die grundsätzliche Anwendbarkeit der geprüften Norm auf den vorgefundenen Sachverhalt voraus. Vom Standpunkt des BAG aus gesehen wäre es daher allein konsequent gewesen, die Tatbestandsprüfung zu unterlassen, da eine solche nicht mehr notwendig war.

2. Die Ansicht des Kammergerichts

a) Das Urteil vom 21.2.1990[46]

Angesichts der Schwäche der arbeitsgerichtlichen Argumentation verwundert es daher nicht, daß der Kartellsenat des Kammergerichts in seinem Urteil vom 21.2.1990 denn auch, jedenfalls in der Begründung, erheblich von der Entscheidung des BAG abweicht:

Das KG sah zunächst, entgegen der Ansicht des BAG, für die Annahme, Tarifverträge und die sie vorbereitenden Erklärungen seien von der Anwendung des GWB generell ausgeschlossen, weder eine Stütze im Gesetz noch in der Entstehungsgeschichte des GWB. Letzterer sei lediglich zu entnehmen, daß bestimmte Tatbestandsmerkmale des § 1 GWB bei Tarifverträgen regelmäßig nicht vorlägen[47].

Denn auch wenn § 1 GWB unanwendbar sei, soweit Tarifverträge durch ihre Rechtsnormen Inhalt, Abschluß und Beendigung von Arbeitsverhältnissen regelten, weil sie die Gütermärkte nicht unmittelbar beträfen, so schließe dies nicht aus, daß Tarifverträge mit einem "überschießenden Gehalt" die Voraussetzungen einer Anwendung kartellrechtlicher Bestimmungen erfüllten. Daher komme die Anwendung von § 1 GWB in Betracht, wenn die tatsächlich von der Arbeitszeitregelung ausgehende wettbewerbsbeschränkende Wirkung von den Tarifpartnern ins Auge gefaßt und in die gemeinsame Zielvorstellung aufgenommen worden sei.

Im konkreten Fall verneinte das Gericht allerdings die Anwendbarkeit von § 1 GWB, da es sich sowohl bei dem angestrebten Tarifvertrag, wie auch bei dem vorbereitenden Zustimmungsbeschluß um rechtlich anerkannte "institutionelle Gegebenheiten" handele und die von ihnen ausgehenden Wett-

46 WuW/E OLG 4531 - Ladenöffnungszeit.

47 Hierzu auch KULKA, RdA 1988, S. 336, 342.

bewerbsbeschränkungen wesensnotwendig seien: Die fragliche Regelung sei gemäß § 1 TVG zulässig und unterfalle damit Art. 9 III GG. Die Tarifvertragsvereinbarung halte sich auch im Rahmen des Kernbereichs der Koalitionsbetätigung. Gegenüber einer tarifrechtlich zulässigen und von der Grundrechtsgarantie der Koalitionsfreiheit erfaßten Regelung könne § 1 GWB nicht durchdringen. Aus dem gleichen Grund sei auch eine Abwägung sozialpolitischer und unternehmerischer Belange ausgeschlossen. Schließlich könne auch den Zustimmungsbeschluß des Arbeitgeberverbandes, der mit dem Tarifvertrag eine untrennbare Einheit bilde, kein anderes rechtliches Schicksal treffen als den Tarifvertrag selbst.

b) Stellungnahme

Das KG bietet gegenüber dem Urteil des BAG eine differenziertere Auseinandersetzung mit der Entstehungsgeschichte des GWB und dessen Anwendungsbereich. Darüber hinaus eröffnet die Heranziehung des Kernbereichs der Tarifautonomie als Grenze zulässiger tarifvertraglicher Wettbewerbsbeschränkungen einen gangbaren dogmatischen Weg, der offenbar an die zur Tatbestandsrestriktion des § 1 GWB entwickelten Immanenztheorie[48] angelehnt ist. Dementsprechend haben sich auch Teile der kartellrechtlichen Literatur dieser Auffassung angeschlossen[49].

Unklar bleibt allerdings, was unter dem Begriff der "rechtlich anerkannten institutionellen Gegebenheit" in Bezug auf Tarifvertrag und Zustimmungsbeschluß gemeint ist, obwohl das KG diesen Terminus letztlich als Argument für eine Nichtanwendung von § 1 GWB heranzieht[50]: Konsequenz der Einordnung des Tarifvertrages und des ihn vorbereitenden Beschlusses als institutionelle Gegebenheiten soll die Unanwendbarkeit des Kartellverbotes sein. Dies würde jedoch bedeuten, daß bereits die Formwahl über die rechtliche Zuläs-

---

48 Siehe hierzu allgemein IMMENGA/MESTMÄCKER/IMMENGA, GWB, § 1 Rz. 164 f., 353; MÖSCHEL, Wettbewerbsbeschränkungen, Rz. 204 f.; RITTNER, Wettbewerbsrecht, S. 220 ff.; K. SCHMIDT, Kartellverbot und "sonstige Wettbewerbsbeschränkungen", S. 79 ff.; ders., ZHR 149 (1985), S. 1, 10; STEINDORFF, BB 1977, S. 569.

49 Vgl. etwa LANGEN/BUNTE/BUNTE, KartR, § 1, Rz. 157.

50 SCHMIDT-ERIKSEN, AuR 1991, S. 137, Fn. 42 kritisiert diese Konstruktion des KG als den Versuch des Gerichts, die Konsequenz aus der eigenen Prämisse der grundsätzlichen Anwendbarkeit von § 1 GWB auf Tarifverträge zu vermeiden.

sigkeit entschiede ohne daß es auf den konkreten Inhalt der Vereinbarung ankäme. Diese Interpretation kann jedoch bereits deshalb nicht gemeint sein, da dann sowohl die nachfolgenden Ausführungen zur Beschränkung der Unanwendbarkeit von § 1 GWB auf Materien, die dem Kernbereich der Tarifautonomie zuzuordnen sind, als auch die Prüfung des Tatbestandes des § 1 GWB entbehrlich gewesen wären.

Nicht notwendigerweise zwingend ist die Entscheidung auch insoweit, als das Gericht die kartellrechtliche Immunität des Zustimmungsbeschlusses aus dem untrennbaren Zusammenhang mit dem Tarifvertrag ableitet. Denn ebenso, wie ein Schluß von dem Tarifvertrag auf den Zustimmungsbeschluß möglich ist, gilt dies umgekehrt: Sind die verbandsrechtlichen Entstehungsvoraussetzungen unwirksam, so trifft das gleiche rechtliche Schicksal den darauf gegründeten Tarifvertrag. Zumal es ohnehin konsequenter erscheint, von dem Zustimmungsbeschluß auf den Tarifvertrag zu schließen, da sich der Tarifvertrag im Verhältnis zu dem Zustimmungsbeschluß als Ausführungsvertrag darstellt[51]. Denn der Beschluß des Arbeitgeberverbandes ist unmittelbar auf den Abschluß des Tarifvertrages gerichtet[52].

II. Die Auffassung des Bundeskartellamts

Das Bundeskartellamt[53] nimmt, entgegen der Judikatur, im Falle einer tarifvertraglichen Festschreibung des Endes der täglichen Arbeitszeit im Einzelhandel einen Verstoß gegen § 1 GWB an[54]:

Das BKartA verneinte dabei zunächst eine generelle kartellrechtliche Freistellung der Tarifvertragsparteien. Vielmehr wurde die Zulässigkeit des Tarifvertrages anhand des Tatbestandes von § 1 GWB geprüft, dessen Voraussetzungen als erfüllt angesehen wurden.

---

51 Vgl. etwa HENDRIKS, a.a.O. (Fn. 16), S. 132; REUTER, Anm. zu BAG, EzA Art. 9 III GG Arbeitskampf; SÄCKER/OETKER, a.a.O. (Fn. 8), S. 209; a.A. ANZINGER/KOBERSKI, NZA 1989, S. 737, 745; BECHTOLD, RdA 1983, S. 99 f. Siehe ausführlich unten S. 53 ff.

52 DÄUBLER, Das Grundrecht auf Mitbestimmung, S. 315; HENDRIKS, a.a.O. (Fn. 16); SÄCKER/OETKER, a.a.O., S. 210.

53 Stellungnahme des BKartA v. 3.4.1989, abgedruckt in EzA Art. 9, Nr. 45, S. 9 ff.; zusammengefaßt in WuW 1989, S. 563 f.; zur älteren Praxis des BKartA vgl. NACKEN, WuW 1988, S. 475, 481 f.; VAUBEL, a.a.O. (Fn. 19), S. 8 ff.

54 Vgl. auch den früheren Fall WuW/E BKartA 339 - Sonnabendarbeitszeit.

Insbesondere problematisierte das BKartA in diesem Zusammenhang die Frage der Unternehmenseigenschaft von Gewerkschaften im Sinne des § 1 GWB: Diese ist nach Ansicht des BKartA dann zu bejahen, wenn die Arbeitnehmerorganisationen die Unternehmensführung mittels Tarifvertrag mitgestalten und sich die getroffene Vereinbarung nicht als Regelung der Arbeits- und Wirtschaftsbedingungen im Rahmen der Tarifautonomie darstellt. Bei Tarifverträgen mit Doppelwirkung sei letzteres nur durch eine Interessenabwägung festzustellen, die im Falle einer tariflichen Festlegung des Arbeitszeitendes zum Nachteil der Arbeitnehmerseite ausfallen müsse.

Jedenfalls im Ergebnis deckt sich diese Ansicht insoweit mit der im neueren kartellrechtlichen Schrifttum vorherrschenden Auffassung[55]. Diese Auffassung erscheint bereits deshalb konsequent, als daß es de facto keinerlei Unterschied macht, ob die *Betriebs*zeit oder die tägliche *Arbeits*zeit kollektivvertraglich geregelt wird. Während allerdings ersteres nach Auffassung aller kartellrechtlich untersagt sein soll[56], gilt nach Ansicht des arbeitsrechtlichen Schrifttums und des BAG das Umgekehrte in letzterem Fall. Eine wirtschaftliche Betrachtungsweise rechtfertigt diese Unterscheidung jedoch nicht, denn das Resultat, daß nämlich der Unternehmer nicht am Markt tätig werden kann, ist in beiden Fällen identisch.

---

55 IMMENGA, Grenzen des kartellrechtlichen Ausnahmebereichs Arbeitsmarkt, S. 41, 46 ff.; KULKA, WuW 1987, S. 18; ders., RdA 1988, S. 336, 339; NACKEN, WuW 1988, S. 475, 484; ROTH, a.a.O (Fn. 2), S. 13 f.; SÖLTER, a.a.O. (Fn. 4), S. 188; WINDBICHLER, ZfA 1991, S. 38 ff.; a.A. POTH, NZA 1989, S. 626, 630.

56 Vgl. stellvertretend Rieble, a.a.O (Fn. 23) Rz. 352, 466 ff., 1647 ff.

3. Kapitel: Zur Anwendbarkeit des GWB auf arbeitsrechtliche Sachverhalte

I. Konzeptionelle Unterschiede

1. Das gesetzgeberische Ziel des GWB

Ziel des GWB ist es, den wirtschaftlichen Wettbewerb auf den Gütermärkten umfassend vor Verfälschungen zu schützen[57]. Hierfür muß die Privatautonomie so begrenzt werden, daß sie sich nicht selbst aufhebt[58]. Die Freiheit des Wettbewerbs soll weitmöglichst vor Beschränkungen bewahrt werden. Zu diesem Zweck stellt das GWB ein Instrumentarium zur Verfügung, mit dessen Hilfe ein Höchstmaß an wettbewerblicher Pluralität sichergestellt werden soll[59].

Zu den Charakteristika des Kartellrechts gehört u.a. die bejahende Grundhaltung gegenüber den durch Außenseiterkonkurrenz hervorgerufenen machtbegrenzenden Wirkungen[60]. Das GWB begreift Außenseiterkonkurrenz als Korrektiv gegenüber erlaubter Kartellmacht und untersagt dementsprechend die Ausübung von Anschlußzwang durch Kartellmitglieder (§§ 25 III Nr. 1, 38 GWB)[61]. Gleichermaßen lehnt das GWB das Prinzip gegengewichtiger Marktmacht als Mittel des Interessenausgleichs zwischen den einzelnen Marktteilnehmern ab, da insbesondere die Endverbraucher regelmäßig nicht im Sinne eines Gegengewichtes zur Anbieterseite zusammengefaßt werden können[62].

---

57 EMMERICH, Kartellrecht, S. 38 f.; MÖSCHEL, Schutzziele eines Wettbewerbsrechts, in: FS Rittner, S. 405 ff.; WINDBICHLER, a.a.O. (Fn. 3), S. 55.

58 RITTNER, Wettbewerbs- und Kartellrecht, S. 113.

59 KRAFT/HÖNN, ZHR 141 (1977), S. 230, 233; SCHOLZ, a.a.O. (Fn. 1), S. 638; WINDBICHLER, a.a.O. (Fn. 3), S. 55.

60 Hierzu REUTER, ZfA 1995, S. 1, 26 ff.

61 REUTER, a.a.O., S. 6.

62 MÖSCHEL, Wettbewerbsbeschränkungen, Rz. 73; zum Prinzip der countervailing power siehe GALBRAITH, Der amerikanische Kapitalismus im Gleichgewicht der Wirtschaftskräfte; KRAFT/HÖNN, ZHR 141 (1977), S. 230, 233; POTH, a.a.O. (Fn. 22), S. 25; SÄCKER, ZHR 137 (1973), S. 455, 464, insbes. Fn. 10 m.zahlr.w.N.; STEINDORFF, RdA 1965, S. 253, 255; zur Frage von Nachfrage-

2. Der Arbeitsmarkt als "ordnungspolitische Anomalie"[63]

Im Gegensatz zu dem die Waren- und Dienstleistungsmärkte prägenden Bestreben, wettbewerbsbeschränkende Abreden grundsätzlich zu verhindern, ist der Arbeitsmarkt kartellähnlich vermachtet und den Kräften des Marktes weitgehend entzogen[64]. Der Staat hat auf mehreren Ebenen seine prinzipielle Regelungszuständigkeit weit zurückgenommen und dafür den Parteien des Arbeitslebens weitgehende Normsetzungs- und Entscheidungskompetenzen übertragen. Neben der Betriebs- und Unternehmensverfassung zählt hierzu auch die Tarifautonomie:

Im Rahmen des in der Bundesrepublik -- noch -- vorherrschenden Verbandstarifsystems[65] übernehmen kollektive Angebots- und Nachfragekonzentrationen in Form von Gewerkschaften und Arbeitgeberverbänden im Rahmen der durch Art. 9 III GG garantierten Tarifautonomie unabhängig von staatlicher Einflußnahme, d.h. privatautonom[66], die Preisbildungsfunktion für die Ware Arbeitskraft[67]. Arbeitnehmer und Arbeitgeber werden einheitlichen Bedingungen unterworfen, die zum einen verbindliche Mindeststandards für die Arbeitnehmer, zum anderen gleichmäßige Wettbewerbsbedingungen für die Arbeitgeber auf Arbeits- und Gütermärkten herbeiführen sollen[68]. Damit kommt Tarifverträgen eine durch das Grundgesetz garantierte Kartellwirkung

---

macht und Gegengewichtsprinzip SCHUMACHER, ZHR 140 1976, S. 317 ff., 345 ff.; kritisch aus neuerer Zeit REUTER, a.a.O, S. 3 ff.

63 So die MONOPOLKOMMISSION, X. Hauptgutachten, S. 61; s.a. SZ v. 8.7.1994, S. 25.

64 Ausführlich MÖSCHEL, WuW 1995, S. 704 ff.; s.a. POTH, a.a.O. (Fn. 22), S. 21; RÜTHERS, WuW 1980, S. 392, 394; ders., DB 1990, S. 113; SCHMIDT-ERIKSEN, AuR 1991, S. 137, 138; ders., Tarifvertragliche Betriebsnormen, S. 318 m.w.N.; ZÖLLNER, ZfA 1994, S. 423

65 Zur neueren Kritik am Flächentarifvertrag, vgl. etwa HEINZE, NZA 1995, S. 5 ff.; JUNKER, ZfA 1996, S. 353 ff.; KISSEL, NZA 1995, S. 1 ff.; KONZEN, NZA 1995, S. 913 ff.; MÖSCHEL, a.a.O; RICHARDI, NJW 1996, Beilage zu Heft 23, S. 13* ff.

66 Siehe hierzu RIEBLE, Arbeitsmarkt und Wettbewerb, a.a.O. (Fn. 23), Rz. 1119 ff, insbes. Rz. 1123 f.

67 RÜTHERS, Tarifmacht und Mitbestimmung in der Presse, S. 14 f.; ders., Arbeitsrecht und Arbeitsmarkt, in: MAIER-LEIBNITZ (Hrsg.), Zeugen des Wissens, S. 739, 748.

68 KEUCHEL, a.a.O. (Fn. 20), S. 21, beschränkt das Gleichmaß der Wettbewerbsbedingungen auf den Arbeitsmarkt.

zu[69]. Die Marktwirtschaft als Steuerungssystem bleibt weitgehend auf die Abläufe an den Gütermärkten beschränkt[70].

Eine Mißbrauchsaufsicht, ähnlich der des GWB, existiert hinsichtlich der Beziehungen zwischen den Kollektivparteien nicht[71]. Die Einführung eines solchen Regulativs wird allerdings von einigen Autoren zumindest für solche Tarifvertragsabreden, die auch die Wettbewerbsbeziehungen auf den Gütermärkten regeln, seit langem gefordert[72].

Auf dem Arbeitsmarkt wird bewußt auf das durch Art. 9 III GG garantierte Gegenmachtprinzip als Voraussetzung eines funktionierenden Tarifvertragssystems vertraut, aufgrund dessen die "Richtigkeitschance der Tarifautonomie"[73] mittels eines Interessenausgleichs zwischen gegnerunabhängigen und gleichgewichtigen Koalitionen sichergestellt werden soll[74]. Damit erhält der Arbeitsmarkt den Charakter eines bilateralen Oligo- oder Monopols[75] mit

---

69 Siehe hierzu: BECK, AuR 1981, S. 333, 341; BIEDENKOPF, Grenzen der Tarifautonomie, S. 1 ff; BÖHM, Kartelle und Koalitionsfreiheit, S. 12 ff.; HENDRIKS, a.a.O. (Fn. 16), S. 1, 16; HUECK/NIPPERDEY, Arbeitsrecht, Bd. II 1, S. 236; JUNKER, ZfA 1996, S. 353, 389 ff.; KONZEN, NZA 1995, S. 913, 914; KRONKE, a.a.O (Fn. 23), S. 439 ff; MÖSCHEL, ZRP 1988, S. 48, 49; ders. WuW 1995, S. 704 ff.; MünchHdbArbR/LÖWISCH, § 240, Rz. 5 ff; RÜTHERS, WuW 1980, S. 192, 193; SCHAUB, RdA 1995, S. 65, 68; SCHMIDT-ERIKSEN, AuR 1991, S. 137, 138 ff., 145; SCHOCH, BB 1965, S. 477; SCHOLZ, a.a.O., S. 632; ders. in MAUNZ/DÜRIG, GG, Art. 9, Rz. 253; VAUBEL, a.a.O. (Fn. 19), S. 29.

70 ZÖLLNER, ZfA 1994, S. 423, 424.

71 STEINDORFF, RdA 1965, S. 253, 258; POTH, a.a.O. (Fn. 22), S. 26; vgl. auch BGH NJW 1978, S. 2031: Die Arbeitskartelle haben "*einen von keiner Kartellaufsicht beschränkten Spielraum.*"

72 Vgl. BEUTHIEN, ZfA 1984, S. 1, 22; KOLLER, ZfA 1978, S. 45, 50 ff.; KULKA, RdA 1988, S. 336, 344; REUTER, ZfA 1995, S. 1, 49 ff.; WIEDEMANN, S. 231, 238, 240. Siehe auch RIEBLE, Arbeitsmarkt und Wettbewerb, a.a.O. (Fn. 23), Rz. 29 ff.
Die Kontrolle der Tarifparteien allein durch die öffentliche Meinung, auf die etwa Kissel, NZA 1986, S. 73, 75, vertraut, erscheint jedenfalls unzureichend. Kritisch auch REUTER, ZfA 1995, S. 1, 14 f.

73 WIEDEMANN, RdA 1986, S. 231, 236; manche sprechen sogar von einer "allgemein anerkannten Richtigkeitsgewähr", vgl. KISSEL, NZA 1986, S. 73, 74.

74 WIEDEMANN, a.a.O., S. 235.

75 HENDRIKS, a.a.O. (Fn. 16), S. 11 f.; ders., ZHR 141 (1977), S. 1, 12 f.; KEUCHEL, a.a.O. (Fn. 20), S. 72 f.; KRAFT/HÖNN, ZHR 141 (1977), S. 230, 234; MÖSCHEL, Wettbewerbsbeschränkungen, Rz. 209; POTH, a.a.O. (Fn. 22), S. 20 f.; RÜTHERS, WuW 1980, S. 392, 393; SÄCKER, ZHR 137 (1973), S. 455, 464.

einem gesetzlich garantierten Konkurrenzschutz[76], in dem die Bedingungen des Produktionsfaktors Arbeit unter weitgehendem Ausschluß des Wettbewerbs von den Tarifvertragsparteien kollektiv vereinbart werden[77].

Der Umstand allerdings, daß unkontrollierte Macht und Gegenmacht, statt sich gegenseitig zu begrenzen, dazu tendieren, eine Einigung auf Kosten Dritter, hier regelmäßig von Verbrauchern oder Außenseitern, herbeizuführen und dadurch ihr Monopol zu mißbrauchen[78], die Richtigkeitsgewähr des Tarifvertrags also faktisch nicht existiert[79], bleibt in dieser Konzeption hingegen weitgehend unberücksichtigt[80]. *Vollmer* spricht in diesem Zusammenhang von einer "unheiligen Allianz" der Sozialpartner zu Verhinderung lästigen "Sozialdumpings" und Wettbewerbsdrucks[81].

Verstärkt wird diese Kartellwirkung noch durch die zu beobachtende Tendenz zum "Bundeseinheitstarif"[82], d.h. der Übertragung einzelner Tarifverträge innerhalb der Branche auf das gesamte Bundesgebiet oder auch auf andere Wirtschaftszweige, ohne Rücksicht auf regionale oder sektorielle Besonderheiten. "Marktnahe" Tarifverträge mit differenzierten Regelungen je nach Branchen, Berufen oder Regionen sind die Ausnahme[83].

---

76 MONOPOLKOMMISSION, X. Hauptgutachten, S. 62.

77 Zusammenfassend RIEBLE, Arbeitsmarkt und Wettbewerb, a.a.O (Fn. 23), Rz. 114 ff.

78 Vgl. DER SPIEGEL, 31/1995, S. 76.

79 MÖSCHEL, WuW 1995, S. 704, 707; REUTER, ZfA 1995, S. 1, 12.

80 So läßt etwa KISSEL, NZA 1986, S. 73, 74 die Problematik einer Einigung zu Lasten Dritter weitgehend außer Acht.

81 VOLLMER, DB 1993, S. 25, 29; zur Haltbarkeit der These vom Sozialdumping siehe DÄUBLER, Soziale Mindeststandards in der EG, in: BIRK (Hrsg.), Die soziale Dimension des Europäischen Binnenmarktes, S. 49, 53 f.

82 HANAU, Tarifautonomie und Kartellrecht, FIW Schriftenreihe Heft 136, S. 46; MÖSCHEL, WuW 1995, S. 704, 705; RÜTHERS, WuW 1980, S. 392, 395 ff.; ders., Arbeitsrecht und Arbeitsmarkt, in: Sozialismus - Ende einer Illusion, S. 521, 547 f.; ders., Arbeitsrecht und Arbeitsmarkt, in: MAIER-LEIBNITZ (Hrsg.), Zeugen des Wissens, S. 739, 756. Siehe auch DICHMANN, Kollektive Interessenvertretung, Recht und ökonomische Effizienz, S. 34 ff., 116.

83 KONZEN, NZA 1995, S. 913, 914.

3. Die Begründung der Kartellwirkung

Diese Sonderstellung, die dem Arbeitsmarkt im Vergleich zu den Märkten für andere Waren eingeräumt wird, wird mit dem besonderen Charakter der Ware Arbeitskraft im Gesamtgefüge der Wirtschaftsordnung gerechtfertigt[84].

Vorausgesetzt wird dabei ein Marktversagen[85] am Arbeitsmarkt, welches von den Vertretern dieser Auffassung anhand verschiedener Argumentationsmodelle begründet wird[86].

Traditionell[87] wird die tarifvertragliche Kartellwirkung dadurch gerechtfertigt, daß eine künstliche Erhöhung des Preisniveaus für den Produktionsfaktor Arbeit gegenüber der Arbeitsnachfrage notwendig sei, um eine ruinöse Verelendungskonkurrenz, ein "race to the bottom", der Arbeitnehmer untereinander zu verhindern[88]. Diese Auffassung, die in dem althergebrachten Antagonismus zwischen Arbeitnehmern und Arbeitgebern verhaftet zu sein scheint, verkennt jedoch die entscheidenden Veränderungen der ökonomischen und sozialen Realitäten in den Jahrzehnten seit Begründung der Bundesrepublik Deutschland. Die Furcht vor einer solchen inversen Reaktion des Arbeitsangebotes entbehrt bereits angesichts des engmaschigen und sicheren sozialen Netzes und der heute weit verbreiteten Vermögensbildung in Arbeitnehmerhaushalten[89] jeder tatsächlichen Grundlage[90], zumal jedenfalls die Sozialhilfe eine Art gesetzlicher Untergrenze des Arbeitslohns bildet[91].

---

84 Vgl. etwa SÖLTER, a.a.O. (Fn. 4), S. 77 ff.; a.A. DEREGULIERUNGSKOMMISSION, Marktöffnung und Wettbewerb, S. 136 f.; KRONBERGER KREIS, a.a.O. (Fn. 24), S. 18 f.; KRONKE, a.a.O. (Fn. 24), S. 438; MÖSCHEL, ZRP 1988, S. 48, 50. Aus dem wirtschaftswissenschaftlichen Schrifttum insbesondere EUCKEN, Grundsätze der Wirtschaftspolitik, S. 303.

85 Zu diesem Begriff vgl. SOLTWEDEL et al., a.a.O. (Fn. 23), S. 159.

86 Eine Darstellung und kritische Würdigung dieser Modelle findet sich etwa bei MÖSCHEL, WuW 1995, S. 704, 708 ff.; SOLTWEDEL et al., a.a.O., S. 159 ff.

87 SCHMIDT-ERIKSEN, AuR 1991, S. 137, 138; vgl. auch MÖSCHEL, WuW 1995, S. 704, 709.

88 So etwa auch ZÖLLNER, ZfA 1994, S. 423, 432.

89 Der Geldvermögensbestand privater Haushalte in den alten Bundesländern hat sich von 1980 bis 1991 von 1,5 auf 3,2 Billionen DM mehr als verdoppelt, vgl. SZ v. 21.10.1992, S. 21 und v. 7.12.1992, S. 23. Im Durchschnitt verfügt damit jeder Bürger der alten Länder über ein Geldvermögen von rd. 50.000 DM; s.a. KEUCHEL, a.a.O. (Fn. 20), S. 95, Fn. 19.

Eine neuere Theorie sieht das Versagen des Marktes als Steuerungsinstrument (auch) auf der Nachfrageseite. Die notwendige Eingliederung des Arbeitnehmers in den Betrieb und die sich daraus ergebende Weisungsgebundenheit sowie die Abhängigkeit von arbeitgeberseitig bestimmter Produktionstechnologie und Arbeitsorganisation führten danach zu einer persönlichen Abhängigkeit, der sich der Arbeitnehmer kaum entziehen könne[92]. Auch hätten Löhne nicht lediglich eine Marktausgleichs-, sondern auch eine Motivationsfunktion[93].

Auch wenn die verschiedenen Ansätze zur Begründung eines Marktversagens am Arbeitsmarkt insgesamt kaum überzeugen können, so ist der Kartelleffekt jedenfalls jedoch dadurch begründbar, daß es zum einen dem Arbeitnehmer ermöglicht werden muß, sich angemessene Arbeitsbedingungen zu sichern, ohne hierbei gezwungen zu sein, sich unbedingt an die veränderten Anforderungen hinsichtlich fachlicher und örtlicher Mobilität anzupassen[94]. Ansonsten könnte sich der Arbeitnehmer dem Unterbietungswettbewerb nur durch Wohnsitz- oder Berufswechsel entziehen, was häufig mit schwer tragbaren Umstellungsproblemen verbunden ist[95]. Dies ist allerdings eher eine soziale als eine ökonomische Begründung.

Zum anderen dient die Kartellierung von Arbeitsbedingungen gleichermaßen der Arbeitgeber- wie der Arbeitnehmerseite, da sie überflüssige Kosten

---

90 DEREGULIERUNGSKOMMISSION, Marktöffnung und Wettbewerb, S. 138; REUTER, ZfA 1995, S. 1, 26; kritisch auch KONZEN, NZA 1995, S. 913, 914, der es jedoch als Aufgabe des Gesetzgebers ansieht, die Fehlprognose zu revidieren.

91 MÖSCHEL, ZRP 1988, S. 48, 50; REUTER, Funktionsfähigkeit der Arbeitsmärkte durch Tarifautonomie?, in: Fischer (Hrsg.): Währungsreform und Soziale Marktwirtschaft, S. 507, 510; ders., RdA 1991, S. 193, 195.

92 DORNDORF, Mehr Individualvertragsfreiheit im Arbeitsrecht?, in: Arbeit und Recht, FS Gnade, S. 39, 45 ff.; ders. in FS Kissel, S. 139, 147. Kritisch hierzu REUTER, ZfA 1995, S. 1, 28 ff.

93 BUTTLER, Regulierung und Deregulierung der Arbeitsbeziehungen, S. 9, 29 ff. Kritisch hierzu MÖSCHEL, a.a.O., S. 710; SOLTWEDEL et al., a.a.O. (Fn. 24), S. 166 f.

94 REUTER, RdA 1991, S. 193, 195; allgemein zu Fragen der Arbeitnehmermobilität BINDER, ZfA 1978, S. 75 ff.

95 Zu diesem sog. "Transaktionskostenargument" siehe etwa MÖSCHEL, a.a.O., S. 710; REUTER, a.a.O. (Fn. 91), S. 507, 510; s.a. DEREGULIERUNGSKOMMISSION, Marktöffnung und Wettbewerb, S. 136 ff.; ZÖLLNER, ZfA 1994, S. 423, 433.

vermeiden hilft[96] [97], eine berechenbare Kalkulation ermöglicht und eine Friedensfunktion ausübt[98].

Im übrigen ist die Schutzfunktion des Tarifvertrages verfassungsrechtlich unangreifbar und die Institution Tarifvertrag als solche im Rahmen internationaler Abkommen abgesichert, so daß ein Verbot entsprechend dem Kartellverbot jedenfalls nicht in Betracht kommt[99].

---

96 DEREGULIERUNGSKOMMISSION, a.a.O., S. 136 f; weitere Gründe führt etwa SÖLTER, a.a.O. (Fn. 4), S. 79 an; kritisch auch hierzu MÖSCHEL; a.a.O., S. 710.

97 Unabhängig von einer gewandelten Begründung bleibt freilich die grundsätzliche Kritik an der Kartellwirkung von Tarifverträgen, insbesondere hinsichtlich des Zusammenhangs zwischen Kartellwirkung und institutioneller Massenarbeitslosigkeit sowie der Gefahr einer Einigung der Tarifparteien zu Lasten Dritter bestehen. Denn über die Kartellierung des Arbeitsmarktes können Lohnforderungen durchgesetzt werden, denen ein Produktivitätsanstieg in gleichem Umfange nicht gegenübersteht. Diese Disparität führt regelmäßig zu einem Anstieg der Arbeitslosigkeit. Vgl. hierzu DICHMANN, a.a.O. (Fn. 70), S. 27 ff.; GÖRGENS, ORDO 1989, S. 383, 386; MEYER, D., WuW 1987, S. 885 ff.; MÖSCHEL, ZRP 1988, S. 48, 49; ders., a.a.O., S. 705; REUTER, RdA 1991, S. 193, 195; ders., a.a.O. (Fn. 91), S. 507, 511; RIEBLE a.a.O. (Fn. 23), Rz. 9 ff.; ROTH, a.a.O (Fn. 2), S. 10.
Aus volkswirtschftlicher Sicht siehe KEUCHEL, a.a.O. (Fn. 20), S. 72 f. zu weiteren Ursachen der Arbeitslosigkeit; ebenso BESTERS, Hindernisse für Vollbeschäftigung, in: Bundeszentrale für politische Bildung (Hrsg.), Wirtschaftspolitik, S. 160, 167.
Zu den inflationsfördenden Wirkungen der Tarifautonomie ZÖLLNER, ZfA 1994, S. 423, 433.

98 JUNKER, ZfA 1996, S. 353, 390; SÖLTER, a.a.O. (Fn. 4), S. 80.

99 REUTER, ZfA 1995, S. 1, 39.

II. Regelungskompetenzen der Tarifvertragsparteien

Voraussetzung dafür, daß eine Kollision zwischen Kartellrecht und tarifvertraglichen Regelungen überhaupt auftreten kann, ist zunächst, daß der Inhalt der kollektivvertraglichen Abrede von der in Art. 9 III GG, § 1 TVG umrissenen Regelungskompetenz der Tarifvertragsparteien gedeckt ist. Denn dort, wo die Tarifparteien bereits ihre Vereinbarungsbefugnis überschreiten, hätte eine zusätzliche kartellrechtliche Sanktion lediglich ergänzende Funktion[100].

1. Der Begriff der Arbeits- und Wirtschaftsbedingungen

Über die Auslegung des Begriffes der "Arbeits- und Wirtschaftsbedingungen" i.S.d. Art. 9 III GG besteht seit jeher Streit, die Ansichten weichen teilweise erheblich voneinander ab[101].

Die heute h.M. versteht die Formel von den "Arbeits- und Wirtschaftsbedingungen" kumulativ als sinnvolle Gesamtheit[102], in der beide Begriffe funktionell miteinander verbunden sind[103] [104]. Prägendes Element ist hierbei das der Arbeitsbedingungen. Auch eine Regelung, die den Bereich der Wirtschaftsbedingungen zum Inhalt hat, steht stets unter dem Vorbehalt eines notwendigen arbeitsrechtlichen Zusammenhangs[105]. Als Wirtschaftsbedingungen i.S.d. Art. 9 III GG können daher nur solche Tarifgegenstände angesehen

---

100 Zu den Grenzen der Vereinbarungsbefugnis der Tarifparteien vgl. grundlegend BIEDENKOPF, Die Grenzen der Tarifautonomie; ders., Sinn und Grenzen der Vereinbarungsbefugnis der Tarifparteien, in: Gutachten zum 46. DJT, S. 99, 115 ff.; aus neuerer Zeit vgl. KISSEL, NZA 1995, S. 1 ff.; KONZEN, NZA 1995, S. 913, 914 ff; SÄCKER/OETKER, Grundlagen und Grenzen der Tarifautonomie.

101 Vgl. etwa einerseits FORSTHOFF, BB 1965, S. 381 ff.; ZÖLLNER/LORITZ, Arbeitsrecht, S. 101 f. und andererseits DÄUBLER, a.a.O. (Fn. 52), S. 186; DÄUBLER/HEGE, TVG, Rz. 445 ff.

102 SCHOLZ, Koalitionsfreiheit als Verfassungsproblem, S. 46; ders., in Maunz/Dürig, GG, Art. 9 Rz. 255 ff.; vgl. auch BEUTHIEN, ZfA 1984, S. 1, 11; MEIK, Der Kernbereich der Tarifautonomie, S. 76 ff; ausführlich SÄCKER/ OETKER, a.a.O. (Fn. 8), S. 30 ff.; WIEDEMANN, RdA 1986, S. 231.

103 BEUTHIEN, ZfA 1984, S. 1, 12

104 Daher fallen auch rein wirtschaftlich ausgerichtete Vereinigungen, wie Unternehmenszusammenschlüsse oder Kartelle, nicht unter Art. 9 III GG. Hier fehlt es an den "Arbeitsbedingungen". Vgl. SCHOLZ, a.a.O. (Fn. 1), S. 629, 634.

105 BEUTHIEN, ZfA 1988, S. 1, 8 f.; MEIK, a.a.O (Fn. 102), S. 82 f.; MAUNZ/DÜRIG/SCHOLZ, GG, Art. 9, Rz. 257.

werden, die sich aus der Sicht des Arbeitnehmer im weitesten Sinne noch als Arbeitsbedingungen darstellen[106].

Bereits aus der Offenheit des Wortlautes von Art. 9 III GG und aus der Interpretation der "Arbeits- und Wirtschaftsbedingungen" als "funktionale Einheit der sozialen und wirtschaftlichen Belange des Arbeitslebens"[107] ergibt sich, daß ein festgefügter und abschließender Bestand tarifvertraglich regelbarer Gegenstände nicht bestehen kann. Den Tarifparteien darf es nicht verwehrt sein, Veränderungen in Arbeitsrecht und -politik aufzugreifen und in Tarifverträge zu integrieren[108].

Grundsätzlich ist daher im Rahmen der durch Art. 9 III GG in ihrem Kernbereich[109] gewährleisteten Tarifautonomie von einem weiten Bereich der Koalitionsbetätigung auszugehen, der andererseits auch nicht schrankenlos ist[110]. Vielmehr bedarf die Koalitionsfreiheit nach der Rechtsprechung des BVerfG von vornherein der gesetzlichen Ausgestaltung. Denn

"*die Bedeutung und Vielzahl der vor der Tätigkeit der Koalitionen berührten Belange im Bereich der Wirtschafts- und Sozialordnung machen vielmehr gesetzliche Regelungen notwendig, die der Koalitionsfreiheit auch Schranken ziehen können; dies um so mehr, als der Gegenstand der Gewährleistung auf sich wandelnde wirtschaftliche und soziale Bedingungen bezogen ist, die mehr als bei anderen Freiheitsrechten die Möglichkeit zu Modifikationen und Fortentwicklungen lassen müssen.*"[111]

Eine derartige gesetzliche Ausgestaltung der Koalitionsfreiheit stellt § 1 TVG dar, nach dem die tarifvertragliche Regelungsbefugnis ausschließlich auf arbeitsrechtliche Gegenstände und innerhalb dieser auf den Arbeitsvertragsinhalt sowie auf betriebliche und betriebsverfassungsrechtliche Fragen bezogen

---

106 BEUTHIEN, ZfA 1984, S. 1, 13; JARASS, Tarifverträge und Verfassungsrecht, S. 29; KEMPEN, AuR 1980, S. 193, 195; MEIK, a.a.O (Fn. 102), S. 81; WIEDEMANN, RdA 1986, S. 232; WIEDEMANN/STUMPF, TVG, Einl. Rz. 167.

107 SCHOLZ, Koalitionsfreiheit, S. 46

108 BAG BB 1978, S. 1466; SÄCKER/OETKER, a.a.O. (Fn. 8), S. 72; SCHOLZ, a.a.O. (Fn. 1), S. 629, 634 f.; ders. in MAUNZ/DÜRIG, Art. 9 Rz. 262 ff.

109 BVerfGE 4, S. 96, 106; 17, S. 319, 333 f.; 18, 18, 27; 19, 303, 321 f.; 38, S. 281, 305; 38, 386, 393; 50, 290, 368. Vgl. hierzu umfassend etwa MEIK, a.a.O.; siehe aus neuerer Zeit etwa auch KISSEL, NZA 1995, S. 1, 2; KONZEN, NZA 1995, 913, 915; SCHAUB, RdA 1995, S. 65, 66.

110 KISSEL, NZA 1995, S. a.a.O.

111 BVerfGE 58, 233, 247 m. w. N.

ist. Insoweit ist der Bereich der Koalitionsbetätigung enger als der des durch Art. 9 III GG umschriebenen Koalitionszwecks[112]. § 1 TVG in seiner beschränkenden Wirkung[113] ist jedoch wiederum so auszulegen, daß nur eine weite Regelungskompetenz der Notwendigkeit zur flexiblen Reaktion auf sich verändernde Umstände, und damit zur effektiven Aufgabenerfüllung, entspricht. Eine Überschreitung der durch § 1 TVG gezogenen Grenzen wird dementsprechend erst dann gegeben sein, wenn der Tarifgegenstand in keinem Bezug mehr zu den Bedingungen steht, unter denen der Arbeitnehmer abhängige Arbeit leistet und der Arbeitgeber Arbeitnehmer beschäftigen darf[114]. Sollen demnach beispielsweise[115] unternehmerische Sachentscheidungen tarifvertraglich vorweggenommen werden, so ist dies nur insoweit zulässig, als diese in Bezug zu der Eigenschaft des Unternehmers als Arbeitgeber stehen[116]. Die Stellung des Unternehmens im Wettbewerb kann demgegenüber tariflich nicht determiniert werden. Insoweit besteht etwa für Entscheidungen über den Einsatz von Produktionsmitteln (Investitionsbereich), deren Zweck (Produktionsbereich), sowie über die Art und Weise des Vertriebs der hergestellten Produkte ein tariffreier Betätigungsbereich der Unternehmensautonomie[117]. Eine lediglich mittelbare Auswirkung auf die Arbeitsverhältnisse, so etwa bei der Entscheidung über die Stillegung eines Werkes, reicht hierbei nicht aus[118]. Lediglich dann, wenn sich die marktbezogene und die soziale Seite einer unternehmerischen Maßnahme nicht voneinander trennen lassen, kann sich die

112 REUTER, ZfA 1990, S. 535, 546; a.A. DÄUBLER/SCHUMANN, Arbeitskampfrecht, 2. Aufl. 1987, Rz. 164.

113 Zur Schrankenfunktion des § 1 TVG s.a. LORITZ, Tarifautonomie und Gestaltungsfreiheit des Arbeitgebers, S. 67, Fn. 13; REUTER, ZfA 1990, S. 535, 546; ders., Anm. zu BAG EzA Art. 9 GG Nr. 49; SÄCKER/OETKER, a.a.O., S. 101 f.; ZÖLLNER, Tarifvertragliche Differenzierungsklauseln, S. 35 f.

114 SÖLLNER, ArbRdGgw. Bd. 16, S. 19, 24; WIEDEMANN, RdA 1986, 231, 233; ebenso BEUTHIEN, ZfA 1988, S. 1, 10; wohl auch SCHAUB, RdA 1995, S. 65, 66.

115 Von der Tarifautonomie ebenfalls nicht mehr gedeckt wäre etwa auch die Durchsetzung von wirtschaftspolitischen Zielen, vgl. RICHARDI, Kollektivgewalt und Individualwille bei der Gestaltung des Arbeitsverhältnisses, S. 179 f.

116 SÖLLNER, ArbRdGgw. Bd. 16, S . 28.

117 BEUTHIEN, ZfA 1984, S. 1, 12; BULLA, DB 1980, S. 104, 106; SÖLLNER, ArbRdGgw Bd. 16, S. 28; WIEDEMANN, RdA 1986, S. 232; a.A. Vgl. BAG AP Nr. 56 zu Art. 9 GG; DÄUBLER, Tarifvertragsrecht, Rz. 1110 f.

118 Vgl. etwa auch EuG - Comité Central d'Entreprise de la Société Anonyme Vittel u.a./Kommission, Rs. T-12/93, Tz. 52, EuZW 1995, S. 677 ff.

tarifvertragliche Regelungsbefugnis unter Umständen auch auf die Steuerung unternehmerischer Sachentscheidungen erstrecken[119]. Die entsprechende Abgrenzung vorzunehmen, kann im Einzelfall naturgemäß Schwierigkeiten bereiten[120]. Denn je weiter sich die Koalitionen von den klassischen Feldern der Tarifpolitik, also der Vereinbarung von Löhnen, Arbeitszeiten und Arbeitsbedingungen, entfernen, desto mehr nehmen die Unsicherheiten über die Grenzen tarifvertraglicher Regelungsbefugnis zu.

2. Marktregelnde Tarifverträge als Grenze der Vereinbarungsbefugnis

Den Grenzbereich tarifrechtlicher Zulässigkeit berühren denn auch solche Tarifgegenstände, die sowohl die wirtschaftlichen und sozialen Belange der Arbeitnehmer zum Inhalt haben, als auch unmittelbar den Wettbewerb zwischen Unternehmen auf dem Markt mit Waren und gewerblichen Leistungen beeinflussen. Beispielhaft hierfür sei erneut auf die tarifvertragliche Festlegung des täglichen Arbeitszeitendes unter Abweichung von dem durch das Ladenschlußgesetz gezogenen Rahmen verwiesen:

Die Sphäre der Arbeitnehmer ist insoweit betroffen, als eine Verlagerung der Arbeitszeit in den Abend hinein zweifelsfrei erhebliche soziale Auswirkungen, etwa für die Familien, nach sich ziehen muß. Gleichzeitig stellt die Öffnung des Geschäftsbetriebes entsprechend den durch das Gesetz eingeräumten Möglichkeiten für die Betriebe des Einzelhandels unstreitig einen eminent wichtigen Wettbewerbsparameter dar[121], dessen Beschränkung die Wettbewerbsstellung eines Unternehmens am Markt direkt betrifft.

Trotz dieser direkten Auswirkung janusköpfiger Tarifvertragsvereinbarungen auf die Gütermärkte, wird eine Regelungskompetenz der Tarifvertragsparteien für solche Tarifgegenstände auch von den Befürwortern einer engen Auslegung von § 1 I TVG prinzipiell bejaht[122]. Die Belange der Arbeit-

---

119 BEUTHIEN, a.a.O., S. 14; DÄUBLER, a.a.O; WIEDEMANN, a.a.O.; ebenso BAG AP Nr. 56 zu Art. 9 GG.

120 BVerfGE 4, S. 96, 106 ff.; SÄCKER, Grundprobleme der kollektiven Koalitionsfreiheit, S. 45 ff; ders., ArbRdGgw. Bd. 12, S . 31 f.

121 Vgl. IMMENGA, a.a.O. (Fn. 55), S. 25 ff.; KULKA, RdA 1988, S. 344; BAG AP Nr. 8 zu § 87 BetrVG Arbeitszeit.

122 BEUTHIEN, ZfA 1984, S. 16 f.; JARASS, Tarifverträge und Verfassungsrecht, S. 29; KULKA, RdA 1988, S. 344; WIEDEMANN, RdA 1988, S. 238.

nehmer und die unternehmensautonome Wirtschaftsplanung sind hier in notwendiger, aber auch hinreichender Weise miteinander verknüpft.

III. Kartellrechtliche Immunität von Tarifverträgen?

Zweifelhaft ist jedoch, ob aus der Vereinbarungsbefugnis nach Art. 9 III GG i.V.m. § 1 I TVG weitergehend der Schluß gezogen werden muß, daß alles, was nach dem TVG Inhalt von Tarifverträgen sein kann, auch kartellrechtlich immunisiert ist[123].

Dabei ist im Grundsatz unbestritten, daß die sich aus § 1 TVG ergebende Befugnis, Inhalt, Abschluß und Beendigung von Arbeitsverhältnissen sowie betriebliche und betriebsverfassungsrechtliche Fragen zu ordnen, die Tarifparteien nicht davor bewahrt, in ihrer Tarifmacht durch konkurrierende einfachgesetzliche Regelungen begrenzt zu werden. Wie oben erwähnt, hat das Bundesverfassungsgericht deutlich gemacht, daß die von Art. 9 III GG garantierte Koalitionsfreiheit "von vornherein der Ausgestaltung" bedarf[124]. Der Gesetzgeber hat dementsprechend den Bereich der Arbeits- und Wirtschaftsbedingungen einer Vielzahl konkretisierender Regelungen unterworfen, wobei in deren Zentrum das Tarifvertragsgesetz steht[125]. Eine Schranke stellt aber etwa auch die Bindung der Tarifparteien an Verbotsgesetze und zivilrechtlichen Generalklauseln dar[126]. Darüber hinaus werden die Tarifvertragsparteien in ihrer Regelungsbefugnis durch europäisches Recht begrenzt[127].

Dieser Grundsatz der Notwendigkeit und Zulässigkeit einer einfachgesetzlichen Ausgestaltung der Tarifmacht soll nach einer, insbesondere im arbeitsrechtlichen Schrifttum vorherrschenden Ansicht, jedoch nicht für das Verhältnis von TVG und GWB gelten:

---

123 So etwa BECHTOLD, RdA 1983, S. 99, 100; JUNKER, ZfA 1996, S. 353, 390; ROTH, a.a.O. (Fn. 2), S. 18 f., 24; SÄCKER/OETKER, Grundlagen, S. 215 ff.; SALJE, ZfA 1991, S. 653, 666, 670; a.A. IMMENGA, a.a.O. (Fn. 55), S. 5; KULKA, RdA 1988, S. 344; vgl. auch KG WuW/E OLG 4531, 4533 - Ladenöffnungszeit.

124 BVerfGE 50, S. 290, 368; 58, S. 233, 248; s. ausführlich BUTZER, RdA 1994, S. 375, 379.

125 Vgl. hierzu etwa BUTZER, a.a.O., S. 375 f.

126 SÄCKER/OETKER, a.a.O. (Fn. 8), S. 170 ff.

127 Vgl. hierzu SCHAUB, NZA 1994, S. 65, 69.

Argumentiert wird vielmehr dahingehend, der Gesetzgeber habe, was durch die Gesetzesmaterialien bestätigt werde, durch das TVG bestimmte Wertentscheidungen getroffen, die durch das GWB nicht in Frage gestellt werden dürften. Aus diesen Grundentscheidungen ergebe sich, daß Regelungen, die sich im Rahmen der durch § 1 TVG gezogenen Grenzen hielten, auch dann von dem tatbestandlichen Anwendungsbereich des § 1 GWB ausgenommen seien, wenn sie unmittelbar auf den Waren- und Gütermärkten wirksam würden[128].

Auch zwängen die strukturellen Unterschiede der beiden Rechtskreise dazu, die Anwendung der jeweiligen Ordnungsprinzipien auf deren spezifischen Geltungsbereich zu beschränken[129]. Arbeitsrechtliche Sachverhalte könnten nicht sinnvoll mit den durch das GWB zur Verfügung gestellten Mitteln bewältigt werden[130], da dieser eben eine grundsätzlich andere Konzeption zugrunde liege.

Zutreffend wird hiergegen jedoch zum einen eingewandt, daß arbeitsrechtliche Sachverhalte dem GWB nicht allein aufgrund ihrer Zugehörigkeit zum Arbeitsrecht entzogen werden könnten. Denn entscheidend ist nicht die formale Einordnung unter eine bestimmte Rechtsdisziplin[131], sondern vielmehr der materielle Gehalt der jeweiligen Regelung. Dementsprechend führt zwar die strukturell bedingte Unterschiedlichkeit von Arbeits- und Gütermarkt zu einem weitgehenden Ausschluß des Kartellrechts[132]; wird die Verschiedenartigkeit der Rechtskreise jedoch durch ein Übergreifen tarifvertraglicher Regelungen auf den Unternehmerbereich aufgehoben und werden die Gütermärkte unmittelbar berührt, so kann die Anwendung wettbewerbsrechtlicher Normen auch auf kollektivvertragliche Absprachen nicht von vornherein ausgeschlossen werden[133].

Im übrigen läuft die Ansicht der h.M. faktisch auf ein Vorrangverhältnis des Tarifvertrags- vor dem Wettbewerbsrecht hinaus[134]. Für eine solche sy-

---

128 SÄCKER/OETKER, a.a.O., S. 216, die daneben als Begründung auf die Rechtslage vor Inkrafttreten des GWB hinweisen.

129 KRAFT/HÖNN, ZHR 141 (1977), S. 230, 234.

130 POTH, a.a.O. (Fn. 22), S. 27; SÄCKER, ZHR 137 (1973), S. 455, 467; STEINDORFF, RdA 1965, S. 253, 258.

131 VAUBEL, a.a.O. (Fn. 19), S. 14.

132 VAUBEL, a.a.O.

133 VAUBEL, a.a.O., S. 15.

134 So etwa ausdrücklich BECHTOLD, GWB, § 1, Rz. 32.

stemimmanente Rangordnung fehlt es jedoch an überzeugenden Argumenten[135].

Auch sprechen die bestehenden faktischen Interdependenzen zwischen Arbeits- und Gütermärkten[136] gegen die Möglichkeit einer eindeutigen Zuordnung jedweder Sachverhaltskonstellationen zu einem der beiden Regelungskomplexe.

Bereits die für jedes Unternehmen[137] charakteristische Doppelstellung zeigt die Schwierigkeit solcher trennscharfen Abgrenzung auf: Das Unternehmen untersteht im innerbetrieblichen Bereich, in dem der Unternehmer im Verhältnis zu seinen Arbeitnehmern als Arbeitgeber in Erscheinung tritt, dem Arbeitsrecht; gleichzeitig wird der Unternehmer jedoch im Außenverhältnis hinsichtlich seiner wirtschaftlichen Teilnahme am Geschehen auf den Waren- und Dienstleistungsmärkten dem Kartellrecht unterworfen[138].

Schließlich führt die Auffassung der h.M. letztlich zu einer schleichenden Aushöhlung des Kartellverbotes, je mehr sich Tarifverträge solcher Gegenstände annehmen, die bislang den Unternehmen zur Entscheidung vorbehalten waren: Denn nachdem die Tarifparteien den Umfang ihrer Befugnis zur tarifvertraglichen Regelung über ihre Vertretung im arbeitsgerichtlichen Verfahren[139] weitgehend selbst definieren können und ohnehin eine weite Auslegung der von § 1 TVG umfaßten Regelungsgegenstände anerkannt ist, ist als Folge ein sich kontinuierlich erweiternder kartellrechtsimmuner Bereich zu erwarten.

---

135 BKartA, WuW 1989, S. 563; EMMERICH, Kartellrecht, S. 38; SCHOLZ, a.a.O. (Fn. 1), S. 629, 632; WINDBICHLER, ZfA 1991, S. 1, 38. Das TVG ist insoweit nicht anders zu stellen als etwa das GmbHG, welches ebenfalls keine Vorrangstellung gegenüber dem GWB genießt, vgl. zuletzt OLG München WuW/E OLG 5385, 5389 - Treuepflicht kontra GWB: "*Eine derartige ungeschriebene Befreiung vom Kartellverbot kann aber nicht durch die bloße Aufnahme von Marktverhaltenspflichten in einen Gesellschaftsvertrag ... erwirkt werden. Denn anderenfalls hätten es die Unternehmen in der Hand, durch die bloße Wahl der Rechtsform der GmbH sich dem Kartellverbot zu entziehen.*"

136 BIEDENKOPF, a.a.O. (Fn. 69), S. 3; POTH, a.a.O. (Fn. 22), S. 26 f.; STEINDORFF, RdA 1965, S. 253, 259; VAUBEL, a.a.O.

137 BIEDENKOPF, a.a.O. (Fn. 69), S. 3; POTH, NZA 1989, S. 626, 627; ROTH, a.a.O (Fn. 2), S. 7, 11.

138 Vgl. auch POTH, NZA 1989, S. 626, 630; ROTH, a.a.O.

139 REUTER, ZfA 1995, S. 1, 51.

Daraus ergibt sich, daß kollektivvertragliche Abreden nur solange der kartellrechtlichen Kontrolle entzogen sein können, als diese eindeutig dem Bereich des Arbeitsmarktes und der Arbeitgeber-Arbeitnehmer Beziehung zuzuordnen sind.

Soll dagegen -- zumindest auch -- die Stellung des Unternehmens im Außenverhältnis unmittelbar tariflich geregelt werden, so kann die Anwendbarkeit des Wettbewerbsrechts nicht schon allein deswegen ausgeschlossen sein, weil die Form der Absprache arbeitsrechtlichen Ursprungs ist und ihr Regelungsgegenstand der Vereinbarungsbefugnis der Tarifvertragsparteien unterfällt[140]. Hiergegen spricht bereits die Offenheit der tarifautonom regelbaren Sachbereiche. Vielmehr hängt die Frage nach der Anwendbarkeit des Kartellrechts auch auf den kollektivvertraglichen Bereich von einer Prüfung des jeweiligen Einzelfalles anhand von § 1 GWB ab[141].

Darauf, daß bestimmte Lebenssachverhalte typischerweise nicht in wettbewerbsbeschränkenden Verträgen resultieren, läßt sich eine generelle Ausnahme vom Kartellverbot jedenfalls nicht stützen.

---

140 VAUBEL, a.a.O. (Fn. 19), S. 15.

141 NACKEN, WuW 1988, S. 475, 478 f. zieht für diese Folgerung insbesondere die Argumentation zur Einordnung der Genossenschaften unter § 1 GWB heran, wonach die typische genossenschaftliche Tätigkeit nicht, eine bestimmte Verhaltensweise jedoch sehr wohl den Tatbestand des § 1 GWB erfüllen kann.

4. Kapitel: Wettbewerbsbeschränkende Tarifverträge und der Tatbestand von § 1 GWB

Nicht nur die Rechtsprechung, sondern auch die herrschende Auffassung in der Literatur lehnt die Anwendung des GWB auf Tarifverträge mit wettbewerbsbeschränkender Wirkung grundsätzlich ab. Ausnahmen sollen lediglich in Fällen des Rechtsmißbrauchs gelten[142].

Die h.M. begründet ihre ablehnende Haltung, neben dem Argument der Immunisierung durch § 1 TVG, insbesondere damit, daß § 1 GWB auf Tarifverträge bereits tatbestandlich unanwendbar sei. Da sich die hierzu entwickelte Argumentation auch auf der Ebene des Art. 85 EGV wiederfindet, soll sie hier kurz dargestellt und auf ihre Stichhaltigkeit überprüft werden.

Zu erwähnen ist in diesem Zusammenhang noch der grundlegend andere Ansatz von *Scholz,* der angesichts der prinzipiellen Gleichrangigkeit von Arbeitsrecht und Kartellrecht eine Lösung des Konfliktes auf Verfassungsebene am Maßstab des Verhältnismäßigkeitsgrundsatzes propagiert[143]. Dieser Ansicht wird jedoch zu Recht entgegengehalten, daß sie die in Art. 9 III GG verankerte Koalitionszweckgarantie in die "Nähe der Identifikation mit dem gewachsenen und tatsächlich vorgefundenen Tarifrecht" bringt[144]. Im übrigen fehlt es bereits an einem Beleg für die von *Scholz* aufgestellte Prämisse, daß nämlich eine Abgrenzung der betroffenen Rechtskreise auf einfachgesetzlicher Ebene angesichts deren Gleichrangigkeit unmöglich sei.

---

142 SCHMIDT-ERIKSEN, AuR 1991, S. 137, 143 ff; so auch BAG WuW/E VG, 347, 351.

143 SCHOLZ, a.a.O. (Fn. 1), S. 629, 633 ff.; ähnlich POTH, NZA 1989, S. 626, 629; WIEDEMANN, RdA 1986, S. 231, 236.

144 WINDBICHLER, ZfA 1991, S. 35, 39.

Insbesondere über die Frage, ob der Unternehmensbegriff des § 1 GWB die Anwendbarkeit des Kartellverbotes auch auf marktregelnde Tarifverträge ausschließt, besteht Streit.

Einigkeit besteht allerdings insoweit, als jedenfalls von einem weiten und funktionalen[145] Unternehmensbegriff auszugehen ist[146]: Den Unternehmensbegriff erfüllt danach jedwede selbständige[147] wirtschaftliche Tätigkeit im geschäftlichen Verkehr[148], wobei unter "geschäftlichem Verkehr" die Teilnahme am Markt für Waren und gewerbliche Leistungen zu verstehen ist[149]. Auf Rechtsfähigkeit, Gewinnerzielungsabsicht oder Organisationsform kommt es nicht an[150].

Die Funktion des Unternehmensbegriffs liegt im Wesentlichen in der Abgrenzung der geschäftlichen Tätigkeit von privatem Verbrauch, hoheitlichem Handeln und abhängiger Arbeit[151]. Abzustellen ist dabei auf die konkrete Tätigkeit im Einzelfall. Zu fragen ist damit also etwa nicht, ob eine Gewerkschaft generell die Unternehmenseigenschaft i.S.d. § 1 GWB erfüllt, sondern ob sie bei einer *konkreten* Maßnahme unternehmerische Tätigkeit ausübt[152].

---

145 Im Unterschied zu einem institutionellen Unternehmensbegriff, vgl. WuW/E BGH 1474, 1477 - Architektenkammer.

146 St. Rspr. WuW/E BGH 442, 449 - Gummistrümpfe; 1469 Autoanalyzer; 1474, 1477 - Architektenkammer; 1521 Gaststättenverpachtung; 1841, 1842 - Ganser-Dahlke. Ebenso die Lit. vgl. EMMERICH, Kartellrecht, S. 37; GANDENBERGER, Was ist ein Unternehmen?, S. 65; IMMENGA/MESTMÄCKER/IMMENGA, GWB, § 1 Rz. 34; LANGER, Der Begriff Unternehmen im GWB, S. 18 ff.; LOEWENHEIM/BELKE, GWB, § 1 Rz. 5; MÖSCHEL, Wettbewerbsbeschränkungen, Rz. 100; MÜLLER-HENNEBERG in M-H/S, GK, § 1 Rz. 5.

147 Zum Merkmal der Selbständigkeit vgl. krit. LANGER, a.a.O., S. 193 f.

148 WuW/E BGH 1325 - Schreibvollautomat; 1469 - Autoanalyzer; 1474 - Architektenkammer; 1521 - Gaststättenverpachtung.

149 WuW/E BGH 647, 651 - Rinderbesamung; HENDRIKS, a.a.O. (Fn. 16), S. 38.

150 Statt aller MÜLLER-HENNEBERG in M-H/S, GK, § 1 Rz. 5.

151 KG WuW/E OLG 322, 323 - Vereidigte Buchprüfer II; IMMENGA/MESTMÄCKER/IMMENGA, GWB, § 1 Rz. 35; ders., a.a.O. (Fn. 55), S. 36; RITTNER, Wirtschaftsrecht, S. 238.

152 GANDENBERGER, a.a.O. (Fn. 146), S. 22.

1. Unternehmenseigenschaft der Gewerkschaften

Arbeitnehmer[153] sind nach allgemeiner Ansicht keine Unternehmen gem. § 1 GWB, da von ihnen abhängige und weisungsgebundene Arbeitsleistung erbracht wird, nicht jedoch ein selbständiges und aktives Auftreten am Markt für Waren und gewerbliche Leistungen erfolgt[154].

Die Frage, ob und inwieweit der Unternehmensbegriff des § 1 GWB auch auf Gewerkschaften zur Anwendung gelangt, ist hingegen außerordentlich streitig[155]. In diesem Zusammenhang ist zunächst klarzustellen, daß der Unternehmensbegriff zweifellos dann nicht greift, wenn sich die jeweilige tarifvertragliche Abrede auf die Regelung von Arbeitsbedingungen beschränkt[156]. Es fehlt dann an der Teilnahme am geschäftlichen Verkehr mit Waren und Dienstleistungen, auch wenn sich die jeweilige Vereinbarung in letzter Konsequenz auf die Gütermärkte auswirken sollte[157] [158].

Umstritten ist hingegen die Frage, ob in dem Sonderfall, daß eine Gewerkschaft durch den Abschluß eines Tarifvertrages das Marktverhalten der

---

153 Zum Arbeitnehmerbegriff vgl. BAG EzA zu § 611 - Arbeitnehmerbegriff Nr. 31; 37; 38; BAG AP Nr. 32 zu § 611 Lehrer, Dozenten; HENDRIKS, a.a.O. (Fn. 16), S. 40; HILGER, RdA 1989, S. lff; LIEB, Arbeitsrecht, S. 4 ff.; WIEDEMANN, Das Arbeitsverhältnis als Austausch- und Gemeinschaftsverhältnis, S. 14 ff.; ZÖLLNER/LORITZ, Arbeitsrecht, S. 38 ff., 48.

154 HUBER/BAUMS, FK, § 1 GWB, Rz. 74; HENDRIKS, a.a.O. (Fn. 19), S. 42; IMMENGA/MESTMÄCKER/IMMENGA, GWB, § 1 Rz. 37; MÜLLER-HENNEBERG in M-H/S, GK, § 1 Rz 43; MÜLLER-URI, Kartellrecht, Rz 43; krit. LANGER, Unternehmen, S. 187 ff., der die Abgrenzung Unternehmen - Arbeitnehmer für untauglich hält; RIEBLE, Arbeitsmarkt und Wettbewerb, a.a.O (Fn. 23), Rz. 429.

155 Diese Frage ist nicht mit der grundsätzlichen Charakterisierung von Gewerkschaften als Arbeitnehmerkartellen zu verwechseln. Siehe hierzu etwa RIEBLE, Arbeitsmarkt und Wettbewerb, a.a.O., Rz. 1108 ff. m.w.N.

156 Allgemeine Meinung, vgl. etwa KULKA, RdA 1988, S. 336, 339; ROTH, a.a.O (Fn. 2), S. 13.

157 BECHTOLD, RdA 1983, S. 99; IMMENGA, a.a.O. (Fn. 55), S. 46; REUTER, Anm. zu BAG v. 27.6.1989, JuS 1990, S. 332; a.A. SÖLTER, a.a.O. (Fn. 4), S. 188.

158 § 1 GWB ist jedoch anwendbar, soweit eine Gewerkschaft selbständig Waren oder gewerbliche Leistungen am Markt anbietet und das Auftreten ihrer Mitglieder auf den Gütermärkten koordinieren will, vgl. OLG Hamburg WuW/E OLG 79, 80 - Gewerkschafts-Sterbekasse, allerdings noch zum alten Dekartellierungsrecht.

tarifunterworfenen Unternehmen unmittelbar beeinflußt, diese als Unternehmen i.S.d. § 1 GWB anzusehen ist[159].

Gegen eine Anwendung des Unternehmensbegriffs auf Gewerkschaften auch in diesem Ausnahmefall wird insbesondere eingewandt, daß Gewerkschaften beim Abschluß von Tarifverträgen nicht aktiv als Anbieter oder Nachfrager am Markt für gewerbliche Leistungen aufträten, sondern daß sie in ihrer Eigenschaft als Koalitionen tätig würden[160]. Denn der Abschluß von Tarifverträgen sei keinesfalls als ein Handeln, welches den Austausch von Waren oder gewerblichen Leistungen zum Gegenstand hat, anzusehen[161].

Daneben wird auf den Wortlaut des § 1 GWB[162], die Gesetzesgeschichte[163] und darauf verwiesen, daß bei einer Unterwerfung der Gewerkschaften unter den Unternehmensbegriff des § 1 GWB die Absicht des Gesetzgebers, vermittels dieses Tatbestandsmerkmals Regelungen über die abhängige Arbeit auszuschließen, unterlaufen würde[164].

Diese Bedenken vermögen allerdings im Ergebnis nicht durchzugreifen: Nicht überzeugen kann zunächst das historische Argument. Dieses weist vielmehr in die entgegengesetzte Richtung. Denn in der Begründung zum GWB heißt es:

---

159 Ablehnend: ANZINGER/KOBERSKI, NZA 1989, S. 737, 745; BECHTOLD, RdA 1983, S. 99; HUBER/BAUMS in FK, § 1, Rz. 76; v. GAMM, Kartellrecht, § 1 Rz. 13; HENDRIKS, a.a.O. (Fn. 16), S. 42 f.; ders., ZHR 141, S. 1, 3; KÖHLER, RdA 1987, S. 234; POTH, NZA 1989, S. 626, 630; RIEBLE, a.a.O., (Fn. 23), Rz. 446, der allerdings eine Anwedung des Unternehmensbegriffs auf Gewerkschaften im Falle eines Arbeitskampfes für möglich hält; RIETH, a.a.O. (Fn. 20), S. 97; SCHMIDT-ERIKSEN, AuR 1991, S. 137, 142; VAUBEL, a.a.O. (Fn. 19), S. 21 ff.; BAG WuW/E VG 347, 348.
Bejahend: IMMENGA/MESTMÄCKER/IMMENGA, GWB, § 1 Rz. 83; ders., a.a.O. (Fn. 55), S. 46 ff.; KULKA, WuW 1987, S. 5, 18; ders., RdA 1988, S. 336, 339; NACKEN, WuW 1988, S. 475, 484; ROTH, a.a.O (Fn. 2), S. 13 f.; SÖLTER, a.a.O. (Fn. 4), S. 188; KG WuW/E OLG 4531, 4533 - Ladenöffnungszeit; BKartA, WuW 1989, S. 563. Offen gelassen von SÄCKER/OETKER, a.a.O. (Fn. 8), S. 208 f.

160 BAG WuW/E VG 347, 348; BECHTOLD, RdA 1983, S. 99; VAUBEL, a.a.O. (Fn. 19), S. 23.

161 POTH, a.a.O. (Fn. 22), S. 85.

162 HUBER/BAUMS, FK, § 1 GWB, Rz. 224; POTH, NZA 1989, S. 626, 630; ders., a.a.O. (Fn. 22), S. 85; SCHMIDT-ERIKSEN, AuR 1991, S. 137, 142.

163 SCHMIDT-ERIKSEN, AuR 1991, S. 137, 142.

164 ANZINGER/KOBERSKI, NZA 1989, S. 737, 745.

"Die Fassung des Gesetzes stellt es andererseits klar, daß Abreden über den Abschluß oder Inhalt von Arbeits- oder Dienstverhältnissen nicht darunter fallen. Dies sind keine gewerblichen Leistungen[165]. *Kooperative Bindungen der Arbeitgeber oder der Arbeitnehmer über die Gestaltung der Lohn- und Arbeitsbedingungen fallen also nicht unter das Gesetz."*[166]

Hätte danach der Gesetzgeber bereits den Unternehmensbegriff für keinesfalls einschlägig gehalten, so wäre es angezeigt gewesen, auf dieses Tatbestandsmerkmal abzuheben, da die Unternehmenseigenschaft nach der Systematik des § 1 GWB vor dem der gewerblichen Leistungen zu prüfen ist. Historisch läßt sich die Anwendbarkeit des Unternehmensbegriffes auf Gewerkschaften folglich nicht überzeugend begründen. Darüber hinaus kommt der historischen Auslegung für das GWB ohnehin nur eine untergeordnete Rolle zu. Maßgeblich ist vielmehr der objektivierte Wille des Gesetzgebers, so wie er sich aus dem Wortlaut der Gesetzesbestimmung und deren Sinnzusammenhang ergibt. Für den Fall, daß sich dem Wortlaut des Gesetzes eine eindeutige Auslegung nicht entnehmen läßt, so ist insbesondere auf den objektivierten Gesetzeszweck abzustellen, während der Gesetzgebungsgeschichte demgegenüber nur eine zweitrangige Bedeutung zukommt[167].

Schwerer wiegt dementsprechend auch der Einwand, daß ein aktives Tätigwerden der Gewerkschaften auf den Gütermärkten im Abschluß von Tarifverträgen, seien sie auch marktregelnder Natur, nicht gesehen werden kann.

Diese Auffassung übersieht jedoch, daß nach der Rechtsprechung des BGH auch derjenige als Unternehmen anzusehen ist, der auf die Führung eines Betriebes im Außenverhältnis, also hinsichtlich seiner Teilnahme an den Gütermärkten, maßgeblich Einfluß nimmt[168]. Wird dabei etwa die Entscheidung, welche Produkte ein Betrieb herstellen oder welche er am Markt nachfragen soll, vertraglich vorweggenommen, so liegt ein unternehmerisches Tätigwer-

---

165 Hervorhebung durch Verf.

166 Begründung zu dem Entwurf eines Gesetzes gegen Wettbewerbsbeschränkungen, BT-Dr. 2/1158, S. 30, abgedruckt bei M-H/S, GK, 1. Aufl. 1958, S. 1057, 1075.

167 BGH DB 1993, S. 1083 f. - Herstellerleasing: "*Der Auslegung des Gesetzes nach seinem objektiven Inhalt, wie er sich aus dem Wortlaut der Gesetzesvorschrift und aus dem Sinnzusammenhang, in dem sie hineingestellt ist, ergibt, können Aussagen in den Gesetzesmaterialien jedenfalls allein nicht entgegenstehen.*"; s.a. BVerfGE 1, 299, 312; 10, 23, 244; 62, 1, 45; LANGEN/BUNTE/BUNTE, KartR, Einf. Rz. 32.

168 WuW/E BGH 1521 f. - Gaststättenverpachtung; 1745 ff. - Mollendarer Bürgerstube; 1841 f. - Ganser-Dahlke.

den auch desjenigen vor, der zwar nicht unmittelbar am Gütermarkt auftritt, der die Vornahme einer konkreten Handlung jedoch maßgeblich mitbestimmt hat[169].

Diese Dogmatik kann jedoch auch auf die hiesige Fragestellung übertragen werden[170], so daß dann, wenn eine Gewerkschaft gezielt mittels eines Tarifvertrages in der Weise auf das Marktverhalten eines Unternehmens einwirkt, daß eine unmittelbare Marktreaktion die notwendige Folge der vertraglichen Verpflichtung ist, diese Gewerkschaft als Unternehmen i.S.d. § 1 GWB anzusehen ist[171].

Diese Auslegung erscheint auch unter dem Blickwinkel des Zwecks des GWB, den Wettbewerb möglichst umfassend und auf allen Stufen zu schützen, nachgerade als geboten. Für das spanische Kartellrecht, das hinsichtlich des Unternehmensbegriffs dem deutschen vergleichbar ist, hat die Kartellbehörde dementsprechend erst kürzlich entschieden, daß Gewerkschaften nicht prinzipiell dem Unternehmensbegriff entzogen werden könnten. Vielmehr bedürfe es einer Einzelfallbetrachtung dahingehend, ob die Gewerkschaft jeweils Rahmen ihrer berechtigten Interessen gehandelt habe. Im konkreten Fall wurde dies verneint, da der Tarifvertrag den gebundenen Unternehmen vorgeschrieben hatte, welches Produkt sie verkaufen durften[172].

2. Unternehmenseigenschaft der Arbeitgeberseite

Arbeitgeberverbände treten in der Regel nicht selbst am Markt für Waren und gewerbliche Leistungen auf, weswegen ihnen selbst die Unternehmenseigenschaft fehlt[173].

Ein Arbeitgeberverband ist jedoch als "Vereinigung von Unternehmen" gem. § 1 GWB anzusehen, da die dort zusammengeschlossenen Arbeitgeber als Unternehmen i.S.d. § 1 GWB zu qualifizieren sind[174]. Dies gilt, wenn

---

169 WuW/E BGH 1841 f. - Ganser-Dahlke.

170 IMMENGA, a.a.O. (Fn. 55), S. 49, KULKA, RdA 1988, S. 336, 339; ROTH, a.a.0. (Fn. 2), S. 7, 13 f; a.A. HUBER/BAUMS in FK, § 1, Rz. 79.

171 ROTH, a.a.O., S. 14, weist ergänzend noch auf die in § 38 I Nr. 10-12 GWB enthaltene Wertung hin.

172 Expansiòn vom 20.1.1997, S. 41.

173 HUBER/BAUMS in FK, § 1 GWB, Rz. 77; HENDRIKS, a.a.O. (Fn. 16), S. 45.

174 BUCHNER, ZHR 134, S. 166; DÄUBLER, a.a.O, (Fn. 52), S. 313; HENDRIKS, a.a.O. (Fn. 16), S. 45; LANGEN/NIEDERLEITHINGER/ RITTER/SCHMIDT

auch nicht generell[175], so doch jedenfalls dann, wenn sich die Arbeitgeber bei der Vereinbarung tarifvertraglicher Regelungen nicht auf die Festlegung von Arbeitsbedingungen beschränken, sondern diese zugleich eine unmittelbare Festlegung des externen Marktverhaltens der tarifgebundenen Arbeitgeber enthalten. In einem solchen Fall ist die Unternehmenseigenschaft der Arbeitgeber zu bejahen[176].

Hierbei ist unerheblich, daß die satzungsmäßige Tätigkeit des Arbeitgeberverbandes grundsätzlich auf den Arbeits- und nicht auf die Gütermärkte bezogen ist, da auch ein Verband, dessen satzungsmäßige Aufgaben grundsätzlich außerhalb des Kartellrechts angesiedelt sind, im Einzelfall Maßnahmen treffen kann, die im Rahmen des funktionellen Unternehmensverständnisses dem GWB zu unterstellen sind[177].

II. Der gemeinsame Zweck

Nach Ansicht einiger Autoren scheitert die Anwendbarkeit von § 1 GWB auf Tarifverträge mit Doppelwirkung, wenn nicht an dem Unternehmensbegriff, so doch jedenfalls daran, daß Tarifverträge nicht zu einem gemeinsamen Zweck geschlossen werden[178].

Entnommen wird dies insbesondere der neueren Rechtsprechung des BGH, nach der ein gemeinsamer Zweck i.S.d. § 1 GWB dann anzunehmen ist, wenn die Absprachen die wettbewerbsrelevante Handlungsfreiheit von aktuel-

---

(L/N/R/S), Kartellgesetz, § 1 Rz. 15; LOEWENHEIM/ BELKE, GWB, § 1 Rz. 29; MÜLLER-HENNEBERG in M-H/S, GK, § 1 Rz. 29; VAUBEL, a.a.O. (Fn. 19), S. 20.

175 IMMENGA, a.a.O. (Fn. 55), S. 36; ROTH, a.a.O (Fn. 2), S. 7, 13; SÄCKER/OETKER, a.a.O. (Fn. 8), S. 208; insoweit ohne weitere Differenzierung etwa HUBER/BAUMS in FK, § 1, Rz. 77; LOEWENHEIM/BELKE, GWB, § 1 Rz. 29; LOOS, a.a.O. (Fn. 16), S. 119; MÜLLER-HENNEBERG in M-H/S, GK, § 1 Rz. 23.

176 H.M., vgl. die in der vorigen Fn. genannten Autoren; ebenso BUCHNER, ZHR 1970, S. 165, 166; HENDRIKS, a.a.O. (Fn. 16), S. 124 ff.; KULKA, WuW 1987, S. 5, 19 f.; ders. RdA 1988, S. 336, 338; NACKEN, WuW 1988, S. 475, 485; SCHOCH, BB 1965, S. 477, 478; VAUBEL, a.a.O. (Fn. 19), S. 20.

177 MÜLLER-HENNEBERG in M-H/S, GK, §1 Rz. 23; HUBER/BAUMS in FK, § 1, Rz. 81; LANGEN/BUNTE/BUNTE, KartR, § 1 Rz. 18; REUTER, Anm. zu BAG v. 27.6.1989, JuS 1990, S. 332, 333; ROTH, a.a.O (Fn. 2), S. 7, 13; VAUBEL, a.a.O. (Fn. 19), S. 20

178 Da Art. 85 EGV dieses Tatbestandsmerkmal nicht enthält, ist die Vorschrift gleichermaßen auf horizontale wie auf vertikale Wettbewerbsbeschränkungen anwendbar.

len oder potentiellen *Wettbewerbern* beschränken und somit zu horizontalen Wettbewerbsbeschränkungen führen[179]. Nachdem Gewerkschaften und Arbeitgeberverbände jedoch nicht als Wettbewerber auf dem Güter- und Dienstleistungsmarkt auftreten[180], sei insoweit eine Anwendung von § 1 GWB ausgeschlossen[181].

Rittner[182] bezeichnet Vereinbarungen im Arbeitnehmerinteresse in diesem Zusammenhang als "kartellrechtlich neutrale Kooperationen", worunter auch Vereinbarungen über Ladenschlußzeiten zu rechnen seien.

Hiergegen spricht jedoch wiederum, daß die neuere Rechtsprechung in Ausnahmefällen auch von dem Vorliegen eines gemeinsamen Zwecks bei Nichtwettbewerbern ausgeht. Denn die Judikatur erkennt an, daß den zwischen Wettbewerbern vereinbarten Wettbewerbsbeschränkungen solche Verträge gleichzustellen sind, durch die in die Wettbewerbsbeziehungen der Beteiligten mit Dritten eingegriffen werden soll[183]. Gerade die zur Begründung der Gegenauffassung herangezogene *Spielkarten*-Entscheidung des BGH[184] spricht nur davon, daß "insbesondere" auf die Wettbewerbereigenschaft der Vertragspartner abzustellen ist. Damit ist die Erfassung der von dem klassischen Fall der wettbewerbsbeschränkenden Abrede zwischen Wettbewerbern abweichenden Konstellation der Beschränkung der Wettbewerbschancen Dritter über § 1 GWB im Einzelfalle eröffnet[185].

---

179 WuW/E BGH 2285, 2287 - Spielkarten; OLG Stuttgart WuW/E OLG 2983, 2985 - Strohgäu Wochenjournal; OLG Celle WuW/E OLG 4023, 4024 - Spielkarten; s.a. BECHTOLD, Kartellgesetz: Gesetz gegen Wettbewerbsbeschränkungen, 1993, § 1, Rz. 5; IMMENGA/MESTMÄCKER/IMMENGA, GWB, § 1 Rz. 152 m.w.N; a.A. HUBER/BAUMS in FK, § 1, Rz. 424.; zur Entwicklung der Rechtsprechung siehe FRITZSCHE, Die Auslegung des § 1 GWB und die Behandlung von Einkaufsgemeinschaften im Kartellrecht, FIW-Schriftenreihe, Heft 149, S. 41 ff.

180 So die einhellige Meinung, vgl. etwa KULKA RdA 1988, S. 336, 339.

181 BAG WuW/E VG 347, 348 f.; IMMENGA, a.a.O. (Fn. 55), S. 41 ff.; SCHMIDT-ERIKSEN, AuR 1991, S. 137, 142.

182 Wirtschaftsrecht, S. 291 f.

183 So OLG Stuttgart, ZIP 1989, S. 60, 63.

184 WuW/E BGH 2285, 2287.

185 BAUMS, JuS 1990, S. 608, 612 m.w.N.; EMMERICH, Kartellrecht, S. 65; HUBER/BAUMS in FK, § 1, Rz. 455 ff. m.w.N.; ROTH, a.a.O (Fn. 2), S. 7, 16; STEINDORFF, BB 1981, S. 377, 380; ders., Die Wettbewerbsbeschränkung in § 1 GWB als offener Tatbestand, in: FS Benisch, 1989, S. 255, 261 f.

Wenn aber das Kartellverbot nicht auf die Fälle der Verhaltensabstimmung zwischen aktuellen und potentiellen Wettbewerbern verengt werden darf, so können auch Tarifverträge, die den Wettbewerb zwischen Dritten, d.h. den tarifgebundenen Unternehmen, beschränken, als Verträge zu einem gemeinsamen Zweck gem. § 1 GWB angesehen werden[186].

III. Die gewerblichen Leistungen

Aus der amtlichen Begründung zum GWB[187] ergibt sich, daß die Tätigkeiten in Arbeits- und Dienstverhältnissen nicht zu den in § 1 GWB vorausgesetzten gewerblichen Leistungen zu rechnen sind und daher der Bereich der Arbeitsleistungen in weitem Umfang dem Kartellrecht entzogen ist[188].

Der Vorschlag, eine ausdrückliche Ausnahme aus dem Geltungsbereich des § 1 GWB für Tarifvertragsparteien in das Gesetz mit aufzunehmen, wurde im Wirtschaftsausschuß des Bundestages mit der Begründung verworfen, daß Leistungen, die aufgrund eines Arbeitsverhältnisses bewirkt würden, schon infolge des Gesetzeswortlauts nicht darunter fielen und damit

"*die Tarifvertragsparteien im Rahmen ihrer gesetzmäßigen Tätigkeit ebenfalls nicht unter das Gesetz fallen*"[189].

Unbestritten ist, daß damit die traditionellen Tarifvertragsinhalte dem Anwendungsbereich des § 1 GWB entzogen werden sollten und sich daher die Aufnahme einer eigenen Bereichsausnahme für den Arbeitsmarkt nach dem Muster der §§ 98 ff. GWB erübrigte[190].

Aus der Gesetzesbegründung ziehen manche nunmehr wiederum den weitergehenden Schluß, daß Tarifverträge dem GWB generell entzogen sei-

---

[186] KULKA, RdA 1988, S. 336, 340 f.; ROTH, a.a.O. (Fn. 2), S. 15 f.

[187] Begründung zu dem Entwurf eines Gesetzes gegen Wettbewerbsbeschränkungen, BT-Dr. 2/1158, S. 30, abgedruckt bei M-H/S, GK, 1. Aufl. 1958, S. 1057, 1075.

[188] Vgl. etwa FIKENTSCHER, Wirtschaftsrecht Bd. II, S. 255; HENDRIKS, a.a.O. (Fn. 16), S. 24 ff., 30; IMMENGA/MESTMÄCKER/IMMENGA, § 1 Rz. 324; L/N/R/S, § 1 Rz. 53 f.; LOEWENHEIM/BELKE, § 1 Rz. 76; MÜLLER-HENNEBERG in M-H/S, § 1 Rz. 49, 88; VAUBEL, a.a.O. (Fn. 19), S. 27.

[189] Abgedruckt bei M-H/S, GK, 1. Aufl., S. 1208.

[190] SÄCKER/OETKER, a.a.O. (Fn. 8), S. 211.

en[191]. Lediglich bei Vorliegen einer rechtsmißbräuchlichen Ausnutzung der Gestaltungsfreiheit durch die Tarifvertragsparteien soll anderes gelten[192].

Allerdings erscheint eine Berufung ausschließlich auf die, hier zudem sehr allgemein gehaltenen[193], Gesetzesmaterialien bereits insofern unbefriedigend, als die "Vorarbeiten eines Gesetzes für dessen Auslegung immer nur mit einer gewissen Zurückhaltung, in der Regel bloß unterstützend, zu verwerten" sind[194]. Gesetzesmaterialien dürfen nicht dazu verleiten, die Vorstellungen des Gesetzgebers dem objektiven Gesetzesinhalt gleichzusetzen, zumal, wie oben dargelegt, der historischen Auslegung gerade für das GWB nur sehr eingeschränkte Bedeutung zukommt.

Daneben vermag die amtliche Begründung die Ansicht der herrschenden Meinung auch nicht zu stützen. Denn die amtliche Begründung besagt lediglich, daß das Tatbestandsmerkmal der gewerblichen Leistung bei Tarifverträgen regelmäßig nicht gegeben sein wird[195]: Nicht unter das Gesetz fallen sollen nämlich nur die "kooperativen Bindungen der Arbeitgeber oder der Arbeitnehmer über die Gestaltung der *Lohn- und Arbeitsbedingungen*"[196]. Tarifvertragliche Vereinbarungen, die sich auf den Bereich des arbeitsvertraglichen Austauschverhältnisses beschränken, unterfallen demnach nicht dem Kartellverbot. Dies gilt auch dann, wenn sie wettbewerbsbeschränkende Auswirkungen auf den Gütermärkten zur Folge haben.

Der Terminus der "Lohn- und Arbeitsbedingungen" ist aber andererseits erheblich enger als der Begriff der "Arbeits- und Wirtschaftsbedingungen" in Art. 9 III GG. Hätte der Gesetzgeber eine Nichtanwendbarkeit des GWB für den gesamten Bereich des Art. 9 III GG gewünscht, so hätte er dies durch

---

191 SCHMIDT-ERIKSEN, AuR 1991, S. 137, 142.

192 Zur Umgehungsproblematik insbesondere VAUBEL, a.a.O. (Fn. 19), S. 54: Das GWB soll dann Anwendung finden, "... *wenn der Tarifvertrag eindeutig dazu benutzt wird, einen vom Gesetz mißbilligten Erfolg herbeizuführen, ohne daß dabei die Wahrung von arbeitsrechtlichen - oder allgemein sozialen Zielen überhaupt eine Rolle gespielt hat.*" Ebenso SCHMIDT-ERIKSEN, AuR 1991, S. 137, 143; ähnlich auch BAG WuW/ VG 347, 351.

193 SALJE, ZfA 1991, S. 653, 664; WINDBICHLER, ZfA 1991, S. 35, 40.

194 BVerfGE 11, 126, 130; RGZ 128, 111.

195 WuW/E OLG 4531, 4533 - Ladenöffnungszeit; s.a. NACKEN, WuW 1988, S. 475, 478, der die Gesetzesgeschichte dahingehend interpretiert, daß eine Anwendung des GWB nur dann außer Acht bleiben könne, wenn sich die Tarifvertragsparteien auf den "typischen" Bereich der Arbeits- und Wirtschaftsbedingungen beschränkten.

196 Hervorhebung durch Verf.

Verwendung des entsprechenden Begriffes zum Ausdruck bringen können. Die gewählte Formulierung beschränkt sich jedoch gerade auf einen Teilaspekt, nämlich den der Lohn- und Arbeitsbedingungen, und läßt überschießende Regelungsgehalte unberührt.

Folglich steht die Gesetzesbegründung der Anwendung von § 1 GWB auf einen Tarifvertrag nicht entgegen[197], wenn die Tarifvertragsparteien in unmittelbar wettbewerbsbeschränkender Weise den Bereich des den Lohn- und Arbeitsbedingungen zurechenbaren überschreiten. Dementsprechend wäre etwa eine Vereinbarung über Preisfixierungen oder Gebietsaufteilungen, die also das externe Marktverhalten eines Unternehmens als Anbieter oder Nachfrager auf den Gütermärkten unmittelbar bestimmt, als den Verkehr mit "gewerblichen Leistungen" betreffend anzusehen und von § 1 GWB erfaßt[198].

So hieß es beispielsweise denn auch in Art. 1 des schweizerischen Kartellgesetzes von 1985[199], daß dieses nicht anwendbar ist "auf Verträge, Beschlüsse und Vorkehren, soweit sie *ausschließlich* das Arbeitsverhältnis betreffen"[200]. Zwar wurde diese Bestimmung bei der Neufassung des Kartellgesetzes 1996 gestrichen, jedoch führte dies nicht zu einer Erweiterung des kartellrechtsfreien Raums. Vielmehr gilt das Kartellgesetz weiterhin dann, wenn in tarifvertraglichen Vereinbarungen auch wettbewerbsbeschränkende Bestimmungen enthalten sind. Die Ausschließlichkeitsvoraussetzung wurde durch die Gesetzesnovelle nicht abgeschwächt[201]. Wenn also, wie bei Tarifverträgen mit Doppelwirkung, die Gütermärkte mit in die Regelung einbezogen sind, so ist

---

197 NACKEN, WuW 1988, S. 475, 478; VAUBEL, a.a.O. (Fn. 19), S. 13 ff.

198 POTH, NZA 1989, S. 626, 631; VAUBEL, a.a.O., S. 27.

199 Zu der im schweizer Recht vergleichbaren Problematik der Grenzziehung zwischen Arbeits- und Kartellrecht vgl. etwa FURTER, Kollektives Arbeitsrecht und Wirtschaftsrecht; MATHYS, Das Verhältnis zwischen Kartellrecht und kollektivem Arbeitsrecht; MERZ, Das schweizerische Kartellgesetz; NOBEL, SAG 1979, S. 46 ff.

200 Hervorhebung durch Verf. Zur Interpretation des Begriffs der Ausschließlichkeit vgl. FURTER, a.a.O., S. 107 f.; MATHYS, a.a.O., S. 51 ff., der auf die mit der Regelung erfolgte Absicht abstellt und verlangt, daß diese Absicht ausschließlich auf einen Erfolg im Bereich des Arbeitsverhältnisses hinzielen muß.

201 HOMBURGER/SCHMIDHAUSER/HOFFET/DUCREY, Kommentar zum schweizerischen Kartellgesetz, Art. 2, Rz. 7 ff.

das Kartellgesetz unverändert einschlägig[202], da eine ausschließliche Zuordnung gerade nicht vorgenommen werden kann[203].

IV. Der Zustimmungsbeschluß der Arbeitgeber als Beschluß einer Unternehmensvereinigung

1. Die Auffassung der herrschenden Meinung

Letztlich kommt es auf eine Entscheidung der Frage der unmittelbaren Anwendbarkeit von § 1 GWB auf Verbandstarifverträge jedoch deswegen nicht an, weil der dem Abschluß des Tarifvertrages verbandsrechtlich notwendig vorgeschaltete Zustimmungsbeschluß des Arbeitgeberverbandes[204] als kartellrechtlich relevanter Sachverhalt anzusehen ist.

Der Zustimmungsbeschluß ist als -- unwirksamer -- Kartellbeschluß i.S.d. § 1 GWB zu qualifizieren, soweit er zu einer unmittelbaren Beschränkung der wirtschaftlichen Handlungsfreiheit der tarifgebundenen Unternehmen auf den Waren- und Dienstleistungsmärkten führt[205]. Das Schicksal des Tarifvertrages hängt dann wiederum ab von der zwischen dem Zustimmungsbeschluß und dem daraufhin abgeschlossenen Tarifvertrag bestehenden rechtlichen Beziehung. Wäre der Tarifvertrag, wie von einer Mindermeinung vertreten[206], im Verhältnis zu dem Zustimmungsbeschluß als Folgevertrag anzusehen, so wäre seine Wirksamkeit unabhängig von der des Zustimmungsbeschlusses zu beurteilen. Denn Folgeverträge sind echte Drittverträge, die von den Kartellmitgliedern in Vollzug des (unwirksamen) Kartellvertrages mit au-

---

202 MERZ, a.a.O., S. 26; a.A. FURTER, a.a.O.

203 Gegen eine Übertragung dieser Argumentation auf das Verhältnis zwischen TVG und GWB sprechen sich SÄCKER/OETKER, a.a.O. (Fn. 8), S. 211 aus.

204 Allgemein zum Verlauf von Tarifverhandlungen HIMMELMANN, Lohnbildung durch Kollektivverhandlungen, S. 124 ff.

205 BECHTOLD, RdA 1983, S. 99; BUCHNER, ZHR 134, S. 166; DÄUBLER, a.a.O. (Fn. 52), S. 313 f; MünchHdbdArbR/LÖWISCH, § 240, Rz. 10 f.; SÄCKER/OETKER, a.a.O. (Fn. 8), S. 209; RUNGGALDIER, a.a.O. (Fn. 12), S. 350 f.; SCHOCH, BB 1965 S. 477, 478; WINDBICHLER, ZfA 1991, S. 35, 41.

206 BECHTOLD, a.a.O.; ANZINGER/KOBERSKI, NZA 1989, S. 737, 745.

ßerhalb des Kartells stehenden unbeteiligten Dritten abgeschlossen werden und deren Wirksamkeit eigenständig zu prüfen ist[207].

Gegen die Einordnung von Tarifverträgen als Folgeverträge spricht jedoch bereits, daß es sich bei Gewerkschaften nicht um unbeteiligte Dritte in diesem Sinne handelt. Denn der Zustimmungsbeschluß folgt den Tarifvertragsverhandlungen nach und die Gewerkschaften sind sich damit über den Inhalt des Kartellvertrages im klaren. Die Figur des Folgevertrages dient jedoch der Schaffung von Rechtssicherheit für diejenigen Vertragspartner der Kartellbeteiligten, die von dem Kartellvertrag keine Kenntnis erlangt haben und diesen nicht mitgestalten konnten. Dementsprechend stuft die h.M. den Tarifvertrag im Verhältnis zu dem Zustimmungsbeschluß rechtlich auch als sog. Ausführungsvertrag[208] ein, der in unmittelbaren Zusammenhang mit der Durchführung des Kartellvertrages steht, und damit in gleicher Weise von dessen Unwirksamkeit erfaßt wird[209]. Daß der Ausführungsvertrag mit einer Gewerkschaft, also einem Dritten, geschlossen wird, ist hierbei unschädlich[210].

Doch auch bei einer Einordnung des Tarifvertrages als Ausführungsvertrag ist damit noch nicht geklärt, welche Auswirkungen die Unwirksamkeit des Tarifvertrages auf die auf dessen Grundlage abgeschlossenen Einzelarbeitsverträge hat[211]. Ohne ihre Auffassung allerdings näher zu begründen, sehen etwa *Kulka*[212] und *Immenga*[213] Einzelarbeitsverhältnisse im Verhältnis zu dem Ta-

---

207 BECHTOLD, GWB, § 1, Rz. 35; IMMENGA/MESTMÄCKER/IMMENGA, GWB, § 1 Rz. 407; EMMERICH, Kartellrecht, S. 91 jeweils m.w.N.

208 IMMENGA, a.a.O. (Fn. 55), S. 40; SÄCKER/OETKER, a.a.O.; WINDBICHLER, a.a.O; allgemein zur Unterscheidung Ausführungs- und Folgevertrag vgl. EMMERICH, ZHR 1975, S. 501, 516; ders., Kartellrecht, S. 91; IMMENGA/MESTMÄCKER/IMMENGA, GWB, § 1 Rz. 406; LOEWENHEIM/BELKE, GWB, § 1 Rz. 98.

209 BUCHNER, ZHR 1970, S. 165, 166; HENDRIKS, a.a.O. (Fn. 16), S. 124 ff.; KULKA, RdA 1988, S. 336, 338, 346; NACKEN, WuW 1988, S. 475, 484 f.; SCHOCH, BB 1965, S. 477, 478, WuW/E BGH 23; OLG Düsseldorf, WuW/E OLG 3271, 3275.

210 IMMENGA/MESTMÄCKER/IMMENGA, GWB, § 1 Rz. 406.

211 Siehe zu diesem Komplex ausführlich unten S. 166 ff.

212 KULKA, RdA 1988, S. 336, 346.

213 IMMENGA, a.a.O. (Fn. 55), S. 41; ders. in IMMENGA/MESTMÄCKER, GWB, § 1 Rz. 407 m.w.N.

rifvertrag wiederum als Folgeverträge an, deren Rechtswirksamkeit also unabhängig von dem Schicksal des Tarifvertrages zu beurteilen ist[214].

2. Die Ansicht der Rechtsprechung

Das BAG[215] lehnt den Rückgriff auf den Zustimmungsbeschluß des Arbeitgeberverbandes in diesem Zusammenhang allerdings insgesamt ab, ohne dabei jedoch die Frage nach der kartellrechtlichen Qualifizierung von Tarifverträgen auch nur zu erwähnen[216].

Jedoch auch das durch das KG in diesem Kontext vertretene Argument, der Zustimmungsbeschluß sei wegen seines "untrennbaren Zusammenhangs mit dem Tarifvertrag"[217] kartellrechtlich unangreifbar, vermag nicht zu überzeugen. Dies wäre eben nur dann anzunehmen, wenn der Tarifvertrag als Folgevereinbarung des Arbeitgeberbeschlusses einzustufen wäre, was, wie dargelegt, jedoch Sinn und Zweck dieses Rechtsinstituts widerspricht. Denn die Gewerkschaft ist an der Vorbereitung des Zustimmungsbeschlusses unmittelbar beteiligt und hat daher Kenntnis vom Inhalt des Kartellvertrages.

Ist der Tarifvertrag somit in seiner Wirksamkeit abhängig von dem Zustimmungsbeschluß der Arbeitgeberseite[218], so muß, im Falle einer (Teil) Unwirksamkeit des Verbandsbeschlusses, der ihn ausführende Tarifvertrag in gleichem Umfang[219] unwirksam sein.

3. Abweichende Auffassungen in der Literatur

Auch im Schrifttum finden sich Bedenken gegen eine Anwendung der Kartellrechtsregeln auf den Zustimmungsbeschluß des Arbeitgeberverbandes. Es wird geltend gemacht, daß das auf Seiten des Arbeitgeberverbandes vertragschließende Organ für den Abschluß wettbewerbsbeschränkender Vereinbarungen im Rahmen der Satzung entweder überhaupt nicht, oder jedenfalls nur einge-

---

214 Zur Rechtsprechung des BGH zur Wirksamkeit von Folgeverträgen siehe SCHOCKENHOFF, NJW 1995, S. 500 ff.

215 BAG WuW/E VG 347, 350f.

216 Hierauf weist WINDBICHLER, ZfA 1991, S. 35, 41 hin.

217 KG WuW/E OLG 4531, 4537 - Ladenöffnungszeit.

218 HENDRIKS, a.a.O. (Fn. 16), S. 132.

219 HENDRIKS, a.a.O., S. 132 f.; RUNGGALDIER, a.a.O. (Fn. 12), S. 350 f.

schränkt durch eine entsprechende Generalklausel ermächtigt sei. Der Zustimmungsbeschluß sei den Mitgliedsunternehmen satzungs- und damit auch kartellrechtlich nicht zuzurechnen[220].

Auch diese Einwände schlagen jedoch nicht durch:

Zum einen sind die Satzungsbestimmungen, soweit sie die Aufgaben hinsichtlich des Abschlusses von Tarifverträgen betreffen, weit gezogen[221], so daß auch wettbewerbsbeschränkende Vertragsklauseln, von extremen Ausnahmefällen einmal abgesehen, grundsätzlich erfaßt werden.

Hinzu kommt, daß auch das Vorliegen eines mangelhaften Organbeschlusses vereinsrechtlich nicht dazu führt, daß den Vereinsmitgliedern dieser Beschluß nicht zurechenbar wäre. Vielmehr ist nach h.M. Folge des Vorliegens eines Beschlußmangels *ipso iure* die Nichtigkeit bzw. Unwirksamkeit des Beschlusses[222]. Handelt es sich um die Verletzung mitgliederschützender Vorschriften, so hängt die Nichtigkeit des Beschlusses allerdings davon ab, daß das betroffene Vereinsmitglied gegen den Verstoß unverzüglich Widerspruch erhebt. Andernfalls verwirkt es die Ausübungszuständigkeit und der Beschluß wird endgültig wirksam[223]. Sieht man daher, wie die Mindermeinung, die satzungsgemäße Kompetenz des Arbeitgeberverbandes als überschritten an, wenn der Zustimmungsbeschluß zum Abschluß eines gütermarktkartellierenden Tarifvertrages führt, so ergeben sich hieraus *vereinsrechtlich* zwei denkbare Folgerungen:

---

220 HENDRIKS, a.a.O. (Fn. 16), S. 126 f.; LANGEN/BUNTE/BUNTE, KartR, § 1, Rz. 156; POTH, a.a.O. (Fn. 22), S. 86 ff; ders., NZA 1989, S. 626, 630. Nach dem Vorliegen einer wettbewerbsbeschränkenden Absicht differenzieren LANGEN/BUNTE/BUNTE, KartR, § 1, Rz. 157.

221 So besagt etwa § 2 Nr. 2 a) der Satzung des "Arbeitgeberverbandes der Versicherungsunternehmen in Deutschland" v. 4.7.1990, daß der Verband insbesondere die Aufgabe hat, "alle Verhandlungen mit den Organisationen der Arbeitnehmer zu führen und mit diesen Gesamtvereinbarungen zu treffen." Diese Vereinbarungen sind für die Mitgliedsunternehmen nach § 4 Nr. 2 der Satzung verbindlich.

222 BGHZ 59, 369, 372; 99, 119; ERMANN/WESTERMANN, BGB, § 32, Rz. 6; PALANDT/HEINRICHS, BGB, 56. Aufl., 1997, § 32, Rz. 9; SOERGEL/HADDING, BGB, 12. Aufl., 1987, Rz. 36 ff; a.A. insbes. K. SCHMIDT, der sich für die Anfechtbarkeit fehlerhafter Vereinsbeschlüsse analog §§ 241 ff. AktG ausspricht, vgl. GesellschaftsR, § 24 III.

223 SOERGEL/HADDING, BGB, § 32, Rz. 18, 37a; MüKo/REUTER, BGB, § 32, Rz. 23.

Wertet man die entsprechende Satzungsbestimmung als individuell mitgliederschützend, so bedürfte es des Widerspruchs der einzelnen Mitgliedsunternehmen gegen die Nichtigkeit; andernfalls würde der Beschluß -- vereinsrechtlich -- wirksam. Hier stellte sich dann jedoch wiederum weiterführend die Frage nach der kartellrechtlichen Wirksamkeit. Sieht man die Satzungsbestimmung jedoch nicht als mitgliederschützende Vorschrift an und ist der Beschluß damit unheilbar nichtig, so schlägt dies unmittelbar auf den Tarifvertrag durch, so daß es einer kartellrechtlichen Prüfung anhand von § 1 GWB nicht mehr bedürfte.

Allerdings gelangen auch die genannten Autoren, die eine satzungsrechtliche Zurechenbarkeit eines auf den Abschluß eines gütermarktkartellierenden Tarifvertrages verneinen, zum Ergebnis der Anwendbarkeit des § 1 GWB.

Nach Auffassung von *Poth* soll nämlich ein Tarifvertrag bereits deshalb als Vertrag zwischen Unternehmen zu beurteilen sein, weil an ihm mehrere Unternehmen, wenn auch über einen gemeinsamen Vertreter, beteiligt seien[224]. *Bunte* differenziert demgegenüber danach, ob der Tarifvertrag allein in wettbewerbsregelnder Absicht abgeschlossen wurde[225]. In Weiterführung der *Ladenschluß*-Entscheidung des BAG[226] soll in dem Zustimmungsbeschluß zu einem in wettbewerbsbeschränkender Absicht geschlossenen Tarifvertrag der Beschluß einer Vereinigung von Unternehmen i.S.d. § 1 GWB liegen, der sich auch auf den Verkehr mit Waren oder gewerblichen Leistungen beziehe.

Allerdings überzeugt der Rückgriff auf die wettbewerbsbeschränkende Absicht nicht. Insbesondere scheint sie sich auf die überholte Gegenstandstheorie zu beziehen. Nach herrschender Ansicht in der Literatur ist im Rahmen der objektiv eingeschränkten Folgetheorie für eine Anwendbarkeit des § 1 GWB jedoch lediglich die konkrete Eignung einer vertraglichen Vereinbarung, eine Wettbewerbsbeschränkung zu bewirken, erforderlich. Auf das Bestehen einer wettbewerbsbeschränkenden Absicht kommt es jedoch bereits nach dem Wortlaut des § 1 GWB nicht an[227].

Schließlich lassen die genannten Autoren die Besonderheiten des Tarifrechts außer Acht. Denn Voraussetzung für die Qualifikation eines Arbeit-

---

224 NZA 1989, S. 626, 630.

225 LANGEN/BUNTE/BUNTE, KartR, § 1, Rz. 157.

226 WuW/E VG, 347, 351.

227 IMMENGA/MESTMÄCKER/IMMENGA, GWB, § 1, Rz. 283 ff.; insbes. Rz. 307 ff.

geberverbandes als Tarifpartei ist dessen Tariffähigkeit. Unter anderem zählt zu den Voraussetzungen der Tariffähigkeit die Bereitschaft und die durch die Satzung bestimmte Kompetenz, über alle Bereiche, die durch Art. 9 III GG i.V.m. § 1 TVG gedeckt sind, zu verhandeln und mit den Arbeitnehmerorganisationen Tarifverträge abzuschließen[228]. Wären also bestimmte Sachbereiche qua Satzung der Verhandlungs- und Abschlußkompetenz des Verbandes entzogen, so hätte dies den gleichzeitigen Verlust der Tariffähigkeit zur Folge. Es gilt nach einem von *Löwisch* geprägten Begriff der Grundsatz des "Alles oder Nichts"[229].

V. *Übertragbarkeit auf Haustarifverträge*

Soweit in den vorstehenden Ausführungen von Tarifverträgen die Rede war, so bezog sich dies durchweg um die in Deutschland vorherrschenden Verbandstarifverträge[230]. Inwieweit eine Übertragung der Argumente auch auf Firmentarifverträge möglich ist, ist jedoch fraglich[231].

Eine Anwendung von § 1 GWB auf Firmentarifverträge setzt zunächst zwingend voraus, daß die Gewerkschaft als Unternehmen angesehen werden kann[232], da es an dem Zustimmungsbeschluß des Arbeitgeberverbandes gerade fehlt.

Das Vorliegen eines Vertrages "zu einem gemeinsamen Zweck" kann mit der oben dargestellten[233] neueren Rechtsprechung des BGH begründet

---

228 BVerfGE 20, S. 312, 313; MünchHdbdArbR/LÖWISCH, § 248, Rz. 16 f., 60; § 249, Rz. 13; zu Problemen in Zusammenhang mit der Frage nach der Tarifzuständigkeit, vgl. BUCHNER, ZfA 1995, S. 95 ff.

229 LÖWISCH/RIEBLE, TVG, § 2 Rz. 33; , MünchHdbArbR/LÖWISCH, § 248 Rz. 16 f.; § 249, Rz. 13; s.a. DÄUBLER, Tarifvertragsrecht, Rz. 75; WIEDEMANN/STUMPF, TVG, § 2, Rz. 36.

230 HEINZE, NZA 1995, S. 5 f.; KRIEBEL, Zentralisation und Dezentralisation im Tarifsystem, S. 25 f. Anders etwa in den USA: Hier überwiegen die Firmentarifverträge, multiemployer bargaining ist hingegen die Ausnahme, vgl. etwa LESLIE, Labor Law, S. 201 ff.; BITTNER, ZIAS 1991, S. 346, 348; WINDBICHLER, RdA 1992, S. 74, 83.

231 Bejahend z.B. IMMENGA, a.a.O. (Fn. 55), S. 43 f.; a.A. DÄUBLER, a.a.O. (Fn. 52), S. 311; HENDRIKS, a.a.O. (Fn. 16), S. 124; POTH, a.a.O. (Fn. 22), S. 91 bei Fn. 251.

232 IMMENGA, a.a.O. (Fn. 55), S. 43.

233 Vgl. oben S. 35 f.

werden[234]. Eine andere Ansicht, die insbesondere von *Immenga* vertreten wird, wertet Firmentarifverträge als vertikale Vereinbarungen, auf die zwar § 1 GWB unmittelbar nicht anwendbar sei, auf die jedoch die zu den sog. "Sternverträgen"[235] entwickelten Grundsätze herangezogen werden könnten[236]. Diese besagen, daß ein gemeinsamer Zweck auch dann anzunehmen ist, wenn Wettbewerber mehrere parallele vertikaler Verträge mit demselben Vertragspartner abgeschlossen haben und dadurch der Wettbewerb unter den gebundenen Unternehmen beschränkt wird[237]. Es handelt sich also um eine horizontale Bündelung vertikaler Verträge[238]. Voraussetzung für die Anwendung des § 1 GWB auf eine solche Bündelung ist allerdings eine vorhergehende horizontale Abstimmung der Unternehmen[239], die auf ein Unterlaufen des Kartellverbotes gerichtet ist[240].

Auch wenn man unterstellt, daß Tarifverträge tatsächlich als Vertikalverträge anzusehen sind, so ist begegnet die Übernahme der Figur der Sternverträge auf den vorliegenden Fall einigen Bedenken. Zum einen dürfte der Nachweis einer horizontalen Abstimmung zwischen den beteiligten Unternehmen in der Praxis äußerst schwierig zu führen sein. Zum anderen ist eine horizontale Abstimmung der Unternehmen dann schwerlich anzunehmen, wenn die wettbewerbsbeschränkenden Klauseln allein im Interesse der Gewerkschaft liegen und gegen den Widerstand der Arbeitgeberseite in den Vertrag aufgenommen wurden[241].

---

234 IMMENGA, a.a.O. (Fn. 55), S. 42, 43 f.

235 Hierzu allgemein BECHTOLD, GWB, § 1, Rz. 5; EMMERICH, Kartellrecht, S. 67; FIKENTSCHER, Wirtschaftsrecht Bd. II, S. 250; IMMENGA/MESTMÄCKER/IMMENGA, GWB, § 1 Rz. 172; LANGEN/BUNTE/BUNTE, KartR, § 1, Rz. 37; MÜLLER-HENNEBERG IN M-H/S, GK, § 1 Rz. 36; K. SCHMIDT, Kartellverbot, S. 134 ff., der entgegen der h.M. eine Erfüllung des Tatbestandsmerkmals "zu einem gemeinsamen Zweck" ablehnt. Aus der Rspr.: WUW/E BGH 1367, 1369 - ZVN; OLG Fankfurt, GRUR 1989, S. 785, 786.

236 IMMENGA, a.a.O. (Fn. 55), S. 44 f.; ebenso WINDBICHLER, ZfA 1991, S. 35, 41.

237 K. SCHMIDT, a.a.O., S. 134.

238 BECHTOLD, a.a.O.

239 OLG Düsseldorf, WuW/E OLG 4691 - Stern-Vertrag; IMMENGA, a.a.O.; ders. in IMMENGA/MESTMÄCKER, GWB, § 1 Rz. 172; K. SCHMIDT, a.a.O. (Fn. 235), S. 135 f.

240 K. SCHMIDT, a.a.O., S. 135.

241 Ähnlich KULKA, RdA 1988, S. 336, 341

Ausschlaggebend für die Frage der Anwendbarkeit des Kartellverbotes auf Firmentarifverträge wird jedoch meist sein, daß ein einzelner Firmentarifvertrag kaum jemals geeignet sein wird, den Wettbewerb auf den Gütermärkten spürbar zu beeinflussen. Bereits deshalb kommt eine Anwendung des Kartellverbotes auf Firmentarifverträge regelmäßig nicht in Betracht[242]. Eine Wettbewerbsbeschränkung kann allerdings dann vorliegen, wenn der einzelne Firmentarifvertrag Bestandteil eines Geflechtes gleichlautender Absprachen ist, die im Verbund ähnliche Wirkungen wie ein Branchentarifvertrag zeitigen[243].

VI. Schranken

1. Die herrschende Meinung: Rechtsmißbrauch und Gesetzesumgehung

Auch wenn in Literatur und Rechtsprechung die Anwendung des GWB auf marktregelnde Tarifverträge zwar überwiegend abgelehnt wird, so soll auch nach Ansicht der h.M. jedenfalls dann eine Ausnahme gelten, wenn ansonsten eine "Flucht ins Tarifrecht"[244] zu befürchten wäre. Allerdings soll sich die kartellrechtliche Kontrolle auf die Fälle des Rechtsmißbrauchs bzw. der Gesetzesumgehung beschränken[245].

Eine Umgehung des § 1 GWB sei danach insbesondere dann anzunehmen, wenn die tarifliche Abrede, wäre sie als Vertrag allein von Unternehmen geschlossen worden, gegen das Kartellverbot verstieße[246] und Arbeit-

---

[242] Im Übrigen käme dem vermehrten Abschluß von Haustarifverträgen eine deregulierende und damit möglicherweise eine beschäftigungsfördernde Wirkung zu, vgl. BESTERS, Hindernisse für Vollbeschäftigung, in: Bundeszentrale für politische Bildung (Hrsg.), Wirtschaftspolitik, S. 160, 175; zu den zahreichen Vorschlägen einer Deregulierung des Arbeitsmarktes s.a. DEREGULIERUNGSKOMMISSION, Marktöffnung und Wettbewerb, S. 133 ff., dazu NEIFER-DICHMANN, Arbeitgeber 1991, S. 586 ff und 668 ff.; GNOTH, Die Bank 1994, S. 68-75; KRONKE, a.a.O. (Fn. 24); SÖLTER, Durch Flexibilisierung der Arbeitskartelle aus der Beschäftigungskrise; SOLTWEDEL, Mehr Markt am Arbeitsmarkt; ders., Deregulierungspotentiale in der Bundesrepublik; ders., Regulierungen auf dem Arbeitsmarkt der Bundesrepublik.

[243] Ähnlich DÄUBLER, a.a.O. (Fn. 52), S. 311; KULKA, RdA 1988, S. 336, 340.

[244] VAUBEL, a.a.O. (Fn. 19), S. 33.

[245] FURTER, a.a.O (Fn. 199), S. 106, 108; ROTH, a.a.O (Fn. 2), S. 24 f.; SCHMIDT-ERIKSEN, AuR 1991, S. 137, 143; VAUBEL, a.a.O. (Fn. 19), S. 33 ff.; BAG WuW/E VG 347, 351. Kritisch RIEBLE, Arbeitsmarkt und Wettbewerb, a.a.O. (Fn. 23), Rz. 533 f.

[246] ROTH, a.a.O., S. 7, 24 f.; VAUBEL, a.a.O., S. 36.

nehmerinteressen, wenn überhaupt, nur am Rande berührt würden[247]. Abgestellt werden soll also auf den von den Tarifpartnern mit der Regelung beabsichtigten Zweck und dessen Beziehung zu den Arbeitsverhältnissen.

Jedoch auch dann, wenn Arbeitnehmerinteressen berührt seien, könne das Kartellrecht Schranken setzen: denn nur in dem Fall, daß die Tarifvertragsklausel direkt arbeitnehmerische Belange wahrnehme, sei das Kartellverbot ausgeschlossen. Stelle hingegen die "Wettbewerbsbeschränkung gerade das Mittel der Interessenwahrung"[248] dar, komme das GWB ausnahmsweise zum Tragen.

Diese Mißbrauchs- oder Umgehungsschranke dürfte in der Praxis allerdings kaum relevant werden. Denn wenn nicht einmal, wie in dem Streit um die Festlegung des Endes der täglichen Arbeitszeit für die Beschäftigen des Einzelhandels, die aus den Protokollnotizen[249] zu dem Tarifvertrag erkenntliche und öffentlich erklärte Absicht der Gewerkschaft, die fragliche Regelung nur dann wirksam werden zu lassen, wenn betroffene Arbeitgeber keine spätöffnungsbedingten Wettbewerbsnachteile zu gewärtigen haben, ausreichen soll, um das Vorliegen eines Rechtsmißbrauchs zu begründen[250], so ist unwahrscheinlich, daß dieser Gedanke jemals im konkreten Fall zur Anwendung gebracht werden wird. Dies wird von den Vertretern der Rechtsmißbrauchstheorie auch offen eingeräumt[251].

Vermag die Rechtsmißbrauchs- bzw. Umgehungskonstruktion damit bereits aus praktischen Gründen nicht zu überzeugen, so kommt hinzu, daß ihre Vertreter zudem offenbar davon ausgehen, daß es für die Anwendbarkeit von § 1 GWB des Vorliegens einer Mißbrauchsabsicht bedürfe. Nach h.M. ist jedoch bei Umgehungsgeschäften das Vorliegen einer Umgehungsabsicht gerade nicht notwendig. Abzustellen ist vielmehr auf das Vorliegen eines objektiven Verstoßes[252].

---

247 VAUBEL, a.a.O., S. 54; ähnlich auch MATHYS, a.a.O. (Fn. 199), S. 43 ff.

248 VAUBEL, a.a.O., S. 73.

249 Siehe hierzu ANZINGER/KOBERSKI, S. 737, 743; SOWKA, NZA 1995, S. 1126, 1127 f.

250 So ausdrücklich SÄCKER/OETKER, a.a.O. (Fn. 8), S. 219 f.

251 vgl. ROTH, a.a.O (Fn. 2), S. 25; SCHMIDT-ERIKSEN, AuR 1991, S. 137, 145.

252 vgl. PALANDT/HEINRICHS, BGB, § 134, Rz. 28; SOERGEL/HEFERMEHL, BGB, § 134, Rz. 40; TEICHMANN, S. 69 f; BAG NJW 1961, S. 798; BAG NJW 1982, S. 2789; BGH NJW 1990, S. 1473, 1474; a.A. MüKo/MAYER-MALY, BGB, § 134,

Säcker/Oetker, die die Rechtsmißbrauchskonstruktion als zu vage ablehnen, beschreiten einen von der h.M. leicht abweichenden Weg um die kartellrechtliche Immunität tarifvertraglicher Vereinbarungen einzugrenzen. Danach soll die wettbewerbsbeschränkende Absicht mit Hilfe einer teleologischen Extension von § 1 GWB erfaßt werden[253]. Verfolgen die Tarifvertragsparteien mehrere Regelungszwecke, so soll eine wertende Betrachtungsweise entscheiden[254].

Abgesehen jedoch von dem Vorwurf der Impraktikabilität, der dieser Lösung ebenso anhaftet wie derjenigen der h.M., ist der Ansatz zudem in sich widersprüchlich. Denn auch *Säcker/Oetker* sind der Ansicht, daß Tarifverträge tatbestandlich von § 1 GWB nicht erfaßt würden, da § 1 TVG insoweit eine Anwendung des GWB von vornherein ausschließe[255]. Es ist jedoch nicht ersichtlich, auf welche Weise eine seitens der Tarifparteien geäußerte wettbewerbsbeschränkende Absicht hieran etwas ändern kann.

Wiederum einen abweichenden Ansatz verfolgt *Rieble*, der den Umgehungstatbestand des § 38 I Nr. 11 GWB fruchtbar machen will[256]. Zwar sind nach seiner Auffassung Gewerkschaften auch dann, wenn sie wettbewerbsbeschränkend tätig werden, keine funktionalen Unternehmen, so daß eine Anwendung des § 1 GWB ausscheiden müsse. Jedoch seien mittelbare Wettbewerbsbeschränkungen, die auf eine gezielte gewerkschaftliche Koordination des Gütermarktwettbewerbs durch Tarifvertrag zurückzuführen sind, als Ordnungswidrigkeit i.S.d. § 38 I Nr. 11 GWB zu werten. Denn eine finale Indienstnahme des Gütermarkts zur Erzielung positiver Reflexe auf dem Arbeistmarkt sei den Gewerkschaften verwehrt.

Riebles Ansatz hat insofern einiges für sich, als er eine Auseinandersetzung mit dem Unternehmensbegriff überflüssig macht, dabei jedoch gleichzeitig alle diejenigen Sachverhaltskonstellationen erfaßt, auf die auch das Kartellverbot des § 1 GWB abstellt[257]. Andererseits stellt gerade die automatische Nichtigkeitsfolge des § 1 GWB die wirksamste Sanktion des Kartellrechts dar.

Rz. 19; siehe allg. ausführlich BAUR, Der Mißbrauch im deutschen Kartellrecht, insbes. S. 94 ff.

253 SÄCKER/OETKER, a.a.O. (Fn. 8), S. 218.

254 A.a.O., S. 219.

255 Siehe oben S. 43 f.

256 RIEBLE, Arbeitsrecht und Wettbewerb, a.a.O. (Fn. 23) Rz. 535 f.

257 IMMENGA/MESTMÄCKER/TIEDEMANN, § 38, Rz. 146.

Nicht die mögliche Ordnungswidrigkeit wird in der Regel gefürchtet, sondern die fehlende Durchsetzbarkeit der Kartellvereinbarung. Darüber hinaus steht auch *Riebles* Lösungsvorschlag das Problem der praktischen Anwendbarkeit entgegen.

Schließlich ist *Riebles* Ansatz auch teilweise in sich unschlüssig. Denn zwar lehnt er einerseits eine Anwendung des § 1 GWB, neben der Frage der Unternehmenseigenschaft, insbesondere deshalb ab, weil Kartellbehörden und -gerichte mit der Entscheidung der Frage überfordert seien, welche Gütermarktfolgen ein Vorgang auf dem Arbeitsmarkt zulässigerweise noch auslösen dürfe und welche nicht mehr gedeckt seien[258]. Andererseits übersieht *Rieble* jedoch, daß Voraussetzung für eine Anwendbarkeit des § 38 I Nr. 11 GWB "eine Umgehung der in diesem Gesetz ausgesprochenen Verbote", d.h. im hiesigen Fall des Kartellverbots des § 1 GWB ist. Der BGH hat hierzu ausgeführt:

"*Es ist also entscheidend, ob die Empfehlung eine Lage herbeiführt, die -- durch vertragliche Regelung bewirkt -- unter das primäre Verbot fallen würde.*"[259]

Damit muß der jeweilige Beamte oder Richter letztlich dieselben Wertungen vornehmen, wie bei einer unmittelbaren Anwendbarkeit des § 1 GWB.

2. Die Auffassung der neueren Kartellrechtsliteratur

Ebenso, wie die h.M. die Anwendung des GWB auf Tarifverträge nicht in jedem Fall ausschließen will, so wird umgekehrt eine uneingeschränkte Geltung des GWB im kollektivvertraglichen Bereich von den Autoren abgelehnt, die Anwendbarkeit des Kartellverbotes grundsätzlich bejahen. Herausgebildet haben sich hierzu im Wesentlichen zwei Ansätze:

---

258 RIEBLE, a.a.O., Rz. 527.

259 WuW/E BGH 369, 370 f. - Kohleplatzhandel.

a) Die Immanenztheorie

Auf *Kulka*[260] geht der Vorschlag zurück, eine Grenzziehung zwischen Kartellrecht und Tarifautonomie anhand der sog. Immanenztheorie[261] durchzuführen. Die Immanenztheorie zielt auf eine teleologische Reduktion des Tatbestandes von § 1 GWB ab: Wettbewerbsbeschränkungen, die dem Kartellverbot grundsätzlich unterstehen[262], wie etwa Wettbewerbsverbote in Personengesellschaftsverträgen (§ 112 HGB) oder das nachvertragliche Wettbewerbsverbot für Handelsvertreter (§ 90 a I S. 1 HGB), sollen dann von § 1 GWB ausgenommen werden, wenn die Beeinträchtigung des Wettbewerbs einen zur Durchführung des Vertrages notwendigen Bestandteil bildet, diesem also immanent ist[263]. Hierbei ist die Wettbewerbsbeschränkung in gegenständlicher, örtlicher und zeitlicher Hinsicht auf ein unerläßliches Maß zu begrenzen[264].

Kulka überträgt den Gedanken der teleologischen Restriktion auf den hiesigen Kontext und argumentiert, daß das GWB gegenüber tarifvertraglich vereinbarten Wettbewerbsbeschränkungen dann zurückzustehen habe, wenn andernfalls "die Tarifautonomie als solche auf dem Spiel stünde"[265]. Dies sei dann der Fall, "wenn die Tarifpartner in einer für die Tarifautonomie zentralen Frage an der sachgerechten Wahrnehmung der ihnen zugewiesenen Aufgabe, das Arbeitsleben sinnvoll zu ordnen ..., gehindert werden."[266] Bewege sich

---

260 RdA 1988, S. 336, 343; ähnlich NACKEN, WuW 1988, S. 475, 478 f.; REUTER, Anm. zu BAG EzA Art. 9 GG, Nr. 94 Arbeitskampf; ders., JuS 1990, S. 332 f.; auch KG WuW/E OLG 4531, 4534 - Ladenöffnungszeit.

261 Grundlegend STEINDORFF, BB 1977, S. 569, 570.

262 WuW/E BGH 519 - Kino; IMMENGA/MESTMÄCKER/IMMENGA, GWB, § 1, Rz. 162.

263 FRITZSCHE, ZHR 160 (1996), S: 31, 55 ff; IMMENGA/MESTMÄCKER/IMMENGA, GWB, § 1 Rz. 164; KÖTZ, RabelsZ 1994, S. 209, 215 ff.; MÖSCHEL, Wettbewerbsbeschränkungen, Rz. 204; ULMER, RIW 1985, S. 517, 520 jeweils m.w.N.

264 WuW/E BGH 1898, 1899 - Holzpaneele; WuW/E BGH 2285, 2288 - Spielkarten; OLG Stuttgart WuW/E OLG 3492, 3493 f. - Tanzschule; OLG Frankfurt WuW/E OLG 4488, 4480 - Konkurrenz im selben Haus. Vgl. aus der Lit.: BELKE, ZHR 143, S. 74, 90; KOHLER, ZHR 148, S. 487, 491; POTH, a.a.O. (Fn. 22), S. 98 f., 170 ff.; K. SCHMIDT, ZHR 149, S. 1, 10 ff.; STEINDORFF, BB 1977, S. 569, 570; ders., BB 1981, S. 377, 380.

265 KULKA, RdA 1988, S. 336, 343.

266 A.a.O.

eine tariflich regelbare Materie hingegen außerhalb dieses kartellrechtsfesten Kerns koalitionsgemäßer Betätigung, so sei das Kartellverbot zu beachten[267].

b) Der Arbeitsmarkt als ungeschriebener Ausnahmebereich des GWB

Im Vordringen befindlich ist der von *Immenga*[268] entwickelte Ansatz, den Arbeitsmarkt als ungeschriebenen Ausnahmebereich des GWB zu verstehen[269].

Denn das GWB enthalte "unvollkommene Zeichen für die Annahme eines allgemeinen Ausnahmebereiches"[270] Arbeitsmarkt, der umfassende Geltung unabhängig von dem Tatbestand des Kartellverbotes[271] beanspruche. Dies ergebe sich aus den grundlegenden Verschiedenheiten zwischen den Gestaltungsbedingungen des Arbeitsmarktes und der Produkt- bzw. Dienstleistungsmärkte, sowie durch tatbestandliche Eingrenzungen des § 1 GWB[272].

Allerdings gelte auch für den umfassenden Ausnahmebereich Arbeitsmarkt, daß, wie auch sonst, ein Rechtsformmißbrauch nicht geduldet werden könne[273]. Bestünden daher miteinander kollidierende Normbereiche, so seien diese durch Gesetzesinterpretation voneinander abzugrenzen. Eine solche Abgrenzung könne anhand der Kriterien, die für die Mißbrauchskontrolle in den Bereichsausnahmen entwickelt wurden, vorgenommen werden[274]. Gefragt werden müsse zum einen danach, ob eine bestimmte Vertragsbestimmung dem Sinn und Zweck der Freistellung noch entspreche. Bejahendenfalls sei weiter zu prüfen, ob sich die Freistellung darüber hinaus auch unter Berücksichtigung des Geltungsanspruches der jeweiligen kartellrechtlichen Norm rechtfertigen lasse. Deutliche Verstöße gegen die Wettbewerbsordnung seien auch bei ar-

---

267 A.a.O., S. 345; ähnlich KG WuW/E OLG 4531, 4534 ff. - Ladenöffnungszeit.

268 A.a.O. (Fn. 55), S. 9 ff., 18 ff.

269 Ihm folgend WINDBICHLER, ZfA 1991, S. 35, 39; wohl auch SALJE, ZfA 1991, S. 653, 664; jetzt offenbar auch JUNKER, ZfA 1996, S. 353, 390 f.; REUTER, RdA 1995, S. 1, 2; für den EGV GLEISS/HIRSCH, Kommentar zum Europäischen Kartellrecht, Art. 85, Rz. 20.
Ablehnend etwa RIEBLE, Arbeitsmarkt und Wettbewerb, a.a.O. (Fn. 23), Rz. 460.

270 IMMENGA, a.a.O. (Fn. 55), S. 9; ders. in IMMENGA/MESTMÄCKER, GWB, § 1 Rz. 322.

271 A.a.O., S. 10.

272 A.a.O., S. 9, 18; ders. in IMMENGA/MESTMÄCKER, GWB, § 1, Rz. 322.

273 A.a.O., S. 19.

274 A.a.O., S. 19 f., 23 ff.; WINDBICHLER, ZfA 1991, S. 35, 40.

beitsrechtlicher Zulässigkeit einer Tarifvertragsklausel kartellrechtlich nicht hinnehmbar[275].

Immenga wird insbesondere entgegengehalten, daß er die tatbestandliche Ausnahme vom Kartellverbot mit der Frage nach einer Freistellung tatbestandlich vom Kartellverbot erfaßter Sachverhalte vermenge[276].

Diese Kritik vermag allerdings nicht zu überzeugen. Denn *Immenga* verkennt keineswegs, daß bereits die tatbestandliche Fassung des § 1 GWB zu einem weitgehenden Ausschluß tarifvertraglicher Regelungen führt[277]. Da jedoch darüber hinaus Sachverhalte verbleiben, für die § 1 GWB nicht ohne weiteres ausgeschlossen werden kann -- und nur für diesen Bereich ist die Frage nach dem Ausnahmebereich Arbeitsmarkt letztlich relevant --, ist hier zu fragen, ob die wettbewerbsbeschränkende Bestimmung dem Sinn und Zweck der Freistellung noch entspricht.

VII. Ergebnis

Als Fazit ist damit festzuhalten:

1. Entgegen der h.M. führt die Vereinbarungsbefugnis der Tarifparteien aus Art. 9 III GG i.V.m. § 1 TVG nicht zu einer generellen Exemption jeder tarifvertraglich zulässigerweise vereinbarten Regelung aus dem tatbestandlichen Anwendungsbereich des § 1 GWB. Das Kartellrecht ist vielmehr nur solange ausgeschlossen, als sich die Regelung auf die Ausgestaltung der Arbeitsbeziehungen beschränkt.
2. Der Tatbestand des § 1 GWB steht dessen Anwendung auf unmittelbar wettbewerbsbeschränkende Tarifverträge ebensowenig entgegen, wie die Entstehungsgeschichte zum GWB. Jedenfalls läßt sich der Zustimmungsbeschluß des Arbeitgeberverbandes als kartellrechtsrelevanter Sachverhalt begreifen.
3. Auch eine uneingeschränkte Anwendbarkeit des § 1 GWB kommt allerdings nicht in Betracht. Einen gangbaren Weg der Grenzziehung bietet die Annahme eines ungeschriebenen Ausnahmebereichs Arbeitsmarkt. Je nach Sachverhalt ist danach zu prüfen, ob Sinn und Zweck dieses Ausnahmebereichs die Frei-

---

275 IMMENGA, a.a.O., S. 20, 23; ablehnend SCHMIDT-ERIKSEN, AuR 1991, S. 137, 140 ff.

276 So SÄCKER/OETKER, a.a.O. (Fn. 8), S. 215 f.

277 IMMENGA, S. 7 ff.; allerdings prüft er zunächst die arbeitsrechtliche Wirksamkeit einer Vereinbarung und dann erst den Tatbestand des § 1 GWB.

stellung der Regelung gebietet. Denkbar ist auch, den Tatbestand des § 1 GWB nach dem Muster der Immanenztheorie teleologisch zu reduzieren.

4. Firmentarifverträge unterliegen dem Kartellverbot in der Regel nicht, da eine spürbare wettbewerbsbeschränkenden Wirkung zumeist fehlt. Anderes kann sich dann ergeben, wenn sich mehrere gleichlautende, jedoch formell selbständige Firmentarifverträge als Teil eines Systems begreifen lassen, das in seinen Wirkungen einem Branchentarifvertrag gleichkommt.

ZWEITER TEIL: TARIFVERTRÄGE UND ARTIKEL 85 EGV

5. Kapitel: Einführung

Im Zweiten Teil der vorliegenden Untersuchung soll nunmehr der Frage nachgegangen werden, ob und, wenn ja, inwieweit marktregelnde Tarifverträge den Wettbewerbsregeln des EGV, namentlich Art. 85 I EGV, unterworfen sind. Hierbei ist zunächst festzustellen, daß es an tiefergehenden Aufarbeitungen des Verhältnisses von Art. 85 EGV zum Arbeitsmarkt bislang fehlt. Während der Europäische Gerichtshof ("EuGH") die Frage bislang offengelassen hat, ist die Position der Europäischen Kommission ("Kommission") zwiespältig[278]. Die Literatur, soweit sie zu der Frage überhaupt Stellung bezogen hat, nimmt, in augenfälliger Abweichung von der parallelen Diskussion in Zusammenhang mit § 1 GWB, mit Einschränkungen im Einzelnen generell eine Anwendbarkeit des Wettbewerbsrechts auf tarifvertragliche Abreden an[279].

Während allerdings bislang die Erörterung der Beziehung zwischen Arbeitsmarkt und Art. 85 EGV lediglich theoretischen Charakter hatte, so hat sich dies in Zusammenhang mit der kürzlich ergangenen Entscheidung des EuGH zur Freizügigkeit von Berufsfußballspielern geändert[280]. Zwar nahm der EuGH in seiner Entscheidung *Jean-Marc Bosman* zu Art. 85 und 86 EGV keine Stellung, da bereits ein Verstoß gegen Art. 48 EGV gegeben war, Generalanwalt *Lenz* bejahte jedoch in seinen Schlußanträgen in einem *obiter dictum* die grundsätzliche Anwendbarkeit von Art. 85 auf tarifvertragliche Abreden[281] und rückte die Problematik damit erstmalig in das europäische Rampenlicht.

Vor einer tatbestandlichen Überprüfung marktregelnder Tarifverträge an Hand der Wettbewerbsregeln des EGV soll daher zunächst der Frage nachge-

---

278 Vgl. einerseits die Antwort auf die schriftliche Anfrage Nr. 777/89, ABl. Nr. 1990 C 328/3 - Vertragsverletzungen durch den FIAT-Konzern und andererseits die Entscheidung Abl. Nr. 1986 L 295/28 - Irish Banks' Standing Committee.

279 Vgl. EMMERICH, Kartellrecht, S. 39; FLEISCHER, WuW 1996, S. 473, 483 ff.; GLEISS/HIRSCH, EG-Kartellrecht, Art. 85, Rz. 20; LANGEN/BUNTE/BUNTE, KartR, Art. 85, Rz. 5; WINDBICHLER, RdA 1992, S. 74, 83.

280 EuGH - Jean-Marc Bosman, Rs. C-415/93, EuZW 1996, S. 82.

281 Vgl. Jean-Marc Bosman, Rs. C-415/93, Tz. 271 ff., EuGRZ 1995, S. 459 ff.

gangen werden, ob der Bereich des Arbeitsmarktes dem Kartellverbot des Art. 85 EGV *grundsätzlich* unterworfen werden kann.

Hierfür ist es notwendig, sich vorab die Bedeutung des Wettbewerbsprinzips im Rahmen des europäischen Primärrechts[282] vor Augen zu führen.

Im Anschluß daran wird der Frage nachzugehen sein, inwieweit Koalitionsfreiheit und Tarifautonomie im EGV verankert sind und ob sich hieraus Rückschlüsse auf die Frage der wettbewerbsrechtlichen Behandlung von Tarifverträgen ziehen lassen.

---

282 Die vorliegende Untersuchung beschränkt sich auf die Bestimmungen des EGV. Zu den in Zusammenhang mit der Frage nach dem Verhältnis von Arbeitsmarkt und europäischer Wettbewerbsordnung relevanten Bestimmungen der Artikel 67, 68 Montanunionvertrag vgl. RIEBLE, Arbeitsmarkt und Wettbewerb, a.a.O. (Fn. 23), Rz. 339 ff.

6. Kapitel: Der Stellenwert des Wettbewerbsprinzips im EGV

I. Verankerung und Aufgabe des Wettbewerbsprinzips im EGV

1. Die Bedeutung des Wettbewerbsgedankens

Bereits die Präambel des EGV hebt die Bedeutung des Wettbewerbsgedankens für das Gemeinschaftsrecht hervor, indem als ein Teilziel der Gemeinschaft die Gewährleistung redlichen Wettbewerbs in den Vordergrund gerückt wird[283].

In Art. 2 EGV, der "an der Spitze der vertragsprägenden allgemeinen Grundsätze steht"[284], wird als Mittel, die Gemeinschaftsaufgaben zu erfüllen, an erster Stelle die Errichtung eines Gemeinsamen Marktes genannt.

Art. 3 EGV, der die Tätigkeitsfelder umreißt, auf denen die Gemeinschaft die vertraglichen Aufgaben des Art. 2 EGV verwirklichen soll, stellt, neben anderen zentralen Gebieten[285], in lit. g)[286] insbesondere die Errichtung eines Systems, das den Wettbewerb innerhalb des Gemeinsamen Marktes vor Verfälschungen schützt, heraus. Konkretisierung erfährt Art. 3 lit. g) EGV dabei durch die Wettbewerbsregeln der Art. 85 ff. EGV, zu deren Auslegung und Anwendung wiederum Art. 3 lit. g) heranzuziehen ist[287]. Ziel und Mittel bedingen sich also gegenseitig.

Damit gehört das System des unverfälschten Wettbewerbs, neben den Grundsätzen des freien Warenverkehrs, der Handelsfreiheit und der Nichtdiskriminierung zu den "fundamentalen Grundsätzen des Gemeinschaftsrechts"[288]

---

283 Zur Bedeutung der Präambel für die Auslegung des EWGV vgl. SCHEPERS, ELR 1981, S. 356 ff.

284 EuGH - Kommission/Frankreich, Rs. 167/73, Slg. 1974, 359, 369 f.

285 Z.B. der Beseitigung der Hindernisse für den freien Personen-, Dienstleistungs- und Kapitalverkehr (Art. 3 lit. c) EGV), der Angleichung der innerstaatlichen Rechtsvorschriften (Art. 3 lit. h) EGV) oder der Sozialpolitik mit einem Europäischen Sozialfonds (Art. 3 lit. i) EGV).

286 Vor der Änderung des EWGV durch den Maastrichter Vertrag zur Europäischen Union war die Tätigkeit der Gemeinschaft noch auf die "Schaffung" eines wettbewerbsschützenden Systems gerichtet, Art. 3 lit. f) EWGV.

287 EuGH - Instituto Chemioterapico und Commercial Solvents/Kommission, Rs. 6 und 7/73, Slg. 1974, 223, 254; v.d.ESCH, WuW 1988, S. 563, 565.

288 EuGH - Procureur de la Republique/Association de Defense des Bruleurs d'Huiles Usagees ("ADBHU"), Rs. 240/83, Slg. 1985, 538, 584; BACH, Wettbewerbliche

und ist Voraussetzung für Errichtung und Bestand des Gemeinsamen Marktes und damit für die europäische Integration. Es steht mit diesen in einem unauflöslichen Zusammenhang.

Deutlich wird die Bedeutung des Wettbewerbsprinzips insbesondere in Verbindung mit den "Vier Grundfreiheiten"[289]: Sowohl die Grundfreiheiten wie die Wettbewerbsregeln sind angelegt auf eine weitgehende Beseitigung von solchen Beschränkungen, die eine wechselseitige Durchdringung nationaler Märkte zu verhindern und den Wettbewerb zu verzerren geeignet sind. Sie bilden die Voraussetzung weitgehender Handlungsmöglichkeiten der Marktbürger innerhalb des Gemeinsamen Marktes[290].

Aufgabe des Systems des unverfälschten Wettbewerbs ist es in diesem Zusammenhang, die neuen Handlungsfreiheiten, die durch die Beseitigung hoheitlicher Handelshemmnisse gewonnen wurden, sowohl gegenüber erneuter staatlicher Intervention, gerade aber auch gegen private Marktabsprachen von Unternehmen zu schützen. Denn diese sind für den Binnenmarkt in gleicher Weise bedrohlich wie staatliche Handelsschranken[291].

Denn ebenso, wie der Gemeinsame Markt Wirtschaftswachstum, Lebensstandard und Stabilität in den einzelnen Mitgliedstaaten zu befördern geeignet ist, so hat andererseits eine Öffnung der Märkte verschärften Wettbewerb unter den Unternehmen unmittelbar zur Folge. Erhöhter Wettbewerbsdruck zwingt die Unternehmen zu Innovationen, die verbunden sind mit technischem und letztlich auch wirtschaftlichem Fortschritt; auf der anderen Seite werden nicht wettbewerbsfähige Unternehmen aus dem Markt gedrängt. Um den Wettbewerbsdruck zu mildern oder den Zugang zu neuen Märkten zu er-

---

Schranken, S. 232 f.; v.d.ESCH, WuW 1988, S. 563, 565; v.d.GROEBEN, EG-Wettbewerbsregeln und Wettbewerbspolitik als Instrumente der europäischen Integration, FIW-Schriftenreihe, Heft 75, S. 105; MESTMÄCKER, Europäisches Wettbewerbsrecht, S. 14.

289 Freier Waren- (Art. 9-47 EGV) und Personenverkehr (Art. 48-51 EGV), Niederlassungsfreiheit (Art. 52-58 EGV), Dienstleistungsfreiheit (Art. 59-66 EGV) und die Freiheit des Kapital- und Zahlungsverkehrs (Art. 67-73 EGV).

290 MÜLLER-GRAFF, Grundelemente des Gemeinschaftsrechtsrahmens, in: FS Nirk, S. 715, 716; ders., Privatrecht und Europäisches Gemeinschaftsrecht, in: Staat und Wirtschaft in der EG, S. 17, 27.

291 St. Rspr., vgl. EuGH - INNO/ATAB, Rs. 13/77, Slg. 1977, S. 2115, 2145 ff; Polydor/Harlequin, Rs. 270/80, Slg. 1982, S. 329, 348 f.; s.a. BLECKMANN, Europarecht, Rz. 1260; EMMERICH, Kartellrecht, S. 502 f.; zuletzt OBERENDER/OKRUCH, WuW 1994, S. 507.

leichtern, sehen sich betroffene Unternehmen häufig zu einem Einsatz wettbewerbsbeschränkender Mittel veranlaßt[292].

Daher gehört es zu den wesentlichen Aufgaben der Wettbewerbsnormen des Gemeinschaftsrechts, die durch den Gemeinsamen Markt ermöglichte Beweglichkeit von Waren und Produktionsfaktoren zu schützen und eine Substitution staatlicher Handelsschranken durch private Wettbewerbsbeschränkungen zu verhindern[293]. Von den Unternehmen wird erwartet, daß sie von dieser Bewegungsfreiheit Gebrauch machen und neue Märkte für sich erschließen[294].

Der Wettbewerb ist damit eines der wesentlichen Strukturelemente des Gemeinschaftsrechts und eine der zentralen Grundlagen für eine fortschreitende Integration der Wirtschaftsordnungen der Mitgliedstaaten in einen einheitlichen Binnenmarkt[295]. Die Herstellung und Erhaltung der Voraussetzungen für freiheitlichen Wettbewerb ist die Grundlage des marktwirtschaftlichen Systems[296] und zugleich Schlüssel für die Lösung von Verteilungs-, Struktur,- Regional- und Sozialproblemen[297]. Insoweit sind

"*die europäischen Wettbewerbsregeln und die europäische Wettbewerbspolitik die entscheidenden Integrationsinstrumente*"[298].

---

292 EHLERMANN, CMLR 1992, S. 257, 259 f.; ders., WuW 1992, S. 5, 6.

293 EHLERMANN, CMLR 1992, S. 257, 260; ders., WuW 1992, 5, 7; IPSEN, EGR, S. 606; MÖSCHEL, NJW 1995, S. 281, 282; ausführlich zu den Zielen der Wettbewerbsregeln VAUGHAN, Law of the European Communities, S. 857 ff.

294 BACH, a.a.O. (Fn. 288), S. 232 ff.; v.d.ESCH, WuW 1988, S. 563; EVERLING, EuR 1982, S. 301, 311 ff.

295 Statt aller BACH, a.a.O.; EVERLING, Das europäische Gemeinschaftsrecht im Spannungsfeld von Politik und Wirtschaft, in: FS Kutscher, S. 155, 177; MARKERT, EuR 1970, S. 349; MESTMÄCKER, EWR, S. 12 ff; zu den Begriffen der wirtschaftlichen, rechtlichen und politischen Integration vgl. BLECKMANN, ER, Rz. 496 ff.

296 Vgl. hierzu BLECKMANN, RabelsZ 1984, S. 417, 431; SCHERER, Wirtschaftsverfassung der EWG, S. 151

297 v.d.GROEBEN, EG-Wettbewerbsregeln, FIW-Schriftenreihe, Heft 75, S. 105, 113, 121.

298 v.d.GROEBEN, a.a.O.; s.a. VOLLMER, DB 1993, S. 25, 26; MÜLLER-GRAFF, FS Nirk, S. 715, 717.

Daneben stehen die Art. 85 f. EGV in unmittelbarem Zusammenhang mit den supranationalen Elementen des EGV.

Der Supranationalitätsgedanke resultiert aus der Sicht des Gemeinschaftsrechts als Rechtsordnung eigener Art, innerhalb derer die Gemeinschaft über autonome Gewalt sowie die Befugnis verfügt, unabhängig von den mitgliedstaatlichen Rechtsordnungen Recht zu setzen. Rechtssubjekte der Gemeinschaft sind nicht lediglich die einzelnen Mitgliedstaaten, sondern auch deren Staatsangehörige[299]. Das Gemeinschaftsrecht beansprucht nicht nur Vorrang vor entgegenstehendem nationalem Recht[300], sondern gilt in Teilbereichen für den einzelnen Marktbürger unmittelbar[301]. In dieser Beziehung unterscheidet sich das Gemeinschaftsrecht grundlegend von dem Recht herkömmlicher internationaler Zusammenschlüsse[302].

Insbesondere für die Wettbewerbsregeln des EGV gilt, daß sie sowohl vorrangig gegenüber kollidierendem nationalem Wettbewerbsrecht[303] zur Anwendung kommen, als auch den einzelnen Marktbürger unmittelbar berechtigen und verpflichten.

---

299 EuGH - van Gend & Loos/niederländische Finanzverwaltung, Rs. 26/62, Slg. 1963, S. 1, 25; Costa/ENEL, Rs. 6/64, Slg. 1964, S. 1251, 1269; auch BVerfGE 22, S. 293, 296 f.

300 Grundlegend hierzu EuGH - Costa/ENEL, Rs. 6/64, Slg. 1964, S. 1251, 1269 ff., st. Rspr.

301 HARTLEY, The Foundations of European Community Law, S. 185 ff.; IPSEN, EGR, S. 647 ff.; NICOLAYSEN, Europäisches Gemeinschaftsrecht, S. 6 ff. mit einer Auflistung der Bestimmungen des primären Europarechtes, deren unmittelbare Geltung der EuGH festgestellt hat; SCHWEITZER/HUMMER, Europarecht, S. 229.

302 BLECKMANN, Europarecht, Rz. 245 ff.; IPSEN, EGR, S. 69 f.; OPPERMANN, Europarecht, Rz. 140 ff.

303 So die heute ganz h.M. seit EuGH - Walt Wilhelm, Rs. 14/68, Slg. 1969, S. 1, 15; Procureur de la Republique u.a./Giry und Guerlain, verb. Rs. 253/78 und 1-3/79, Slg. 1980, S. 2327, 2374 f.; s.a. statt aller BLECKMANN; Europarecht, Rz. 1285 ff.; MESTMÄCKER, EWR, S. 174 ff.; OPPERMANN, Europarecht, Rz. 948 ff., jeweils mit m.w.N.

3. Bindung der Gemeinschaft an die Grundnormen des Vertrages

Hervorzuheben ist schließlich, daß auch die Gemeinschaftsorgane den Grundprinzipien des Vertrages verpflichtet sind. Hierzu hatte der EuGH zunächst für den Bereich des freien Warenverkehrs entschieden, daß die Gemeinschaft nur solange rechtmäßig handelt, als sie die Wirksamkeit der grundlegenden Vertragsbestimmungen nicht gefährde[304]. "Desintegrationsmechanismen"[305] dürfen durch die Tätigkeit der Gemeinschaft somit nicht ausgelöst werden.

Die Bindung der Gemeinschaft auch an die Wettbewerbsregeln[306] stellte der EuGH später folgendermaßen dar:

"*Die Grundsätze des freien Warenverkehrs und des freien Wettbewerbs sowie die grundrechtliche Handelsfreiheit stellen allgemeine Grundsätze des Gemeinschaftsrechts dar, über die der Gerichtshof wacht. Die ... Vorschriften der Richtlinie sind also anhand dieser Grundsätze zu überprüfen.*"[307]

Rechtsakte der Gemeinschaft müssen um rechtmäßig zu sein demgemäß mit den Grundsätzen des freien Wettbewerbs in Einklang stehen[308].

Werden daher etwa Unternehmen durch Gemeinschaftsorgane zu einem Verhalten aufgefordert oder verpflichtet, welches mit den Wettbewerbsregeln nicht im Einklang steht, so handeln diese Organe gemeinschaftsrechtswidrig[309].

---

304 EuGH - Commissionaires Reunis/Receveur des Douanes, verb. Rs. 80, 81/77, Slg. 1978, S. 927, 946 f.; aus der Literatur etwa MATTHIES, Die Verfassung des Gemeinsamen Marktes, in: GS Sasse, S. 115, 126 ff.; v.d. ESCH, WuW 1988, S. 563, 565 f.; GÖTZ, JZ 1989, S. 1021, 1023.

305 EuGH, a.a.O.; vgl. auch Rewe Zentrale Landwirtschaftskammer Rheinland, Rs. 37/83, Slg. 1984, S. 1229, 1248 f.; Vereinigtes Königreich/Kommission, Rs. 61/86, Slg. 1988, S. 431, 462.

306 Siehe hierzu EHRICKE, Die Kontrolle von Eingriffen der EG-Kommission bzw. des Ministerrates der EG in den Wettbewerb, in: SCHOLZ (Hrsg.), Deutschland auf dem Weg in die Europäische Union, S. 379 ff.

307 EuGH - Procureur de la Republique/ADBHU, Rs 240/83, Slg. 1985, S. 531, 548; vgl. auch Rewe Zentrale Landwirtschaftskammer Rheinland, Rs. 37/83, Slg. 1984, S. 1229, 1248 f.; s.a. MESTMÄCKER, Marktzugang und Monopolmißbrauch auf deregulierten Märkten, in: FS Steindorff, S. 1045, 1048 m.w.N.; ders., Zur Anwendbarkeit der Wettbewerbsregeln auf die Mitgliedstaaten und die Europäischen Gemeinschaften, in: FS Börner, S. 277, 285.

308 Ähnliche Grenzen finden sich in Art. 36, 90 II, 92 Nr. 3 c EGV.

309 EuGH - Fruit Company/Kommission, RS. 41-44/70, Slg. 1971, S. 411, 428; Europemballage und Continental Can/Kommission, Rs. 6/72, Slg. 1973, S. 215, 245;

4. Ergebnis

Das Prinzip des unverfälschten Wettbewerbs ist ein fundamentaler Grundsatz des EGV und ein wesentliches Mittel zur Verwirklichung der europäischen Integration. Sowohl die Marktbürger, wie auch die Gemeinschaft selbst sind an dieses Prinzip gebunden und können sich andererseits darauf berufen. Diese fundamentale Bedeutung der Wettbewerbsregeln führt dazu, daß in der Hierarchie der Vertragsbestimmungen das System des unverfälschten Wettbewerbs als mit Verfassungsrang ausgestattet einzustufen ist[310].

II. Systementscheidung zugunsten einer marktwirtschaftlichen Ordnung der Gemeinschaft

1. Die These von der wirtschaftspolitischen Neutralität des Grundgesetzes

Der Streit darüber, ob das Grundgesetz eine Systementscheidung zugunsten einer grundsätzlich marktwirtschaftlich-wettbewerblich verfaßten Ordnung getroffen hat, ist auch heute, fast 40 Jahre nach der grundlegenden *Investitionshilfe*-Entscheidung des BVerfG[311], noch nicht beendet[312].

So wurde beispielsweise gegen den von Teilen des kartellrechtlichen Schrifttums angeregten Vorschlag, in Fällen der Kollision zwischen Tarifverträgen und GWB eine Güterabwägung zwischen Tarifautonomie und kartellrechtlichem Wettbewerbsschutz vorzunehmen, eingewandt, daß das Wettbewerbsprinzip, anders als die durch Art. 9 III GG garantierte Tarifautonomie,

---

Officier van Justitie/van den Hazel, Rs. 111/76, Slg. 1977, S. 901, 911; Maizena/Rat, Rs. 139/79, Slg. 1980, S. 3393, 3422; s.a. MESTMÄCKER, RabelsZ 1988, S. 526, 547.

310 Ebenso BAUER, Wettbewerbsbeschränkungen durch Staaten, S. 112; v.d.ESCH, WuW 1988, S. 563, 566, 574, jeweils m.w.N.; MATTHIES, GS Sasse, S. 115; SCHLIEDER, Protektionismus contra Freiheit der Weltmärkte? in: FIW-Schriftenreihe, Heft 86, S. 1, 8.

311 BVerfGE 4, S. 7; s.a. die *Mitbestimmungs*-Entscheidung BVerfGE 50, S. 290

312 Zum Streitstand z.B. FIKENTSCHER, Wirtschaftsrecht Bd. II, S. 57 ff., insbes. 69 f.; RITTER, BB 1968, 1393, 1396 m.w.N.; SCHOLZ, a.a.O (Fn. 1), S. 639; zuletzt SCHWINTOWSKI, RabelsZ 1994, S. 240 f.

im Grundgesetz nicht verankert sei und daher hinter letztere zurückzutreten habe[313].

Nach heute h.M. kann von einer wirtschaftspolitischen Neutralität des Grundgesetzes jedoch nicht mehr ausgegangen werden[314]. Aus dem Zusammenhang der wirtschaftlich relevanten Grundrechte der Art. 2 I, 3, 9, 11, 12, 14 GG, an die der Gesetzgeber bei der Ausgestaltung seiner Wirtschaftspolitik gebunden ist[315], ergibt sich, daß die Wirtschaftsordnung des Grundgesetzes auf Freiheit und Gleichheit der Marktteilnehmer beruht. Denn Grundrechte sind Abwehrrechte und Freiheitsgewährleistung zugleich. Sie garantieren unternehmerische Handlungs-, Organisations-, Wettbewerbs- und Koalitionsfreiheit und sind in ihren Kernbereichen staatsfrei zu belassen[316]. Mögen Markt und Wettbewerb dementsprechend im Grundgesetz zwar nicht ausdrücklich im Sinne einer institutionellen Garantie verankert sein, so wird ihre Beseitigung jedenfalls durch die Wirkkraft der Einzelgrundrechte verhindert[317].

In diesem Sinne spiegelt auch der Staatsvertrag zwischen der Bundesrepublik Deutschland und der DDR zur Währungs-, Wirtschafts-, und Sozialunion die marktwirtschaftliche Verfasstheit der vereinigten Bundesrepublik wider[318].

Freiheit und Markt kommt damit auch unter dem Grundgesetz eine Prärogative zu, Wirtschaftsfreiheit und staatliche Intervention stehen in einem Regel-Ausnahme-Verhältnis[319].

---

313 SCHMIDT-ERIKSEN, AuR 1991, S. 137, 141 f.

314 BASEDOW, Von der deutschen zur europäischen Wirtschaftsverfassung, S. 21 ff., 25; VOLLMER, DB 1993; WINDBICHLER, RdA 1992, S. 75; ZULEEG, Die Wirtschaftsverfassung der Europäischen Gemeinschaften, in: Arbeitskreis Europäische Integration (Hrsg.), Wirtschafts- und gesellschaftspolitische Ordnungsprobleme der Europäischen Gemeinschaften, S. 73.

315 Was auch das BVerfG in seiner *Investitionshilfe*-Entscheidung ausdrücklich betont.

316 VOLLMER, DB 1993, S. 25.

317 BASEDOW, a.a.O. (Fn. 314).

318 Art. 1 III Vertrag über die Schaffung einer Währungs-, Wirtschafts- und Sozialunion zwischen der Bundesrepublik Deutschland und der Deutschen Demokratischen Republik vom 18.5.1990, BGBl. 1990 II 537. Sie hierzu in diesem Zusammenhang ausführlich RIEBLE, Arbeitsmarkt und Wettbewerb, a.a.O. (Fn. 23), Rz. 172 ff.

319 FIKENTSCHER, Wirtschaftsrecht Bd. II, S. 70.

2. Systementscheidung im EGV

a) Ausgangspunkt: Die Wirtschaftsverfassung des EWGV

Während das Grundgesetz im Wesentlichen einen politischen Ordnungsrahmen konstituiert, begründete der Vertrag zur Gründung der Europäischen Wirtschaftsgemeinschaft ("EWGV") zunächst und vor allem eben eine Wirtschaftsgemeinschaft (Art. 1 EWGV). Primär ging es um die Aufstellung einer materiell-rechtlichen Regelung des gesamten wirtschaftlichen Bereiches innerhalb der Gemeinschaft[320].

Die Argumente, die zugunsten einer wirtschaftspolitischen Neutralität des Grundgesetzes vorgetragen werden, sind daher auf den EWGV nicht übertragbar[321]. Angesichts der vorwiegend wirtschaftlich geprägten Zielbestimmung der Art. 2, 3 EWGV bestehen vielmehr entscheidende Unterschiede.

Dennoch herrschte auch hinsichtlich einer Entscheidung im EWGV zugunsten einer bestimmten wirtschaftlichen Ordnung keineswegs Einigkeit, was angesichts der unterschiedlichen ordnungspolitischen Grundüberzeugungen, gerade der Gründungsstaaten Frankreich und Deutschland allerdings nicht verwundert[322].

Insbesondere *VerLoren* Van *Themaat*[323] vertrat die Auffassung, der EWGV sei hinsichtlich des Verhältnisses von Wettbewerb und Eingriff in das Marktgeschehen neutral konzipiert werden. Dieses Verhältnis auszugestalten

---

320 WANK, ZfA 1995, S. 10, 11; ZULEEG, a.a.O. (Fn. 314), S. 73 f. Im Rahmen der durch den Maastrichter Vertrag eingefügten Änderungen wurde der EWGV in "EG-Vertrag" umbenannt. Damit sollte die soziale und politische Dimension der Gemeinschaft stärker betont werden.

321 Ebenso MESTMÄCKER, EWR, S. 29.

322 Hierzu BACH, a.a.O. (Fn. 288), S. 237; v.d.GROEBEN, Integration 1/81, S. 3 ff.; ders., EG-Wettbewerbsregeln und Wettbewerbspolitik, FIW-Schriftenreihe, Heft 75, S. 105, 106; KÜSTERS, Die Gründung der Europäischen Wirtschaftsgemeinschaft; WINDBICHLER, RdA 1992, S. 75 m.w.N. Dementsprechend verblieb die Erstzuständigkeit für die wirtschafts- und Konjunkturpolitik bei dem Mitgliedstaaten, die lediglich in Art. 105 EWGV zu Koordination und Zusammenarbeit verpflichtet wurden.

323 Die Aufgabenverteilung zwischen dem Gesetzgeber und dem EuGH bei der Gestaltung der Wirtschaftsverfassung und der Europäischen Gemeinschaft, in: FS v.d. Groeben, S. 425, 428 ff.; s.a. SCHERER, Die Wirtschaftsverfassung der EWG, S. 201 ff.; die Entwicklung der Diskussion faßt ZULEEG, a.a.O. (Fn. 314), S. 74 m.w.N. zusammen; s.a. den Diskussionsbericht S. 101 ff.

obläge vielmehr den Gemeinschaftsorganen in den Grenzen des ihnen insoweit eingeräumten Ermessens. Zur Begründung wurde insbesondere die *Isoglucose*-Entscheidung des EuGH[324] herangezogen, in der der Agrarbereich zwar grundsätzlich den Wettbewerbsregeln des EWGV unterstellt, im Kollisionsfall jedoch den Zielen der Landwirtschaftspolitik die Priorität eingeräumt wurde. Hieraus sei eine "ordnungspolitsche Neutralität der Rechtsprechung" abzulesen[325].

Diese Ansicht konnte sich allerdings nicht durchsetzen[326]. Nach h.M. begründen die Bestimmungen des EWGV eine grundsätzliche Systementscheidung zugunsten des marktwirtschaftlichen Prinzips[327], da nur auf dieser Basis das Binnenmarktkonzept zu verwirklichen ist[328]. Der Grundsatz des freien und fairen Wettbewerbs stellt ein zentrales Ordnungselement dar, es handelt sich um ein fundamentales Strukturprinzip des Binnenmarktes[329]. Der EuGH hat dies in der Entscheidung *Altöle* bestätigt[330]. Die Entscheidung *Isoglucose* betraf insoweit den Ausnahmefall, als Art. 42 EWGV im Landwirtschaftsbereich die Anwendbarkeit der Wettbewerbsvorschriften ausdrücklich einschränkt. Im übrigen wurde auch in *Isoglucose* der Wettbewerb nicht vollständig ausgeschaltet[331].

---

324 EuGH - Maizena/Rat, Rs. 139/79, Slg. 1980, 3393, 3421.

325 EVERLING, EuR 1982, S. 301, 312; vgl. zusammenfassend BACH, a.a.O. (Fn. 288), S. 235 f. m.w.N.

326 Vgl. BASEDOW, a.a.O. (Fn. 314), S. 26 m.w.N.

327 BASEDOW, a.a.O., S. 28, 32, 61; BLECKMANN, MDR 1986, S. 5, 6; FIKENTSCHER, Wirtschaftsrecht Bd. II, S. 545; GÖTZ, JZ 1989, S. 1021, 1023; IMMENGA, EuZW 1994, S. 14, 15; MESTMÄCKER, Auf dem Wege zu einer Ordnungspolitik für Europa, FS v.d.Groeben, S. 9, 16 ff., zugleich unmittelbar gegen VERLOREN VAN THEMAAT; OPPERMANN, Europarecht, Rz. 809; VOLLMER, DB 1993, S. 25 f.; WINDBICHLER, RdA 1992, S. 75, 76; ZULEEG, EuR 1982, S. 21, 26 ff.; ders. in GROEBEN/THIESING/EHLERMANN (G/T/E), EWG-Vertrag Kommentar, Art. 2, Rz. 19; ders. Wirtschaftsverfassung, S. 96 ff.

328 ZULEEG, a.a.O. (Fn. 314), S. 76.

329 BACH, a.a.O. (Fn. 288), S. 232 ff. m.w.N.

330 EuGH - Procureur de la Republique/ADBHU, Rs. 240/83, Slg. 1985, S. 531, 548, 550; vgl. auch Continental Can, Rs. 6/72, Slg. 1973, S. 215, 245; Metro/Kommission, Rs. 26/76, Slg.1977, S. 1875, 1905.

331 EuGH - Maizena/Rat, Rs. 139/79, Slg. 1980, S. 3393, 3422.

Allerdings ist das *Isoglucose*-Urteil deutlicher Ausdruck dafür, daß das Wettbewerbsprinzip nicht als das allein maßgebliche Kriterium gelten kann[332], sondern dieses vielmehr ergänzt wird durch unterschiedlich motivierte, interventionistische Elemente. Beispielhaft hierfür sind neben dem Agrarbereich etwa der Außenhandel[333] oder der Verkehrsbereich. Zu letzterem hat der EuGH allerdings klargestellt, daß die Wettbewerbsregeln auch in diesem Sektor zur Anwendung zu bringen sind[334].

Auf diese Weise ist ein Mischsystem entstanden, welches jedoch auf marktwirtschaftlicher Grundlage beruht und wettbewerblichen Gesichtspunkten Vorrang gegenüber regulativen Inhalten einräumt[335]. Die These von der wirtschaftspolitischen Neutralität des EWGV kann daher nicht überzeugen. Vielmehr handelt es sich in den Fällen der Zielverwirklichung durch Intervention um punktuelle Durchbrechungen marktwirtschaftlicher Grundsätze[336].

b) Notwendigkeit einer Neubewertung nach Maastricht?

War dies auch die bislang weitgehend herrschende Ansicht, so ist mit Inkrafttreten des am 7.2.1992 in Maastricht unterzeichneten Vertrages zur Europäischen Union am 1.11.1993 die wettbewerbliche Grundausrichtung der Europäischen Gemeinschaften erneut in die Diskussion geraten. Denn dieses Vertragswerk führte zu substantiellen Änderungen des EWGV[337].

---

332 BACH, a.a.O. (Fn. 288), S. 235; v.d.ESCH, 1988 Fordham Corp. L.Inst., S. 18-5.

333 Insbesondere zum Außenhandel STEINDORFF, Quo vadis Europa?, in FIW-Schriftenreihe, Heft 148, S. 11, 21 f.

334 EuGH - Kommission/Frankreich, Rs. 167/73, Slg. 1974, S. 359, 371; Ministere Public/Asjes, verb. Rs. 209-213/84, Slg. 1986, S. 1457, 1463 ff.; Ahmed Saeed/Zentrale zur Bekämpfung unlauteren Wettbewerbs, Rs. 66/86, Slg. 1989, S. 803.

335 BACH, a.a.O. (Fn. 288), S. 237; FIKENTSCHER, Wirtschaftsrecht Bd. II, S. 547; IMMENGA, EuZW 1994, S. 14, 15; LEHMANN, JZ 1990, S. 61, 65; OPPERMANN, Europarecht, Rz. 806; VOLLMER, DB 1993, S. 25, 26; WINDBICHLER, RdA 1992, S. 74, 76.

336 BACH, a.a.O.; BLECKMANN, RabelsZ 1984, S. 419, 431.

337 Eine dieser Veränderungen ist die Umbenennung des EWGV in EGV.

aa) Industriepolitische Neuregelungen im EGV

Im Mittelpunkt der Kritik stehen dabei die erweiterten Förderaufgaben und Kompetenzen der Gemeinschaft, wobei insbesondere die im Vergleich zum EWGV erweiterten Gemeinschaftsziele der Art. 2 und 3 EGV sowie die neue Gemeinschaftszuständigkeit für die Industriepolitik (Art. 130 EGV) als Anlaß zur Besorgnis angesehen werden[338]. Im Vordergrund steht dabei die Frage, ob und inwieweit eine solche europäische Industriepolitik eine Bedrohung der Wettbewerbsordnung darstellt[339].

Steindorff hebt angesichts der Neufassung des Art. 2 EGV hervor, daß, in Abkehr von dem bisherigen Prinzip des Vertrauens in die Marktkräfte als Instrument der Erreichung von Gemeinschaftszielen[340], Art. 2 EGV nunmehr die Möglichkeit enthalte, zu diesem Zweck hoheitliche Maßnahmen einzusetzen. Dies bedeute "*einen Umbruch, wenn nicht immer der praktizierten, so doch jedenfalls der geschriebenen Wirtschaftsverfassung der Gemeinschaft*"[341].

Zweifel ruft gleichermaßen der neu aufgenommene Art. 3 lit. l) EGV hervor, der die Gemeinschaft verpflichtet, zur "Stärkung der Wettbewerbsfähigkeit der Industrie" tätig zu werden. Mit dieser Aufgabenzuweisung werde, so die Kritik, die Zielsetzung der Gemeinschaft, die bislang auf den Schutz des Wettbewerbs vor Verfälschungen innerhalb des Binnenmarktes ausgerichtet war, grundlegend verändert[342]. Denn nunmehr stünden die Prinzipien der Sicherung des Wettbewerbs und der Stärkung der Wettbewerbsfähigkeit als gleichberechtigte Ziele mit Verfassungsrang nebeneinander, wor-

338 BEISE, EG-Industriepolitik nach Maastricht: Der Europäische Gerichtshof als Hüter der Marktwirtschaft, in: SCHOLZ (Hrsg.), Deutschland auf dem Weg in die Europäische Union, S. 320 ff.; IMMENGA, EuZW 1994, S. 14, 15 ff.; MÖSCHEL, FS Nirk, S. 707, 708; ders., JZ 1992, S. 877 ff.; OBERENDER/OKRUCH, WuW 1994, S. 507, 517 ff.; STEINDORFF, Quo vadis Europa?, S. 11, 20, 56 ff.; VOLLMER, DB 1993, S. 25; s.a. MONOPOLKOMMISSION, IX. Hauptgutachten, S. 17 f.; umfassend zum Vertrag von Maastricht CLOOS/REINESCH/VIGNES/WEYLAND, Le Traite de Maastricht.

339 Vgl. umfassend Ingo SCHMIDT, WuW 1995, S. 971 ff.

340 EuGH - Gimenez Zaera/Instituto Nacional de la Seguridad Social und Tesorena, Rs. 126/86, Slg. 1987, S. 3697.

341 STEINDORFF, a.a.O. (Fn. 333), S. 20

342 Siehe die Dokumentation in integration 1992, S. 236: Kritik deutscher Rechts- und Wirtschaftswissenschaftler an Maastricht.

aus sich schließen lasse, daß die Stärkung der Wettbewerbsfähigkeit offenbar nicht durch Wettbewerb erfolgen solle[343]. In Verbindung mit der "Blankettermächtigung"[344] zur Industriepolitik in Art. 130 b) III EGV bedeute dies eine gefährliche Instrumentalisierung des Wettbewerbsprinzips[345]. Dieses könne nunmehr je nach Bedarf eingesetzt oder ausgeschaltet werden.

Zu Recht wird auch der als XIII. Titel neu aufgenommene Art. 130 EGV kritisiert, der Gemeinschaft und Mitgliedstaaten zu aktiver Industriepolitik verpflichtet. Ein solchermaßen ausgestalteter Auftrag kann zu einer Verwässerung des marktwirtschaftlichen Prinzips führen. Denn Art. 130 EGV schafft die normative Grundlage für dirigistische, interventionistische und protektionistische Tendenzen, wie sie bereits jetzt in vielen Bereichen festzustellen sind[346]. Allerdings sollte in diesem Zusammenhang nicht unerwähnt bleiben, daß zwar eine allgemeine industriepolitische Kompetenz der Gemeinschaft im EWGV nicht verankert war[347] und insoweit der neue XIII. Titel ein Novum darstellt. Andererseits enthielt der EWGV bereits seit der Änderung durch die Einheitliche Europäische Akte in Art. 130 f) ff. im Rahmen des VI. Titels eine Rechtsgrundlage für die Industriepolitik. Weiterführende industriepolitische Maßnahmen wurden im Rahmen anderer Gemeinschaftspolitiken durchgeführt oder es wurde auf Art. 235 EWGV zurückgegriffen[348].

Bedenklich erscheint schließlich auch der in Art. 130 I 3. Spiegelstrich EGV enthaltene Auftrag an die Gemeinschaft, die Voraussetzungen für die Wettbewerbsfähigkeit der Gemeinschaftsindustrien zu gewährleisten, indem u.a. ein Umfeld zu fördern ist, das die Zusammenarbeit zwischen Unternehmen begünstigt. Eine solche Formulierung drängt den Verdacht einer Neuorientierung der Gemeinschaft hin zu einer kartellfreundlichen Politik mit der Gefahr einer Aufweichung der bisherigen Anwendungspraxis der Art. 85, 86

343 IMMENGA, EuZW 1994, S. 14, 16; MÖSCHEL, FS Nirk, S. 707, 709 f; vgl. auch I. SCHMIDT, WuW 1995, S. 971, 972.

344 VOLLMER, DB 1993, S. 25, 27.

345 integration, a.a.O. (Fn. 342); VOLLMER, DB 1993, S. 25, 28.

346 MÖSCHEL, Hoheitliche Maßnahmen und die Wettbewerbsvorschriften des Gemeinschaftsrechts, FIW-Schriftenreihe, Heft 148, S. 89 ff.; I. SCHMIDT, WuW 1995, S. 971, 972; STEINDORFF, a.a.O. (Fn. 333), S. 20, 56 ff.

347 FREES, EuR 1991, S. 281, 284 f.; IMMENGA, EuZW 1994, S. 14 f.

348 BLECKMANN, Europarecht, Rz. 2032 ff. m.w.N.; IMMENGA, a.a.O.; MEESSEN, verdrängt die Industriepolitik in der EG das System unverfälschten Wettbewerbs?, FIW-Schriftenreihe, Heft 155, S. 61, 64.

EGV und der Fusionskontrollverordnung geradezu auf[349]. Insoweit würden die Wettbewerbsvorschriften, obwohl von dem Maastrichter Vertrag nicht unmittelbar betroffen, wenigstens über den Gesichtspunkt der Einheit der Gemeinschaftsrechtsordnung angegriffen[350].

bb) Gegenpol: Die Verankerung der wettbewerblichen Grundlagen der Gemeinschaft

Tatsächlich ist der Zielkonflikt zwischen Stärkung der Wettbewerbsfähigkeit auf anderem Wege als durch Wettbewerb auf der einen und dem Schutz des unverfälschten Wettbewerbs (Art. 3 lit. g) EGV) auf der anderen Seite unverkennbar. Gegen die Annahme, daß dieser Konflikt zwangsläufig zu Lasten der Schlagkraft der Wettbewerbsregeln gelöst werden muß[351], lassen sich jedoch ebenfalls Argumente finden[352]:

• Erstmals wurden die wettbewerblichen Grundlagen der Gemeinschaft explizit positivrechtlich niedergelegt. Art. 3 lit. a) EGV verlangt, daß die Wirtschaftspolitik der Gemeinschaft "dem Grundsatz einer offenen Marktwirtschaft mit freiem Wettbewerb verpflichtet ist".

• Im Unterschied zu Art. 3 lit. f) EWGV, der nur die "Errichtung" eines Systems zum Schutze des Wettbewerbs im Gemeinsamen Markt einforderte, geht Art. 3 lit. g) EGV nunmehr offenbar davon aus, daß es der Gemeinschaft mittlerweile gelungen ist, ein solches System auf Dauer zu implementieren.

• Der Begriff der offenen Marktwirtschaft mit freiem Wettbewerb wird in Zusammenhang mit der Währungsunion, einem der drei Zentralelemente des Maastrichter Vertrages, festgeschrieben (Art. 102 a, 105 I 2, 129 b II EGV).

• In Art. 130 I 2 EGV werden die Aktivitäten der Gemeinschaft zur Gewährleistung der Wettbewerbsfähigkeit der Gemeinschaftsindustrien an einem System "offener und wettbewerbsorientierter Märkte" ausgerichtet.

---

349 S. a. STEINDORFF, a.a.O. (Fn. 333), S. 60.

350 MÖSCHEL, Hoheitliche Maßnahmen und die Wettbewerbsvorschriften des Gemeinschaftsrechts, FIW-Schriftenreihe, Heft 148, S. 89, 104.

351 HOMMELHOFF, FS Nirk, S. 469, 478 f.; MÖSCHEL, FS Nirk, S. 707, 711 f.; VOLLMER, DB 1993, S. 25, 28 f.

352 Vgl. auch HOMMELHOFF, Industriepolitik versus Wettbewerbspolitik im Maastricht-Vertrag, in: HOMMELHOFF/KIRCHHOF (Hrsg.), Der Staatenverbund der Europäischen Union, S. 131, 136 ff; MEESSEN, a.a.O. (Fn. 348), S. 61, 64 ff.

• Die industriepolitische Gemeinschaftskompetenz steht insgesamt unter dem Vorbehalt, daß die zur Zielerreichung eingesetzten Mittel keinerlei Wettbewerbsverzerrungen nach sich ziehen dürfen (Art. 130 III 3 EGV). Gegen die Effektivität dieser Sicherungsvorschrift wird freilich eingewandt, daß staatliche Unterstützungsleistungen zwangsläufig zu Wettbewerbsverzerrungen führen müßten, es sei denn, sämtliche Marktteilnehmer würden in jeder Hinsicht gleichmäßig gefördert[353]. Dieses Argument führt jedoch schon deshalb nicht weiter, da praktisch jede Form der wirtschaftlichen Regulierung naturgemäß wettbewerbsverzerrend wirkt[354]. Wollte man dies vermeiden, so müßte sich der Staat jeglicher Eingriffe in den Wirtschaftsablauf enthalten.

• Insoweit der Gemeinschaft neuerdings die Kompetenz zu industriepolitischen Initiativen zugebilligt wird, stehen diese im Rat unter dem Erfordernis der Einstimmigkeit (Art. 130 III EGV).

• Die Kartellrechtsregeln der Art. 85 ff. EGV werden durch den Maastrichter Vertrag jedenfalls nicht unmittelbar berührt. Diese Regeln, die Pflichten, aber auch korrespondierende Rechte für die Normadressaten begründen[355], sind der Disposition der Gemeinschaft entzogen. Sie stellen ein wirksames Regulativ für eventuelle interventionistische Bestrebungen dar.

III. Ergebnis

Der Vertrag von Maastricht wird in seiner Konzeption zutreffend als "ambivalent" charakterisiert[356].

Er schreibt die grundsätzliche Ausrichtung der EU an den Prinzipien des freien und unverfälschten Wettbewerbs fest und eröffnet gleichzeitig die Mög-

353 Vgl. BEISE, a.a.O. (Fn. 338), S. 320, 327; MÖSCHEL, FS Nirk, S. 707, 710. Ebenso IMMENGA, EuZW 1994, S. 14, 17; Auch würden durch den Begriff der Wettbewerbsverzerrung nicht alle Störungen erfaßt, die durch den Einsatz von Industriepolitik hervorgerufen werden könnten, STEINDORFF, a.a.O. (Fn. 333), S. 11, 61.

354 HOFFMAN, ECLR 1990, S. 11, 23 f.; zum Begriff der Wettbewerbsverzerrung vgl. MEESSEN, a.a.O. (Fn. 348), S. 61, 66.

355 Vgl. EuGH - BRT/Sabam, Rs. 127/73, Slg. 1974, S. 51.

356 MÖSCHEL, FS Nirk, S, 707, 709; ebenso IMMENGA, EuZW 1994, S. 14, 15; VOLLMER, DB 1993, S. 25, 27.

lichkeit zu wettbewerbsverzerrenden Eingriffen; Interpretationen in jeder Richtung finden somit ihre Stütze im Vertrag[357].

Allerdings steht die Grundentscheidung für eine wettbewerbsorientierte Marktwirtschaft als Verfassungsprinzip auch nach Maastricht im Ergebnis fest. Dies wird von Art. 3 a EGV, aber auch durch die Art. 85 ff. EGV garantiert.

Diese vertragsimmanenten Schranken stellen einen wirksamen Schutz gegen eine systemverändernde Umwandlung der wettbewerblichen Grundstruktur des EGV dar, so daß mit *Mestmäcker* festgestellt werden kann, daß die "*Rechtsordnung der umgegründeten Gemeinschaft geprägt bleibt durch das Gemeinschaftsrecht, wie es vor Maastricht in Kraft war*"[358]. Die Industriepolitik bleibt dem Grundsatz einer offenen Marktwirtschaft mit freiem Wettbewerb verpflichtet[359].

Für den hiesigen Kontext[360] ergibt sich, daß auch durch den Maastrichter Vertrag der Verfassungscharakter der Wettbewerbsvorschriften des EGV nicht verändert wurde. Ihre herausragende Bedeutung im Rahmen des Vertragsgefüges ist bei der Bewertung von Kollisionen zwischen den Wettbewerbsregeln und anderen Normen des Vertrages zu beachten.

IV. Konsequenz für die Auslegung des EGV

1. Die Auslegungsmethoden des EuGH

Grundsätzlich verwendet der EuGH bei der Interpretation des EGV die bekannten Methoden der grammatikalischen[361], systematischen[362] und teleolo-

---

[357] MÖSCHEL, Hoheitliche Maßnahmen und die Wettbewerbsvorschriften des Gemeinschaftsrechts, FIWSchriftenreihe, Heft 148, S. 89, 104, teilt die Interpretationen plastisch in Kassandra- und Gesundbeterinterpretationen ein.

[358] MESTMÄCKER, Über das Verhältnis der europäischen Wirtschaftsordnung zu den Mitgliedstaaten, in: SEIFERT (Hrsg.), Vereinigtes Europa und nationale Vielfalt - ein Gegensatz?, S. 149, 150.

[359] HOMMELHOFF, a.a.O. (Fn. 352), S. 131, 140.

[360] Für den Bereich der Fusionskontrolle mag allerdings eine andere Bewertung im Sinn der "Kassandra-Interpretation" gerechtfertigt sein, vgl., I. SCHMIDT, WuW 1995, S. 971, 983.

[361] EuGH - Van Gend & Loos/Niederländische Finanzverwaltung, Rs. 26/62, Slg. 1963, S. 7, 24 ff.

[362] Kommission/Französische Republik, Rs. 168/78, Slg. 1980, S. 347, 359.

gischen[363] Auslegung, ohne sich notwendigerweise auf eine Methode zu beschränken[364]. Kaum von Bedeutung ist demgegenüber die Entstehungsgeschichte des Vertrages[365]. Maßgeblich ist also vielmehr eine vornehmlich an objektiven Kriterien ausgerichteten Vertragsauslegung[366].

Im Mittelpunkt steht dabei die teleologische Interpretation[367], deren Ziel es ist, die Normen des Gemeinschaftsrechts so auszulegen, daß sie eine für die Ziele der Gemeinschaft möglichst nutzbringende Wirkung (effet utile) entfalten[368]. Das Gemeinschaftsrecht darf nicht seiner "praktischen Wirksamkeit"[369] beraubt werden.

Das entscheidende Vertragsziel, auf das die Vetragsauslegung hinwirken soll, ist dabei das der Integration der Wirtschaftsordnungen der Mitgliedstaaten in einen Gemeinsamen Markt (Art. 2, 7 a EGV)[370]. Für die Vertragsinterpretation ist dies insofern bedeutsam, als unter mehreren Auslegungsmöglichkeiten diejenige zu wählen ist, deren integrative Wirkung, unter Abwägung der rechtlich relevanten Interessen, am weitreichendsten ist[371].

Jedenfalls ist die Auslegung des Gemeinschaftsrechts Ergebnis eines stetigen Änderungsprozesses: die Interpretation hat sich an dem "gegenwärtigen

---

363 Staatsanwaltschaft/Flavia Manghera, Rs. 59/75, Slg. 1976, S. 91, 100; vgl. BLECKMANN, NJW 1982, S. 1177, 1178; OPPERMANN, ER, Rz. 579 f. jeweils m.w.N.

364 BREDIMAS, Methods of Interpretation and Community Law, S. 177; GAYK, Restriktionen des Tatbestandes des Art. 85 I EWGV, S. 6.

365 GAYK, a.a.O.; in Ausnahmefällen greift der EuGH jedoch auch hierauf zurück, vgl. Maizena/Rat, Rs. 139/79, Slg. 1980, S. 3393, 3421.

366 BLECKMANN, NJW 1982, 1177, 1178; a.A. OPHÜLS, FS MüllerArmack, S. 279, 286.

367 BERNHARDT, FS Kutscher, S. 17, 19 ff.; BLECKMANN, EuR 1979, S. 239; ders. NJW 1982, S. 1177, 1178 ff.; BREDIMAS, a.a.O. (Fn. 364), S. 178; EVERLING, Rechtsanwendungs- und Auslegungsgrundsätze des Gerichtshofs der Europäischen Gemeinschaften, in: KRUSE (Hrsg.), Zölle, Verbrauchssteuern, europäisches Marktordnungsrecht, S. 59 f.; GAYK, a.a.O. (Fn. 364), S. 7; IPSEN, EGR, S. 131 f.

368 EuGH - Rheinmühlen/Einfuhr- und Vorratsstelle Getreide, Rs. 166/73, Slg. 1974, S. 33, 38; Camera Care/Kommission, Rs. 792/79 R, Slg. 1980, S. 119, 130 f.; s.a. OPPERMANN, Europarecht, Rz. 441 f

369 EuGH - Walt-Wilhelm/Bundeskartellamt, Slg. 1969, S. 1, 14; Ratti, Rs. 148/78, Slg. 1979, S. 1629, 1642, st. Rspr.

370 GAYK, a.a.O. (Fn. 364), S. 7.

371 IPSEN, EGR, S. 66 f.

Stand des Gemeinschaftsrechts"[372] zu orientieren. Sachverhalte, die (noch) nicht dem Anwendungsbereich des EGV unterfallen, sind dem Gemeinschaftsrecht damit nicht *per se* entzogen, sondern können bei fortschreitender Entwicklung der Integration dem Vertrag unterworfen werden[373].

2. Das Wettbewerbsprinzip als Auslegungsleitlinie

Dem System wirksamen, redlichen und unverfälschten Wettbewerbs kommt im EGV nicht lediglich programmatische Bedeutung zu[374]. Vielmehr sieht Art. 3 EGV "die Verfolgung der Ziele, die er aufstellt, als unerläßlich für die Erfüllung der Aufgaben der Gemeinschaft" an, weswegen er "zwingende Geltung" beansprucht[375] .

Eine an den Zielen der Gemeinschaft ausgerichtete Auslegung hat demgemäß so zu erfolgen, daß, unter Berücksichtigung eventuell konkurrierender Gemeinschaftsaufgaben, dem Prinzip des freien marktwirtschaftlichen Wettbewerbs zu einer größtmöglichen Durchsetzung verholfen wird. Vertragslücken sind unter Heranziehung der Grundentscheidung zugunsten des marktwirtschaftlichen Systems einschließlich des freien Wettbewerbs zu füllen[376]. Interventionistische Interpretationen bedürfen einer besonderen Rechtfertigung im Vertrag, denn grundsätzlich stehen Wirtschaftsfreiheit und Intervention in einem Regel-Ausnahme-Verhältnis[377].

---

372 So die ständige Formulierung des EuGH, vgl. z.B. CGT/Conforama, Rs. 312/89, Slg. 1991, S. 997, 1025.

373 BLECKMANN, NJW 1982, S. 1177, 1178.

374 Insoweit mißverständlich WINDBICHLER, RdA 1992, S. 75, 76.

375 EuGH - Europemballage und Continental Can/Kommission, Rs. 6/72, Slg. 1973, S. 215, 244; s.a. IMMENGA, EuZW 1994, S. 14, 15.

376 Zweifelnd BLECKMANN, Europarecht, Rz. 448.

377 GÖTZ, JZ 1989, S. 1021.

7. Kapitel: Koalitionsfreiheit und EGV

Steht die Bedeutung des freien und unverfälschten Wettbewerbs als Verfassungsprinzip der Europäischen Union somit fest, ist weiter zu fragen, welche Stellung das Gemeinschaftsrecht dem kollektiven Arbeitsrecht einräumt. Denn das Problem der kartellrechtlichen Zulässigkeit tarifvertraglicher Regelungen ist an der Schnittstelle beider Rechtskreise angesiedelt.

Daher soll im folgenden zunächst eine Bestandsaufnahme wichtiger arbeitsrechtlichen Regelungen des EGV erfolgen, wobei wiederum die im Maastrichter Vertrag enthaltenen Änderungen zu berücksichtigen sind. Anschließend gilt es zu untersuchen, ob und inwieweit die Koalitionsfreiheit und das Instrument Tarifvertrag im europäischen Primärrecht verankert sind[378], da sich hieraus u.U. Rückschlüsse auf die Auflösung einer möglichen Kollision von wettbewerbsbeschränkenden Tarifverträgen mit Art. 85 EGV ergeben können.

I. Arbeitsrecht und EGV

1. Das europäische Individualarbeitsrecht

a) Allgemeines

Das Inkrafttreten des Vertrages über die Europäische Union am 1.11.1993 hat auf die Stellung des Arbeitsrechts zunächst insoweit nur begrenzte Auswirkungen, als, wie bereits zuvor im EWGV, auch im EGV lediglich wenige Vorschriften unmittelbar arbeitsrechtlichen Sachverhalten gewidmet sind. Im wesentlichen handelt es sich hierbei um die allgemeinen Kompetenzen (Art. 2, 3 EGV), die Freizügigkeitsgarantie (Art. 48 ff. EGV), das Lohndiskriminierungsverbot, sowie die besondere Aufgabenzuweisung in Art. 118a EGV. Eine Aufnahme weiterer sozialpolitischer Zuständigkeiten auf Gemeinschaftsebenen scheiterte am Widerstand Großbritanniens [379].

---

378 Mit der Frage nach einer europäischen Arbeitsverfassung befaßt sich WINDBICHLER, RdA 1992, S. 74, 78 ff.

379 Neuere Überblicke über das europäische Arbeitsrecht finden sich beispielsweise bei SCHAUB, NZA 1994, S. 769 ff.; SCHIEFER, NJW 1995, S. 160 ff.

In Art. 2 EGV werden die Erreichung eines hohen Beschäftigungsniveaus sowie eines hohen Maßes an sozialem Schutz als Aufgaben der Gemeinschaft bezeichnet. Diese soziale Dimension der Gemeinschaft, als deren Teil das Arbeitsrecht verstanden wird, findet sich dann in Art. 3 EGV wieder, in dem als Tätigkeit der Gemeinschaft u.a. eine Sozialpolitik mit einem Europäischen Sozialfonds und die Stärkung des sozialen Zusammenhalts aufgeführt wird. Diese Neufassung der Art. 2 und 3 EGV ist insoweit bedeutsam, als damit zum ersten Mal die Sozialpolitik als eigenständiges Ziel der Gemeinschaft niedergelegt wurde[380].

Art. 118 EGV weist der Kommission die Aufgabe zu, eine enge Zusammenarbeit der Mitgliedstaaten u.a. auf den Gebieten des Arbeitsrechts und der Arbeitsbedingungen zu fördern. Zwar wurden auf dieser Grundlage mehrere Richtlinien verabschiedet, die auf das Arbeitsrecht der Mitgliedstaaten erhebliche Bedeutung haben, Art. 118 EGV besitzt nach der Rechtsprechung des EuGH jedoch selbst im wesentlichen programmatischen Charakter und läßt allein keine rechtlich erheblichen Maßnahmen zur inhaltlichen Gestaltung der Sozialpolitik zu[381].

Art. 118a EGV eröffnet der Gemeinschaft die Regelungskompetenz für den Bereich der Arbeitsumwelt. Danach können solche Regelungen getroffen werden, die im weiteren Sinne auf den Schutz der Sicherheit bzw. der Gesundheit der Arbeitnehmer bezogen sind.

Die in der Praxis bedeutsamsten arbeitsrechtliche Normen des Vertrages sind die Art. 48 ff. EGV. Die darin garantierte Arbeitnehmerfreizügigkeit zählt zu den unmittelbar anwendbaren Fundamentalnormen des Vertrages[382] und genießt zumindest grundrechtsähnliche Wirkung[383]. Sie ist Ausdruck der Erkenntnis, daß das Funktionieren des Gemeinsamen Marktes entscheidend auch von der Funktionsfähigkeit eines gemeinschaftsweiten Arbeitsmarktes ab-

---

380 SANMANNN, Sozialpolitik im Prozeß der Vereinigung Europas, in: SEIFERT (Hrsg.), Vereinigtes Europa und nationale Vielfalt - ein Gegensatz?, S. 107, 114.

381 EuGH - Defrenne/SABENA, Rs. 149/77, Slg. 1978, S. 1365, 1378. S.a. GRABITZ/HILF/LANGENFELD/JANSEN, EGV, Art. 118, Rz. 1.

382 Zuletzt EuGH - Jean-Marc Bosman, Rs. C-415/93, Tz. 93, EuZW 1996, S. 82, 88.

383 Umstritten ist, ob es sich bei den Grundfreiheiten um echte Grundrechte, grundrechtsähnliche Rechte oder um Rechte mit Grundrechtsgehalt handelt, vgl. BLECKMANN, GS Sasse, S. 665 ff.; IPSEN, EGR, S. 566.

hängt[384]. Auch am Arbeitsmarkt können Fehlsteuerungen am ehesten durch marktwirtschaftliche Prozesse, d.h. mittels eines möglichst unbehinderten Ausgleichs von Angebot und Nachfrage, vermieden werden[385]. Dementsprechend verweist auch Art. 117 II EGV darauf, daß eine Verbesserung der Lebens- und Arbeitsbedingungen der Arbeitnehmer insbesondere "dem begünstigenden Wirken des Gemeinsamen Marktes" überlassen werden soll[386].

Zur Umsetzung des vertraglich niedergelegten Ziels der Freizügigkeit sind zahlreiche gesetzliche Vorschriften erlassen worden, bzw. befinden sich im Stadium der Vorbereitung[387]. Zu letzteren gehören insbesondere Vorschläge zur Änderung der VO (EWG) Nr. 1408/71 über die soziale Sicherheit für Wanderarbeitnehmer, zur Änderung der VO (EWG) Nr. 1612/68 und der Richtlinie 68/360/EWG über die Freizügigkeit der Arbeitnehmer[388]. Andererseits wurden bedeutsame Gesetzentwürfe im arbeitsrechtlichen Bereich zurückgezogen, so etwa die sog. "Vredeling"-Richtlinie[389]. Verabschiedet wurden hingegen die Richtlinie über die Einsetzung Europäischer Betriebsräte in gemeinschaftsweit operierenden Unternehmen[390], sowie die Richtlinie über die Entsendung von Arbeitnehmern ("Entsenderichtlinie")[391].

Die nach langen Beratungen erst kürzlich verabschiedete Entsenderichtlinie[392], stellt innerhalb dieses Systems eine Besonderheit dar: Im Interesse ei-

---

384 KAPTEYN/VERLOREN VAN THEMAAT, Introduction to the Law of the European Communities, S. 627; WINDBICHLER, RdA 1992, S. 74, 79; vgl. auch KOMMISSION, Weißbuch zur Europäischen Sozialpolitik, KOM(94) 333, S. 39 ff.

385 Diesen Ausgleich soll z.B. die europäische Arbeitsvermittlungsstelle EURES (EURopean Employment Services) herstellen, KOMMISSION, Weißbuch, a.a.O., S. 42 f.

386 Andererseits können Gemeinschaft und Mitgliedstaaten die Rahmenbedingungen setzen, um Störungen am Arbeitsmarkt, wie etwa den ungehinderten Zuzug von Arbeitnehmern aus Drittstaaten oder Lohn-Dumping, zu verhindern, vgl. GRABITZ/HILF/LANGENFELD/JANSEN, EGV, Art. 117, Rz. 1 m.w.N.

387 Vgl. auch Mitteilung der Kommission v. 12.4.1995 über ein Mittelfristiges Sozialpolitisches Aktionsprogramm, KOM(95) 134 endg.

388 ABl. 1989 Nr. C 100/6, geänderter Vorschlag ABl. 1990 Nr. C 119/3.

389 Entwurf für eine Richtlinie über Verfahren zur Unterrichtung und Anhörung der Arbeitnehmer, ABl. 1980 Nr. C 297/3, geänderter Vorschlag ABl. 1983 Nr. C 217/3.

390 ABl. 1994 Nr. L 254.

391 Abl. 1991 Nr. C 225/6, geänderter Vorschlag Abl. 1993 Nr. C 187/5, siehe S.Z. v. 25.9.1996, S. 25.

392 Siehe hierzu auch HANAU, NJW 1996, S. 1369, 1372 f.

nes "fairen Wettbewerbs"[393] wird die Fähigkeit der entsendenden Unternehmen, ihre sich aus unterschiedlichen Rahmenbedingungen ergebenden Wettbewerbsvorteile auszunutzen dadurch eingeschränkt, daß diese verpflichtet werden, die in dem Zielstaat herrschenden Mindestarbeitsbedingungen auch auf die entsandten Arbeitnehmer anzuwenden (Art. 3).

b) Exkurs: Das Arbeitnehmerentsendegesetz[394]

Da die Entsenderichtlinie wegen des anhaltenden Widerstandes einiger Mitgliedstaaten lange Zeit nicht verabschiedet werden konnte, waren andere zwischenzeitlich dazu übergegangen, entsprechende nationale Gesetze zu verabschieden oder vorzubereiten. Nach der Rechtsprechung des EuGH ist es

"den Mitgliedstaaten nicht verwehrt, ihre Rechtsvorschriften oder die von den Sozialpartnern geschlossenen Tarifverträge unabhängig davon, in welchem Land der Arbeitgeber ansässig ist, auf alle Personen auszudehnen, die in ihrem Hoheitsgebiet, und sei es auch nur vorübergehend, eine unselbständige Tätigkeit ausüben"[395].

Die Bundesrepublik Deutschland hat eine solche Regelung in Form des am 1.3.1996 in Kraft getretenen und bis zum 1.9.1999 befristeten Gesetzes über zwingende Arbeitsbedingungen bei grenzüberschreitenden Dienstleistungen (Arbeitnehmer - Entsendegesetz - "AEntG") getroffen. Danach soll der normative Teil eines für allgemeinverbindlich erklärten Tarifvertrages des Baugewerbes auch auf ein Arbeitsverhältnis zwischen einem Arbeitgeber mit Sitz im Ausland und seinem im Inland beschäftigten Arbeitnehmer Anwendung finden, wenn der Tarifvertrag ein einheitliches Mindestentgelt enthält und auch inländische Arbeitgeber mit Sitz im Ausland ihren im Inland beschäftigten Ar-

---

393 5. Erwägungsgrund.

394 BGBl. 1996, I, S. 227. Vgl. hierzu GERKEN/LÖWISCH/RIEBLE, BB 1995, S. 2370 ff., insbesondere auch zu den gesamtwirtschaftlich bedenklichen Auswirkungen des AEntG; HANAU NJW 1996, S. 1369 m.w.N.

395 EuGH - Rush Portugesa/Office national d'immigration, Rs. C-113/89, Slg. 1990, S. I-1417, I-1445. Zur Interpretation dieser Entscheidung siehe einerseits GERKEN/LÖWISCH/RIEBLE, BB 1995, S. 2370, 2373 und andererseits HANAU, NJW 1996, S. 1369, 1372.

beitnehmer diese tarifvertragliche Arbeitsbedingung gewähren müssen (§ 1 I AEntG)[396].

Das Mindestlohngebot des AEntG für ins Inland entsandte ausländische Arbeitnehmer hat insoweit wettbewerbsverzerrenden Charakter, als es dem ausländischen Arbeitgeber verwehrt, die niedrigeren Lohnkosten wettbewerbskonform einzusetzen. Der von dem ausländischen Unternehmen zu zahlende Lohn wird durch den zwischen den inländischen Tarifparteien festgelegten Mindestlohn nach unten begrenzt und damit die Wettbewerbsfähigkeit des ausländischen Arbeitgebers beeinträchtigt. Da die niedrigen Lohnkosten häufig der einzige Wettbewerbsvorteil ausländischer Bauunternehmen sind und dieser Vorteil durch das Mindestlohngebot ausgeschaltet wird, hat das AEntG eine Verdrängung solcher Unternehmen zugunsten inländischer Konkurrenten zur Folge[397].

Bei der Frage nach der Vereinbarkeit einer solchen Regelung mit den Bestimmungen des EGV könnte gefragt werden, ob das AEntG wegen der durch das Mindestlohngebot hervorgerufenen Wettbewerbsbeschränkung gegen Art. 85 EGV (möglicherweise i.V.m. 5 II, 3 lit. g) EGV) verstößt.

Dies ist allerdings zu verneinen. Die Wettbewerbsbeschränkung stellt sich lediglich als Reflex des Mindestlohngebotes dar, welches sich unmittelbar auf den Bereich der Ausgestaltung von Arbeitsverhältnissen bezieht. Daher ist die Rechtmäßigkeit des AEntG anhand der Vorschriften über die Arbeitnehmerfreizügigkeit sowie der Dienstleistungsfreiheit zu messen; Art. 85 EGV ist hingegen unanwendbar. Dementsprechend gehen auch diejenigen Autoren, die sich mit der Frage nach der Vereinbarkeit des AEntG mit europarechtlichen Bestimmungen befaßt haben, auf den Gesichtspunkt des Art. 85 EGV

396 Wegen der an dem Widerspruch der Arbeitgebervertreter im Tarifausschuß verweigerten Zustimmung zu der Allgemeinverbindlichkeit des Tarifvertrages (vgl. § 5 I TVG i.V.m. § 7 DVO TVG), konnte das AEntG lange nicht in Kraft treten, vgl. FAZ v. 29.5.1996,
S. 13. Die Gewerkschaft IG-Bau hatte zwischenzeitlich sogar beantragt, den Bundesminister für Arbeit gerichtlich zur Abgabe der Erklärung gem. § 5 I TVG zu verpflichten, vgl. FAZ v. 3.7.1996, S. 13. Nachdem letztendlich dennoch eine Einigung zwischen den Tarifparteien der Bauwirtschaft erzielt werden konnte, stimmte der Tarifausschuß einer Allgemeinverbindlicherklärung zu und der Bundesminister für Arbeit hat den betreffenden Tarifvertrag für die Zeit vom 1.1.1997 bis 31.8.1997 ohne Nachwirkung gem. § 5 I TVG für allgemeinverbindlich erklärt. Vgl. auch KOENIGS, DB 1997, S. 225.

397 GERKEN/LÖWISCH/RIEBLE, BB 1995, S. 2370, 2371.

nicht weiter ein, sondern stellen insbesondere die Art. 48 und 59 ff. EGV in den Mittelpunkt der Bewertung[398].

c) Das Abkommen über die Sozialpolitik

Die Untersuchung individualarbeitsrechtlicher Gehalte kann nicht auf den EGV beschränkt werden, da in Maastricht nicht nur der Vertrag über die Europäische Union ("EUV") mit seinen direkten Änderungen des EWGV beschlossen wurde, sondern daneben zwischen den Mitgliedstaaten (mit Ausnahme von Großbritannien und Nordirland) noch Protokolle und Abkommen vereinbart wurden, die bedeutsame arbeitsrechtliche Regelungen enthalten.

Für die hiesige Fragestellung sind dabei das Protokoll Nr. 14 über die Sozialpolitik[399] ("Protokoll") und insbesondere das diesem Protokoll als Annex beigefügte Abkommen über die Sozialpolitik ("Abkommen") von Bedeutung[400].

aa) Rechtsnatur

Dabei ist zunächst festzustellen, daß es sich bei beiden Vereinbarungen nach h.M. nicht lediglich um völkerrechtliche Verträge, sondern vielmehr um einen Teil des primären Gemeinschaftsrechts handelt[401]. Umstritten ist allerdings die Frage nach der hierfür maßgeblichen Rechtsgrundlage. Während als gemeinschaftsrechtliche Transformationsnorm für das Protokoll entweder Art. 236

---

398 Zum Ergebnis dieser Prüfung siehe einerseits GERKEN/LÖWISCH/RIEBLE, BB 1995, S. 2370, 2372 ff. und JUNKER/WICHMANN, NZA 1996, S. 505 ff. sowie andererseits HANAU, NJW 1996, S. 1369, 1371.

399 Siehe hierzu auch die Entschließung des Europäischen Parlaments v. 27.5.1993 (BT-Drs. 12-5178).

400 Zu letzterem vgl. auch die Mitteilung der Kommission zur Umsetzung des Abkommens, KOM(93) 600 endg. v. 14.12.1993. Aus der Literatur siehe etwa BLANPAIN, Labour Law and the Industrial Relations of the European Union, S. 31 ff; BUCHNER, RdA 1993, S. 193, 195 ff.; HEINZE, Europa und das nationale Arbeits- und Sozialrecht, in: Arbeitsrecht in der Bewährung, FS Kissel, S. 361, 378 ff.; KONZEN, EuZW 1995, S. 39, 42 ff.; SCHAUB, NZA 1994, S. 769, 771; WANK, RdA 1995, S. 10 ff.; WEISS, Die Bedeutung von Maastricht für die EG-Sozialpolitik, in: FS Gnade, S. 583 ff; ZWANZIGER, AuR 1995, S. 430, 434 ff.

401 ZWANZIGER, a.a.O., S. 434.

EWGV[402] oder Art. 239 EWGV[403] herangezogen wird, soll sich die Zuordnung des Abkommens zum primären Gemeinschaftsrecht nach überwiegender Auffassung aus der engen Verbindung zwischen Vertrag, Protokoll und Abkommen, sowie aus dem Inhalt des Abkommens selbst ergeben[404].

bb) Inhalt

Inhaltlich soll das Abkommen die Gemeinschaftscharta der Sozialen Grundrechte der Arbeitnehmer vom 9.12.1989 ("Charta") umsetzen[405]. Hierfür werden die Gemeinschaftskompetenzen im Bereich des Arbeitsrechts im Vergleich zum EGV wesentlich erweitert[406]. Nach Art. 1 Satz 2 des Abkommens führt die Gemeinschaft Maßnahmen durch, die der Erreichung arbeits- und sozialrechtlicher Ziele dient. Diese ausdrückliche Kompetenzzuweisung stellt eine klare Abkehr von der bislang im arbeitsrechtlichen Bereich herrschenden gemeinschaftsrechlichen Selbstbeschränkung dar. Darüber hinaus legt Art. 2 des Abkommens die Ziele und Aufgaben dar und enthält eine Richtlinienkompetenz zugunsten der Gemeinschaft.

Bei der Feststellung des Bestehens einer grundsätzlichen Kompetenzzuweisung verbleibt es jedoch nicht, das Abkommen enthält vielmehr detaillierte Einzelbestimmungen zur Regelung arbeitsrechtlicher Sachverhalte. Insoweit es sich etwa um Fragen der Arbeitsumwelt, Arbeitsbedingungen oder Anhörung der Arbeitnehmer handelt, ist beispielsweise vorgesehen, daß der Rat mit qualifizierter Mehrheit durch Richtlinien Mindestvorschriften erlassen kann (Art. 2 I, II des Abkommens).

Damit hat die Gemeinschaft Regelungsbefugnisse in zentralen Fragen des Individualarbeitsrechts erhalten, so daß die zu dem EGV getroffene Feststellung, die Rechtsetzungsgewalt im arbeitsrechtlichen Bereich sei den Mit-

402 CONSTANTINESCO, CDE 1993, Nr. 3-4, S. 251, 255; WANK, RdA 1995, S. 10, 14 ff.

403 CURTIN, CMLR 1993, S. 17, 53 ff.; SCHUSTER, EuZW 1992, S. 178, 183; WATSON, CMLR 1993, S. 481, 489 ff.

404 HEINZE, FS Kissel, S. 361, 383; SCHUSTER, EuZW 1992, S. 178, 181; WANK, RdA 1995, S. 10, 16.

405 KONZEN, EuZW 1995, S. 39, 42; SCHUSTER, EuZW 1992, S. 178, 179.

406 Vgl. auch KOMMISSION, Weißbuch zur Europäischen Sozialpolitik, KOM(94) 333, S. 14.

gliedstaaten vorbehalten, in dieser Ausschließlichkeit wohl revidiert werden muß[407].

Durch das Abkommen wurde inzidenter auch die Bedeutung der Charta vergrößert. Zwar ist der Rechtscharakter der Charta als solcher unverändert geblieben, es handelt sich weiterhin um "Soft Law"[408]. Andererseits dient das Abkommen nach dem ausdrücklichen Wunsch der Vertragsparteien unmittelbar der Umsetzung der Charta.

2. Das europäische Kollektivarbeitsrecht

a) Unmittelbare Anbindung im EGV

Während die Gemeinschaft im Bereich des Individualarbeitsrechts eine Vielzahl von gesetzgeberischen Initiativen ergriffen hat, fehlen Gemeinschaftsaktivitäten im Bereich des Kollektivarbeitsrechts fast vollständig. Grund hierfür ist, neben dem Widerstand der Mitgliedstaaten und der Gefahr der Kollision mit der Tarifautonomie der Sozialpartner[409], die mangelnde Anbindung des kollektiven Arbeitsrechts im Vertrag selbst.

Eine unmittelbare Garantie der Koalitionsfreiheit ist im EGV nicht enthalten, da dieser einen ausdrücklichen Grundrechtskatalog nicht festschreibt.

Lediglich an einigen wenigen Stellen nimmt der EGV auf die Materie des kollektiven Arbeitsrechts Bezug: Nach Art. 118 EGV hat die Kommission die Aufgabe, "auf dem Gebiet des Koalitionsrechts und der Kollektivverhandlungen zwischen Arbeitgebern und Arbeitnehmern" eine enge Zusammenarbeit zwischen den Mitgliedstaaten zu fördern. Und in Art. 118 b EGV wird der Kommission aufgetragen, sich um einen Sozialen Dialog zwischen den Sozialpartnern zu bemühen, der auch in vertragliche Beziehungen einmünden

---

407 Vgl. etwa MünchHdbArbR/BIRK, § 18, Rz. 28 m.w.N.

408 OPPERMANN, Europarecht, Rz. 403; WINDBICHLER, RdA 1992, S. 74, 78. Allerdings muß die Charta nunmehr möglicherweise bei der Auslegung verbindlicher Rechtsakte berücksichtigt werden, vgl. GRABITZ/HILF/LANGENFELD/JANSEN, EGV, vor Art. 117, Rz. 5, unter Hinweis auf die Auffassung des EuGH zur Bedeutung von Empfehlungen.

409 KRIMPHOVE, EuZW 1993, S. 244, 248 f.; s.a. KONZEN, EuZW 1995, S. 39, 42 m.w.N.

kann[410]. Die Sozialpartner finden auch insoweit Erwähnung, als sie als Mitglieder im Wirtschafts- und Sozialausschuß (Art. 193 EGV) sowie im beratenden Ausschuß der EGKS (Art. 18 EGKSV) genannt werden.

Jedenfalls setzt damit der Vertrag Koalitionen und Tarifverträge als Mittel der Regelung der Beziehungen zwischen Arbeitnehmern und Arbeitgebern als gegeben voraus und erkennt deren Bedeutung für den Fortgang des europäischen Integrationsprozesses an.

Andererseits ergibt sich aus Art. 118 b EGV wohl keine Kompetenz zum Abschluß "Europäischer Tarifverträge". Denn die in dieser Vorschrift erwähnten *vertraglichen Beziehungen* beschränken sich auf das Verhältnis der Sozialpartner zueinander. Sie schließen nicht die Befugnis ein, die Arbeitsbeziehungen zwischen Arbeitgebern und Arbeitnehmern vertraglich zu fixieren[411]. Allerdings ist aufgrund des Sozialen Dialogs eine Entwicklung hin zu europäischen Rahmentarifverträgen denkbar[412].

b) Das Abkommen über die Sozialpolitik

Während bislang gemeinschaftsweite Regelungen im Bereich des Kollektivarbeitsrechts weitgehend fehlten[413], führte auch hier das Abkommen zu erheblichen Neuerungen. Erstmals wurde eine Gemeinschaftskompetenz in kollektivvertraglichen Angelegenheiten begründet: Künftig beschließt der Rat einstimmig in dem Bereich Vertretung und kollektive Wahrnehmung der Arbeitnehmer- und Arbeitgeberinteressen einschließlich der Mitbestimmung (Art. 2 III des Abkommens)[414]. Den Mitgliedstaaten ist es nach Art. 2 IV des Abkom-

---

410 Ausführlich WEISS, Der soziale Dialog als Katalysator koordinierter Tarifpolitik in der EG, in: FS Kissel, S. 1253 ff.; s.a. KONZEN, EuZW 1995, S. 39, 46. Zu den im Rahmen dieses Dialogs zustande gekommenen Erklärungen der Sozialpartner vgl. auch DÄUBLER, Tarifvertragsrecht, Rz. 1721.

411 H.M., vgl. etwa DÄUBLER, Tarifvertragsrecht, Rz. 1728; HAUSCHKA, RIW 1990, S. 81, 88; KONZEN, EuZW 1995, S. 39, 47; MünchHdbArbR/LÖWISCH, § 247, Rz. 19; RIEBLE, Arbeitsmarkt und Wettbewerb, a.a.O. (Fn. 23), Rz. 198; G/T/E/PIPKORN, EWGV, Art. 118 b), Rz. 24; WANK, RdA 1995, S. 10, 19; WLOTZKE, NZA 1990, S. 417, 421; a.A. GRABITZ/HILF/LANGENFELD/JANSEN, EUV, Art. 118 b), Rz. 2; STILLER, ZIAS 1991, S. 194, 213 ff.

412 WEISS, a.a.O.

413 Vgl. etwa BLANPAIN/KLEIN, Europäisches Arbeitsrecht, Rz. 298.

414 Zum Ganzen siehe WANK, RdA 1995, S. 10, 18 ff.

mens überlassen, den Sozialpartnern die Durchführung der beschlossenen Richtlinien zu übertragen[415]. Insoweit wird auch erstmals die Tarifautonomie in die Verträge inkorporiert[416].

Allerdings sind von der Kompetenzzuweisung des Art. 2 III des Abkommens ausdrücklich Fragen des Arbeitsentgeltes, des Streik- und Aussperrungsrechts, sowie des Koalitionsrechts ausgenommen (Art. 2 VI des Abkommens). Hier verbleibt es bei den einzelstaatlichen Regelungen. Dementsprechend ist der Bereich der tarifautonomen Regelung der Arbeitsverhältnisse einer gemeinschaftsrechtlichen Konkretisierung weiterhin entzogen[417]. Weitgehend unbeantwortet bleibt in diesem Zusammenhang jedoch die Frage, welche konkreten Aufgabengebiete die "Vertretung und kollektive Wahrnehmung der Arbeitnehmer- und Arbeitgeberinteressen" i.S.d. Art. 2 III des Abkommens denn umfassen soll, nachdem durch Art. 2 VI des Abkommens die wesentlichsten Regelungstatbestände ausgeklammert wurden[418].

Das Abkommen führt darüber hinaus zu einer deutlich verstärkten Einbindung der Tarifparteien in die europäische Sozialpolitik[419]:

Art. 3 des Abkommens legt fest, daß die Kommission vor einer Unterbreitung ihrer sozialpolitischen Vorschläge gegenüber dem Rat die Sozialpartner zu konsultieren hat. Diese können eine Stellungnahme und Empfehlung abgeben oder aber ein Verfahren nach Art. 4 des Abkommens einleiten. Dieses Verfahren kann zur Herstellung vertraglicher Beziehungen einschließlich des Abschlusses von Vereinbarungen führen (Art. 4 I des Abkommens). Die Umsetzung solcher Vereinbarungen erfolgt "entweder nach den jeweiligen Verfahren und Gepflogenheiten" oder -- in den durch Art. 2 des Abkommens erfaßten Bereichen -- "auf gemeinsamen Antrag der Unterzeichnerparteien durch einen Beschluß des Rates auf Vorschlag der Kommission" (Art. 4 II S. 1 des Abkommens).

---

415 Zweifelnd hinsichtlich der praktischen Relevanz dieser Bestimmung HEINZE, FS Kissel, S. 361, 380.

416 SCHAUB, NZA 1994, S. 769, 771.

417 WANK, RdA 1995, S. 10, 18; HEINZE, a.a.O., S. 361, 380 f.; DÄUBLER, Tarifvertragsrecht, Rz. 1747 ff. sieht Art. 235 EGV als Rechtsgrundlage für ein supranationales Tarifstatut an.

418 Vgl. BUCHNER, RdA 1993, S. 193, 197, der wenigstens den Bereich der Betriebsverfassung als von Art. 2 III umfaßt wissen will.

419 Ausführlich KONZEN, EuZW 1995, S. 39, 42 f., 46 ff.

Damit kann eine Vereinbarung zwischen den Sozialpartnern allein durch Beschluß des Rates, also nicht auf dem Wege der Verabschiedung einer Verordnung oder Richtlinie, Verbindlichkeit[420] erlangen.

c) Die Gemeinschaftscharta der Sozialen Grundrechte der Arbeitnehmer

Deutlich wird die Koaltionsfreiheit und das Recht zum Abschluß von Tarifverträgen schließlich in der Charta angesprochen. In den Art. 11 bis 14 der Charta ist die positive und negative Koaltionsfreiheit (Art. 11) ebenso verbürgt, wie das Recht, im Rahmen der einzelstaatlichen Vorschriften Tarifverträge auszuhandeln und abzuschließen (Art. 12) oder zu streiken (Art. 13).

Allerdings kommt den Regelungen der Charta lediglich Bedeutung als Grundlage des Abkommens zu. Eigenständige Rechtswirkungen vermag sie nicht auszulösen[421]. Angeregt wird in diesem Zusammenhang allerdings, die Charta bei der Auslegung von Gemeinschaftsrechtsakten heranzuziehen[422].

II. Das Grundrecht der Koalitionsfreiheit

1. Die Koalitionsfreiheit als Bestandteil des ungeschriebenen Gemeinschaftsrechts

Dem Umstand, daß der Vertrag selbst keine explizite Verbürgung der Koalitionsfreiheit enthält, entspricht die ursprünglichen Konzeption der Europäischen Gemeinschaften als eines primär wirtschaftlich ausgerichteten Verbandes, in dem sich die soziale Integration mittels einer erfolgreichen Wirtschaftsentwicklung vollziehen sollte[423].

---

420 Teile des Schrifttums sehen hierin eine Art europarechtlicher Allgemeinverbindlicherklärung, vgl. DÄUBLER, EuZW 1992, S. 329; WANK, RdA 1995, S. 10, 20 f. mit Fn. 112; einschränkend WEISS, a.a.O. (Fn. 410), S. 1253, 1264 f.; anders noch ders. in FS Gnade, S. 583, 593.

421 G/T/E/CURRALL, EWGV, Art. 118, Rz. 70; OPPERMANN, Europarecht, Rz. 403; WINDBICHLER, RdA 1992, S. 74, 78.

422 GRABITZ/HILF/ LANGENFELD/JANSEN, EGV, vor Art. 117, Rz. 5.

423 STILLER, ZIAS 1991, S. 194, 197; WANK, RdA 1995, S. 10, 11. Vgl. auch Art. 117 EGV.

Dementsprechend wird vorgebracht, daß das Grundrecht der Koalitionsfreiheit nicht europarechtlich garantiert sei und es seiner Verankerung auf dieser Ebene vielmehr noch bedürfe[424].

Das Gemeinschaftsrecht umfaßt jedoch neben den ausdrücklich niedergelegten Bestimmungen auch einen ungeschriebenen Teil, zu dem diejenigen allgemeinen Rechtsgrundsätze gehören, die sich aus den gemeinsamen Verfassungstraditionen der Mitgliedstaaten herleiten lassen[425], also insbesondere die Grund- und Menschenrechte. Grundrechte, die sich in den gemeinsamen Verfassungsüberlieferungen der Mitgliedstaaten finden, werden auch von der Gemeinschaft als Grundrechte geschützt; es handelt sich um allgemeine Grundsätze des Gemeinschaftsrechts[426].

Da auch die Koalitionsfreiheit in jedem der Mitgliedstaaten grundrechtlich garantiert ist[427], ist auch sie Bestandteil des ungeschriebenen Gemeinschaftsrechts. Dies ergibt sich daneben auch aus Art. 11 EMRK, der die positive Koalitionsfreiheit ausdrücklich garantiert und der gem. Art. F II des Maastrichter Vertrages von der Union zu achten ist[428].

Eine ausdrückliche Verankerung des Grundrechts der Koalitionsfreiheit mag daher der Verdeutlichung dienen, für eine effektive Grundrechtsgarantie zwingend notwendig ist sie jedoch nicht.

2. Konsequenz für die Tarifautonomie

Wichtigste Ausprägung der Koalitionsfreiheit ist die Tarifautonomie, ohne deren Garantie eine effektive Betätigung der Arbeitgeber- und Arbeitnehmerkoalitionen nicht erfolgen könnte. Ohne die Tarifautonomie liefe auch die Koalitionsfreiheit weitgehend leer. Dementsprechend reicht es nicht aus, lediglich die Koalitionsfreiheit als dem Gemeinschaftsrecht immanent anzusehen; dasselbe muß auch für die Tarifautonomie gelten, zumal auch diese dem Grundsatz nach in den meisten Mitgliedstaaten, sei es durch Gesetz oder Rechtspre-

---

424 BLANK, Europäische Kollektivverträge und Sozialer Dialog, in: FS Gnade, S. 649, 656 f.

425 OPPERMANN, Europarecht, Rz. 404 ff., 411 m.w.N.

426 Vgl. etwa EuGH - X/KOM, Rs. C-404/92 P, Slg. 1994, I-4737, 4789 für das Recht auf Achtung des Privatlebens.

427 BUCHNER, RdA 1993, S. 193, 197; GRABITZ/PERNICE, EUV, Art. 164, Rz. 55.

428 Vgl. hierzu GRABITZ/HILF/HILF, EGV, Art. F EUV, Rz. 20 ff.; RIEBLE, Arbeitsmarkt und Wettbewerb, a.a.O. (Fn. 23), Rz. 202.

chung, garantiert ist[429]. Insofern besteht nicht nur, wie es *Pipkorn* formuliert, eine gemeinschaftsrechtliche Einladung an die Sozialpartner, ihrer einzelstaatlich garantierten Tarifautonomie auch eine europäische Dimension zu geben[430]. Vielmehr ist die Tarifautonomie, ebenso wie das Koalitionsgrundrecht, originär europarechtlich verbürgt[431]. Der Kern der Tarifautonomie liegt jedoch wiederum in der den Tarifvertragsparteien eingeräumten Befugnis zum Abschluß von Tarifverträgen zum Zwecke der Regelung von Arbeitsverhältnissen. Folglich müssen Tarifverträge als Instrumente zur Konkretisierung der Tarifautonomie letztlich gemeinschaftsrechtlichen Schutz genießen[432]. Insoweit läßt sich von einer gemeinschaftsverfassungsrechtlichen Verankerung der Institution Kollektivvertrag sprechen[433]. Eine gemeinschaftsrechtliche Verankerung der Tarifverträge bedingt aber wiederum, daß den Tarifvertragsparteien -- auch ohne ausdrückliche Erwähnung im Vertrag -- grundsätzlich die Kompetenz zustehen muß, Tarifverträge auch auf europäischer Ebene abzuschließen[434]. Andernfalls käme der Institutionsgarantie kaum substantielle Bedeutung zu. Der Umstand, daß ein Gemeinschaftstarifrecht bislang fehlt, steht dem

---

429 BIRK, RdA 1995, S. 71, 72 f.; DÄUBLER, Tarifvertragsrecht, Rz. 509; KRIMPHOVE, EuZW 1993, S. 244, 249; PERONE, Tarifvertragsrecht in den Ländern der Europäischen Gemeinschaft, S. 3; vgl. auch KOMMISSION, Soziales Europa, S. 71; dies., Weißbuch, a.a.O. (Fn. 406) S. 9. Eine Ausnahme gilt für Großbritannien und Irland, welche lediglich an die im ILO-Übereinkommen Nr. 98 verankerte Tarifautonomie sowie an Art. 6 Nr. 1-3 der Europäischen Sozialcharta gebunden sind. In Griechenland nimmt der Staat entscheidend Einfluß auf den Inhalt von Tarifverträgen. Die Tarifautonomie wird lediglich ergänzend wirksam, vgl. BIRK, a.a.O., S. 73.

430 G/T/E/PIPKORN, EWGV, Art. 118 b), Rz. 23.

431 MünchArbR/LÖWISCH, § 247, Rz. 20.

432 Dies gilt unabhängig von der Frage nach dem - bislang fehlenden - politischen Willen der Sozialpartner zum Abschluß solcher Tarifverträge, vgl. DÄUBLER, Tarifvertragsrecht, Rz. 1716 m.w.N.

433 Ebenso BLECKMANN, Europarecht, Rz. 1871; a.A. DÄUBLER, Tarifvertragsrecht, Rz.
Rz.
1735 f., der Art. 118 b EGV als äußerste Grenze des nach europäischem Recht zulässigen ansieht.

434 Hiervon geht offenbar auch die Kommission aus, vgl. Weißbuch, a.a.O. (Fn. 406), S. 14; a.A. allerdings wohl die h.M. in der Literatur, vgl. etwa BOBKE, zit. in: PIEPER, AuR 1993, S. 141, 143; WANK, RdA 1995, S. 10, 20.

nicht entgegen, da ansonsten die Tarifautonomie durch gesetzgeberische Untätigkeit unterlaufen werden könnte[435].

Daß eine konkrete Umsetzung dieses Rechts allerdings auf mannigfache rechtliche und tatsächliche Schwierigkeiten stieße, wird hierbei nicht verkannt[436]. Dies ändert jedoch nichts an dem Bestehen einer *grundsätzlichen* gemeinschaftsrechtlichen Kompetenz zum Abschluß europäischer Tarifverträge[437].

III. Ergebnis

1. Aus dem Vorstehenden ergibt sich, daß sich die Bedeutung des Arbeits- und Sozialrechts im Rahmen des europäischen Primärrechts durch Maastricht insgesamt vergrößert hat, auch wenn dies nicht unmittelbar aus dem EGV selbst abzulesen ist. Insbesondere das Abkommen führt zu einer Ausweitung bestehender und Begründung neuer Gemeinschaftskompetenzen auf den Gebieten des Individual- und Kollektivarbeitsrechts.
2. Der EGV enthält zwar keine ausdrückliche Garantie von Koalitionsfreiheit oder Tarifautonomie, er setzt jedoch das Institut des Tarifvertrages voraus und erkennt die Rolle der Sozialpartner im Rahmen der Integration an.
3. Ein originär europarechtlicher Schutz von Koalitionsfreiheit und Tarifautonomie ergibt sich aus der Zugehörigkeit der Koalitionsfreiheit zu den ungeschriebenen Grundlagen des Gemeinschaftsrechts.

IV. Folgerung für das Verhältnis von Tarifautonomie und Wettbewerbsprinzip

Das Verhältnis von Koalitionsfreiheit und Tarifautonomie auf der einen, sowie dem Wettbewerbsprinzip auf der anderen Seite wird durch die Anerkennung beider Institute als fundamentaler Grundsätze des primären Gemeinschaftsrechts bestimmt. Zwar ist der Wettbewerbsgedanke unmittelbar im Vertrag verwurzelt und hat durch die Art. 85 ff. EGV eine für seine praktische Durch-

---

[435] BLECKMANN, Europarecht, Rz. 1871, schlägt vor, die Voraussetzungen eines europäischen Tarifstatuts aufgrund einer wertenden Rechtsvergleichung zu ermitteln.

[436] Diese stellt WEISS, a.a.O. (Fn. 410), S. 1253, 1254 ff. sehr eingängig dar.

[437] Aus der gemeinschaftsrechtlichen Verankerung der Tarifautonomie läßt sich möglicherweise auch ein Anspruch auf Kollektivvertragsverhandlungen auf nationaler Ebene herleiten, denn die europarechtlich verbürgten Grundrechtsgarantien wirken unmittelbar auch im innerstaatlichen Bereich. A.A. BIRK, RdA 1995, S. 71, 73.

setzung bedeutsame Konkretisierung erfahren, jedoch stehen die ungeschriebenen Gemeinschaftsgrundrechte dem sonstigen primären Gemeinschaftsrecht gleich[438]. Koalitionsfreiheit und Tarifautonomie sind also als gemeinschaftsrechtlich verbürgte Rechtspositionen anerkannt und bei der Vertragsauslegung zu beachten.

Enthält der Vertrag jedoch eine gemeinschaftsrechtliche Garantie der Tarifautonomie und geht er dementsprechend von der Existenz und der Zweckmäßigkeit kollektivvertraglicher Beziehungen zwischen Arbeitgebern und Arbeitnehmern aus, so ist auch auf europarechtlicher Ebene der den Tarifverträgen wesenseigene Kartelleffekt anzuerkennen. Die kollektivvertragliche Regelung von Arbeitsbeziehungen ist ohne kartellierende Wirkungen undenkbar, auch wenn dies dem Wettbewerbscharakter des Binnenmarktes grundsätzlich widerspricht[439].

Folge einer grundsätzlichen Inkaufnahme des Kartelleffekts muß jedoch eine Einschränkung des in Art. 85 EGV konkretisierten Wettbewerbsprinzips sein, da es widersinnig wäre, würde das gemeinschaftsrechtlich anerkannte Instrument des Tarifvertrages mittels einer uneingeschränkten Anwendung des Art. 85 EGV im gleichen Atemzuge seiner Wirksamkeit beraubt.

Andererseits sollte nicht verkannt werden, daß auch vor dem Hintergrund der gemeinschaftsrechtlichen Verbürgung der Koalitionsfreiheit und der durch den Vertrag von Maastricht erfolgten Aufwertung der arbeitsrechtlicher Gehalte, das Arbeitsrecht im Vergleich zum Schutz des freien und fairen Wettbewerbs unverändert weniger deutlich ausformuliert ist[440]. Auch dies gilt es bei der Lösung auftretender Normkonflikte zu beachten.

---

438 OPPERMANN, Europarecht, Rz. 418.

439 OPPERMANN, Europarecht, Rz. 1583.

440 JANSEN, EuR 1990, Beiheft 1, S. 5; KRIMPHOVE, EuZW 1993, S. 244, 245; weitergehend HILF/WILMS, JuS 1992, S. 368, die gar von einer Unterordnung des Arbeits- unter das Wettbewerbsrecht sprechen.

Kann somit als Grundsatz festgehalten werden, daß auch vor dem Hintergrund des Art. 85 EGV jedenfalls ein bestimmter kartellrechtsfreier Bereich tarifautonomer Betätigung verbleiben muß, so schließt sich hieran unmittelbar die Frage nach den Grenzen dieses Bereichs an.

Die Frage nach dem Verhältnis von arbeitsmarktbezogenen Vertragsbestimmungen zu den Wettbewerbsregeln des EGV wird in der europarechtlichen Literatur und Rechtsprechung kaum problematisiert[441]. Zuletzt hat *Rieble* eine Anwendung des im EGV verankerten "Strukturprinzips Wettbewerb" auf den Arbeitsmarkt (weitgehend begründungslos) abgelehnt[442].

Während eine intensivere Auseinandersetzung wegen der vermeintlich geringen praktischen Relevanz bislang offenbar für entbehrlich gehalten wurde, so hat die Problematik zuletzt in Zusammenhang mit dem Urteil des EuGH in der Rechtssache *Jean-Marc Bosman* Aktualität erlangt. In seinen Schlußanträgen in dieser Sache legte Generalanwalt *Lenz* die grundsätzlichen Anwendbarkeit der Wettbewerbsvorschriften auch auf den Bereich des Arbeitsmarktes zugrunde[443].

Demgegenüber argumentiert die h.M. für das deutsche Recht gerade dahingehend, daß der Arbeitsmarkt grundsätzlich wettbewerblichen Grundsätzen entzogen ist. Die Freistellung gütermarktregelnder Tarifvertragsvereinbarungen von § 1 GWB wird insbesondere auch auf die generelle Unanwendbarkeit des Wettbewerbsgedankens in diesem Bereich gestützt.

In diesem Zusammenhang ist daher zunächst die Reichweite der Wettbewerbsregeln des EGV von grundsätzlichem Interesse.

---

441 Ausnahmen bilden die oben in Fn. 279 genannten Autoren.

442 RIEBLE, Arbeitsmarkt und Wettbewerb, a.a.O. (Fn. 23), Rz. 197, 426.

443 Vgl. GA LENZ, Schlußanträge in der Rs. C-415/93, Tz. 274, EuGRZ 1995, S. 459 ff.

I. Der Geltungsbereich der Wettbewerbsregeln

Eine ausdrückliche Begrenzung der Anwendbarkeit der Wettbewerbsregeln findet sich im EGV lediglich für den Landwirtschaftssektor[444]. Gemäß Art. 42 I EGV sollen die Art. 85 ff. EGV auf die Produktion von und den Handel mit landwirtschaftlichen Erzeugnissen nur insoweit anwendbar sein, als der Rat dies unter Berücksichtigung der Ziele des Art. 39 EGV anordnet.

Allerdings ist diese Ausnahme auf bestimmte landwirtschaftliche Produkte begrenzt. Auch räumen die Wettbewerbsregeln der Landwirtschaftspolitik nur insoweit den Vorrang ein, als dies zu deren Durchsetzung unbedingt erforderlich ist[445].

Darüber hinaus treten die Wettbewerbsregeln hinter wesentliche Sicherheitsinteressen der Mitgliedstaaten (Art. 223 EGV), sowie dann zurück, wenn Unternehmen, die mit besonderen Aufgaben betraut sind, diese Aufgaben bei Beachtung der Vorschriften nicht erfüllen könnten (Art. 90 I EGV). Art. 90 I EGV steht allerdings der unmittelbaren Geltung der Kartellrechtsvorschriften auch für diese Unternehmen nicht entgegen[446].

Im Umkehrschluß hieraus ergibt sich, daß die Wettbewerbsregeln grundsätzlich für den gesamten Bereich der Wirtschaft gelten[447]; über die ausdrücklich genannten Bereiche hinaus sind im Vertrag keine weiteren Ausnahmen zu dem Grundsatz der universalen Geltung der Art. 85 f. EGV erwähnt.

Insbesondere können die aus dem GWB bekannten Ausnahmebereiche für die Verkehrs-, Versicherungs- und Kreditwirtschaft im Bereich des EGV keine Geltung beanspruchen[448]. Der EGV enthält zwar Sonderregelungen für

---

444 Hierzu CASPARI, Europäisches Wettbewerbsrecht und nationale Ausnahmebereiche, FIW-Schriftenreihe, Heft 128, S. 69, 74 ff.

445 Vgl. VO (EWG) Nr. 26/62 des Rates vom 4.4.1962, ABl. 1962/993; s.a. Kommission ABl. 1988 Nr. L 59/25.

446 EuGH - BRT/Sabam, Rs. 127/73, Slg. 1973, S. 313, 318; siehe zu Art. 90 EGV auch BROTHWOOD, CMLR 1983, S. 336 ff.; EHRICKE, EuZW 1993, S. 211 ff.; GRUSSENDORF, WuW 1965, S. 383 f.

447 EuGH - Kommission/Frankreich, Rs. 167/73, Slg. 1974, S. 359, 371; EMMERICH, EuR 1983, S. 216, 218 ff.; ders., Kartellrecht, S. 521 f.

448 EuGH - Züchner/Bayerische Vereinsbank, Rs. 172/80, Slg. 1981, S. 2021; Verband der Sachversicherer/Kommission, Rs. 45/85, Slg. 1987, S. 405; s.a. EMMERICH, a.a.O.; GLEISS/HIRSCH, Kommentar zum EG-Kartellrecht, Einl., Rz. 52 ff.; JESTAEDT/TOSTMANN, WuW 1991, S. 275, 279 ff.; STEINDORFF, Spannungen zwischen deutschem und europäischem Wettbewerbsrecht, FIW-Schriftenreihe, Heft

den Verkehrssektor (Art. 74-84 EGV); in Bezug auf die Wettbewerbsregeln fehlt es jedoch an einer dem Art. 42 I EGV entsprechenden Vorschrift. Mangels einer ausdrücklichen Ausnahme ist daher dieser Sektor den allgemeinen Regeln des Vertrages und damit auch den Wettbewerbsregeln unterworfen. Dies gilt, was lange umstritten war, auch für den Bereich des Luftverkehrs[449] und der Seeschiffahrt[450].

Kollidieren nationale Ausnahmebereiche mit den Wettbewerbsregeln des EGV, so sind letztere vorrangig: Soweit nicht der EGV die Wettbewerbsregeln selbst zurücknimmt, sind die Art. 85 ff. EGV einschlägig[451] und gehen den innerstaatlichen Regelungen vor[452]. Nationale Zielsetzungen hinsichtlich einer Beschränkung der Anwendbarkeit kartellrechtlicher Bestimmungen sind daher im Bereich der Art. 85 ff. EGV unbeachtlich[453]. Im Gegenteil, die Mitgliedstaaten verletzen durch die Beibehaltung nationaler Ausnahmebereiche möglicherweise ihre Verpflichtung zur Gemeinschaftstreue aus Art. 5 EGV[454].

Wird der Vertrag somit von dem Prinzip der universalen Geltung der Wettbewerbsregeln beherrscht, so ist für den Bereich des Arbeitsmarktes grundsätzlich ein erster Schluß dahingehend angezeigt, daß auch dieser --

---

127, S. 27, 45. Zum Ganzen CASPARI, a.a.O. (Fn. 444); zu der deregulierenden Wirkung der Rechtsprechung des EuGH vgl. BASEDOW, Die Wettbewerbspolitik in den Ausnahmebereichen, FIW-Schriftenreihe, Heft 155, S. 23, 28 ff.

449 EuGH - Kommission/Frankreich, Rs. 167/73, Slg. 1974, S. 359, 371; Ministere Public/Asjes, verb. Rs. 209-213/84, Slg. 1986, S. 1457, 1463 ff.; Ahmed Saeed/Zentrale zur Bekämpfung unlauteren Wettbewerbs, Rs. 66/86, Slg. 1989, S. 803; BRT/SABAM und Fonior, Rs. 127/73, Slg. 1974, S. 51, 313; vgl. auch die VO (EWG) Nr. 4056/86 des Rates vom 22.12.1986, ABl. Nr. L 378f4, VO (EWG) Nr. 3975/87 des Rates vom 14.12.1987, ABl. Nr. L 374/1. Aus der Literatur siehe etwa EMMERICH, Kartellrecht, S. 521; JESTAEDT/TOSTMANN, WuW 1991, S. 275, 277; LENZ, FS Börner, S. 179 ff.; SEDEMUND/MONTAG, NJW 1986, S. 2146 ff.

450 BELLAMY/CHILD, Common Market Law of Competition, 4. Aufl. 1993, Rz. 15-013 ff.

451 MÖSCHEL, Hoheitliche Maßnahmen und die Wettbewerbsvorschriften des Gemeinschaftsrechts, in: Weiterentwicklung der Europäischen Gemeinschaft und der Marktwirtschaft, FIW-Schriftenreihe, Heft 148, S. 89, 91 m.w.N.

452 CASPARI, a.a.O. (Fn. 444), S. 69, 78.

453 MESTMÄCKER, FS Steindorff, S. 1045, 1046 f.; IMMENGA, Nationale Ausnahmebereiche vom Recht der Wettbewerbsbeschränkungen als Verstoß gegen Gemeinschaftsrecht, FS Steindorff, S. 967, 973 f.

454 Vgl. hierzu CASPARI, a.a.O. (Fn. 444), S. 69, 71; IMMENGA, a.a.O., S. 967, 971 ff.; KULKA, WRP 1989, S. 769 ff.; STEINDORFF, FIW-Schriftenreihe, Heft 127, S. 27, 45.

mangels anderer Indizien im Vertrag selbst -- nicht *per se* dem Anwendungsbereich des Art. 85 EGV entzogen ist[455].

II. Die Auffassung der Kommission

Die Kommission hat sich bislang lediglich am Rande zu der Frage der Anwendbarkeit der Art. 85 ff. EGV auf den Bereich des Arbeitsrechts geäußert: Auf die schriftliche Anfrage Nr. 777/89, die eine mögliche Verletzung der Wettbewerbsvorschriften des Vertrages durch den FIAT-Konzern gegenüber seinen Arbeitnehmern zum Gegenstand hatte, antwortete die Kommission:

"*Allerdings erscheint es sehr zweifelhaft, daß das Verhalten von FIAT gegenüber seinen Beschäftigten einen Verstoß gegen Art. 85 oder 86 EWGV, die sich eigentlich*[456] *nicht mit arbeitsrechtlichen Angelegenheiten befassen, darstellen könnte.*"[457]

Die Kommission hält -- wenn auch ohne Begründung -- danach *in der Regel* eine Kollision zwischen Arbeitsrecht und den Art. 85 ff. EGV wohl für ausgeschlossen. Diese Sichtweise überrascht allerdings nicht, da die wettbewerbsrechtlichen Vorschriften des Vertrages primär zur Bekämpfung wettbewerbswidriger Unternehmensabsprachen und des Mißbrauchs marktbeherrschender Stellungen konzipiert sind und lediglich in Ausnahmefällen eine darüber hinausgehende Bedeutung erlangen können.

Mit der Verwendung der einschränkenden Formulierung "eigentlich" wird jedoch gleichzeitig angedeutet, daß durchaus Sachverhaltsgestaltungen denkbar sind, bei denen "arbeitsrechtliche Angelegenheiten" anhand von Art. 85, 86 EGV überprüft werden könnten. Lediglich im Normalfall soll das Kartellrecht auf arbeitsrechtlich begründete Sachverhalte unanwendbar sein. Offen bleibt allerdings, ob die Kommission hierbei von einer tatbestandlichen oder einer strukturellen Unanwendbarkeit ausgeht.

Nach hiesiger Auffassung kann es sich jedoch nur um eine tatbestandliche handeln, da der Arbeitsmarkt dem Wettbewerbsrecht eben gerade nicht *per se* entzogen ist.

---

455 Ebenso EMMERICH, Kartellrecht, S. 39. Zu dieser Argumentation vgl. auch FLEISCHER, WuW 1996, S. 473, 483 m.w.N.

456 Hervorhebung durch Verf.

457 ABl. 1990, Nr. C 328/3.

Eine solche Ausnahmekonstellation, in der die Wettbewerbsregeln jedenfalls Anwendung finden, liegt, auch unter Berücksichtigung der einschränkenden Interpretation der Kommission, wohl dann vor, wenn mit Hilfe arbeitsrechtlicher Gestaltungsmöglichkeiten Wettbewerbsparameter determiniert und dadurch Einfluß auf den Markt für Güter und Dienstleistungen genommen werden soll. Denn obzwar der Begriff der "arbeitsrechtlichen Angelegenheiten" insgesamt unklar bleibt, so dürfte sich dieser zunächst und vor allem auf Gebiete wie Lohn und Gehalt, Urlaub, Arbeitszeitregelungen oder Streik und Aussperrung beziehen. Greift ein Tarifgegenstand über diese und ihnen anverwandte Felder hinaus, so gehört er zwar noch zu den arbeitsrechtlichen Angelegenheiten, er unterliegt aber einer Überprüfung durch die Art. 85 ff. EGV.

Dementsprechend nahm die Kommission ohne weiteres die Anwendbarkeit des Art. 85 I EGV auf eine Vereinbarung an, die zwischen einem Verband irischer Banken und der zuständigen Gewerkschaft abgeschlossen worden war und die, neben anderem, die Öffnungszeiten der verbundenen Banken regelte[458]. Die Kommission sah von einem Einschreiten gegen die Vereinbarung im konkreten Fall allerdings ab, da diese nur einige der erbrachten Bankleistungen betraf und den Wettbewerb der beteiligten Unternehmen untereinander ansonsten nicht berührte.

Insoweit nimmt die Kommission eine Anwendbarkeit der Art. 85 ff. EGV auf kollektivvertragliche Vereinbarungen offenbar dann an, wenn diese das Feld der typischerweise den Arbeits- und Wirtschaftsbedingungen zugeordneten Gebiete verlassen und die unternehmerische Tätigkeit der Arbeitgeber am Markt unmittelbar regeln[459].

III. Die Ansicht von Generalanwalt Lenz

Die erste längere Stellungnahme zu dem Verhältnis von Arbeitsmarkt und Art. 85 EGV stammt aus den Schlußanträgen des Generalanwalt *Lenz* in der Rechtssache *Jean-Marc Bosman*[460], die Rechtmäßigkeit von Transferbestimmungen und Ausländerregelungen im Profifußball betraf. Zunächst stellte Generalanwalt *Lenz* fest, daß internationale Spielertransfers, also der Wechsel ei-

---

458 Kommission, ABl. 1986 Nr. L 295/28 - Irish Banks' Standing Committee.

459 Ebenso GLEISS/HIRSCH, Kommentar, Art. 85, Rnr. 20.

460 Abgedruckt in EuGRZ 1995, S. 459, 501 ff.

ses Spielers (= Arbeitnehmers) von seinem bisherigen Verein in einem Mitgliedstaat zu einem neuen Verein in einem anderen Mitgliedstaat, dem Handelsbegriff des Art. 85 EGV unterfielen, da diese dem Wirtschaftsverkehr zwischen den Mitgliedstaaten zuzurechnen seien[461]. Daneben stellten Ausländerklauseln und Transferregelungen auch Wettbewerbsbeschränkungen dar, da sie die Möglichkeit der Vereine, um die Einstellung einzelner Spieler zu konkurrieren, beschränkten. Hinsichtlich des Einwandes der UEFA, daß es sich bei dem zu entscheidenden Fall um einen "verschleierten Tarifkonflikt" handele, auf den Art. 85 EGV nicht angewendet werden könne, da das Verhältnis zwischen Arbeitgeber und Arbeitnehmer nicht dem Kartellverbot unterläge, führte der Generalanwalt aus:

"*In der Tat betreffen die Transferregeln unmittelbar das Verhältnis zwischen dem Spieler und seinem (bisherigen oder künftigen) Arbeitgeber. Wenn daher der Bereich des Arbeitsrechts dem Kartellrecht nicht unterläge, könnte argumentiert werden, daß dies auch für die Transferregeln gelten müsse...*

Es gibt ... meines Erachtens keine Regel des Inhalts, daß Absprachen, die Arbeitsverhältnisse betreffen, generell und vollständig dem Anwendungsbereich der Wettbewerbsvorschriften des EG-Vertrages entzogen wären ...

Aus dem amerikanischen Recht kann ... meines Erachtens nur der Schluß gezogen werden, daß die Gewährleistung der Tarifautonomie von Arbeitgebern und Gewerkschaften erforderlich machen kann, Tarifverträge von Kartellrecht auszunehmen, soweit dies für diesen Zweck erforderlich ist. Eine entsprechende Einschränkung des Anwendungsbereichs des Artikels 85 könnte -- ähnlich wie sie im Recht einzelner Mitgliedstaaten existiert -- tatsächlich zu bejahen sein. Sie wäre allerdings beschränkter Natur."[462]

Damit nimmt *Lenz* die Anwendbarkeit der Wettbewerbsregeln des EGV auf Tarifverträge offensichtlich jedenfalls dann an, wenn diese Regelungsgegenstände umfassen, die für die Garantie der Tarifautonomie nicht unerläßlich sind. Eine generelle Ausnahme tarifvertraglicher Absprachen kommt nach dem EGV nicht in Betracht. Dabei beruft er sich insbesondere auf die zum amerikanischen Recht entwickelte Judikatur, nach der Section 1 des Sherman Act grundsätzlich auch auf Kollektivverträge anwendbar sind.

---

461 A.a.O., S. 502, Tz. 261.

462 A.a.O., S. 504 f., Hervorhebung durch Verf.; s.a. FLEISCHER, WuW 1996, S. 473, 485.

IV. Die Rechtsprechung des EuGH

Eine ausdrückliche Stellungnahme des EuGH hinsichtlich der Anwendbarkeit der Art. 85 f. EGV auf Sachverhalte, die dem Arbeitgeber-Arbeitnehmer-Verhältnis entspringen, fehlt bislang.

Aus einzelnen Entscheidungen wird jedoch deutlich, daß eine generelle Befreiung des Arbeitsmarktes von den wirtschaftsrechtlichen Regelungen des EGV mit der Spruchpraxis des Gerichtshofes nur schwerlich vereinbar wäre.

Hierfür spricht zunächst die weite Auffassung des EuGH, wonach die Errichtung des Gemeinsamen Marktes das "gesamte Wirtschaftsleben innerhalb der Gemeinschaft" berührt[463]. Speziell für den Bereich des Arbeitsmarktes hat das Gericht darüber hinaus wenig später klargestellt, daß sich auch das Angebot von und die Nachfrage nach Arbeits- und Dienstleistungen als Teil des Wirtschaftslebens darstellten[464].

Der EuGH geht danach von einem Gesamtbereich Wirtschaft aus, dessen integraler Bestandteil der Arbeitsmarkt ist; auch auf dem Arbeitsmarkt kommen die wirtschaftsrechtlichen Bestimmungen des Vertrages zur Anwendung.

Verdeutlicht wird diese Auffassung durch die Rechtsprechung des EuGH zu nationalen Sonntagsarbeitsverboten und dem deutschen Arbeitsvermittlungsmonopol. Hierbei spielten sowohl die Regelungen über den freien Warenverkehr als auch wettbewerbsrechtliche Fragen eine Rolle.

---

463 EuGH - Kommission/Französische Republik, Rs. 167/73, Slg. 1974, S. 359, 370.

464 EuGH - Gaetano Dona/Mario Mantero, Rs. 13/76, Slg. 1976, S. 1333, 1340.

1. Sonntagsarbeitsverbote

Zu der Frage der Vereinbarkeit -- national unterschiedlich ausgestalteter[465] -- Sonntagsarbeitsverbote mit dem EGV sind mittlerweile zahlreiche Entscheidungen ergangen[466].

In dem "leading case" *Torfaen Borough* hatte der EuGH über die Frage zu urteilen, ob eine nationale Regelung, die den Verkauf von Waren an Sonntagen grundsätzlich verbietet, mit Art. 30 EGV unvereinbar sei. Der Gerichtshof kam zu dem Ergebnis, daß Art. 30 EGV dahingehend auszulegen ist,

> "*daß das von ihm ausgesprochene Verbot nicht für eine nationale Regelung gilt, die es Einzelhändlern verbietet, ihre Geschäfte am Sonntag zu öffnen, wenn die sich hieraus möglicherweise ergebenden beschränkenden Wirkungen auf den innergemeinschaftlichen Handel den Rahmen der einer solchen Regelung eigentümlichen Wirkungen nicht überschreitet.*"

Insoweit lehnt sich der EuGH zunächst an das Urteil *Cinetheque*[467] an, in dem ein doppelter Prüfungsmaßstab entwickelt worden war: Zunächst ist zu fragen, ob die streitige Regelung ein nach Gemeinschaftsrecht gerechtfertigtes Ziel verfolgt. Ist dies der Fall, so ist weiter zu prüfen, ob das zur Zielerreichung eingesetzte Mittel nicht außer Verhältnis steht.

Hinsichtlich des Ziels kam das Gericht zu dem Schluß, daß eine Regelung der Verkaufszeiten im Einzelhandel ein Ausdruck bestimmter politischer und wirtschaftlicher Entscheidungen der Mitgliedstaaten sei, die es bei dem "gegenwärtigen Stand des Gemeinschaftsrechts" zu respektieren gelte[468].

---

465 Vgl. hierzu rechtsvergleichend ASKHAM/BOURKE/RANSCOMBE, EC Sunday Trading Rules.

466 EuGH - Torfaen Borough Council/B & Q plc, Rs. C-145/88. Slg. 1989, S. 3851, 3885 ff.; Union départmentale des syndicats CGT de l'Aisne/SIDF-Conforama u.a., Rs. C-332/89, Slg. 1991, S. 997, 1021; Strafverfahren gegen André Marchandise u.a., Rs. C-332/89, Slg. 1991, S. 1027, 1037 ff.; Council of the City of Stoke-on-Trent und Norwich City Council/B & Q plc, EuZW 1993, S. 223 m.Anm. DAVIS; zuletzt verb. Rs. C-418/93 bis C-421/93, C-460/93 bis C-462/93, C-464/93, C-9/94 bis C-11/94, C-14/94, C-15/94, C-23/94, C-24/94, C-332/94 - Semeraro Casa Uno u.a./Sindaco del Comune di Erbusco u.a. Siehe auch DAVIS, EuZW 1992, S. 569 ff.; SZÖNYI, GRUR Int. 1996, S. 1196 ff. zur Diskussion in Frankreich; sowie RIEBLE, Arbeitsmarkt und Wettbewerb (Fn. 23), Rz. 368 speziell zum Verhältnis von LadenschlußG und EGV.

467 EuGH - verb. Rs 60, 61/84, Slg. 1985, 2605, 2618.

468 EuGH - Rs. 155/80, Slg. 1981, S. 1993 ff. Hervorhebung durch Verf.

Zwar hat der EuGH damit in dieser und den weiteren Entscheidungen klargestellt, daß zum jetzigen Zeitpunkt eine Aufweichung nationaler Beschränkungen der Ladenöffnungszeiten an Feiertagen unter dem Gesichtspunkt des Art. 30 EGV nicht in Betracht kommt. Andererseits erkannte der Gerichtshof gleichzeitig grundsätzlich an, daß auch eine arbeitsrechtliche Regelung gegen Art. 30 EGV verstoßen kann.

Diese Linie verfolgt das Gericht seither weiter: So legte beispielsweise der Cour d'appel Mons in dem *Strafverfahren gegen Marchandise u.a.* dem EuGH die Frage vor, ob das gesetzliche Verbot, Arbeitnehmer sonntags nach 12 Uhr in Einzelhandelsgeschäften zu beschäftigen, neben einem Verstoß gegen Art. 30 EGV auch eine Verletzung der Art. 3 lit. f, 5, 85 EGV darstellen könne.

Der EuGH[469] verneinte die letztere Frage zwar, da im konkreten Fall die Voraussetzungen der Art. 3 lit. f, 5, 85 EGV nicht gegeben waren: das gesetzliche Sonntagsarbeitsverbot hatte nicht bezweckt, eine bestehende Kartellabsprache zu verstärken[470].

Diese Urteilsbegründung läßt sich andererseits dahingehend verstehen, daß ein entgegengesetztes Resultat unter Umständen dann zu erwarten wäre, wenn ein solches Sonntagsarbeitsverbot aufgrund einer vorhergehenden privaten Kartellabsprache erginge.

Jedenfalls trat das Gericht in eine Tatbestandsprüfung ein, was unnötig gewesen wäre, hielte es die Wettbewerbsregeln nicht auch im Bereich des Arbeits- und Sozialrechts für grundsätzlich einschlägig.

---

469 EuGH - Strafverfahren gegen André Marchandise u.a., Rs. C-332/89, Slg. 1991, S. I-1027, I-1042 f.

470 Siehe hierzu ausführlich unten, S. 213 ff.; 220 f.

2. Die Entscheidung zum deutschen Arbeitsvermittlungsmonopol[471]

Das Problem der Anwendbarkeit der Wettbewerbsvorschriften im Bereich des Arbeitsrechts wurde auch in der Entscheidung zum deutschen Arbeitsvermittlungsmonopol aufgeworfen.

Dem EuGH war die Frage zur Beurteilung vorgelegt, ob die Monopolisierung der Vermittlung von Führungskräften der Wirtschaft durch die Bundesanstalt für Arbeit eine mißbräuchliche Ausnutzung einer marktbeherrschenden Stellung im Sinne des Art. 86 EGV darstelle[472].

Die Bundesregierung verneinte die Einschlägigkeit der Wettbewerbsregeln, da die Bundesanstalt für Arbeit eine ausschließlich staatliche Aufgabe im Allgemeininteresse wahrnehme, ohne dabei einen wirtschaftlichen Zweck zu verfolgen.

Das Gericht hingegen bejahte demgegenüber ohne weiteres die Anwendbarkeit der Art. 85 ff. EGV auf die Bundesanstalt für Arbeit. Diese sei ein Unternehmen im Sinne der Art. 85, 86 EGV, da es sich bei der Vermittlung von Arbeitsplätzen um eine wirtschaftliche Tätigkeit handele. Insbesondere sei es keineswegs notwendigerweise erforderlich, diese Tätigkeit von staatlichen Behörden ausüben zu lassen.

3. Befreiung von Kündigungsschutzvorschriften

In die gleiche Richtung weist schließlich auch das Urteil *Kirsammer-Hack/Nurhan Sidal*[473], in dem der EuGH über die Vereinbarkeit der Befreiung von Kleinbetrieben von den Bestimmungen des deutschen KSchG mit der Beihilferegelung des Art. 92 EGV zu befinden hatte.

Das vorlegende Gericht hatte auf die durch diese Differenzierung hervorgerufenen Wettbewerbsverzerrungen hingewiesen.

Der EuGH verneinte zwar die Anwendbarkeit des Art. 92 I EGV, wiederum jedoch nicht etwa mit einem Hinweis auf eine Unanwendbarkeit der

---

471 EuGH - Höfner und Elser/Macrotron, Rs. C-41/90, Slg. 1991, S. I-1979; siehe hierzu EHRICKE, WuW 1991, S. 970 ff.; ODERSKY, Zu den Grenzen staatlicher Marktregulierung - dargestellt am Beispiel des deutschen Arbeitsvermittlungsmonopols, FIW-Schriftenreihe, Heft 155, S. 77, 83 ff.; SPEYER, EuZW 1991, S. 399 ff.

472 EuGH, a.a.O., S. I-1985.

473 EuGH - P. Kirsammer-Hack/Nurhan Sidal, Rs. C-189/91, Slg. 1993, I-6185.

Wettbewerbsregeln auf diesen originär arbeitsrechtlichen Sachverhalt, sondern vielmehr deshalb, weil die Bestimmung des § 23 I 2 KSchG *tatbestandlich* nicht als Beihilfe im Sinne des Art. 92 EGV angesehen werden könne.

IV. Ergebnis

1. Aus dem Vorstehenden ist ersichtlich, daß bei der Frage nach der Reichweite der Anwendung der Art. 85 f. EGV nationale Vorbehalte keine Rolle spielen. Denn grundsätzlich ist von dem Prinzip der universalen Geltung der Wettbewerbsregeln auf allen Sektoren des Wirtschaftslebens der Gemeinschaft auszugehen. Der EGV enthält keine Bestimmung, die den Schluß auf eine andere als eine wettbewerbliche Orientierung des Arbeitsmarktes zuläßt. Die ausdrückliche Bezugnahme auf den marktwirtschaftlichen Austauschprozeß und die Förderung von Wanderungsbewegungen auf einem Gemeinsamen Arbeitsmarkt, wie er durch die Regelungen über die Arbeitnehmerfreizügigkeit hergestellt werden soll, macht vielmehr deutlich, daß auch der Arbeitsmarkt von der Grundentscheidung des Vertrages zugunsten des auf Freiheit und Gleichheit basierenden Wettbewerbsprinzips beherrscht wird[474].
2. Von dieser Prämisse gehen offenbar auch Kommission und EuGH aus, die, soweit sie sich mit der Frage der Anwendbarkeit der Wettbewerbsregeln auf arbeitsrechtlich bestimmte Sachverhalte zu befassen hatten, jeweils in eine -- ansonsten überflüssige -- Tatbestandsprüfung eintraten. Das in der deutschen Diskussion gängige "Rasenmäherargument" einer grundsätzlichen Exemption arbeitsrechtlicher Regelungen von den wettbewerbsbezogenen Vorschriften findet im Rahmen des EGV jedenfalls keine Stütze.
3. Dementsprechend können auch tarifvertragliche Absprachen *grundsätzlich* mit Art. 85 EGV kollidieren, wenn dessen Voraussetzungen gegeben sind.
4. Andererseits kann das Wettbewerbsprinzip in diesem Bereich auch keine uneingeschränkte Geltung beanspruchen. Grenzen werden u.a. durch das gemeinschaftsrechtlich anerkannte Grundrecht auf Koalitionsfreiheit und dem damit verbundenen Institut des Tarifvertrages gesetzt.

---

474 WINDBICHLER, RdA 1992, S. 75, 80. Zum Prinzip der Vertragsfreiheit im EWGV siehe LÖWISCH, Günstigkeitsprinzip als Kartellverbot, FS Rittner, S. 381 ff.; MESTMÄCKER, RabelsZ 1990, S. 409, 411; MÖSCHEL, Wettbewerbsbeschränkungen, Rz. 2; RITTNER, JZ 1990, S. 838, 841; ders., WuW 1991, S. 95, 101; SCHMIDT-LEITHOFF, Gedanken über die Privatrechtsordnung als Grundlage zum EWGV, FS Rittner, S. 597, 604 ff.

9. Kapitel: Grenzen der Anwendbarkeit des Art. 85 EGV

Steht damit fest, daß Art. 85 EGV zwar grundsätzlich auch auf Tarifverträge anwendbar ist, daß dies jedoch andererseits auch nicht uneingeschränkt der Fall sein kann, so stellt sich weiterführend die Frage, welche kollektivvertraglichen Regelungsgegenstände *per se*, also unabhängig von einer tatbestandlichen Überprüfung, dem Kartellverbot entzogen sind.

Es ist zwischen den verschiedenen Sachverhaltskonstellationen zu differenzieren.

Zu unterscheiden sind:

(i) Tarifvertragliche Regelungen mit typischerweise arbeitsrechtlichem Gehalt und einer notwendig wettbewerbsbeschränkenden Folge auf den Gütermärkten (sogleich unten).

(ii) Tarifvertragliche Regelungen mit ausschließlich wettbewerbsbeschränkenden Inhalten außerhalb der typischen Regelungsgegenstände (unten, 10. Kapitel, I.).

(iii) Unmittelbar wettbewerbsbeschränkende Tarifverträge mit arbeitsrechtlichem Bezug (unten, 10. Kapitel, II.).

I. Tarifregelungen mit typischerweise arbeitsrechtlichem Gehalt und einer notwendig wettbewerbsbeschränkenden Folge

Die tarifvertragliche Vereinbarung von Arbeitsbedingungen zeitigt kartellierende Wirkungen sowohl auf horizontaler wie auf vertikaler Ebene und ist daher geeignet, den innergemeinschaftlichen Handel zu beeinträchtigen und den Wettbewerb zu beschränken. Allerdings wirkt sich die Wettbewerbsbeschränkung in diesem Fall unmittelbar lediglich auf den Arbeitsmarkt aus, während sich Wettbewerbsbeschränkungen auf den Gütermärkten lediglich als notwendige Konsequenz hieraus ergeben. Es handelt es sich also jeweils nur um Absprachen mit wettbewerbsbeschränkenden Folgewirkungen. Ihre primäre Orientierung gilt dem Arbeitsmarkt.

Wären die Wettbewerbsregeln ebenfalls auf diese Absprachen unbeschränkt anwendbar, so bedeutete dies, daß auch solche Regelungen Art. 85 EGV unterfallen könnten, die typischerweise einen dem Arbeitsmarkt zuzurechnenden Inhalt tragen und die lediglich in zweiter Linie Folgen auf den Waren- und Dienstleistungsmärkten hervorrufen[475]. Hierunter wären Lohn- und Gehaltsvereinbarungen ebenso zu zählen wie Arbeitszeitregelungen.

Auch für Regelungen solchen Inhaltes bliebe, wäre Art. 85 I EGV einschlägig, nur die Möglichkeit, eine Freistellung des Tarifvertrages nach Art. 85 III EGV zu erwirken. Dieses Ergebnis wäre jedoch unvereinbar mit der oben dargestellten gemeinschaftsrechtlichen Anerkennung der Tarifautonomie und des Instituts Tarifvertrag[476].

1. Ansätze zur Einschränkung der Anwendbarkeit des Art. 85 EGV

Die generelle Anwendbarkeit des Kartellverbotes auf solche Regelungen wird dementsprechend allgemein abgelehnt, der rechtliche Ansatzpunkt hierfür ist jedoch umstritten.

a) Abgrenzung nach dem Nähegrad von Tarifvertragsklausel zu Wettbewerbsbeschränkung

Im deutschen Recht erfolgt die Abgrenzung meist über das Verhältnis zwischen Tarifvertragsklausel und Wettbewerbsbeschränkung. Dem Kartellverbot unterliegen sollen -- wenn überhaupt -- lediglich unmittelbar auf die Marktwirkung gerichtete Wettbewerbsbeschränkungen; zeitigen die Abreden andererseits nur mittelbare Folgen auf den Waren- und Dienstleistungsmärkten, so ist das Kartellverbot ausgeschlossen[477].

Eine solche Differenzierung auch im Rahmen von Art. 85 EGV vorzunehmen erscheint jedoch problematisch[478]:

Bereits der Wortlaut des Art. 85 I EGV zeigt nämlich, daß nicht nur unmittelbare, sondern auch mittelbare Wettbewerbsbeschränkungen dem Kartellverbot unterfallen. Untersagt sind danach nämlich solche Absprachen, die

---

475 So bejaht etwa LOOS, a.a.O. (Fn. 16), S. 74 ff. die Anwendbarkeit von § 1 GWB dann, wenn aus arbeitsmarktlichen Ursachen irgendwelche Folgen auf den Gütermärkten entstehen.

476 SMIT/HERZOG, The Law of the European Economic Community, A Commentary on the EEC Treaty, Art. 85.11.

477 Siehe etwa VAUBEL, a.a.O. (Fn. 19), S. 73.

478 Zweifelnd auch SMIT/HERZOG, a.a.O.

"...eine Verhinderung, Einschränkung oder Verfälschung des Wettbewerbs ... bezwecken oder *bewirken.*"[479] Erfaßt werden somit auch diejenigen Wettbewerbsbeschränkungen, die sich als Folge einer Abrede ergeben, welche selbst keinen wettbewerbsbeschränkenden Zweck oder Gegenstand zum Inhalt hat. Voraussetzung ist lediglich, daß zwischen der Absprachen und der Wettbewerbsverfälschung ein adäquater Kausalzusammenhang besteht[480].

Allerdings kann die Frage nach dem Nähegrad in der Ausnahmesituation der kartellrechtlichen Erfassung von Tarifverträgen immerhin als Anhaltspunkt für die der Rechtmäßigkeit der Vereinbarung dienen[481].

b) Der Wille des Gemeinschaftsgesetzgebers

Smit/Herzog gehen davon aus, daß eine generelle Anwendbarkeit des Art. 85 I EGV auf tarifvertragliche Vereinbarungen den Intentionen des Gemeinschaftsgesetzgebers nicht entspreche[482]. Dieser habe bei der Abfassung der Art. 85 ff. EGV andere Sachverhalte vor Augen gehabt. Daher müßten derartige Abreden dem Geltungsbereich des Kartellverbots entzogen werden. Als rechtstechnisch naheliegendster Ansatzpunkt für eine solche einschränkende Auslegung wird der Unternehmensbegriff vorgeschlagen.

Zwar ist sicherlich zutreffend, daß der Gemeinschaftsgesetzgeber bei der Schaffung der Art. 85 ff. EGV die Problematik wettbewerbsbeschränkender Tarifverträge nicht in Betracht gezogen hat, jedoch wird der historischen Interpretation bei der Auslegung des primären Europarechts nur geringe Bedeutung beigemessen[483]. Daneben ist die Interpretation des Gemeinschaftsrechts ein dynamischer Vorgang, der sich ständig fortentwickelt.

Der Unternehmensbegriff[484] als Element des Tatbestandes kann darüber hinaus für eine *per se* Exemption nicht herangezogen werden. Eine solche hat im Vorfeld einer Tatbestandsprüfung zu erfolgen. Im übrigen ist es, wenn man wie *Smit/Herzog* entscheidend auf den Unternehmensbegriff abstellt, erforder-

479 Siehe zu diesem Tatbestandsmerkmal auch unten S. 158 f.
480 G/T/E/SCHRÖTER, Art. 85 I, Rz. 106.
481 Kommission ABl. 1986 Nr. L 295/28 - Irish Banks' Standing Committee.
482 SMIT/HERZOG, Commentary, Art. 85.11.
483 BLECKMANN, Europarecht, Rz. 248 ff.; OPPERMANN, Europarecht, Rz. 584; siehe auch oben S. 89 f.
484 Hierzu ausführlich unten S. 143 ff.

lich, die Frage des Zustimmungsbeschlusses des Arbeitgeberverbandes als Kartelltatbestand zu erörtern[485]. Denn hier kommt es auf die Unternehmenseigenschaft der Gewerkschaften gerade nicht an.

c) Die ratio der Wettbewerbsregeln

Weniger mit dem historischen Argument als mit der ratio legis verneint denn auch die Kommission eine generelle Anwendbarkeit der Wettbewerbsregeln. In der bereits erwähnten Stellungnahme zu möglichen Vertragsverletzungen des FIAT-Konzerns[486], stellte die Kommission lapidar fest, daß sich nach ihrer Auffassung die Art. 85 und 86 EGV

> "*eigentlich nicht mit arbeitsrechtlichen Angelegenheiten befassen*"[487].

Wie erwähnt, gibt diese Stellungnahme jedoch lediglich die grundsätzliche Konzeption der Wettbewerbsregeln wider, ohne auf die Grenzen der Anwendbarkeit der Wettbewerbsregeln weiter einzugehen. Andererseits erkennt die Kommission an, daß Konstellationen denkbar sind, bei denen die Wettbewerbsvorschriften auch im Arbeitsrecht relevant werden können. Daher zögerte sie auch nicht, in der Entscheidung *Irish Banks' Standing Committee*[488] eine Absprache über Schalteröffnungszeiten von Banken als wettbewerbsbeschränkende Vereinbarung zu werten. Auf den Zweck der Tarifautonomie als äußere Grenze der Kartellrechtsimmunität für tarifvertragliche Absprachen stellte auch Generalanwalt Lenz in der bereits mehrfach erwähnten Rechtssache *Jean-Marc Bosman* ab.

d) Der Arbeitsmarkt als kartellrechtlicher Ausnahmebereich

Gleiss/Hirsch[489] argumentieren dahingehend, daß der Arbeitsmarkt zwar grundsätzlich ein Teil des Gesamtbereiches am Wirtschaftsverkehr darstelle; es liege jedoch ein Ausnahmebereich vor, der die Anwendung des europäischen

---

485 Siehe hierzu unten S. 152 ff.

486 Siehe auch oben S. 110 f.

487 Antwort der Kommission auf die schriftliche Anfrage Nr. 777/89, ABl. 1990 Nr. C 328/3.

488 Abl. 1986 Nr. L 295/28; ähnlich LANGEN/BUNTE/BUNTE, KartR, Art. 85, Rz. 5. Vgl. auch FLEISCHER, WuW 1996, S. 473, 483.

489 GLEISS/HIRSCH, Kommentar, Art. 85 Rz. 20. Ablehnend RIEBLE, Arbeitsmarkt und Wettbewerb, a.a.O. (Fn. 23), Rz. 460.

Kartellrechts dann ausschließe, wenn die Regelung nicht über die eigentliche Gestaltung der Arbeitsverhältnisse hinausgehe.

Es ist jedoch fraglich, ob die von *Immenga*[490] zu § 1 GWB entwickelte Figur des kartellrechtlichen Ausnahmebereiches Arbeitsmarkt, die hier ersichtlich Pate stand, auf den Bereich des EGV übertragen werden kann.
Der EuGH hat anhand seiner Entscheidungen zur Anwendbarkeit der Wettbewerbsregeln in den Sektoren Banken, Versicherungen, Verkehr sowie für die Urheberverwertungsgesellschaften klargestellt, daß für andere als die im Vertrag enthaltenen Ausnahmebereiche kein Platz ist[491].

Die im Rahmen des EGV anzuerkennenden Ausnahmebereiche sind dort abschließend aufgezählt und, soweit sie bestehen, eng auszulegen[492]. Eine über diesen Bestand hinausgehende Erweiterung entspräche weder der fundamentalen Bedeutung des Systems des unverfälschten Wettbewerbs, noch dem Bestreben der praktischen Wirksamkeit der Wettbewerbsvorschriften zu größtmöglicher Durchsetzung zu verhelfen.

Angesichts dieser eindeutigen Rechtsprechung erscheint es fraglich, ob der Umstand der gemeinschaftsrechtlichen Anerkennung des Kartelleffekts von Tarifverträgen als Grundlage für die Annahme eines eigenen ungeschriebenen Ausnahmebereiches Arbeitsmarkt im EGV ausreicht.

2. Eigener Ansatz: Einschränkende Auslegung des Tatbestandes des Art. 85 I EGV aufgrund europarechtlichen Grundrechtsschutzes

a) Möglichkeiten zur teleologischen Reduktion des Verbots wettbewerbsbeschränkender Abreden

Seit jeher ist in der europarechtlichen Literatur und Rechtsprechung anerkannt, daß Fallkonstellationen auftreten können, die eine einschränkende Auslegung des in seinem Wortlaut äußerst weit gefaßten Art. 85 I EGV erforderlich machen, so etwa bei gewerblichen Schutzrechten, vertikalen Wettbewerbsbe-

490 IMMENGA, a.a.O. (Fn. 55), S. 9 ff. und oben S. 70.

491 Siehe auch oben S. 108 f.

492 DAUSES/EMMERICH, Handbuch des EG-Wirtschaftsrechts, H.I, Rz. 45 ff.; GLEISS/HIRSCH, Einl. Rz. 52; RITTER/BROWN/RAWLINSON, EEC Competition Law, S. 562.

bewerbsbeschränkungen oder Wettbewerbsverboten in Unternehmenskaufverträgen.

Hierfür wurden verschiedene dogmatische Konstruktionen entwickelt, wobei die Einzelheiten umstritten sind.

aa) Restriktion durch eine europäische Rule of Reason

Zu nennen ist in diesem Zusammenhang zunächst der lang andauernde Streit um die Frage, inwieweit im Rahmen von Art. 85 I EGV Raum für die Entwicklung einer europarechtlichen Rule of Reason besteht. Die Literatur zu diesem Thema ist kaum zu übersehen. Zuletzt hat *Fritzsche* der Thematik eine eingehendere Untersuchung gewidmet[493].

Diese besondere Problematik kann jedoch im Rahmen der vorliegenden Untersuchung dann außer Acht bleiben, wenn eine tatbestandliche Restriktion unter dem Gesichtspunkt einer Rule of Reason, deren europarechtliche Existenz unterstellt, hier nicht weiterführt:

Die Rechtsfigur der Rule of Reason entspringt dem US-amerikanischen anti-trust Recht und dient der teleologische Reduktion des als zu weit empfundenen Kartellverbotes des Section 1 des Sherman Act in vernünftiger Weise[494]. Verwirklicht wird diese Einschränkung in der Praxis durch eine Abwägung zwischen den von einer Vereinbarung ausgehenden positiven und negativen Wirkungen auf den Wettbewerb. Danach wird nicht nur die jeweilige Absprache selbst, sondern auch das sie umgebende wirtschaftliche Umfeld in die kartellrechtliche Bewertung einbezogen. In einer Gesamtschau gilt es dann festzustellen, ob die positiven Auswirkungen der Vereinbarung in einer Weise überwiegen, daß faktisch eine spürbare Wettbewerbsbeschränkung nicht vor-

---

493 FRITZSCHE, ZHR 160 (1996), S. 31 ff.; ders. zur Frage einer Rule of Reason im GWB in: Die Auslegung des § 1 GWB und die Behandlung von Einkaufsgemeinschaften im Kartellrecht, FIW-Schriftenreihe, Heft 149, S. 21 ff.
Vgl. darüber hinaus etwa BELLAMY/CHILD, Competition Law, Rz. 2-062 ff.; EVERLING, WuR 1989, S. 34, 45 f.; FORRESTER/NORALL, CMLR 1984, S. 11 ff; GAYK, a.a.O. (Fn. 364); JOLIET, The Rule of reason in Antitrust Law (1967), S. 115 f., 183 ff.; SCHRÖTER, Ford.Corp.L.Inst. 1987, S. 645, 686 m.zahlr.N.; STEINDORFF, CMLR 1984, S. 639 ff; ULMER, RIW 1985, S. 517 ff.; VÄTH, Die Wettbewerbskonzeption des EuGH, S. 73; WAELBROECK, Ford.Corp.L.Inst. 1987, S. 693, 708 ff.

494 FRITZSCHE, ZHR 160 (1996), S. 31, 47 f.; GAYK, a.a.O., S. 31 f.; ULMER, a.a.O., S. 520.

liegt und deshalb Art. 85 I EGV (bzw. Section 1 Sherman Act) von vornherein unanwendbar ist[495].

Entscheidend ist hierbei jedoch, daß außerwettbewerbliche Faktoren, also etwa die Auswirkungen einer Absprache auf die Konjunktur- oder Strukturpolitik oder den Arbeitsmarkt, im Rahmen der vorzunehmenden Abwägung unberücksichtigt bleiben müssen[496].

Die einheitliche Festlegung von Arbeits- und Wirtschaftsbedingungen durch Tarifvertrag soll jedoch in der Regel gerade den Wettbewerb zwischen Unternehmen wie auch die Konkurrenz zwischen Arbeitnehmern ausschalten. Dies ist Inhalt der Kartellwirkung von Tarifverträgen. Nennenswerte wettbewerbsfördernde Impulse gehen von tarifvertraglichen Vereinbarungen nicht aus, so daß auch unter dem Gesichtspunkt einer Rule of Reason die Anwendung des Art. 85 I EGV vorliegend nicht ausgeschlossen werden könnte.

bb) Der Gedanke der ancillary restraints

Ihren deutlichsten Ausdruck hat die Tendenz einer tatbestandlichen Einschränkung des Art. 85 I EGV in der aus dem common law stammenden Figur der sogenannten "ancillary restraints" (wettbewerbsbeschränkende Nebenabreden) gefunden[497].

Diese Konstruktion wird von Kommission und EuGH insbesondere herangezogen, um Wettbewerbsverbote, die im Rahmen von Unternehmensveräußerungsverträgen vereinbart wurden oder Nebenabreden zu Unternehmenszu-

---

495 Vgl. insbesondere BELLAMY/CHILD, a.a.O., mit einer eingehenden Übersicht über die einschlägige Rechtsprechung des EuGH.

496 GAYK, a.a.O.; SANGMEISTER, Die rule of reason und das per-se Konzept, S. 19; ULMER, a.a.O., S. 519; s.a. Nation Society of Professional Engineers v. US, 435 U.S. 697, 688 (1978); a.A. BORCHARDT/FIKENTSCHER, Wettbewerb, Wettbewerbsbeschränkung, Marktbeherrschung, S. 31 ff.

497 Vgl. hierzu allgemein EMMERICH, Kartellrecht, S. 535 f.; GLEISS/HIRSCH, Art. 85, Rz. 143, 541, 603 ff.; GOYDER, EEC Competition Law, S. 168 ff.; GRABITZ/HILF/KOCH, Art. 85, Rz. 39; KORAH, EEC Competition Law and Practice, S. 41 f, 119 f.; ULMER/HABERSACK, ZHR 159 (1995), S. 109, 124 f.; kritisch MESTMÄCKER, EWR, S. 227 f.; RITTER/BROWN/RAWLINSON, EEC Competition Law, S. 406 ff.; G/T/E/SCHRÖTER, Art. 85, Rz. 74; zu § 1 GWB vgl. insbesondere KULKA, RdA 1988, S. 336, 343.

sammenschlüssen und Joint Ventures dem Kartellverbot des Art. 85 I EGV zu entziehen[498].

Art. 85 I EGV unterfallen danach solche Nebenabsprachen nicht, die zwar zur Beschränkung des Wettbewerbs geeignet, jedoch gleichzeitig zur Durchführung des Vertrages erforderlich sind. Die wettbewerbsbeschränkende Wirkung ist dabei jedoch auf das zur Durchführung des Vertrages unerläßliche Minimum zu begrenzen.

Zu denken wäre daran, diesen Ansatz auch auf den hiesigen Kontext zu übertragen[499], denn Tarifverträge stellen von der Privatrechtsordnung zur Verfügung gestellte Institutionen dar, die es funktionsfähig zu erhalten gilt. Hiergegen spricht jedoch zum einen, daß die Regelung von Löhnen und Arbeitszeiten etc. keine Nebenabreden, sondern in der Regel gerade den Hauptzweck des Tarifvertrages darstellt.

Zum anderen läßt der EuGH die Unanwendbarkeit des Kartellverbotes unter dem Gesichtspunkt der ancillary restraints immer nur dann zu, wenn die Wettbewerbsbeschränkung in räumlicher, zeitlicher und sachlicher Hinsicht streng begrenzt ist, was für Tarifverträge nicht in Betracht käme.

cc) Tatbestandsrestriktion aufgrund grundrechtlich geschützter Positionen

Ein weiterer Ansatz, mit dem eine Einschränkung des Kartellverbots begründet wird, ergibt sich aus der Anerkennung grundrechtlich geschützter Positionen im Rahmen des Gemeinschaftsrechts[500].

---

498 Kommission ABl. 1976 Nr. L 254/40 - Reuter/BASF; ABl. 1987 Nr. L 41/31, 35 f. - Mitchell Cotts/Sofiltra; EuGH Remia/Kommission, Rs. 42/84, Slg. 1985, S. 2545, 2571; s.a. ABl. 1990 Nr. C 203/5 - Bekanntmachung über Nebenabreden bei Unternehmenszusammenschlüssen. Ebenso die Schlußanträge des GA LENZ in den Sachen Remia/Kommission, Rs. 42/84, Slg. 1985, S. 2547, 2557 ff. und Pronuptia, Rs. 161/84, Slg. 1986, S. 353, 384 f. Vgl. auch FRITZSCHE, ZHR 160 (1996), S. 31, 42 ff.

499 Im Bereich des GWB wird in diesem Zusammenhang die ähnlich motivierte Immanenztheorie fruchtbar gemacht, vgl KULKA RdA 1988, S. 336, 343; NACKEN, WuW 1988, S. 475, 478 f.; REUTER, Anm. zu BAG EzA Art. 9 GG, Nr. 94 - Arbeitskampf = WuW E/VG 347; ders., JuS 1990, S. 332 f.; auch KG WuW/E OLG 4531, 4534 - Ladenöffnungszeit und oben S. 48 f.

500 Zum Grundrechtsschutz im Gemeinschaftsrecht vgl. etwa ADAMY/BOBKE, ArbRdGgw. 1990, S. 21 ff.; LANGGUTH, EuZW 1991, S. 393 f.; MOSLER/BERNHARD/HILF, Grundrechtsschutz in Europa; NOTTHOFF, RIW

Zwar enthält der EGV keinen ausdrücklichen Grundrechtskatalog. Der EuGH sieht jedoch, ausgehend von den subjektiv-rechtlichen Wirkungen[501] der "Vier Grundfreiheiten", die Grundrechte als zu den allgemeinen Rechtsgrundsätzen gehörig an, die er zu wahren habe[502].

Daher können

"*in der Gemeinschaft keine Maßnahmen als Rechtens anerkannt werden ..., die unvereinbar sind mit den von den Verfassungen dieser Staaten geschützten Grundrechten.*"[503]

Neben den gemeinsamen Verfassungsüberlieferungen der Mitgliedstaaten sind dabei auch internationale Verträge über den Schutz der Menschenrechte und hier insbesondere die Europäische Konvention zum Schutz der Menschenrechte und Grundfreiheiten vom 4. November 1950 heranzuziehen[504].

Das Bundesverfassungsgericht hat in seiner *Solange II*-Entscheidung[505] das Bestehen eines wirksamen und umfassenden Grundrechtsschutzes und insbesondere eine Verbürgung des Wesensgehalts der Grundrechte auf europäischer Ebene anerkannt.

Zu beachten ist, daß es sich bei der Frage der Einschränkbarkeit des Art. 85 I EGV durch konkurrierende Grundrechtspositionen nicht um eine Überprüfung von Vertragsbestimmungen anhand nationaler Grundrechtsgewährleistungen, etwa von Art. 9 III GG, handelt. Europäisches Recht beansprucht den Vorrang gegenüber allen, "wie auch immer gearteten innerstaat-

---

1995, S. 541 ff.; PERNICE, Grundrechtsgehalte im EG-Recht; SCHWARZE, EuGRZ 1986, S. 293 ff.

501 Hierzu BLECKMANN, GS Sasse, S. 665 ff.; ders., Europarecht, Rz. 453 ff. 374.

502 EuGH - Nold/Kommission, Rs. 4/73, Slg. 1974, S. 491, 507; Liselotte Hauer/Land Rheinland-Pfalz, Rs. 44/79, Slg. 1979, S. 3727, 3744 f; s.a. oben S. 79 f.

503 EuGH - Nold/Kommission, Rs. 4/73, Slg. 1974, S. 491, 507.

504 EuGH, a.a.O.; s.a. die Gemeinsame Erklärung von Europäischem Parlament, Rat und Kommission vom 5.4.1977, ABl. 1977 Nr. C 103/1.

505 BVerfG NJW 1987, S. 577 ff. mit einer Darstellung der Entwicklung der Rechtsprechung des EuGH; anders noch in *Solange* I, BVerfG NJW 1974, S. 1697 ff.; eine Neubewertung von *Solange II* verlangt SCHOLZ, NJW 1990, S. 941, 943 f.

lichen Rechtsvorschriften"[506], also auch gegenüber nationalem Verfassungsrecht[507].

Wenn daher *Roth*[508] andeutet, daß für den Fall, daß der EuGH die Unvereinbarkeit von Tarifvertragsvereinbarungen mit Art. 85 EGV oder von Allgemeinverbindlicherklärungen mit Art. 3, 5, 85 EGV feststellen sollte, auf Art. 9 III GG zurückzugreifen sei um solche Tarifvertragsvereinbarungen aufrecht zu erhalten, so läßt diese Sichtweise das Vorrangprinzip außer Acht.

Einschränkend wirken können daher keinesfalls nationale, sondern ausschließlich auf europäischer Ebene gewährleistete Grundrechtspositionen, deren Inhalt sich mit dem der nationalen Gewährleistungen allerdings decken können.

b) Die Koalitionsfreiheit als Einschränkung von Art. 85 I EGV

aa) Keine vorbehaltlose Gewährleistung von Grundrechten

Die den einzelnen Marktbürgern kraft Gemeinschaftsrechts zustehenden Grundrechte sind danach bei der Auslegung von Vertragsbestimmungen zu beachten und können zu einer Einschränkung auch des Kartellverbotes führen[509].

Begrenzende Funktion kommt dabei insbesondere den auf das Wirtschaftsleben bezogenen Grundrechten, also etwa dem Eigentumsrecht[510] sowie dem Recht auf freie Berufswahl und -ausübung zu[511]. Auch das Koalitionsrecht ist jedoch als Grundrechtsposition europarechtlich garantiert[512]. Es wird

---

506 EuGH - Costa/ENEL, Rs. 6/64, Slg. 1964, S. 1251, 1270.

507 Vgl. BVerfG, EuR 1987, S. 269 ff; grundlegend EuGH - Internationale Handelsgesellschaft/Einfuhr- und Vorratsstelle Getreide, Rs. 11/70, Slg. 1970, S. 1125, 1135 (dieser Rechtsstreit führte dann später zu der *Solange I*-Entscheidung des BVerfG).

508 Diskussionsbeitrag zur FIW-Veranstaltung Tarifautonomie und Kartellrecht, FIW-Schriftenreihe Heft 136, S. 50.

509 GAYK, a.a.O. (Fn. 364), S. 162 f.

510 EuGH - Nold/Kommission, Rs. 4/73, Slg. 1974, S. 491, 507; Liselotte Hauer/Land Rheinland-Pfalz, Rs. 44/79, Slg. 1979, S. 3727, 3744 f.; Schräder/Hauptzollamt Gronau, Rs. 265/87, Slg. 1989, S. 2237, 2268.

511 BVerfG NJW 1987, S. 577, 581; GAYK, a.a.O. (Fn. 364).

512 Siehe oben S. 79 f. Vgl. auch EuGH - Gewerkschaftsbund, Massa, Kortner/Rat, Rs. 175/73, Slg. 1974, S. 917, 925.

daneben auch durch Art. 11 EMRK verbürgt, der wiederum gem. Art. F II des Maastrichter Vertrages von der Union zu achten ist.

Demzufolge ist auch die Koalitionsfreiheit geeignet, als Schranke der Anwendbarkeit des Kartellverbotes wirksam zu werden[513]. Allerdings gilt dies auch umgekehrt. Denn grundrechtlich geschützte Rechtsstellungen sind nicht vorbehaltlos gewährleistet, sondern vielmehr "im Hinblick auf ihre gesellschaftliche Funktion zu sehen"[514] und damit ihrerseits einschränkbar. Grundrecht und die kollidierende Vertragsbestimmung stehen also in einer Beziehung der Wechselwirkung zueinander[515].

Entscheidend ist, daß die Beschränkungen, denen ein Grundrecht unterworfen wird

"*dem Gemeinwohl dienenden Zielen entsprechen und nicht einen im Hinblick auf den verfolgten Zweck unverhältnismäßigen, nicht tragbaren Eingriff darstellen, der die so gewährleisteten Rechte in ihrem Wesensgehalt antastet.*"[516]

bb) Der Wesensgehalt der Grundrechte als unbeschränkbarer Kern

Die Beschränkung einer grundrechtlich garantierten Rechtsposition durch kollidierende Vertragsbestimmungen findet dementsprechend wiederum ihre Grenze in dem Wesensgehalt des einzuschränkenden Grundrechts. Ein unzulässiger Eingriff in den Wesensgehalt eines Grundrechts liegt danach vor, wenn dieser entweder nicht durch das Gemeinwohl gerechtfertigt oder unverhältnismäßig ist.

Auf die hier behandelte Fragestellung übertragen bedeutet dies, daß das Kartellverbot insoweit zu begrenzen ist, als seine uneingeschränkte Anwendung einen unverhältnismäßigen Eingriff in die Rechte der Tarifvertragspartei-

---

513 In diesem Sinne argumentiert wohl auch GA LENZ, vgl. die Schlußanträge in der Rs. C-415/93 - Jean-Marc Bosman, Tz. 274, EuGRZ 1995, S. 459 ff.; ebenso FLEISCHER, WuW 1996, S. 473, 485.

514 EuGH - Schräder/Hauptzollamt Gronau, Rs. 265/87, Slg. 1989, S. 2237, 2268.

515 Zu der aus dem deutschen Verfassungsrecht bekannten Wechselwirkungstheorie vgl. BVerfGE 7, S. 198, 208 f.; 71, 206, 214.

516 EuGH - X/Kommission, Rs. C-404/92 P, Slg. 1994, S. I-4743, I-4790; ebenso Kommission/Deutschland, Rs. C-62/90, Slg. 1992, S. I-2575, I-2609.

en, der die Koalitionsfreiheit in ihrem Wesensgehalt beeinträchtigen könnte, darstellen würde[517].

Vom Wesensgehalt der Koalitionsfreiheit umfaßt wird dabei insbesondere die Garantie der tarifautonomen Gestaltung der Arbeitsbeziehungen unter Einsatz von Tarifverträgen als "funktionstypischen Koalitionsmitteln"[518] der Herbeiführung eines Interessenausgleichs zwischen den Tarifpartnern. Diese Konzeption von Tarifverträgen als autonomem Instrument für die Sozialpartner zur Regulierung der auf die einzelnen Arbeitsverhältnisse anzuwendenden Arbeitsbedingungen ist den Rechtsordnungen aller Mitgliedstaaten und unabhängig von ausdrücklicher gesetzlicher Normierung gemeinsam[519].

Da die Funktionsfähigkeit des Tarifvertrages als Koaltionsmittel jedoch wiederum abhängig ist von dessen Kartellwirkung auf dem Arbeitsmarkt, darf auch diese nicht unter dem Gesichtspunkt der Art. 85, 86 EGV beseitigt werden.

Die Kartellwirkung ist vielmehr jedenfalls insoweit hinzunehmen, als sich eine tarifvertragliche Vereinbarung auf das beschränkt, was nach der gemeinsamen kollektivvertraglichen Tradition[520] der Mitgliedstaaten notwendigerweise zur sachgerechten Gestaltung der Arbeitsverhältnisse gehört. Die wettbewerbsbeschränkende Folgen bleiben als zur Durchführung der Tarifverträge unabweisbar notwendig außer Betracht; in diesem Umfange ist Art. 85 I EGV tatbestandlich unanwendbar.

Mit dieser abstrakten Grenzziehung ist aber noch nicht die Frage beantwortet, welche *konkreten* tarifvertraglich regelbaren Inhalte dem kartellfreien Wesensgehalt der Tarifautonomie zuzurechnen sind.

Hierfür läßt sich jedoch, schon wegen der notwendigerweise offen zu haltenden Funktionsbereiche[521] der Tarifpolitik, kein abschließender Katalog aufstellen. Vielmehr ist jeweils eine Einzelfallprüfung im konkreten Fall vorzunehmen.

---

517 EuGH - X/Kommission, Rs. C-404/92 P, Slg. 1994, S. I-4743, I-4790; Hauer/Land Rheinland-Pfalz, Rs. 44/79, Slg. 1979, S. 3727, 3747; Kommission/Deutschland, Rs. C-62/90, Slg. 1992, S. I-2575, 2609.

518 SCHOLZ, a.a.O. (Fn. 1), S. 629, 633, 636.

519 PERONE, a.a.O. (Fn. 429), S. 2.

520 Die historischen Auslegung wird auch seitens des BVerfG herangezogen, vgl. BVerfGE 4, S. 96, 102 ff; 18, S. 18, 28 f.; 44, S. 322, 340; BVerfG NJW 1979, S. 699, 708 f.

521 Maunz/Dürig/SCHOLZ, GG, Art. 9, Rz. 262 f.

Jedoch kann, schon im Interesse der praktischen Wirksamkeit der Wettbewerbsregeln (*effet utile*), nur ein Ausschnitt der tarifvertraglich regelbaren Sachverhalte kartellrechtlich immunisiert sein.

Widerstanden werden sollte in diesem Zusammenhang der Versuchung, die Abgrenzung von vornherein anhand des zum deutschen Tarifvertragsrecht entwickelten Begriffes des "Kernbereichs der Tarifautonomie"[522] vorzunehmen; eine solche Vorgehensweise würde eine mit den Auslegungsgrundsätzen des europäischen Gemeinschaftsrechts unzulässige nationale Vorprägung bedeuten[523].

Heranzuziehen ist vielmehr das, was nach dem Verständnis sämtlicher Mitgliedstaaten übergreifend als zum Grundbestand der Tarifautonomie gehörig zu rechnen ist. Zwar ist allerdings nicht zu verkennen, daß die jeweiligen nationalen Ausgestaltungen des Tarifvertragswesens von zum Teil fundamentalen Unterschieden gekennzeichnet sind[524]. So bestehen beispielsweise in Dänemark und Italien faktisch keinerlei Eingrenzungen möglicher Inhalte von Tarifverträgen, während in den Niederlanden ausschließlich oder überwiegend Arbeitsbedingungen tarifvertraglich geregelt werden können. Am weitesten gehen die tarifvertraglichen Regelungsinhalte wohl in Griechenland, wo originäre Unternehmensentscheidungen, wie etwa die Reorganisation der Produktion, die Änderung des Unternehmenszwecks oder die generellen Produktionsperspektiven tarifvertraglich festgelegt werden können[525].

Daneben bestehen unter den Mitgliedstaaten beispielsweise auch gravierende Unterschiede hinsichtlich der Verbindlichkeit von Tarifverträgen oder in Bezug auf das Verhältnis von gesetzlichen zu tariflichen Regelungen. Während beispielsweise nach deutschem Recht Tarifverträge unmittelbar und zwingend gelten, haben sie in Großbritannien lediglich den Charakter von "Gentlemens' agreements".[526]

Andererseits scheint es dennoch möglich, wenigstens diejenigen Tarifinhalte herauszufiltern, die in den Tarifverträgen aller Mitgliedstaaten minde-

522 Hierzu umfassend MEIK, a.a.O (Fn. 102).

523 Zur Bedeutung der Rechtsvergleichung im Rahmen der Rspr. des EuGH vgl. BLECKMANN, Europarecht, Rz. 262 ff. .

524 Vgl. hierzu etwa BIRK, RdA 1995, S. 71 ff.; BISPINCK/LECHNER, Tarifpolitik und Tarifsysteme In Europa; KRONKE, a.a.O. (Fn. 24), S. 301 ff.; WEISS, a.a.O. (Fn. 410), S. 1253, 1254 ff.

525 BISPINCK/LECHNER, a.a.O., Länderbericht Griechenland, S. 139 f.

526 Vgl. BIRK, RdA 1995, S. 71, 73.

stens enthalten sind. Als Orientierungsmarke müssen hierbei notwendigerweise die Mitgliedstaaten mit einer restriktiven Handhabung tarifvertraglich regelbarer Inhalte dienen, also etwa Belgien, die Niederlande oder Deutschland.

Den Tarifverträgen aller Mitgliedstaaten gemeinsam sind danach jedenfalls diejenigen typischen Bereiche, ohne die Sozialpartner ihre Funktion der sinnvollen Ordnung des Arbeitslebens nicht mehr wahrnehmen könnten: also insbesondere Fragen der Entlohnung, der Arbeitszeiten und der Arbeitsbedingungen[527].

Halten sich demgemäß Tarifverträge innerhalb dieser Grenzen, so ist das Kartellverbot unanwendbar.

Insoweit die tariflichen Gegenstände jedoch über diese Bereiche hinausgreifen und unternehmerisches Verhalten auf den Gütermärkten determinieren, ist das Kartellverbot auch dann zu beachten, wenn die Regelung als solche ihren Ursprung im Bereich der Arbeitsbeziehungen findet.

Dem hier vertretenen Ansatz könnte allerdings entgegengehalten werden, daß auf diese Weise nur ein enger Bereich tarifvertraglicher Regeln dem Anwendungsbereich des Art. 85 EGV von vornherein entzogen wird, was möglicherweise der in allen Mitgliedstaaten festzustellenden Tendenz zur Ausweitung tarifvertraglicher Inhalte zuwiderläuft[528].

Dem ist entgegenzuhalten, daß die Grundrechte eben nur in ihrem Wesensgehalt von der Beeinflussung durch widerstreitende Bestimmungen des EGV ausgenommen sind. Auch darf der -- dem Wettbewerbskonzept des Vertrages schließlich wesensfremde -- tarifvertragliche Kartelleffekt nicht über das für die Tarifparteien zur sachgemäßen Aufgabenerfüllung unbedingt notwendige hinaus erstreckt werden.

Für diese enge Auslegung spricht ferner, daß sich die Tarifparteien an den Vertragsnormen, an die sie auch bei der Ausgestaltung von Tarifverträgen gebunden sind[529], messen lassen müssen, wenn sie im Zuge der Weiterent-

---

527 Vgl. rechtsvergleichend zum typischen Inhalt von Tarifverträgen KOMMISSION, Soziales Europa - die soziale Dimension des Binnenmarktes, S. 71 f.; KRONKE, a.a.O (Fn. 24), S. 301 ff.

528 Vgl. hierzu CÓRDOVA, Collective Bargaining, in: BLANPAIN (Hrsg.), Comparative Labour Law and Industrial Relations, S. 307, 324 ff.; PERONE, a.a.O. (Fn. 429), S. 24 f.

529 EuGH - Defrenne/SABENA, Rs. 43/75, Slg. 1976, S. 455,472; DÄUBLER/HEGE, TVG, Rz. 249; WIEDEMANN/STUMPF, TVG, Einl. Rz. 49.

wicklung der Tarifpolitik neue Tätigkeitsfelder für sich eröffnen; andernfalls bestünde die Gefahr eines sich stetig erweiternden kartellrechtsfreien Raumes.

Im übrigen eröffnet der Vertrag selbst mit der Schaffung des Freistellungsverfahrens nach Art. 85 III EGV Raum für eine differenzierende Einzelfallbetrachtung, so daß eine darüber hinausgehende tatbestandliche Restriktion des Art. 85 I EGV schon deshalb eng zu fassen ist[530].

II. Ergebnis

1. Grundsätzlich könnten dem Kartellverbot auch solche Tarifverträge unterfallen, die zum zentralen Tätigkeitsbereich der Tarifparteien zu rechnen sind, insbesondere Vereinbarungen über Löhne oder Arbeitszeiten.

Eine solches Ergebnis stünde jedoch zu der ausdrücklichen Anerkennung des Instituts Tarifvertrag durch den EGV im Widerspruch. Die Anwendung des Kartellverbots bedarf daher der Einschränkung.

2. Als dogmatischer Ansatz zur Auflösung dieses Konflikts bietet sich der Rückgriff auf die Verankerung des Koalitionsgrundrechts im europäischen Primärrecht an: Der Wesensgehalt dieses Grundrechts kann auch durch die Wettbewerbsvorschriften nicht angetastet werden. Als Konkretisierungen des Koalitionsgrundrechts sind Tarifverträge dem Kartellverbot entzogen, soweit sie sich diese auf die "klassischen" Tarifvertragsinhalte beschränken. Insoweit jedoch tarifvertraglich regelbare Gegenstände betroffen sind, die nicht mehr zu diesem Bereich gerechnet werden können, kann die Anwendbarkeit der Wettbewerbsregeln nicht von vornherein ausgeschlossen werden.

---

530 Vgl. auch die Schlußanträge des GA LENZ, Remia/Kommission, Rs. 42, 84, Slg. 1985, S. 2547, 2557 ff.; ders. in Jean-Marc Bosman, Rs. C-415/93, Tz. 266 ff., EuGRZ 1995, S. 495 ff.

10. Kapitel: Fallbeispiele

Mit Art. 85 I EGV in Konflikt geraten können insbesondere zwei Regelungstypen, von denen wiederum nur einer besondere Probleme aufwirft.

I. Tarifvertragliche Regelungen mit ausschließlich wettbewerbsbeschränkenden Inhalten außerhalb der typischen Regelungsgegenstände

In diese Gruppe fallen etwa die unmittelbare Festlegung von Preisen oder Gebietsaufteilungen durch Tarifvertrag, also typische Kartellabsprachen, die in das Gewand eines Tarifvertrages gekleidet wurden. Nicht hierunter zählen jedoch Regelungen, die ausschließlich auf die Festlegung von Arbeitsbedingungen bezogen sind.

Auf gütermarktorientierte Klauseln der oben genannten Art sind die Wettbewerbsregeln des EGV, Tatbestandsmäßigkeit vorausgesetzt, ohne weiteres anwendbar. Denn der Umstand, daß die kartellrechtswidrigen Wettbewerbsbeschränkungen Aufnahme in einem Tarifvertrag gefunden haben[531], ist nicht geeignet, eine Anwendung des Art. 85 EGV auszuschließen. Wäre die Vereinbarung nämlich unmittelbar zwischen Unternehmen getroffen worden, so wäre Art. 85 EGV unzweifelhaft einschlägig. Daran ändert die Beteiligung von Arbeitnehmerorganisationen und die Formwahl nichts[532]. Die Tarifautonomie steht nicht in Rede, da sich die Parteien außerhalb des Arbeitgeber-Arbeitnehmer-Verhältnisses bewegen.

Diesem Ergebnis entspricht auch der Gedanke des Verbots einer mißbräuchlichen Ausnutzung einer rechtlichen Gestaltungsmöglichkeit.

---

531 Es ist schon fraglich, ob solcherlei Regelungen überhaupt noch von § 1 TVG umfaßt werden, oder ob hierfür nicht ein privatrechtlicher Schuldvertrag erforderlich wäre. Zu der kartellrechtlichen Behandlung solcher Schuldverträge nach § 1 GWB siehe SÄCKER/OETKER, a.a.O. (Fn. 8), S. 220 ff.

532 S.a. FLEISCHER, WuW 1996, S. 473, 485.

II. Unmittelbar wettbewerbsbeschränkende Tarifverträge mit arbeitsrechtlichem Bezug

Zweifelhaft ist hingegen auch hier die kartellrechtliche Behandlung von Tarifverträgen mit Doppelwirkung, also derjenigen Bestimmungen, die zwar einen Bezug zur Regelung von Arbeitsbeziehungen aufweisen, die jedoch zumindest gleichzeitig das Verhalten der gebundenen Unternehmen auf den Gütermärkten vorwegnehmen. Anders als bei den oben behandelten traditionellen Tarifvertragsinhalten besteht hier nicht die Vermutung, daß solche Absprachen nicht dem Kartellverbot unterfallen sollen. Denn weder gehören diese Regelungen zu dem gemeinsamen Bestand tarifvertraglicher Inhalte der Mitgliedstaaten, noch sind sie i.d.R. zur angemessenen Gewährleistung der Grundaufgabe der Tarifpartner objektiv unerläßlich[533].

Damit soll nicht ausgeschlossen werden, daß auch unmittelbar wettbewerbsbeschränkende Tarifvertragsvereinbarungen ihrem Inhalt nach dem Wesensgehalt der Tarifautonomie zuzurechnen und daher dem Kartellverbot von vornherein entzogen sein können. In der Regel wird eine tatbestandliche Reduktion des Art. 85 I EGV jedoch daran scheitern, daß den Tarifparteien eine sachgerechte Aufgabenerfüllung auch dann noch ohne weiteres möglich ist, wenn Vereinbarungen, die nach Zweck und Inhalt zumindest auch auf die Waren- und Dienstleistungsmärkten gerichtet sind, unter dem Vorbehalt der Vereinbarkeit mit dem Kartellverbot stehen[534]. Damit ist es den Parteien nicht generell verwehrt, auch solche Absprachen zu treffen, die unmittelbar auf den Gütermärkten wirksam werden. Es sind jedoch die entsprechenden Vertragsbestimmungen, namentlich Art. 85 EGV, zu beachten.

Die weitere Untersuchung beschränkt sich auf diese letztgenannte Fallgruppe der Tarifverträge mit Doppelwirkung.

Um die hier besprochene Problematik zu verdeutlichen, sollen im folgenden mögliche konkrete Kollisionsfälle zwischen Tarifvertragsvereinbarungen und europäischem Kartellrecht dargestellt werden.

---

533 Vgl. Schlußanträge des GA Lenz, Remia/Kommission, Rs. 42/84, Slg. 1985, S. 2547, 2562; ders. in Jean-Marc Bosman, Rs. C-415/93, Tz. 274, EuGRZ 1995, S. 495 ff.

534 Ebenso SMIT/HERZOG, Commentary, Art. 85.11, die auf die Zielsetzung der Wettbewerbsvorschriften abstellen.

Während der EuGH bislang keine Gelegenheit hatte, kollektivvertragliche Vereinbarungen an dem Maßstab des Art. 85 EGV zu messen, hatte das BAG[535] die Frage zu entscheiden, ob ein für allgemeinverbindlich erklärter Tarifvertrag, in welchem Verlage verpflichtet wurden, die bei ihnen beschäftigten Redakteure über eine als gemeinsame Einrichtung betriebene Versorgungswerk-GmbH bei deren Vertragsgesellschaften zu versichern und die Beiträge an die GmbH abzuführen, u.a. gegen Art. 85 EGV verstieß.

Das BAG verneinte eine Verletzung der europäischen Wettbewerbsvorschriften und lehnte darüber hinaus eine Vorlage der Streitfrage an den EuGH gem. Art. 177 III EGV unter Berufung auf die insoweit maßgeblichen *CILFIT*-Entscheidung[536] mit der Begründung ab, es könne keinen vernünftigen Zweifel daran geben, daß es das Gemeinschaftsrecht richtig angewandt habe.

Diese Entscheidung, auf eine Vorlage der Rechtsfrage zu verzichten, überzeugt jedoch nicht. Denn nach *CILFIT* sind vernünftige Zweifel an einer Entscheidung nur dann ausgeschlossen, wenn das mit der Entscheidung betraute innerstaatliche Gericht davon überzeugt ist, daß die Gerichte der übrigen Mitgliedstaaten und der EuGH seine Rechtsauffassung teilen.

Eine solche einheitlich vorgezeichnete, offenkundige Auslegung ist jedoch jedenfalls dann nicht gegeben, wenn entweder die Auslegungsfrage seitens des EuGH noch nicht entschieden wurde oder im Schrifttum umstritten ist[537].

Vorliegend fehlte es sowohl an einer Entscheidung des EuGH, noch war die Ansicht des BAG unbestritten[538]. Beispielsweise hält etwa *Manfred Wolf* in seiner Urteilskritik Art. 85 EGV jedenfalls dann für einschlägig, wenn, wie in dem Fall des BAG, die tarifliche Regelung über die Vereinbarung bloßer Arbeitsbedingungen hinausgreift[539]. Zwischenzeitlich hat Generalanwalt *Lenz* mit seinen bereits mehrfach erwähnten Ausführungen zur grundsätzlichen An-

---

535 AP Nr. 10 zu § 5 TVG m. Anm. zust. BERGER-DELHEY = SAE 1991, S. 181 ff. m. krit. Anm. MANFRED WOLF.

536 EuGH - CILFIT/Ministerio della sanita, Rs. 283/83, Slg. 1982, S. 3415, 3430.

537 HARTLEY, The Foundations of European Community Law, S. 271; SCHERMERS/WAELBROECK, Judicial Protection in the European Communities, S. 379 ff.; STEINDORFF, ZHR 1992, S. 1, 8.

538 Vgl. SMIT/HERZOG, Commentary, 85.11.

539 WOLF, SAE 1991, S. 181, 188.

wendbarkeit der Wettbewerbsvorschriften des EGV auch auf tarifvertragliche Vereinbarungen der Ansicht des BAG insoweit vollends den Boden entzogen, so daß in einem nächsten Fall wohl eine Vorlage gem. Art. 177 EGV zu erfolgen hätte[540].

IV. Mögliche Anwendungsfälle

Insoweit im folgenden versucht wird, das Problem tarifvertraglicher Regelungen mit wettbewerbsbeschränkenden Auswirkungen auf den Gemeinsamen Markt anhand von Beispielsfällen zu verdeutlichen, so ist vorab hervorzuheben, daß die gebildeten Sachverhalte entweder hypothetischer Natur sind, oder sich an Fälle anlehnen, die ursprünglich keinen Gemeinschaftsbezug aufwiesen[541].

Ferner ist zu unterstellen, daß den gebildeten Tarifvertragsklauseln nicht bereits Schranken des nationalen Tarifrechts entgegenstehen. Die Einhaltung der jeweiligen nationalen Grenzen tarifvertraglicher Vereinbarungsbefugnis wird also unterstellt.

1. Tarifverträge mit marktabschottenden Inhalten

Insbesondere problematisch sind Vereinbarungen, mit deren Hilfe unmittelbar eine Abschottung eines nicht lediglich unerheblichen Teils des Gemeinsamen Marktes von grenzüberschreitender Konkurrenz erreicht werden kann. Solche Praktiken werden unter dem Gesichtspunkt des Art. 85 EGV von Rechtsprechung und Literatur grundsätzlich für unzulässig gehalten[542].

Denkbar sind insoweit etwa:

- Klauseln in Branchentarifverträgen, in denen Importverbote oder -beschränkungen für bestimmte Produkte oder Materialien aus anderen Mit-

---

540 Schlußanträge in der Rs. C-415/93 - Jean-Marc Bosmann, Tz. 253 ff., EuGRZ 1995, S. 495 ff.

541 Vgl. auch die Beispiele bei HENDRIKS, a.a.O. (Fn. 16), S. 48 f.; KULKA, WuW 1987, S. 5, 10 ff.; MATHYS, a.a.O. (Fn. 199), S. 42, 51 f.; RUNGGALDIER, a.a.O. (Fn. 12), S. 353 f.; SCHMIDT-ERIKSEN, AuR 1991, S. 137, 139 f.; VAUBEL, a.a.O. (Fn. 19), S. 99 ff.; WIEDEMANN, RdA 1986, S. 231, 239.

542 EuGH - Frubo/Kommission, Rs. 71/74, Slg. 1975, S. 563, 584; EMI Records/CBS Grammofon, Rs. 86/75, Slg. 1976, S. 871, 908; SCHLIEDER, a.a.O. (Fn. 310), S. 1, 8.

gliedstaaten vereinbart werden[543]. In die gleiche Richtung wiese etwa auch eine tarifvertragliche Verpflichtung, bestimmte Produkte nur bei ausgewählten Unternehmen zu beziehen[544]. Ebenso fiele hierunter eine Regelung, nach der ein Unternehmen auf den Verkauf gewisser Produkte festgelegt würde. Hierdurch könnten entweder Konkurrenzprodukte vom Markt verdrängt, oder auch eine Segmentierung des Marktes, etwa zum Schutz bestimmter Industriezweige, erreicht werden[545].

Solchermaßen marktabschirmende Regelungen könnten vordergründig beispielsweise auch mit Argumenten wie Arbeits- und Umweltschutz[546] oder Hygiene[547] gerechtfertigt werden. Ein Importverbot für eine bestimmte Chemikalie ließe sich dementsprechend etwa mit deren Gefährlichkeit für Arbeitnehmer und Umwelt begründen.

Derartige tarifvertragliche Arbeitsschutzvorschriften und andere vergleichbare Verwendungsverbote für gefährliche Produkte sind in der deutschen Tarifpraxis nicht unbekannt und werden zunehmend gefordert[548]: So wurde zwischen der Tarifgemeinschaft deutscher Länder und der Gewerkschaft Gartenbau, Land- und Forstwirtschaft tarifvertraglich festgelegt, daß für verwaltungs- und waldarbeitereigene Kettensägen gleichermaßen lediglich solche Kettenschmieröle Verwendung finden dürften, die als umweltverträglich gekennzeichnet waren[549]. Zwangsläufige Folge einer solchen Abrede ist die

---

543 SMIT/HERZOG, Commentary, Art. 85.11.

544 So der Sachverhalt in dem Fall Allen Bradley Co. v. Electrical Workers' Local 3, 325 U.S. 797, 65 S. Ct. 1533, 89 L.Ed. 1939 (1945); hierzu DÄUBLER, a.a.O. (Fn. 52), S. 312; LESLIE, Labor Law, S. 239 ff.; MATHYS, a.a.O. (Fn. 199), S. 42; VAUBEL, a.a.O. (Fn. 19), S. 80.

545 Siehe z.B. den aus Spanien berichteten Fall, in dem ein Tarifvertrag im Konditoreiwesen eine Beschränkung der Unternehmen dahingehend enthielt, daß, zum Schutze des Bäckereigewerbes, am Sonntag nur eine einzige Sorte Brot bis zu einem Höchstgewicht von 100 Gramm verkauft werden durfte, vgl. Expansiòn vom 20.1.1997, S. 41.

546 Die Kommission läßt allerdings keinen Zweifel daran, daß wettbewerbsbeschränkende Vereinbarungen auch dann nach Art. 85 I EWGV verboten sind, wenn die Unternehmen versuchen, sie mit Umweltschutzargumenten zu rechtfertigen, vgl. XXII Bericht über die Wettbewerbspolitik 1992, S. 53, 109.

547 VAUBEL, a.a.O. (Fn. 19), S. 51.

548 DÄUBLER, Tarifvertragsrecht, Rz. 1115.

549 Berichtet von SCHMIDT-ERIKSEN, AuR 1991, S. 137, 140. Diese Vereinbarung wird von RIEBLE, Arbeitsmarkt und Wettbewerb, a.a.O. (Fn. 23) Rz. 468 sowohl aus der Perspektive des TVG als auch aus der des GWB für rechtswidrig und nichtig erachtet.

Verdrängung solcher Anbieter, deren Produkte das Siegel nicht tragen, vom Markt.

Über eine inhaltlich vergleichbare Abrede hatte die Kommission in der Entscheidung *Anseau/Navewa* zu befinden: Belgische Produzenten und Importeure von Geschirrspülmaschinen hatten vereinbart, ein die Übereinstimmung der Maschine mit nationalen Umweltbestimmungen bestätigendes Etikett nur über die Hersteller oder Alleinimporteure zu erteilen[550]. Wettbewerbern wurde damit unter dem Vorwand des Umwelt- und Gesundheitsschutzes de facto der Martkzutritt verschlossen und der Wettbewerb demgemäß beschränkt[551].

Eine solche Vereinbarung ist, entsprechend dem erwähnten Kettensägefall, auch als Inhalt eines Tarifvertrages denkbar. Die gemeinschaftsrechtliche Komponente ergäbe sich bereits dann, wenn einer der nunmehr ausgeschlossenen Lieferanten in einem anderen Mitgliedstaat ansässig wäre.

- Klauseln in Branchentarifverträgen, die es tarifgebundenen Unternehmen untersagen, Aufträge an Fremdunternehmen zu vergeben (sog. "Outsourcing").

Dadurch könnte beispielsweise verhindert werden, daß notwendige Reinigungs- oder Wartungsarbeiten statt durch Beschäftigte des Unternehmens durch Fremdfirmen erledigt werden. In grenznahen Standorten etwa wären ausländische Anbieter damit vom Wettbewerb ausgeschlossen [552].

Noch weitergehend ist an die Möglichkeit eines tarifvertraglichen Investitionsverbotes zu denken. Konkret könnte dadurch eine Verlagerung von Produktionsphasen ins Ausland verhindert werden. Eine solche Regelung durchzusetzen wäre für Gewerkschaften gerade in Zeiten einer massiven Abwanderung von Unternehmen in Länder mit niedrigeren Lohn- und Lohnnebenkosten interessant.

- Schließlich wäre etwa auch an Klauseln in Branchentarifverträgen zu denken, in denen sich Unternehmen verpflichten, auf den Import bestimmter

---

550 Kommission XI. Bericht über die Wettbewerbspolitik, S. 61 f. - Anseau/Navewa (ABl. 1982 Nr. L 167/39).

551 Der EuGH schloß sich nachfolgend der Auffassung der Kommission an und wies die gegen die Kommissionsentscheidung erhobenen Klagen ab, EuGH - IAZ/Kommission, verb. Rs. 96-102 u.a., Slg. 1983, S. 3369 ff.

552 DÄUBLER, Tarifvertragsrecht, Rz. 1115; LESLIE, Labor Law, S. 236 f.; RUNGGALDIER, a.a.O. (Fn. 12), S. 346. Dem Wettbewerb in den Grenzregionen kommt bereits jetzt eine erhebliche praktische Bedeutung zu, vgl. etwa WuW BKartA 2849 - Stadt Nordhorn.

Halbfertigprodukte aus Drittländern zu verzichten. Solche Klauseln können zusätzlich mit einem Verbot von Parallelimporten dieser Produkte aus anderen Mitgliedstaaten gekoppelt sein.

2. Rationalisierungsschutzabkommen

Deutlich wird die tarifvertragliche Steuerung des Wettbewerbsverhaltens von Unternehmen auch bei dem Abschluß von Rationalisierungsschutzabkommen[553]. Diese beschränken den Wettbewerb insoweit, als sie zu einer Verlangsamung der Innovationsgeschwindigkeit führen und eine Behinderung des Zugangs von Außenseitern zu neuen Arbeitsplätzen[554] bewirken[555].

Soweit sich Rationalisierungsschutzabkommen allerdings nur auf die Regelung von Bereichen beziehen, die unmittelbar den Arbeitsmarkt betreffen und sich nur im Ergebnis auch auf den Gütermärkten auswirken, wie etwa die Festlegung längerer Kündigungsfristen[556] oder von Besetzungsregeln[557], so schützt die Tarifautonomie vor der Anwendung des Kartellrechts.

Dieses gilt hingegen nicht, wenn der Rationalisierungsschutz unmittelbar über einen Eingriff in die Gütermärkte erfolgt[558]. Beispielhaft wäre hier ein tarifvertragliches Verbot, arbeitsplatzersetzende Maschinen einzusetzen, billigere Materialien zu verwenden, oder Produkte zu beziehen, die von Unternehmen mit niedrigem gewerkschaftlichen Organisationsgrad hergestellt werden[559].

---

553 Vgl. hierzu BECK, AuR 1981, S. 333, 341; DÄUBLER, Tarifvertragsrecht, Rz. 1116 ff.; KOLLER, ZfA 1978, S. 45, 51 ff.; RUNGGALDIER, a.a.O. (Fn. 12); SCHERZ, Tarifgestaltung zwischen Innovationsnotwendigkeit und sozialer Verpflichtung, FS Gleitze, S. 315 ff.

554 Die Verhinderung des Außenseiterzugang stellt allerdings in diesem Zusammenhang letztlich keinen von Art. 85 I EGV erfaßten Sachverhalt dar, siehe unten S. 161 f.

555 Nicht behandelt werden kann hier die Frage, ob nicht solche Rationalisierungsschutzabkommen gegen das Diskriminierungsverbot des Art. 48 II EWGV verstoßen, wenn die Gruppe der Außenseiter primär aus EG-Ausländern besteht und diese somit im Vergleich etwa zu deutschen Arbeitnehmern benachteiligt werden.

556 differenzierend KOLLER, ZfA 1978, S. 45, 72 f.

557 Zum typischen Inhalt von Rationalisierungsschutzabkommen DÄUBLER, Tarifvertragsrecht, Rz. 1118 ff.; KOLLER, ZfA 1978, S. 45, 46 m.w.N.

558 RUNGGALDIER, a.a.O. (Fn. 12), S. 351.

559 KOLLER, ZfA 1978, S. 45, 70 f.; POTH, a.a.O. (Fn. 22), S. 143; SMIT/HERZOG, Commentary, Art. 85.11; SULLIVAN, Handbook of the Law of Antitrust, S. 723 f.;

3. Betriebsöffnungszeiten

Das oben bereits behandelte Problem der tarifvertraglichen Regelung von Betriebsöffnungszeiten stellt sich auch unter dem Gesichtspunkt von Art. 85 EGV.

a) Unmittelbare Regelung von Betriebsöffnungszeiten

So wurde bei der Kommission ein Negativattest für eine Vereinbarung beantragt, in der miteinander verbundene Banken mit einer Gewerkschaft unter anderem auch die Schalteröffnungszeiten unmittelbar festgelegt hatten. Die Kommission führte dazu aus,

"*daß die Zeit, in der den Kunden Bankleistungen angeboten werden, ein Aspekt des Wettbewerbs zwischen Unternehmen ist, die tatsächlich oder möglicherweise konkurrierende Leistungen erbringen.*"[560]

In der Bundesrepublik findet sich eine *unmittelbare* Regelung der Betriebsöffnungszeit in § 3 des Tarifvertrages für das private Bankgewerbe und die öffentlichen Banken, in dem eine generelle Schließung der Geschäftsstellen am 31.12. vereinbart ist und auch aus der amerikanischen Praxis ist die unmittelbare Regelung von Betriebsöffnungszeiten bekannt[561].

---

vgl. auch United States v. Hutcheson, 312 U.S. 219, 61 S.Ct. 463, 85 L.Ed. 788 (1941), sowie Allen Bradley Co. v. Electrical Workers' Local 3, 325 U.S. 797, 65 S.Ct. 1533, 89 L.Ed. 1939 (1945).

560 Kommission ABl. 1986 Nr. L 295/28 - Irish Banks' Standing Committee; siehe hierzu auch RIEBLE, Arbeitsmarkt und Wettbewerb, a.a.O. (Fn. 23), Rz. 471. Zur Bedeutung der Ladenöffnungszeit als Wettbewerbsparameter ausführlich IMMENGA, a.a.O. (Fn. 55), S. 25 ff.

561 So in Meat Cutters Local 189 v. Jewel Tea Co. 381 U.S. 676, 85 S.Ct. 1596, 14 L.Ed. 2d 640 (1965). Die fragliche Bestimmung lautete: "*Market operating hours shall be 9.00 a.m. to 6.00 p.m. Monday through Saturday, inclusive. No customer shall be served who comes into the market before or after the hours set forth above*", 381 U.S. 679 f.; vgl. hierzu MARKERT, WuW 1965, S. 922, 926 f; SULLIVAN, Handbook of the Law of Antitrust, S. 727 f.

b) Festlegung der Lage der täglichen Arbeitszeit

Die gleiche Wirkung wie eine unmittelbare Regelung der Öffnungszeit hat aber auch die Festlegung des Endes der täglichen Arbeitszeit der Beschäftigten.

Denn faktisch ist es unerheblich, ob der Betrieb gemäß der tarifvertraglichen Vereinbarung oder deshalb geschlossen wird, weil er ohne entsprechendes Personal nicht offengehalten werden kann.

Da in Deutschland die Reform des Ladenschlußgesetzes nunmehr in Kraft getreten ist[562], läge es für Gewerkschaften nahe, wie bereits bei der Einführung des Dienstleistungsabends, zu versuchen, jedenfalls den Forderungen nach einer weiteren Liberalisierung mit Hilfe tarifvertraglicher Gestaltung entgegenzuwirken[563].

c) Verhinderung von Sonntagsarbeit

Wie oben dargestellt[564], wird das in den Mitgliedstaaten mehr oder weniger durchgängig bestehende Verbot der Sonntagsarbeit zunehmend kritisiert. Allerdings hat der EuGH eine Unvereinbarkeit der entsprechenden gesetzlichen Regelungen mit dem europäischen Recht bislang stets verneint.

Denkbar ist aber, daß sich, nach amerikanischem Muster[565], auch innerhalb der EU eine Liberalisierung der Sonntagsarbeitsverbote vollziehen könnte. In den Niederlanden etwa wurde das seit 1930 bestehende Ladenschlußgesetz kürzlich u.a. dahingehend reformiert, daß Unternehmen des Ein-

---

562 Nach der nunmehr verabschiedeten Kompromißlösung zur Reform des Ladenschlußgesetzes dürfen Einzelhandelsbetriebe ab dem 1.11.1996 an Werktagen von 6 bis 20 Uhr und an Samstagen von 6 bis 16 Uhr geöffnet haben. Zur Diskussion siehe insbesondere das Gutachten des ifo Institut für Wirtschaftsforschung, Überprüfung des Ladenschlußgesetzes vor dem Hintergrund der Erfahrungen im In- und Ausland. Vgl. auch FAZ v. 22.6.1996, S. 14 zu unterschiedlichen Ladenschlußregelungen in anderen Mitgliedstaaten der Gemeinschaft.

563 So lehnte etwa die Gewerkschaft Handel, Banken und Versicherungen eine Verlängerung der Ladenöffnungsszeiten strikt ab, vgl. SZ v. 9.8.1995, S. 25; s.a. ROTH, a.a.O. (Fn. 2), S. 7.

564 Vgl. oben S. 114 f.

565 Vgl. SZ v. 4.9.1989, S. 18.

zelhandels künftig Genehmigungen für eine Ladenöffnung am Sonntag Nachmittag erhalten können[566].

Insbesondere in diesem Bereich wäre eine starke Opposition von gewerkschaftlicher Seite zu erwarten, die einen entsprechenden tarifvertraglichen Niederschlag erwarten ließe.

---

566 FAZ v. 22.6.1996, S. 14; SZ v. 9.5.1996, S. 20; zur Rechtslage in Frankreich vgl. SZÖNYI, GRUR Int. 1996, S. 1196 ff..

11. Kapitel: Tarifverträge und der Tatbestand des Art. 85 I EGV

Galt es soeben, beispielhaft mögliche Kollisionsfälle zwischen kollektivem Arbeitsrecht und europäischem Kartellrecht aufzuführen, so ist nunmehr der Frage nachzugehen, ob solche Absprachen, bei denen eine tatbestandliche Reduktion nicht in Betracht kommt, unter den Tatbestand des Art. 85 I EGV subsumiert werden können.

Denn nach dem Vorrangprinzip geht das Europäische Gemeinschaftsrecht Tarifverträgen vor, die Tarifparteien sind daran gebunden[567]. Tarifverträge, die gegen höherrangiges -- also gerade auch europäisches -- Recht verstoßen, sind unwirksam[568].

I. Der Unternehmensbegriff in Art. 85 EGV

1. Der funktionale Unternehmensbegriff

Normadressaten des Art. 85 EGV sind die Unternehmen.

Ausgehend von dem Zweck der Wettbewerbsregeln, ein System unverfälschten Wettbewerbs bestmöglich zu sichern, ist Art. 85 EGV insgesamt so zu interpretieren, daß der von ihm erfaßte Adressatenkreis möglichst weit gezogen und der Anwendungsbereich des Kartellverbotes im Interesse der Zielverwirklichung entsprechend breit angelegt wird.

Nach einhelliger Ansicht ist daher heute ein weiter und funktionaler Unternehmensbegriff zugrunde zu legen. Denn nur ein solcher ist geeignet, der Notwendigkeit eines umfassenden Anwendungsbereiches der Wettbewerbsvorschriften gerecht zu werden[569]. Andere Kartellrechtsordungen, namentlich

---

[567] DÄUBLER, Tarifvertragsrecht, Rz. 506; LÖWISCH/RIEBLE, TVG, § 1, Rz. 217. Siehe auch SCHAUB, NZA 1994, S. 597, 602; ders., RdA 1995, S. 65, 69.

[568] Zur EG-rechtskonformen Auslegung von Tarifverträgen siehe BAG DB 1992, S. 2557.

[569] So etwa BELLAMY/CHILD, Competition Law, Rz. 2-003; BLECKMANN, Europarecht, Rz. 1295 ff; EMMERICH, Kartellrecht, S. 523; GOYDER, EC Competition Law, S. 87 ff.; GRABITZ/HILF/KOCH, Art. 85, Rz. 7; MESTMÄCKER, RabelsZ 1988, S. 526, 536; OPPERMANN, Europarecht, Rz. 901, 907; G/T/E/SCHRÖTER, vor Art. 85, Rz. 10 ff; SMIT/HERZOG, Commentary, Art. 85.11; WISH/SUFRIN, Competition law, S. 187 ff.

der Sherman Act, kennen keine Beschränkung des Wortlauts auf Unternehmen[570]. Daher ist es etwa für das amerikanische anti-trust Recht unstreitig, daß Gewerkschaften und auch Tarifverträge grundsätzlich gegen Section 1 Sherman Act verstoßen können[571].

In der Praxis sind Kommission und EuGH bislang nur selten vor die Notwendigkeit gestellt worden, den Unternehmensbegriff näher bestimmen zu müssen. In der Regel wurde die Unternehmenseigenschaft der beteiligten wirtschaftlichen Einheiten ohne größeren definitorischen Aufwand angenommen[572]. Dies entspricht auch der Zielrichtung des Art. 85 EGV, in dessen Zentrum die wettbewerbsbeschränkende Vereinbarung steht. Um die Grenzfälle erfassen zu können, ist es jedoch notwendig, den Unternehmensbegriff nicht mit einer abschließenden Definition zu verengen, sondern ihn durch eine weite Interpretation für die Einzelfallbetrachtung offen zu halten.

Insoweit eine nähere Begriffsbestimmung unternommen wurde, entsprach diese dem funktionalen Ansatz, der entscheidend auf die Teilnahme am Wirtschaftsleben abstellt[573]. So ist als Unternehmen im Sinne des Art. 85 EGV "jede gewerblich tätige"[574] bzw. “eine wirtschaftliche Tätigkeit ausübende Einheit”[575] anzusehen. Erfaßt werden alle gewerblichen Bereiche, wobei Faktoren wie Rechtsform, Unternehmenssitz oder Gewinnerzielungsabsicht außer Betracht bleiben[576].

570 Ebenso nunmehr auch Art. 4 Sec. 1 des Draft International Antitrust Code, abgedruckt in WuW 1994, S. 128 ff. Hierbei handelt es sich um den Entwurf eines internationalen Kartellrechtsabkommens, der seitens einer internationalen Arbeitsgruppe erarbeitet und am 10.7.1993 vorgelegt wurde. Näher FIKENTSCHER/HEINEMANN, WuW 1994, S. 97 ff

571 Siehe ausführlich unten S. 169 ff.

572 vgl. etwa Kommission ABl. 1976 Nr. L 254/40, 45 - Reuter/BASF.

573 EuGH - Walrave/Union Cycliste Internationale, Rs. 36/74, Slg. 1974, S. 1405, 1418.

574 Kommission ABl 1989, Nr. L 74/1, 14 - PVC.

575 EuGH - Hydrotherm/Compact, Rs. 170/83, Slg. 1984, S. 2999; Höfner und Elser/Macrotron, Rs. C-41/90, Slg. 1991, I-1979, Tz. 21; Pucet und Pistre, verb. Rs. C-159/91 und C-160/91, Slg. 1993, I-637, Tz. 17.

576 BLECKMANN, Europarecht, Rz. 1294 ff; EMMERICH, Kartellrecht, S. 523; GLEISS/HIRSCH, Art. 85, Rz. 13 ff.

2. Die Rechtsprechung des EuGH zum Unternehmensbegriff

Wie soeben dargestellt, legt der EuGH den Unternehmensbegriff weit aus und erfaßt darin jede eine wirtschaftliche Tätigkeit ausübende Einheit unabhängig von ihrer Rechtsform und ihrer Finanzierung[577].

In der Rechtsprechung des EuGH dient der Unternehmensbegriff neben dem Ausschluß des privaten Verbrauchs[578] vornehmlich dazu, solche Einheiten nicht dem Kartellverbot unterfallen zu lassen, die entweder nicht wirtschaftlich, oder zwar wirtschaftlich, jedoch nicht autonom, sondern eingegliedert in einen organisatorischen Verband und weisungsunterworfen tätig werden.

Bislang hat der EuGH lediglich in zwei Fällen die Unternehmenseigenschaft verneint.

In der Entscheidung *Eurocontrol*, die eine internationale Organisation zur Abwicklung der von Luftfahrtunternehmen für die Inanspruchnahme von Fluglotsen zu entrichtenden Gebühren betraf, stellte der EuGH fest, daß Eurocontrol Aufgaben wahrnehme, die typischerweise solche staatlicher Stellen seien und daher nicht als gewerblich angesehen werden könnten[579]. Diese Entscheidung hatte jedoch eher deklaratorischen Charakter, da sie lediglich bestätigte, daß rein staatliches Handeln den Art. 85, 86 EGV nicht unmittelbar unterworfen ist.

Aufschlußreicher ist demgegenüber das Urteil in den verb. Rechtssachen *Poucet und Pistre*. In dieser Entscheidung lehnte der EuGH die Anwendbarkeit der Art. 85, 86 EGV auf einen Sozialversicherungsträger ab, da solche Einrichtungen, die auf dem Grundsatz der Solidarität beruhende Zwangssysteme der sozialen Sicherheit verwalteten, nicht dem Unternehmensbegriff unterfielen[580].

Auf den Gesichtspunkt der Zwangsmitgliedschaft stellte der EuGH auch in seiner bislang letzten Entscheidung, die Frage nach der Unternehmenseigenschaft betraf maßgeblich ab und stellte fest, daß ein *freiwilliges* Zusatzrentensystem für selbständige Landwirte als Unternehmen i.S.d. Art. 85 EGV anzu-

---

577 EuGH - Höfner und Elser/Macrotron, Rs. C-41/90, Slg. 1991, I-1979, Tz. 21.

578 MESTMÄCKER, RabelsZ 1988, S. 526, 536.

579 EuGH - SAT Fluggesellschaft/Eurocontrol, Rs. C-346/92, Slg. 1994, I-55, Rz. 30.

580 EuGH - Christian Poucet/AGF u. CAMULRAC/CANLAVA, verb. Rs. C-159, 160/91, Slg. 1993, I-637; s.a. GOYDER, EC Competition Law, S. 88.

sehen sei[581]. Angesichts der Freiwilligkeit der Mitgliedschaft gelte der Solidaritätsgrundsatz lediglich äußerst begrenzt und sei daher nicht geeignet, die Unternehmenseigenschaft der Einrichtung entfallen zu lassen[582]. Für die Unternehmenseigenschaft entscheidend ist demgemäß, ob die jeweilige Einrichtung ausschließlich soziale Aufgaben wahrnimmt und ob die Mitgliedschaft in dieser Einrichtung auf Freiwilligkeit beruht. *Poucet und Pistre* ist eng auszulegen und auf den spezifischen Sachverhalt zu beschränken. Diese Gesichtspunkte gilt es im Auge zu behalten, wenn es darum geht, die Unternehmenseigenschaft von Gewerkschaften zu bewerten.

3. Die Unternehmenseigenschaft der Arbeitnehmer

Aus dem Kriterium der Selbständigkeit in der wirtschaftlichen Betätigung im Unterschied zur weisungsgebundenen Aufgabenerfüllung innerhalb und im Interesse einer wirtschaftlich tätigen Einheit folgt unmittelbar, daß abhängig Beschäftigte keine Unternehmen im Sinne des Art. 85 EGV sind[583]. Ihre Tätigkeit ist nicht nach außen gerichtet, es fehlt an der selbständigen Teilnahme am Wirtschaftsverkehr.

Auch die Kommission geht explizit davon aus, daß Einzelpersonen, die aufgrund eines Arbeitsvertrages als Arbeitnehmer tätig werden, keine Unternehmen i.S.d. Art. 85 I EGV sind[584].

---

581 EuGH - FFSA u.a./Ministère del'Agriculture et de la Peche, Rs. C-244/94, EuZW 1996, S. 277, 278.

582 EuGH, a.a.O.

583 Ganz h.M.: Vgl. etwa van BAEL/BELLIS, Competition Law of the EEC, S. 23; BELLAMY/CHILD, Competition Law, Rz. 2-006; v. GAMM, Das Kartellrecht im EWG-Bereich, S. 22 f.; GLEISS/HIRSCH, Art. 85 Rz. 19; GRABITZ/HILF/KOCH, Art. 85, Rz. 10; KORAH, EEC Competition Law, S. 25; MESTMÄCKER, EWR, S. 203; G/T/E/SCHRÖTER vor Art. 85, Rz. 12; SMIT/HERZOG, Commentary, Art, 85.11; WHISH/SUFRIN, Competition Law, S. 189.

584 Antwort auf die schriftliche Anfrage Nr. 2391/83, ABl. 1984 Nr. C 222/21.

4. Die Unternehmenseigenschaft der Tarifparteien

Einen Grenzfall stellen hingegen Gewerkschaften dar. Umstritten ist, ob diese, jedenfalls partiell[585], Aktivitäten entfalten, die geeignet sind, sie als Unternehmen im Sinne des Art. 85 I EGV ansehen zu lassen.

a) Die Ablehnung der Unternehmenseigenschaft der Gewerkschaften

Das BAG sowie die herrschende Meinung im deutschen Schrifttum schließt aus der fehlenden Unternehmenseigenschaft der Arbeitnehmer, entsprechend der Auffassung zu § 1 GWB, stereotyp daß damit auch Vereinbarungen über den Inhalt von Arbeitsverhältnissen zwischen Tarifpartnern nicht unter das Kartellverbot fallen[586].

Hinsichtlich der Unternehmenseigenschaft von Gewerkschaften besteht eine gewisse Unsicherheit in ihrer Einordnung, auch wenn die h.M., allerdings regelmäßig ohne Begründung, im Ergebnis von einer Unanwendbarkeit des Unternehmensbegriffes des Art. 85 EGV auf Gewerkschaften ausgeht[587]. Deutlich zum Ausdruck kommt dies in der Kommentierung von *Bellamy/Child,* nach denen "*a workers' organisation ... probably*[588] *not an undertaking*" sein soll. Dies gelte wenigstens "*as regards its industrial relations activities.*"[589]

Smit/Herzog[590] wollen zwar die Gewerkschaft dem Unternehmensbegriff entziehen; dies allerdings wohl nicht, weil sie ihn nicht für anwendbar hielten, sondern vielmehr deshalb, da

"*their exclusion from the category of enterprises would avoid difficult problems.*"

---

585 Der Unternehmensbegriff ist insoweit, ähnlich in § 1 GWB, relativ zu sehen, vgl. GLEISS/HIRSCH, Art. 85, Rz. 10.

586 BAG SAE 1991, S. 181, 187; BLECKMANN, Europarecht, Rz. 1299; EBEL, Kartellrecht, Art. 85, Rz. 27; GRABITZ/HILF/KOCH, Art. 85, Rz. 10; MESTMÄCKER, EWR, S. 203.

587 Vgl. zuletzt FLEISCHER, WuW 1996, S. 473, 485.

588 Hervorhebung durch Verf.

589 BELLAMY/CHILD, Competition Law, Rz. 2-007. Ebenso WISH/SUFRIN, Competition Law, S. 189.

590 SMIT/HERZOG, Commentary, Art. 85.11.

Hierbei handelt es sich offenkundig um eine Argumentation, die mehr vom Wunsch nach dem Festhalten am status quo und von Praktikabilitätsgründen als von dogmatischen Erwägungen getragen ist.

b) Gegenauffassungen

Die h.M. ist dementsprechend auch nicht unbestritten geblieben:

Gleiss/Hirsch[591] und ebenso nunmehr *Langen/Bunte*[592] differenzieren unter Berufung auf die bereits erwähnte Kommissionsentscheidung *Irish Banks' Standing Committee*[593] danach, ob die

"*kollektivvertraglichen Vereinbarungen über die eigentliche Gestaltung der Arbeitsverhältnisse hinausgehen und die unternehmerische Tätigkeit der Arbeitgeber regeln.*"

Werden mit solchen Regelungen wettbewerbsbeschränkende Zwecke verfolgt, oder gehen von ihnen wettbewerbsbeschränkende Wirkungen aus, so sollen die EG-Wettbewerbsvorschriften einschlägig sein[594]. Nachdem *Gleiss/Hirsch* diese Ausführungen im Rahmen der Kommentierung des Unternehmensbegriffs angesiedelt sind, gehen die Autoren wohl davon aus, daß in solchen Fällen der Unternehmensbegriff auch auf Gewerkschaften zutrifft.

Entsprechendes gilt auch für *Langen/Bunte*, die es allerdings für den Anwendungsbereich von § 1 GWB wiederum ablehnen, Gewerkschaften als Unternehmen zu begreifen[595].

Für das spanische Kartellrecht, das mit den europäischen Bestimmungen weitgehend identisch ist, nimmt die spanische Kartellbehörde die Unternehmenseigenschaft grundsätzlich auch bei Gewerkschaften an. Voraussetzung ist, daß die Gewerkschaft Tarifverträge schließt, die über die Wahrnehmung der Interessen der Arbeitnehmer hinausreichen und die Gewerkschaften de facto als Unternehmer am Markt auftreten. Für diesen Fall können die Gewerkschaf-

---

591 GLEISS/HIRSCH, Art. 85, Rz. 20; anders noch in der Vorauflage, vgl. Art. 85, Rz. 10.

592 LANGEN/BUNTE/BUNTE, KartR, Art. 85, Rz. 5.

593 Kommission ABl. 1986 Nr. L 295/28 - Irish Banks' Standing Committee.

594 Ebenso EMMERICH, Kartellrecht, S. 39.

595 LANGEN/BUNTE/BUNTE, KartR, § 1, Rz. 155.

ten, falls die jeweiligen Tarifverträge wettbewerbsbeschränkenden Inhalt haben, auch den Sanktionen des Kartellrechts unterworfen werden[596].

c) Die Unternehmenseigenschaft der Gewerkschaften als Ergebnis teleologischer Vertragsauslegung

aa) Die Teleologie der Wettbewerbsregeln

Ausgangspunkt der Frage nach der Unternehmenseigenschaft der Gewerkschaft beim Abschluß gütermarktregelnder Tarifverträge muß auch hier die Teleologie der Wettbewerbsregeln sein.

Danach steht dasjenige Verhalten unter der Sanktion des Kartellverbotes, das zu Wettbewerbsbeschränkungen auf dem Gemeinsamen Markt führen kann. Maßgeblich ist also, ob der konkrete Verdacht eines wettbewerbsbeschränkenden Verhaltens besteht. Liegt ein solcher Verdacht vor, darf der Unternehmensbegriff regelmäßig nicht das Instrument sein, eine Überprüfung anhand von Art. 85 EGV zu verhindern[597]. Dem entspricht auch, daß in den Grenzbereichen der Anwendbarkeit des Art. 85 I EGV das Gewicht insbesondere auf den Begriff der Wettbewerbsbeschränkung zu legen ist, wohingegen der Unternehmensbegriff demgegenüber an eigenständiger Bedeutung verliert[598]. Art. 85 I EGV stellt primär auf die Substanz der Absprache ab, nicht auf deren Form[599].

Anders als *Smit/Herzog*[600], die den Unternehmensbegriff als Ansatzpunkt heranziehen wollen, um wettbewerbsbeschränkende Tarifverträge dem Kartellverbot zu entziehen, sollte der Unternehmensbegriff nach hier vertretener Auffassung im Gegenteil gerade dann keine unüberwindliche Schranken darstellen, wenn andernfalls eine erhebliche Wettbewerbsbeschränkung zu befürchten steht.

---

596 Vgl. Expansiòn vom 20.1.1997, S. 41.

597 SMIT/HERZOG, Commentary, a.a.O.

598 Vgl. GLEISS/HIRSCH, Art. 85, Rz. 190 zur Unternehmenseigenschaft bei konzerninternen Absprachen.

599 MÖSCHEL, EWS 1995, S. 249, 253.

600 Siehe soeben S. 147.

bb) Gewerkschaften als selbständige wirtschaftliche Einheiten

Gewerkschaften sind solange nicht Unternehmen im Sinne des Art. 85 I EGV, als sie gleichsam als verlängerter Arm der Arbeitnehmer ausschließlich in deren Interesse tätig werden. Die Gewerkschaften üben insoweit keine eigenständige, auf Teilhabe am Wirtschaftsverkehr gerichtete Tätigkeit aus.

Geht aber eine tarifvertragliche Vereinbarung über die ursprüngliche Ausgestaltung der Arbeitsverhältnisse durch Regelung unternehmensbezogener Sachverhalte hinaus, so handelt die Gewerkschaft nicht mehr primär im Interesse der abhängig Beschäftigten in ihrer Eigenschaft als unselbständige Teile des Unternehmens. Vielmehr tritt sie hinsichtlich dieser Regelung als in wirtschaftlicher Hinsicht selbständige Einheit auf und nimmt am Wirtschaftsverkehr teil. Die Gewerkschaft handelt in einem solchen Fall mithin als Unternehmen i.S.d. Art. 85 I EGV. Dies gilt auch dann, wenn sie, wie wohl meist, mit der Einflußnahme auf das Marktverhalten auch arbeitnehmerbezogene Ziele verfolgt.

Denn maßgeblich abzustellen ist auf das Kriterium der wirtschaftlichen Tätigkeit, zu der jedenfalls eben auch eine unmittelbare gewerkschaftsseitige Einflußnahme auf unternehmerisches Marktverhalten zu rechnen ist.

Hiergegen ließe sich einwenden, daß die Gewerkschaft auch beim Abschluß gütermarktregelnder Tarifverträge noch kein unternehmerisches Risiko trägt, sondern dieses vielmehr allein beim tarifunterworfenen Unternehmen verbleibt.

Das Kriterium des unternehmerischen Risikos ist jedoch nicht zwingend konstitutiv für die Unternehmenseigenschaft. So verliert ein Unternehmen auch sonst diese Eigenschaft nicht dadurch, daß es sich -- durch entsprechende Vertragsgestaltung -- von Geschäftsrisiken freizeichnet.

Abgestellt werden sollte vielmehr darauf, ob die fragliche Regelung einen Inhalt hat, der typischerweise autonomer unternehmerischer Initiative entspringt. Ist dies der Fall, wie bei einer Entscheidung, ein bestimmtes Produkt zu verwenden bzw. nicht zu verwenden, und nimmt die Gewerkschaft diese Entscheidung mittels tarifvertraglicher Fixierung vorweg, so handelt sie als Unternehmen im Sinne des Art. 85 EGV.

Die Gewerkschaften, jedenfalls beim Abschluß gütermarktbezogener Tarifverträge, als Unternehmen i.S.d. Art. 85 I zu begreifen, steht nach hiesiger Auffassung auch im Einklang mit der oben dargestellten Rechtsprechung des EuGH zum Unternehmensbegriff. Gewerkschaften erfüllen nicht die engen Kriterien der Rechtsprechung, die eine Unternehmenseigenschaft verneinen lassen. Weder sind Gewerkschaften dem Grundsatz der Solidarität verpflichtete Vereine mit Zwangsmitgliedschaft (vgl. *Poucet und Pistre*), noch nehmen sie ausschließlich staatliche (vgl. *Eurocontrol*) oder soziale (vgl. *Poucet und Pistre*) Aufgaben wahr.

Für die Anwendbarkeit der Wettbewerbsregeln auf Gewerkschaften spricht schließlich der Grundsatz des effet utile, nach dem von mehreren möglichen Vertragsauslegungen diejenige zu wählen ist, die Zielverfolgung am wirksamsten gewährleistet. Es gilt gleichsam der Grundsatz "in dubio pro Tatbestandserfüllung".

Es läßt sich danach festhalten, daß nur dann, wenn eine Gewerkschaft *ausschließlich* mit der Regelung der Arbeitsverhältnisse befaßt ist, sie nicht als Unternehmen im Sinne des Art. 85 EGV angesehen werden kann[601]. Greifen tarifvertragliche Vereinbarungen hingegen hierüber hinaus, so ist der Weg zu einer Einzelfallprüfung der Unternehmenseigenschaft anhand von Art. 85 I EGV eröffnet.

d) Die Unternehmenseigenschaft der Arbeitgeber

Arbeitgeber werden als Nachfrager nach Arbeitsleistung auf dem Arbeitsmarkt tätig und nehmen damit am Wirtschaftsverkehr[602] teil. Bereits deshalb sind Unternehmen auch in ihrer Eigenschaft als Arbeitgeber grundsätzlich geeignet, den Unternehmensbegriff zu erfüllen.

Jedenfalls treten Arbeitgeber aber dann als Unternehmen auf, wenn es sich um die Zustimmung zu einem Tarifvertrag handelt, der ihr Verhalten auf den Märkten für Waren und Dienstleistungen unmittelbar antizipiert. Denn es kann für die Anwendbarkeit der Kartellvorschriften nicht darauf ankommen, in welcher Art des vertraglichen Umfelds die Unternehmen handeln und der

---

601 In diesem Fall sind die Wettbewerbsregeln des Vertrages allerdings von vorneherein unanwendbar, siehe oben S. 118 ff, insbes. S. 125 ff.

602 EuGH - Dona/Mantero, Rs. 13/76, Slg. 1976, S. 1333, 1340; GLEISS/HIRSCH, Art. 85, Rz. 20.

Wettbewerb beschränkt wird. Entscheidend ist die Übernahme von Verpflichtungen mit unmittelbarer wirtschaftlicher Relevanz auf den Gütermärkten[603].

5. Der Zustimmungsbeschluß des Arbeitgeberverbandes als Beschluß einer Unternehmensvereinigung

Art. 85 EGV verbietet neben Vereinbarungen und abgestimmten Verhaltensweisen auch Beschlüsse von Unternehmensvereinigungen, die den Handel zwischen Mitgliedstaaten zu beeinträchtigen geeignet sind.

Die Frage nach der Unternehmenseigenschaft der Gewerkschaften verliert dementsprechend dann an Bedeutung, wenn sich, wie im Bereich des GWB[604], der Zustimmungsbeschluß des Arbeitgeberverbandes zu dem gütermarktregelnden Verbandstarifvertrag als eigenständiger kartellrechtsrelevanter Sachverhalt begreifen läßt[605].

a) Der Arbeitgeberverband als Unternehmensvereinigung

Der Zustimmungsbeschluß muß von einer Unternehmensvereinigung gefaßt worden sein.

Allein daraus, daß die Mitgliedsunternehmen im Arbeitgeberverband als Unternehmen am Markt auftreten, kann noch nicht geschlossen werden, daß auch der Arbeitgeberverband als Vereinigung von Unternehmen agiert. Entsprechend dem funktionalen Unternehmensbegriff ist vielmehr auf die konkrete Tätigkeit, d.h. den Abschluß eines Tarifvertrages mit marktregelndem Inhalt, abzustellen[606]. Ist jedoch, wie oben gezeigt, bereits der einzelne Arbeitgeber, sei es unmittelbar als Nachfrager nach Arbeitskräften, oder beim Zustimmungsbeschluß zu einem marktregelnden Tarifvertrag als Unternehmen zu be-

---

603 Für die Erstreckung des Kartellverbotes auf einseitige Absprachen der Arbeitgeberseite spricht sich im Zusammenhang mit dem Profisport FLEISCHER, WuW 1996, S. 473, 484 aus.

604 Siehe hierzu oben S. 58 ff.

605 Ausführlich zum Ablauf von Tarifvertragsverhandlungen HIMMELMANN, a.a.O. (Fn. 204), S. 124 ff.; SCHILLING, Der Einigungsprozeß bei Tarifverhandlungen.

606 LOOS, a.a.O. (Fn. 16), S. 119, sieht einen Arbeitgeberverband generell als Vereinigung von Unternehmen an; a.A. GOYDER, EC Competition Law, S. 408.

greifen, so ist auch der Arbeitgeberverband jedenfalls in letzterem Fall als eine Vereinigung von Unternehmen anzusehen[607].

Darauf, ob die Unternehmensvereinigung selbst als "wirtschaftliche Einheit" im Sinne des Unternehmensbegriffes auftritt, was in den Verbandssatzungen regelmäßig ausgeschlossen ist[608], kommt es nicht an. Für den EuGH ist Art. 85 EGV auf Vereinigungen bereits dann anwendbar, soweit deren eigene Tätigkeit -- oder die der in ihnen zusammengeschlossenen Unternehmen --, Wettbewerbsbeschränkungen zum Ziel haben[609].

b) Beschluß i.S.d. Art. 85 I EGV

Die Willensbildung innerhalb von Verbänden erfolgt durch Beschlußfassung seitens der zuständigen Organe im Rahmen der durch die Verbandssatzung gesetzten Grenzen. Rechtsdogmatisch sind dabei die im Rahmen des Beschlußfassungsverfahrens von den Organangehörigen -- im Einzelfalle auch der Mitgliederversammlung -- abgegebenen Stimmen als Willenserklärungen, der daraus hervorgehende Beschluß hingegen als Rechtsgeschäft eigener Art einzuordnen[610].

Für die Zustimmung zu Tarifverträgen ist intern meist der Verbandsvorstand oder die eigens dazu eingesetzte Tarifkommission berufen[611].

Als Beschluß i.S.d. Art. 85 I EGV ist jede satzungskonforme Willensäußerung einer Unternehmensvereinigung anzusehen[612].

Insoweit der Zustimmungsbeschluß des Arbeitgeberverbandes daher nach Maßgabe der -- regelmäßig weit gefaßten[613] -- Satzung zustande ge-

---

607 Ebenso RUNGGALDIER, a.a.O. (Fn. 12), S. 350 f.

608 z.B. § 3 (3) der Satzung des Arbeitgeberverbandes für die Land- und Forstwirtschaft in Bayern v. 7.5.1975.

609 EuGH - Frubo/Kommission, Rs. 71/74, Slg. 1975, S. 563, 583 f.; van Landewyck/Kommission, Rs. 209-215, 218/78, Slg. 1980, S. 3125, 3250; IAZ/Kommission, verb. Rs. 96-102 u.a./82, Slg. 1983, S. 3369, 3410.

610 K. SCHMIDT, Gesellschaftsrecht, § 15 I 2 m.w.N.

611 Z.B. § 14 der Satzung des Gesamtverbandes der Metallindustriellen Arbeitgeberverbände v. 17.1.1977; ebenso 10 (3) d) der Satzung des Arbeitgeberverbandes für die Land- und Forstwirtschaft in Bayern v. 7.5.1975.

612 Kommission ABl. 1985 Nr. L 35/20, 24 - Feuerversicherung; BELLAMY/CHILD, Competition Law, Rz. 2-032

613 Siehe oben, S. 60 f.

kommen ist, handelt es sich um eine Willensäußerung des Verbandes und somit um einen Beschluß einer Unternehmensvereingung.

Keiner Entscheidung bedarf dabei in diesem Zusammenhang die Frage, ob Voraussetzung für das Vorliegen eines Beschlusses nach Art. 85 I EGV dessen Verbindlichkeit für die Mitgliedsunternehmen ist[614], denn die Verbindlichkeit des Zustimmungsbeschlusses zu einem Tarifvertrag für die Mitgliedsunternehmen des tarifschließenden Arbeitgeberverbandes ergibt sich bereits regelmäßig aus der entsprechenden Verbandssatzung[615].

c) Ergebnis

Damit steht fest, daß jedenfalls dann, wenn der Arbeitgeberverband qua Beschluß einem Tarifvertrag zustimmt, der das Verhalten der Mitgliedsunternehmen auf den Gütermärkten unmittelbar vorwegnimmt und regelt, diese Willensäußerung als Beschluß einer Unternehmensvereinigung im Sinne des Art. 85 I EGV anzusehen ist. Auf die Problematik der Unternehmenseigenschaft der Gewerkschaften kommt es für die Frage der Anwendbarkeit des Kartellverbotes demzufolge jedenfalls bei Verbandstarifverträgen nicht an. Insoweit entspricht die Rechtslage zu Art. 85 I EGV derjenigen zu § 1 GWB. Anderes gilt hingegen bei Firmentarifverträgen, die unmittelbar zwischen Unternehmen und Gewerkschaft geschlossen werden. Hier ist die Annahme der Unternehmenseigenschaft der vertragschließenden Gewerkschaft für die Anwendbarkeit des Art. 85 I EGV unabdingbar.

II. Verhinderung, Einschränkung oder Verfälschung des Wettbewerbs

Die jeweilige tarifliche Vereinbarung zwischen Gewerkschaft und Arbeitgebern muß eine "Verhinderung, Einschränkung oder Verfälschung des Wettbewerbs innerhalb des Gemeinsamen Marktes bezwecken oder bewirken". Art. 85 I EGV unterscheidet dabei nicht zwischen horizontalen und vertikalen

---

614 Wenigstens faktische Verbindlichkeit verlangen etwa GLEISS/HIRSCH, Art. 85, Rz. 85 ff.; GRABITZ/HILF/KOCH, Art. 5, Rz. 23 f.; G/T/E/SCHRÖTER, Art. 85 I, Rz. 51; a.A. Kommission ABl. 1985 Nr. L 35/20, 24 - Feuerversicherung; BELLAMY/CHILD, a.a.O.; van BAEL/BELLIS, Competion Law of the European Community, S. 515.

615 So z.B. § 4.2. der Satzung des Arbeitgeberverbandes der Versicherungsunternehmen in Deutschland v. 4.7.1990.

Wettbewerbsbeschränkungen[616]. Dementsprechend kommt es auf das Bestehen eines Wettbewerbsverhältnisses nicht an.

1. Das Kriterium der Unternehmensautonomie

Zentrales Kriterium bei der Frage nach dem Vorliegen einer Wettbewerbsbeschränkung ist das der Unternehmensautonomie. Dem Unternehmen soll es vorbehalten bleiben zu entscheiden, welche Handlungen auf den Gütermärkten vorgenommen oder unterlassen werden sollen. Die wirtschaftliche Handlungsfreiheit ist Voraussetzung des fairen, unverfälschten und wirksamen Wettbewerbs, den in all seinen Ausformungen zu schützen Aufgabe des Art. 85 EGV ist[617].

Der EuGH hat in diesem Zusammenhang den Begriff des "Selbständigkeitspostulats"[618] geprägt, das eine Fremdbestimmung unternehmerischen Aktionsparameter, etwa die Entscheidung über Investitionsvorhaben oder Kapazitätsgrenzen[619], nicht zuläßt[620].

Danach liegt eine Wettbewerbsbeschränkung jedenfalls dann vor, wenn wenigstens einer der Vertragspartner in seiner wirtschaftlichen Handlungsfreiheit -- also der Freiheit, unternehmerische Aktionsparameter autonom bestimmen zu können --, beeinträchtigt wird[621]. Eine solche Einengung kann auch

---

616 Vgl. hierzu etwa BELLAMY/CHILD, Competition Law, Rz. 2-018, 2-057 ff.

617 EuGH - Grundig u. Consten/Kommission, Rs. 56, 58/64, Slg. 1966, S. 321, 390; GAYK, a.a.O. (Fn. 364), S. 92, 156; s.a. S. 161 ff. zu der freiheitsbeschränkenden Funktion des Art. 85 EGV.

618 EuGH - Züchner/Bayerische Vereinsbank, Rs. 172/80, Slg. 1981, S. 2021, 2031; s.a. Suiker Unie u.a./Kommission, verb. Rs. 40 u.a/73, Slg. 1975, S. 1663, 1965; hierzu auch GAYK, a.a.O., S. 157 f.

619 Kommission ABl. 1984 Nr. L 207/17, 20 - Kunstfasern; Abl. 1988 Nr. L 150/35, 39 - Bayer/BP Chemicals.

620 DAUSES/EMMERICH, Handbuch, H.I, Rz. 80; GLEISS/HIRSCH, Art. 85, Rz. 115; GRABITZ/HILF/KOCH, Art. 85, Rz. 45 ff; LANGEN/BUNTE/BUNTE, KartR, Art. 85, Rz. 53.

621 BLECKMANN, Europarecht, Rz. 1321; GRABITZ/HILF/KOCH, Art. 85, Rz. 45 ff., 65 ff. m.w.N.; ob darüber hinaus eine Wettbewerbsbeschränkung auch dann angenommen werden kann, wenn nicht die Marktfreiheit der Beteiligten, sondern durch die Abrede ausschließlich die Wahlmöglichkeiten Dritter beeinträchtigt werden, ist umstritten: Bejahend EuGH - De Haecht I, Rs. 23/67, Slg. 1967, S. 543; Sirena/Eda, Rs. 40/70, Slg. 1971, S. 69, 83; AEG/Kommission, Rs.107/83, Slg. 1983, S. 3151, 3194 f.; Hasselblad/Kommission, Rs.86/82, Slg. 1984, S. 883, 909 f.; verneinend die

durch Tarifverträge die, -- jedenfalls auch -- das Marktverhalten von Unternehmen zum Inhalt haben, erfolgen.

a) Keine Abhängigkeit von Unternehmensautonomie und wettbewerblicher Stellung

Die Einschränkung der unternehmerischen Selbständigkeit ist nach objektiven Kriterien und unabhängig von der wettbewerblichen Stellung der Vertragsparteien zu beurteilen. Daher kann die Beeinträchtigung der Handlungsfreiheit auch von Vereinbarungen ausgehen, die zwischen Nichtwettbewerbern geschlossen wurden.

Es widerspräche auch dem Schutzumfang des Kartellverbotes, wäre nur das wettbewerbsbeschränkende Verhalten solcher Unternehmen mit Sanktionen bewehrt, die miteinander im Wettbewerb stehen. Sinn und Zweck der Wettbewerbsregeln ist nicht allein die Erhaltung der Selbständigkeit der Unternehmen[622]. Denn auch dann, wenn durch die Vereinbarung der Wettbewerb mit Drittunternehmen oder die Wahlfreiheit der Verbraucher[623] beeinträchtigt wird, besteht eine Gefährdung des Wettbewerbs, der mit Hilfe des Art. 85 I EGV entgegenzuwirken ist[624].

---

h.M. in der Literatur, vgl. GLEISS/HIRSCH, Art. 85, Rz. 136; GRABITZ/HILF/KOCH, Art. 85, Rz. 65 ff.; MESTMÄCKER, EWR, S. 225 f.

622 LANGEN/BUNTE/SAUTER, KartR, Art. 85, Rz. 53.

623 Zur Bedeutung dieses Kriteriums vgl. EuGH - Grundig u. Consten/Kommission, Rs. 56, 58/64, Slg. 1966, S. 321, 387; Metro/SABA I, Rs.26/76, Slg. 1977, S. 1875, 1906; Kommission ABl. 1979 Nr. L 286/32, 46 f. - BP Kemi-DDSF; ABl. 1986 Nr. L 348/50, 64 - MELDOC.

624 EuGH - Italien/Rat u. Kommission, Rs. 32/65, Slg. 1966, S. 457, 485; BELLAMY/CHILD, Competition Law, Rz. 2-102 f.; GLEISS/HIRSCH, Art. 85, Rz. 136; G/T/E/SCHRÖTER, Art. 85, Rz. 76; SMIT/HERZOG, Commentary, Art. 85.14.

b) Ergebnis

Damit ist das Tatbestandsmerkmal der Wettbewerbsbeschränkung in vorliegendem Zusammenhang jedenfalls immer dann erfüllt, wenn die Unternehmen aufgrund der tarifvertraglichen Abrede *unmittelbar* in ihrer Freiheit zur Ausgestaltung wettbewerbsrelevanter Faktoren beeinträchtigt werden und Dritte dadurch nachteilig betroffen werden.

Letzteres ist bei den hier behandelten Fällen stets gegeben, so etwa bei der tariflichen Regelung von Arbeits- und Verkaufszeiten, bei Verwendungs- oder Bezugsverboten hinsichtlich bestimmter Produkte bzw. Produktionstechniken, oder bei Investitionsverboten.

Insoweit es sich um *mittelbare* Beeinträchtigungen des Marktverhaltens handelt, also etwa bedingt durch Abreden über Löhne oder Urlaub, sind diese zwar grundsätzlich geeignet, das Tatbestandsmerkmal der Wettbewerbsbeschränkung i.S.d. Art. 85 I zu verwirklichen[625]. Solche Abreden sind jedoch, wie oben dargelegt, bereits von vornherein dem Anwendungsbereich des Art. 85 I EGV entzogen, da ansonsten der Zweck der Tarifautonomie gefährdet wäre[626].

2. Bezwecken oder Bewirken der Wettbewerbsbeschränkung

Die Wettbewerbsbeschränkung muß gem. Art. 85 EGV alternativ[627] "bezweckt" oder "bewirkt" werden[628].

a) Bezwecken

Die tarifvertragliche Regelung des unternehmerischen Verhaltens auf den Gütermärkten ist dann bezweckt, wenn die Wettbewerbsbeschränkung bei objektiver Betrachtungsweise ein durch die Abrede mitverfolgtes Ziel darstellt; die

---

625 GRABITZ/HILF/KOCH, Art. 85, Rz. 48.

626 GA LENZ, Schlußanträge in der Rs. Jean-Marc Bosman, Tz. 274, EuGRZ 1995, S. 495 ff.

627 EuGH - Suiker Unie u.a/Kommission, verb. Rs. 40 u.a./73, Slg. 1975, S. 1663, 2025; G/T/E/SCHRÖTER Art. 85, Rz. 104.

628 Demnach spielt der aus dem Bereich des GWB bekannte Streit um die Gegenstands-, Folge- oder Zwecktheorie für das europäische Kartellrecht keine Rolle.

Motivation spielt dabei keine Rolle. Eine auf die Wettbewerbsbeschränkung gerichtete, zu mißbilligende Absicht ist ebensowenig erforderlich, wie die Wettbewerbsbeschränkung den Hauptzweck der Vereinbarung darstellen muß[629]. Dementsprechend ist der seitens der h.M. im Rahmen der Diskussion um die Anwendbarkeit des GWB entwickelte Ansatz, § 1 GWB lediglich dann als einschlägig anzusehen, wenn den Tarifparteien eine wettbewerbsbeschränkende Absicht nachgewiesen werden könne[630], auf den Bereich des Art. 85 EGV unanwendbar. Denn Art. 85 I EGV setzt nur voraus, daß die Wettbewerbsbeschränkung zur wirtschaftlichen Funktion der Abrede gehört.

Ein Bezwecken liegt demgemäß vor, wenn Arbeitnehmerinteressen gerade über die Beschränkung des Gütermarktwettbewerbs wahrgenommen werden sollen. Werden etwa Märkte für bestimmte Güter durch Tarifvertragsvereinbarung voneinander abgeschottet, um so eine Stärkung des gesamten Wirtschaftszweiges zu erreichen und im Anschluß daran höhere Löhne durchzusetzen, gehört die Wettbewerbsbeschränkung zur wirtschaftlichen Aufgabe der Vereinbarung; sie ist “bezweckt”.

b) Bewirken

aa) Beeinträchtigung der Unternehmensautonomie

Wird bereits das Merkmal des “Bezweckens” extensiv ausgelegt, so erweitert das Tatbestandsmerkmal des “Bewirkens” den Anwendungsbereich des Art. 85 I EGV beinahe bis zur Konturlosigkeit. Andererseits wird dadurch die Möglichkeit eröffnet, dem Kartellverbot umfassende Geltung zu verschaffen. Denn erfaßt werden auf diese Weise auch solche Wettbewerbsbeschränkungen, die sich lediglich als Folge der getroffenen Vereinbarung auf den Waren- und Dienstleistungsmärkten ergeben, unabhängig davon, ob diese Folge von den Vertragsparteien gewollt war[631].

---

629 BLECKMANN, Europarecht, R. 1324; DAUSES/EMMERICH, Handbuch, H.I, RZ 84; GLEISS/HIRSCH, Art. 85, Rz. 148 f.; GRABITZ/HILF/KOCH, Art. 85, Rz. 80 ff.; SMIT/HERZOG, Commentary, Art. 85.24; Kommission ABl. 1990 Nr L 71/71, 76.

630 Siehe oben S. 66 f.

631 SCHWEITZER/HUMMER, Europarecht, S. 329; SMIT/HERZOG, Commentary, Art. 85.25.

Jedenfalls unter dieses Merkmal können auch Tarifvertragsvereinbarungen mit Doppelwirkung subsumiert werden, also solche, die auf die Wahrung von Arbeitnehmerinteressen gerichtet sind, die aber gleichzeitig und unmittelbar auch auf den Gütermärkten wirksam werden.

Solche tarifvertraglichen Regelungen eröffnen dann den Anwendungsbereich des Art. 85 I EGV, wenn sie eine Verhinderung, Einschränkung oder Verfälschung des Wettbewerbs innerhalb des Gemeinsamen Marktes zurechenbar[632] bewirken.

Erforderlich ist dafür zunächst, daß die unternehmerische Selbständigkeit eines Beteiligten entweder durch den Inhalt der Vereinbarung selbst, oder auch im Zusammenspiel verschiedener -- bei isolierter Betrachtung vielleicht wettbewerbsneutraler -- Klauseln eingeschränkt wird[633]. Dies ist dann gegeben, wenn dem Unternehmen wirtschaftlich sinnvolle Handlungsalternativen genommen werden.

Die Vorwegnahme unternehmerischer Aktionsparameter durch Tarifvertrag führt zu einer tatsächlichen Einengung der Autonomie der tarifgebundenen Unternehmen und bewirkt damit Wettbewerbsbeschränkungen am Markt.

Die Beeinträchtigung des freien Wettbewerbs ist den Vertragsparteien auch objektiv zurechenbar, da sie sich in unmittelbarem Sachzusammenhang mit den getroffenen tarifvertraglichen Vereinbarungen ereignet[634].

bb) Drittwirkung

Allerdings reicht die Beeinträchtigung der Handlungsfreiheit allein nicht aus, um die Wettbewerbsbeschränkung als durch die Absprache bewirkt anzusehen. Vielmehr ist zusätzlich erforderlich, daß -- wenigstens potentiell[635] -- Drittwirkungen bei anderen Marktteilnehmern oder Verbrauchern hervorgerufen werden[636].

---

632 Zu diesem Erfordernis vgl. GLEISS/HIRSCH, Art. 85, Rz. 157; GRABITZ/HILF/KOCH, Art. 85, Rz. 83 ff.

633 DAUSES/EMMERICH, Handbuch, H.I, Rz. 86; GAYK, a.a.O. (Fn. 364), S. 159 f.; GLEISS/HIRSCH, Art. 85, Rz. 155; GRABITZ/HILF/KOCH, Art. 85, Rz. 83 f.

634 GLEISS/HIRSCH, Art. 85, Rz. 157.

635 Kommission ABl. 1974 Nr. L 237/12, 14 - Advocaat Zwarte Kip.

636 EuGH - Miller/Kommission, Rs. 19/77, Slg. 1978, S. 131, 148.

Gütermarktregelnde Branchentarifverträge rufen jedenfalls wettbewerbsbeschränkende Wirkungen bei Drittunternehmen oder Verbrauchern hervor: Der Lieferant, dessen Produkt von einem, in einem Flächentarifvertrag enthaltenen Bezugsverbot betroffen ist, kann sein Erzeugnis in bestimmten Regionen des Gemeinsamen Marktes nicht mehr absetzen, oder der Verbraucher nicht zu den nach Gesetz möglichen Geschäftszeiten einkaufen, wenn die Ladenöffnungszeiten durch Tarifvertrag eingeschränkt werden.

III. Die Zwischenstaatlichkeitsklausel

Nach Art. 85 EGV unterliegen nur solche Vereinbarungen, Beschlüsse und abgestimmte Verhaltensweisen dem Kartellverbot, die geeignet sind, den "Handel zwischen den Mitgliedstaaten" zu beeinträchtigen. Die Zwischenstaatlichkeitsklausel hat den Charakter einer Kollisionsvorschrift[637], mit deren Hilfe der Anwendungsbereich des europäischen von dem des innerstaatlichen Kartellrechts abgegrenzt werden soll.

Es sind also nur diejenigen Tarifverträge unter dem Gesichtspunkt des Art. 85 I EGV überprüfbar, die einen grenzüberschreitenden Bezug aufweisen. Absprachen, deren Bedeutung für den Wettbewerb nicht über das Gebiet eines Mitgliedstaates hinaus wirksam wird, werden grundsätzlich[638] nicht erfaßt.

Der EuGH führt dazu aus:

"*Unter den Geltungsbereich des Gemeinschaftsrechts fallen so alle Kartelle und alle Übungen, die geeignet sind, die Freiheit des Handels zwischen den Mitgliedstaaten in einer Weise zu gefährden, die der Verwirklichung der Ziele eines einheitlichen Marktes zwischen den Mitgliedstaaten nachteilig sein kann, indem insbesondere die nationalen Märkte abgeschottet werden oder die Wettbewerbsstruktur im Gemeinsamen Markt verändert wird. Dagegen fallen Verhaltensweisen, deren Auswirkungen sich auf das Gebiet eines einzelnen*

---

637 Nach ganz h.M. bestimmt die Zwischenstaatlichkeitsklausel daneben den sachlichen Anwendungsbereich von Art. 85 EGV und ist insoweit Sachnorm, vgl. BLECKMANN, Europarecht, Rz. 1269; G/T/E/SCHRÖTER, Art. 85 I, Rz. 139; KOENIGS, FS Pfeiffer, S, 569, 570; ausführlich MESTMÄCKER, EWR, S. 115,; s.a. GAYK, a.a.O. (Fn. 364), S. 47 ff.

638 Zur Anwendung der Zwischenstaatlichkeitsklausel bei rein nationalen Sachverhalten siehe sogleich unten S. 164 f.

Mitgliedstaats beschränken, unter den Geltungsbereich der nationalen Rechtsordnung."[639]

Maßgebliches Kriterium für die Beurteilung der innergemeinschaftlichen Wirkungen einer Absprache ist für den EuGH demnach, ob von der Absprache nachteilige Einflüsse auf den Prozeß der Integration der Märkte ausgehen können[640] oder die Wettbewerbsstruktur verfälscht wird. Hierbei ist eine überaus weite Interpretation zugrunde zu legen[641].

1. Eignung zur Beeinträchtigung des Handels

Um dem Verbotstatbestand des Art. 85 EGV zu unterfallen, müssen die tarifvertraglichen Vereinbarungen zur zwischenstaatlichen Handelsbeeinträchtigung geeignet sein.

a) Handel

Der Handelsbegriff ist weit auszulegen und umfaßt den gesamten Wirtschaftsverkehr zwischen den Mitgliedstaaten im Sinne eines Austausches von Waren und Dienstleistungen innerhalb des Gemeinsamen Marktes[642].

Fraglich ist allerdings, ob etwa der Zugang zu Arbeitsplätzen unter den Begriff des Handels subsumiert werden kann. Dies wird in hiesigem Kontext insbesondere relevant bei Rationalisierungsschutzabkommen[643], sowie bei der

---

639 EuGH - Hugin/Kommission, Rs. 22/78, Slg. 1979, S. 1869, 1899, st. Rspr., s.a. Grundig u. Consten/Kommission, Rs. 56, 58/64, Slg. 1966, S. 321, 389; Kommission ABl. 1985 Nr. L 85/1 - Zellstoffe. S.a. BELLAMY/CHILD, Competition Law, Rz. 2-137.

640 EuGH - Völk/Vervaecke, Rs. 5/69, Slg. 1969, S. 295, 302; Papiers Peints u.a./Kommission, Rs. 73/74, Slg. 1975, S. 1491, 1515.

641 Ganz h.M., vgl. GLEISS/HIRSCH, Art. 85, Rz. 233.

642 EuGH - Züchner/Bayerische Vereinsbank, Rs. 172/80, Slg. 1981, S. 2021, 2032; Kommission ABl. 1987 Nr. L 7/27, 32; BELLAMY/CHILD, Competition Law, Rz. 2-128; BLECKMANN, Europarecht, Rz. 1270; GAYK, a.a.O. (Fn. 364), S. 49; GLEISS/HIRSCH, Art. 85, Rz. 231; G/T/E/SCHRÖTER, Art. 85, Rz. 140; WERTENBRUCH, EuZW 1996, S. 91.

643 Siehe oben S. 139 f.

in einigen Mitgliedstaaten üblichen tarifvertraglichen Vereinbarung von sog. "closed-shops"[644].

Die Kommission hat, in Übereinstimmung mit der weiten Auslegung des Handelsbegriffes, in einigen Entscheidungen diesen auch mit Beschäftigungsverhältnissen in Beziehung gebracht. So wurde es als mögliche Beeinträchtigung des zwischenstaatlichen Handels angesehen, wenn Künstler durch Ausschließlichkeitsbindungen an einer Verwertung ihrer Leistungen gehindert werden[645]. In die gleiche Richtung zielt nunmehr auch Generalanwalt *Lenz*, der in den Schlußanträgen in der Rechtssache *Jean-Marc Bosman* den Einwand der UEFA, Spielertransfers unterfielen nicht dem Handelsbegriff, mit dem Argument zurückwies, daß sich der Handelsbegriff auf dem gesamten Wirtschaftsverkehr zwischen den Mitgliedstaaten beziehe und daher auch Regelungen über Spielertransfers umfasse[646]. Maßgeblicher Bezugspunkt ist hier jedoch die den Vereinen auferlegte Beschränkung des Nachfragewettbewerbs nach Spielern, nicht jedoch eine Beschränkung der Spieler in der Wahl des Arbeitsplatzes.

Ungeachtet dieser weiten Interpretation, vermag der Handelsbegriff allerdings nicht etwa auch den Fall zu erfassen, daß Gewerkschaften und Arbeitgeber Außenseitern den Zugang zum Arbeitsmarkt mit Hilfe von Rationalisierungsschutzvereinbarungen sperren oder jedenfalls erschweren. Der Zugang zu Arbeitsplätzen wird durch Art. 48 EGV gegen Diskriminierungen geschützt. Der Anwendungsbereich des Art. 85 EGV ist hingegen nicht betroffen. Insoweit ist die Begründung den im Zusammenhang mit der Vereinbarkeit des AEntG mit europäischem Recht dargestellten Argumenten vergleichbar[647].

b) Beeinträchtigung

Eine Vereinbarung ist geeignet, den innergemeinschaftlichen Handel zu beeinträchtigen,

---

644 So etwa in den Niederlanden und Dänemark. Verboten sind solche “closed-shops” hingegen beispielsweise in Frankreich, Spanien oder Deutschland, vgl. KRONKE, a.a.O. (Fn. 24), S. 301 ff.

645 RAI/UNITEL, Kommission ABl. 1978 Nr. L 157/39; s.a. Zwölfter Bericht über die Wettbewerbspolitik (1982), Rz. 90.

646 GA LENZ, Schlußanträge in der Rs. C-415/93, Tz. 261, EuGRZ 1995, S. 459 ff.

647 Siehe oben S. 95 ff.

"wenn sich anhand einer Gesamtheit objektiver rechtlicher oder tatsächlicher Umstände mit hinreichender Wahrscheinlichkeit voraussehen läßt, daß sie den Warenverkehr zwischen den Mitgliedstaaten unmittelbar oder mittelbar, tatsächlich oder potentiell in einem der Erreichung der Ziele eines einheitlichen zwischenstaatlichen Marktes nachteiligen Sinne beeinflussen kann."[648]

Eine Beeinträchtigung des Handels liegt, insoweit ist der Wortlaut des Art. 85 EGV mißverständlich, nicht lediglich bei einer negativen Beeinflussung der Handelsströme vor[649]. Zu fragen ist vielmehr danach, ob sich der innergemeinschaftliche Güterverkehr wegen der Vereinbarung tatsächlich oder möglicherweise anders entwickelt, als dies ohne die Absprache der Fall wäre[650]. Denn Ziel des Vertrages ist nicht die Erhöhung des innergemeinschaftlichen Handels, sondern vielmehr der Schutz eines Systems unverfälschten Wettbewerbs.

Der solchermaßen weit gefaßte Beeinträchtigungstatbestand wird durch marktregelnde Tarifverträge ohne weiteres erfüllt. So würde etwa eine dem oben erwähnten Kettensägefall entsprechende tarifvertragliche Regelung dazu führen, daß der Warenaustausch zwischen dem Land des Produzenten der Schmierstoffe und dem des Abnehmers vermindert würde. Ebenso hätte ein Verkaufsverbot für bestimmte Produkte an bestimmten Wochentagen (nach Muster des bereits erwähnten spanischen Tarifvertrages für Konditoreien) möglicherweise ein Absinken der Importströme zur Folge, wenn das Verkaufsverbot ein ausländisches Erzeugnis betrifft.

c) Eignung

Nicht erforderlich ist nach Art. 85 EGV eine tatsächliche Beeinträchtigung der Handelsströme. Vielmehr ist es nach ständiger Rechtsprechung ausreichend, daß die Möglichkeit einer Beeinflussung des Handels durch die Vereinbarung besteht. Dies ist insbesondere dann zu befürchten, wenn eine Kartellabsprache auf dem Markt für bestimmte Waren Handelsschranken zwischen Mitgliedstaa-

---

648 EuGH - Remia/Kommission, Rs. 42/84, Slg. 1985, S. 2545, 2572, st. Rspr.

649 Kommission ABL. 1985 Nr. L 35/35, 40 - Milchförderungsfonds.

650 EuGH - De Haecht I, Rs. 23/67, Slg. 1967, S. 543, 556; Frubo/Kommission, Rs. 71/74, Slg. 1975, S. 563, 584; L Oreal/PVBA, Rs. 31/80, Slg. 1980, S. 3775, 3792; Kommission ABl. 1974 Nr. L 343/19, 25 - Kugellager; Abl. 1986 Nr. L 236/30, 38 - Lichtwellenleiter; vgl. auch GAYK, a.a.O. (Fn. 364), S. 53 m.w.N.

ten errichten geeignet ist und so die vom Vertrag gewollte wechselseitige Durchdringung erschweren kann[651].

2. Anwendung der Zwischenstaatlichkeitsklausel bei ausschließlich nationalen Sachverhalten

Die Zwischenstaatlichkeitsklausel könnte hier aber deshalb eine Anwendung des Kartellverbotes verhindern, weil Tarifverträge bislang nur auf nationaler Ebene abgeschlossen werden. Würde es sich um einen grenzüberschreitenden Tarifvertrag mit Vertragspartnern aus mehreren Mitgliedstaaten handeln, so wäre das Erfordernis der zwischenstaatlichen Auswirkung ohne weiteres erfüllt. Hier sind sowohl europaweite Firmen- oder Verbandstarifverträge, als auch branchen- bzw. regionenübergreifende Tarifverträge denkbar[652]. Allerdings spielt der europäische Tarifvertrag in der Rechtswirklichkeit der Gemeinschaft bislang noch keine Rolle[653].

In ständiger Rechtsprechung ist anerkannt, daß auch rein nationale Kartelle dann mit Art. 85 EGV kollidieren, wenn diese die vollständige oder teilweise Abschottung nationaler Märkte bezwecken oder bewirken und dadurch

---

651 EuGH - Société Technique Minière/Maschinenbau Ulm, Rs. 56/65, Slg. 1966, S. 282, 303; Grundig und Consten/Kommission, Rs. 56, 58/64, Slg. 1966, S. 321, 389; de Haecht I, Rs. 23/67, Slg. 1967, S. 543, 556; Salonia/Poidomani und Giglio, Rs. 126/80, Slg. 1981, S. 1563, 1578; Musique Diffusion Francaise/Kommission, Rs. 100-103/80, Slg. 1983, S. 1825, 1900; NSO/Kommission, Rs. 260/82, Slg. 1985, S. 3801, 3826. BELLAMY/CHILD, Competition Law, Rz. 2-129.

652 BLANPAIN, Labour Law and the Industrial Relations of the European Union, S. 59 ff.

653 Zur Diskussion vgl. etwa DÄUBLER, Tarifvertragsrecht, Rz. 1747 ff; HAUSCHKA, RIW 1990, S. 81, 88 ff.; LÖWISCH/RIEBLE, TVG, Grundl. Rz. 81 ff.; v. MAYDELL, Die europäische Gemeinschaftscharta sozialer Grundrechte, in: ders. (Hrsg.), Soziale Rechte in der EG, S. 122, 152; STEINBERG, RdA 1971, S. 18 ff.; STEINMAYER, ZIAS 1989, S. 208, 228; STILLER, ZIAS 1991, S. 194 ff.; WALZ, Multinationale Unternehmen und internationaler Tarifvertrag; WLOTZKE, NZA 1990, S. 417, 421. Speziell zu den Erklärungsversuchen für das bisherige Scheitern eines europäischen Systems der kollektiven Arbeitsbeziehungen ARMINGEON, Die Regulierung der kollektiven Arbeitsbeziehungen in der Europäischen Union, in: STREECK (Hrsg.), Staat und Verbände, Polit. Vjschrift, Sonderh. 25/1994, S. 207 ff.
Zur Bedeutung des Europarechts auf für das nationale Arbeitsrecht vgl. etwa ADOMEIT, NJW 1989, S. 155 ff.; BIRK, Der Einfluß des Gemeinschaftsrechts auf die Entwicklung des Arbeitsrechts der Mitgliedstaaten. in: LICHTENBERG (Hrsg.), Sozialpolitik in der EG, S. 155 ff.; ders., RIW 1989, S. 6ff.; ders., NZA 1989, S. 329 ff.

die Betätigung oder das Vordringen von Herstellern oder Verkäufern aus anderen Mitgliedstaaten auf dem jeweiligen nationalen Markt erschwert wird[654]. Dies gilt um so mehr, je größer der Teil des jeweiligen Mitgliedstaates ist, der durch die Absprache isoliert wird. Zuletzt hat die Kommission im Zusammenhang mit der *Bosman* Entscheidung des EuGH[655] klargestellt, daß auch rein nationale Transferbestimmungen als Vereinbarungen anzusehen sind, die Handel und Wettbewerb im Binnenmarkt in unzulässiger Weise beschränken[656].

Dementsprechend können auch rein nationale tarifvertragliche Vereinbarungen eine von Art. 85 EGV erfaßte marktzugangsbeschränkende Wirkung haben. Wenn beispielsweise durch einen Flächentarifvertrag, der sich auf grenznahe Regionen erstreckt, Einfuhrverbote für Produkte aus Mitgliedstaaten mit niedrigerem Lohn- oder Sozialniveau vereinbart werden, führt dies zu einer wenigstens partiellen Abschottung[657] des durch das Tarifgebiet gekennzeichneten räumlichen Marktes gegenüber Wettbewerbern aus dem angrenzenden Mitgliedstaat.

Findet ein Tarifvertrag gar auf dem gesamten Gebiet eines Mitgliedstaates Anwendung -- etwa durch Übertragung eines Pilotvertrages auf andere Tarifbezirke[658] --, so werden Marktzutrittsschranken errichtet, die zu einer vollständigen Abschirmung des Marktes gegen eine bestimmte Ware führen können. Dabei ist bei der Bewertung der wettbewerbsbeschränkenden Auswirkungen nicht der einzelne Vertrag isoliert, sondern vielmehr die Gesamtheit

---

654 EuGH - Cementhandelaren/Kommission, Rs. 8/72, Slg. 1972, S. 977, 991; Salonia/Poidomani und Giglio, Rs. 126/80, Slg. 1981, S. 1563, 1579; Michelin/Kommission, Rs. 322/81, Slg. 1983, S. 3461, 3522; Remia/Kommission, Rs. 42/84, Slg. 1985, S. 2545, 2572; Verband der Sachversicherer/Kommission, Rs. 45/85, Slg. 1987, S. 405, 458 f.; Belasco u.a./Kommission, Rs. 246/86, Slg. 1989, S. 2181, 2189 ff.; s.a. BELLAMY/CHILD, Competition Law, Rz. 2-134; GLEISS/HIRSCH, Art. 85, Rz. 248 f.; KORAH, EC Competition Law and Practice, 5. Aufl. 1994, S. 52 ff.; KULKA, WRP 1989, S. 769, 770; OBERENDER/OKRUCH, WuW 1994, S. 507, 508 f.

655 EuGH - Jean-Marc Bosman, Rs. C-415/93, EuZW 1996, S. 82 ff., m. Anm. WERTENBRUCH = NJW 1996, S. 505 ff.

656 Vgl. FAZ v. 3.2.1996, S. 27; HILF/PACHE, NJW 1996, S. 1169, 1176.

657 Ausführlich zu Vereinbarungen mit unmittelbar oder mittelbar marktabschottenden Wirkungen KOENIGS, a.a.O. (Fn. 637), S. 569, 575 ff.

658 Hierzu SCHILLING, Der EinigungsprozeB bei Tarifverhandlungen, S. 120 ff.

der gleichartigen Verträge zu betrachten[659]. Der Handel mit dem jeweiligen Produkt wird beschränkt, wenn nicht gar unterbunden, und die inländische Produktion zum Nachteil des ausländischen Wettbewerbs geschützt. Die Gefahr einer faktischen Erstreckung eines Tarifvertrages auf das gesamte Hoheitsgebiet ist gerade dort, wo, wie in der Bundesrepublik, immer noch das Verbandstarifsystem mit seiner "Tendenz zum Bundeseinheitstarif"[660] vorherrscht, besonders groß.

Eine solche Abschottung des gesamten Hoheitsgebietes eines Mitgliedstaates ist nach Auffassung des EuGH bereits ihrem Wesen nach geeignet, den innergemeinschaftlichen Handel zu beeinträchtigen[661].

IV. Spürbarkeit

Allerdings reicht nicht jede Beeinträchtigung des zwischenstaatlichen Handels aus; diese müssen vielmehr "spürbar" im Sinne einer Außenwirkung auf Dritte sein[662]. Konkret heißt dies, daß die Wettbewerbsbeschränkung für Dritte nicht völlig unbeachtlich und der zwischenstaatliche Handel nicht nur entfernt berührt sein darf.

Es werden also nur solche Tarifverträge von Art. 85 I EGV erfaßt, denen ein nicht lediglich unerheblicher Einfluß auf die Marktverhältnisse zukommt.

Fraglich ist jedoch, nach welchen Kriterien die Spürbarkeit bemessen werden kann. Zwei Möglichkeiten sind in Betracht zu ziehen:

---

659 BELLAMY/CHILD, Competition Law, Rz. 2 - 135. Vgl. auch die zu vertikalen Vereinbarungen entwickelte "Bündeltheorie" des EuGH, nach der nicht ein Vertrag isoliert, sondern das gesamte Netz zu betrachten ist, EuGH - Société Technique Minière/Maschinenbau Ulm, Rs. 56/65, Slg. 1966, S. 281, 304; L`Oreal/PVBA, Rs. 31/80, Slg. 1980, S. 3775, 3792; Delimitis/Henninger Bräu, Rs. C-234/89, Slg. 1991-I, S. 935, 985; vgl. zu diesem Urteil SEDEMUND/MONTAG, NJW 1994, S. 625, 631.

660 Siehe auch oben S. 35.

661 EuGH - Cementhandelaren/Kommission, Rs. 8/72, Slg. 1972, S. 977, 991; Papiers Peints u.a./Kommission, Rs. 73/74, Slg. 1975, S. 1491, 1514 f., st. Rspr.; s.a. KOENIGS, a.a.O. (Fn. 637), S. 569, 580 ff.; GAYK, a.a.O. (Fn. 364), S. 49 ff.

662 GLEISS/HIRSCH, Art. 85, Rz. 257; GRABITZ/HILF/KOCH, Art. 85, Rz. 97.

1. Anwendbarkeit quantitativer Kriterien

Zunächst liegt es in diesem Zusammenhang nahe, zur Bestimmung der Spürbarkeit die quantitativen Kriterien der Kommission, die diese im Rahmen der Bekanntmachung über Vereinbarungen von geringer Bedeutung, der sog. "Bagatellbekanntmachung"[663], aufgestellt hat, auch vorliegend heranzuziehen. Demgemäß könnte, entsprechend den dort genannten Grenzlinien, auf die Marktanteile (5 % des relevanten Marktes) und die Gesamtumsätze (300 Mio. ECU) der über den Tarifvertrag verbundenen Unternehmen abgestellt werden.

Allerdings setzt die Anwendung der Marktanteilsgrenzen der Bagatellbekanntmachung die vorherige Definition des sachlich relevanten Marktes voraus. Einen sachlich relevanten Markt bilden dabei grundsätzlich all diejenigen Produkte, die vom Verbraucher aufgrund ihrer Eigenschaften, ihrer Preislage und ihres Verwendungszwecks als gleichartig und damit austauschbar angesehen werden. Art. 85 EGV wäre demgemäß dann anwendbar, wenn der Tarifvertrag die tarifgebundenen Unternehmen auf die Verwendung bestimmter Produkte, etwa umweltfreundlicher Kettenschmierstoffe, festlegte und diese Beschränkung mindestens 5 % des jeweiligen Gesamtmarktes beträfe. Der Umstand, daß die Frage nach der jeweils anzuwendenden Marktabgrenzung zu Unsicherheiten führen kann, kann die Unanwendbarkeit des Marktanteilskriteriums auf Tarifvertragsvereinbarungen nicht begründen. Unterschiedliche Auffassungen hinsichtlich der im konkreten Fall vorzunehmenden Marktabgrenzung sind alltägliche Erscheinungen des Kartellrechtspraxis.

2. Anwendung einer wertenden Betrachtungsweise

Zur Feststellung der Spürbarkeit einer bestimmten Vereinbarkeit kann darüber hinaus auch auf die Möglichkeit einer wertenden Betrachtungsweise, unabhängig von der rein quantitativ zu bestimmenden Marktposition der an der Vereinbarung beteiligten Unternehmen, zurückgegriffen werden. Dies entspricht auch der Praxis des EuGH[664], der die Spürbarkeit im Rahmen einer

---

663 ABl. 1986 Nr. C 231/2, ergänzt in ABl. 1994 Nr. C 368/20.

664 EuGH - VÖLK/VERWAECKE, Rs. 5/69, Slg. 1969, S. 295 ff.; Miller nternational/Kommission, Rs. 19/77, Slg. 1978, S. 131, 148 f.; DCL/Kommission, Rs. 30/78, Slg. 1980, S. 2229, 2265; Societé de Vente de Ciments et Betons/Kerpen & Kerpen, Rs. 319/82, Slg. 1983, S. 4173, 4175, 4183; siehe auch GAYK, a.a.O. (Fn. 364), S. 54 f.; KOENIGS, a.a.O. (Fn. 637), S. 569, 571 f., jeweils m.w.N.

Gesamtbetrachtung häufig auch dann annimmt, wenn die Grenzen der Bagatellbekanntmachung nicht erreicht werden[665]. Zuletzt hat *Generalanwalt Lenz* in den Schlußanträgen in der Rechtssache *Jean-Marc Bosman* die Spürbarkeit der durch die Transferregeln hervorgerufenen Wettbewerbsbeschränkungen ohne weiteres mit dem Hinweis bejaht, daß sich diese auf den Wirtschaftsverkehr zwischen den Mitgliedstaaten in "erheblicher Weise" auswirkten[666].

Dementsprechend wäre etwa darauf abzustellen, welche Bedeutung dem einzelnen, durch den Tarifvertrag vorweggenommenen Wettbewerbsparameter zukommt, wie es um den Restwettbewerb zwischen den Unternehmen bestellt ist oder welches wirtschaftliche Gewicht der vertragschließende Arbeitgeberverband auf dem Gesamtmarkt auf sich vereinigt.

Auch die Kommission bevorzugt im übrigen in Einzelfällen eine wertende Betrachtungsweise vor dem rein schematischen Rückgriff auf quantitative Kriterien:

- In der Entscheidung *RAI/UNITEL*[667], in der es um das Verbot einer weltweiten Übertragung einer Festaufführung aus der Mailänder Scala wegen einer Ausschließlichkeitsbindung eines Teils der auftretenden Künstler ging, konzedierte die Kommission zwar, daß eine von einem Künstler abgeschlossene Vereinbarung in der Regel wohl keine spürbaren Auswirkungen auf den Wettbewerb habe. Anders sei dies allerdings bei erfolgreichen Künstlern. Eine "schwerwiegendere Auswirkung" auf den Wettbewerb, als eine weltweite Ausstrahlung der Sendung aus der Scala zu verhindern sei "kaum vorstellbar".
- In dem Fall *Industrieverband Solnhofener Natursteinplatten e.* V.[668], der die Beurteilung eines Exportkartells zum Gegenstand hatte, war für die Frage der Spürbarkeit insbesondere die "Schwere der vorgesehenen Wettbewerbsbeschränkung" ausschlaggebend. Die Bedeutung der Wettbewerbsbeschränkung wurde dabei anhand verschiedener Umstände, so etwa der Tatsache, daß das Kartell den größten Teil der Branche umfaßte und deshalb einen wirtschaftlichen Faktor von einigem Gewicht darstellte, festgestellt. Eine sol-

665 Der EuGH hat die Bagatellbekanntmachung weder explizit abgelehnt, noch übernommen, vgl. EuGH - Lancome/ETOS, Rs. 99/79, Slg. 1980, S. 2511, 2536 f.; L'Oréal/PVBA, Rs. 31/80, Slg. 1980, S. 3775, 3792; GAYK, a.a.O. (Fn. 364), S. 55.

666 Vgl. EuGRZ 1995, S. 495 ff., Tz. 260.

667 Kommission ABl. 1978 Nr. L 157/39 - RAI/UNITEL.

668 Kommission ABl. 1980 Nr. L 318/32, 36.

che Absprache konnte nach Ansicht der Kommission "im Hinblick auf das EWG-Kartellrecht nicht als unbeachtlich gewertet werden."

• Schließlich wurde die mangelnde Spürbarkeit der Wettbewerbsbeschränkung in Form einer kollektivvertraglichen Festlegung von Banköffnungszeiten in der Entscheidung *Irish Banks' Standing Committee*[669] damit begründet, daß nur einige der von den Vertragspartnern erbrachten Leistungen von der Vereinbarung betroffen waren und der Wettbewerb zwischen den Beteiligten ansonsten von der Vereinbarung nicht berührt wurde.

Daß diese letzte Entscheidung jedoch m.E. im Ergebnis nicht zu überzeugen vermag, soll lediglich am Rande vermerkt werden. Denn tatsächlich besteht, wie *Bork*[670] zutreffend festgestellt hat, zwischen einer vertraglichen Fixierung der Öffnungszeiten und etwa einer Preisabsprache kein wirklicher Unterschied:

"*Both are limitations upon competiton whose sole purpose is to increase the dealers' income by restricting output. The output in one case is the number of cars sold (which will decrease with the raised price); the output in the other case is the provision of convenience of shopping to consumers (which will decrease with Sunday closing) ... Consumers who lose the convenience of shopping on Sunday are deprived of something that is as much an economic good as is money.*"[671]

Es ist jedoch unwahrscheinlich, daß die Kommission die Spürbarkeit der Wettbewerbsbeschränkung auch dann verneint hätte, wenn die beteiligten Banken tarifvertraglich die Preise für ihre Bankleistungen festgesetzt, andere Wettbewerbsparameter jedoch unberührt gelassen hätten. Insofern liegt der Schluß nahe, daß die Entscheidung letztlich auf einer Verkennung der Bedeutsamkeit des Wettbewerbsparameters Ladenöffnungszeit beruht.

---

669 Kommission ABl. 1986 Nr. L 295/27.

670 In einem Beispiel setzt BORK, The Antitrust Paradox, S. 85, eine Vereinbarung von Autohändlern, am Sonntag zu schließen mit einer Vereinbarung derselben Händler, die Autopreise einheitlich um $ 200 zu erhöhen, gleich.

671 BORK, a.a.O., S. 85 f.

V. *Haustarifverträge*

1. *Connell Construction Company, Inc. v. Plumbers and Steamfitters Local Union No. 100*: Ein Beispiel aus der amerikanischen Praxis

War bislang auch -- entsprechend ihrer Bedeutung -- weitgehend von Branchentarifverträgen die Rede, so ist damit nicht gesagt, daß die hiesige Problematik nicht auch in Verbindung mit Haustarifverträgen relevant werden könnte. Ein Fall aus der US-amerikanischen Praxis, *Connell Construction Company, Inc. v. Plumbers and Steamfitters Local Union No. 100*, mag als Illustration dienen[672].

Hierzu sind allerdings vorab kursorisch einige grundsätzliche Besonderheiten des US-amerikanischen kollektiven Arbeitsrechts aufzuzeigen[673]: In den USA schließt in der Regel die in einer abgegrenzten Tarifeinheit (bargaining unit) durch Belegschaftswahlen als vertretungsberechtigt anerkannte Gewerkschaft mit dem einzelnen Arbeitgeber einen Kollektivvertrag (collective bargaining agreement). Nur selten verhandeln die Gewerkschaften gleichzeitig mit mehreren Arbeitgebern (sog. multi-employer bargaining). Das collective bargaining agreement regelt unmittelbar und zwingend die Arbeitsverhältnisse aller Arbeitnehmer der jeweiligen bargaining unit, unabhängig von einer Mitgliedschaft des einzelnen Arbeitnehmers in der Gewerkschaft.

Unterschiedlich wird auch die Auflösung des Konfliktes zwischen Wettbewerbsrecht und kollektivem Arbeitsrecht gehandhabt: Nach der Rechtsprechung des US Supreme Court bestehen zugunsten der Tarifparteien zwei Ausnahmebereiche von dem Kartellverbot der Section 1 Sherman Act, nämlich ein in Section 6 des Clayton Act ausdrücklich niedergelegter (statutory labor exemption) und ein ungeschriebener, der von der Rechtsprechung entwickelt wurde (non-statutory labor exemption). Einseitiges Gewerkschaftshandeln wird von der statutory labor exemption erfaßt. Kollektivverträge genießen demgegenüber den Schutz einer -- begrenzten -- non-statutory labor exemption. Dabei dient die non-statutory labor exemption vornehmlich dazu, die gegensätzli-

672 421 U.S. 616, 95 S.Ct. 1830, 44 L.Ed.2d 418 (1975).

673 Deutschsprachige Darstellungen des amerikanishen Tarifvertragswesens finden sich etwa bei BIEDENKOPF, Unternehmer und Gewerkschaft im Recht der Vereinigten Staaten von Amerika, S. 128 ff.; GAMILLSCHEG, ZfA 1975, S. 357 ff.; KRONKE, a.a.O. (Fn. 24), S. 337 ff.; SCHÜREN, Die Legitimation der tariflichen Normsetzung, S. 7.

chen Ziele des Arbeits- und des Kartellrechts miteinander in Einklang zu bringen[674].

Die bislang ausführlichste Behandlung der non-statutory exemption findet sich in *Connell*. Eine im Baubereich tätige Gewerkschaft, Local No. 100, von einem Generalübernehmer, Connell Construction Co., den Abschluß eines Vertrages[675] mit dem Inhalt verlangt, daß sich Connell verpflichten sollte, nur noch solche Subunternehmen zu beauftragen, die ihrerseits Tarifverträge mit Local No. 100 abgeschlossen hatten. Gleichartige Verträge hatte Local No. 100 bereits mit mehreren anderen Generalübernehmern abgeschlossen, so daß es ihr auf diese Weise gelungen war, nicht tarifgebundene Subunternehmen vom Markt zu verdrängen.

Connell weigerte sich zunächst, den Vertrag zu unterzeichnen, mußte nach einem Warnstreik jedoch einlenken und klagte anschließend mit dem Argument, der Vertrag verstoße gegen das Kartellverbot der Section 1 Sherman Act.

Der Supreme Court erläuterte zunächst die der non-statutory exemption zugrundeliegende ratio:

"*The non-statutory exemption has its source in the strong labor policy favoring the association of employees to eliminate competition over wages and working conditions. Union success in organizing workers and standardizing wages ultimately will affect price competition among employers, but the goals of federal labor law never could be achieved if this effect on business competition were held a violation of antitrust laws. The Court therefore has acknowledged that labor policy requires tolerance for the lessening of business competition based on differences in wages and working conditions.*"[676]

Der Supreme Court stellte jedoch ebenfalls fest, daß die Reichweite der Ausnahme nicht unbegrenzt sein könne:

"*Labor policy clearly does not require, however, that a union have freedom to impose direct restraints on competition among those who employ its members. Thus, while the statutory exemption allows unions to accomplish so-*

---

674 ABA Antitrust Section, Antitrust Law Developments, 3. Aufl. 1992, S. 1121.

675 Es handelte sich hier allerdings nicht um einen Tarifvertrag, da Local 100 mit Connell keine kollektivvertraglichen Beziehungen hatte. Allerdings wäre das Ergebnis wohl identisch gewesen, wenn es die inkriminierte Klausel Bestandteil eines Tarifvertrages gewesen wäre. Denn der antikompetitive Effekt einer solchen Bestimmung ändert sich nicht durch die Formwahl.

676 421 U.S. 616, 622.

me restraints by acting unilaterally, the non-statutory exemption offers no similar protection when a union and a nonlabor party agree to restrain competiton in a business market."[677]

Im konkreten Fall sah der Supreme Court die Grenzen des Ausnahmebereichs denn auch als überschritten an, da die Vereinbarung weitreichende Wettbewerbsbeschränkungen zur Folge hätte, die über die Regelung von Löhnen, Arbeitszeiten und Arbeitsbedingungen hinausreichten:

"*...Here Local 100, by agreement with several contractors, made nonunion subcontractors ineligible to compete for a portion of the available work. This kind of direct restraint on the business market has substantial anticompetitive effects, both actual and potential, that would not follow naturally from the elimination of competition over wages and working conditions. It contravenes antitrust policies to a degree not justified by congessional labor policy, and therefore cannot claim a nonstatutory exemption from the antitrust laws.*"[678]

Entscheidend war für den Supreme Court also der Umstand, daß die Gewerkschaft unmittelbar auf die Gütermärkte Einfluß nahm und dadurch den Wettbewerb beschränkte. Bei diesen Beschränkungen handelte es sich auch nicht lediglich um notwendige Folgen des für den Bereich der Löhne und Arbeitsbedingungen akzeptierten Kartelleffekts, sondern um einen unmittelbaren Eingriff in die Gütermärkte, der auch durch ein -- legitimes -- Interesse der Gewerkschaft nicht gerechtfertigt werden konnte. Erschwerend kam darüber hinaus hinzu, daß die Gewerkschaft eine Vielzahl gleichartiger Verträge geschlossen hatte, die sich in ihrer Gesamtheit als effektive Marktzutrittsschranken auswirkten.

2. Tatbestandsprobleme bei der Anwendung des Art. 85 I EGV auf Haustarifverträge

Wie bereits oben angesprochen, ist für die Anwendbarkeit des Art. 85 I EGV auf Firmentarifverträge zunächst zwingende Voraussetzung, die Unternehmenseigenschaft der Gewerkschaften zu bejahen. Der Rückgriff auf den Zustimmungsbeschluß des Arbeitgeberverbandes scheidet hier aus.

Die rechtstatsächlich und dogmatisch vielschichtigere Problematik liegt allerdings in dem Merkmal der spürbaren Wettbewerbsbeschränkung, denn ein

---

[677] A.a.O., 622 f.
[678] A.a.O., 625.

einzelner Firmentarifvertrag wird kaum jemals geeignet sein, eine signifikante wettbewerbsbeschränkende Wirkung auf dem Gemeinsamen Markt hervorzurufen.

Andererseits kann, nach dem Vorbild von *Connell*, der einzelne Firmentarifvertrag auch Teil eines Systems gleichgearteter Firmentarifverträge sein, die die Gewerkschaft mit anderen Unternehmen der Branche abgeschlossen hat[679]. Vermittels eines solchen Systems können ebenfalls effektive Marktzutrittsschranken errichtet werden[680].

Diese Problematik richtet den Blick auf die sog. Bündeltheorie des EuGH[681]. Diese ist allerdings bislang lediglich im Zusammenhang mit Vertikalvereinbarungen fruchtbar gemacht worden. Die der Theorie zugrundeliegende Wertung, nämlich eher auf den Gesamtzusammenhang, in der eine Vereinbarung steht abzuheben, als diese isoliert zu betrachten, trifft jedoch auch für horizontale Absprachen zu. Vertikale Absprachen, die sich als effektive Marktzutrittsschranken auswirken, sind lediglich ein besonders ausgeprägtes Beispiel[682]. Dementsprechend geht auch die Kommission in ihrer Bagatellbekanntmachung selbstverständlich davon aus, daß diese dann auf eine einzelne Vereinbarung nicht zur Anwendung kommen soll, wenn

"*der Wettbewerb auf dem relevanten Markt durch die kumulativen Auswirkungen nebeneinander bestehender Netze gleichartiger Vereinbarungen beschränkt wird, die von mehreren Herstellern ... errichtet worden sind*"[683].

Hierbei handelt es sich also um die Betrachtung *horizontaler* Absprachen, die wegen der anzuwendenden Gesamtbetrachtung nicht isoliert der Vergünstigung der Bagatellbekanntmachung unterworfen werden können[684].

Der EuGH hatte bereits 1967 in dem Urteil *De Haecht I*[685] entschieden, daß bei der Beurteilung der Wirkungen einer Vereinbarung der wirtschaftliche

---

679 Das Entstehen eines solchen Netzes ist durchaus im Bereich des Möglichen: Sollte sich etwa, wie neuerdings vorgeschlagen, der Arbeitgeberverband Gesamtmetall tatsächlich auflösen, so wäre ein System weitgehend gleichartiger Firmentarifverträge die fast zwangsläufige Folge, wenn die IG Metall das Prinzip der Einheitlichkeit der Arbeitsverhältnisse aufrecht erhalten will.

680 Vgl. LANGEN/BUNTE/BUNTE, KartR, Art. 85, Rz. 55.

681 Vgl. hierzu zusammenfassend LANGEN/BUNTE/BUNTE, KartR, Art. 85, Rz. 55.

682 Vgl. BELLAMY/CHILD, Competition Law, Rz. 2-135.

683 Abl. 1986 Nr. L 231/02, Tz. 16.

684 Sieht man mit Immenga Tarifverträge als vertikale Vereinbarungen an, a.a.O. (Fn. 55), S. 44, so ist die Bündeltheorie ohnehin zwanglos anwendbar.

und rechtliche Gesamtzusammenhang zu berücksichtigen ist, in dem sich diese befindet, so daß auch möglicherweise vorhandene gleichartige Verträge in die Bewertung einzustellen sind. Maßgeblich ist dann, ob die kumulative Wirkung aller vergleichbarer Verträge eine erhebliche Wettbewerbsbeschränkung bedeuten kann.

Für die Berücksichtigung von Vertragsnetzen im Rahmen der so formulierten Bündeltheorie hat das Gericht dann in der Entscheidung *Delimitis/Henninger Bräu*[686] -- die allerdings den speziellen Fall der Bierlieferungsverträge zum Gegenstand hatte --, enge Voraussetzungen aufgestellt. Danach ist zunächst Art und Bedeutung des betreffenden Vertragsnetzes zu prüfen und zu fragen, ob es adäquat kausal für eine Beeinträchtigung des ungehinderten Marktzutritts eines Wettbewerbers geworden ist[687]. Ist dies der Fall, so ist weiter zu untersuchen, welchen tatsächlichen Beitrag die Verträge des einen Vertragspartners im Rahmen des Netzes im Verhältnis zu den anderen ausmacht[688], also etwa die Bierlieferungsverträge der einen Brauerei im Vergleich zu den Verträgen der anderen Brauereien. Nur dann, wenn die Verträge der einen Brauerei im Gesamtzusammenhang des Netzes erheblich zu der Wettbewerbsbeschränkung beitragen, ist Art. 85 I EGV einschlägig.

Diese Grundsätze sind allerdings auf die hiesige Problematik nur bedingt übertragbar.

Während nämlich das erste Kriterium, also die Frage nach der Wirkung eines Netzes gleichgearteter Verträge als Marktzutrittsschranke auch auf wettbewerbsbeschränkende Tarifverträge anwendbar ist, so das für einen anderen Sachverhalt konzipiert. Denn anders als bei den Bierlieferungsverträgen wird es sich i.d.R. um dieselbe Gewerkschaft handeln, die mit den verschiedenen Unternehmen Firmentarifverträge abschließt[689].

Entscheidend ist jedenfalls, daß der Annahme einer spürbaren Wettbewerbsbeschränkung eine eingehende Analyse der auf dem relevanten Markt

---

685 EuGH - De Haecht/Wilkin und Janssen, Rs. 23/67, Slg. 1967, S. 543, 556.

686 EuGH - Delimitis/Henninger Bräu AG, Rs. C-234/89, Slg. 1991, S. I-935.

687 EuGH, a.a.O., S. I-985 f.

688 EuGH, a.a.O., S. I-986 f.

689 Freilich sind etwa aus der Autoindustrie auch Konstellationen bekannt, in denen Zulieferfirmen, auch wenn sie unmittelbar mit dem Autoproduzenten zusammenarbeiten und sogar auf dessen Werksgelände angesiedelt sind, nicht, wie der Produzent mit der IG Metall, sondern mit anderen Gewerkschaften, etwa der IG Chemie, Tarifverträge schließen.

bestehenden Wettbewerbsverhältnisse vorausgeht. Eine solche Prüfung stellt an die nationalen Gerichte hohe Anforderungen[690].

VI. Ergebnis

1. Auch Tarifvertragsvereinbarungen können grundsätzlich dem Tatbestand des Art. 85 I EGV unterfallen. Insbesondere steht der Unternehmensbegriff dem nicht entgegen, da die beteiligten Gewerkschaften zumindest dann als Unternehmen anzusehen sind, wenn sie nicht ausschließlich Arbeitnehmerinteressen verfolgen, sondern das Marktverhalten von Unternehmen beeinflussen.

Das Kartellverbot erfaßt demgemäß unmittelbar den marktregelnden Tarifvertrag als Vereinbarung zwischen Unternehmen.

2. Handelt es sich -- wie zumeist -- um einen marktregelnden Flächentarifvertrag, so ist jedenfalls der Zustimmungsbeschluß des Arbeitgeberverbandes als mit dem Gemeinsamen Markt unvereinbarer Kartellbeschluß anzusehen. Auf das Erfordernis, die vertragschließende Gewerkschaft als Unternehmen anzusehen, kann daher tatsächlich verzichtet werden. Anders ist dies bei der Beurteilung von Firmentarifverträgen.

3. Daß Arbeitgeber und Gewerkschaften nicht Wettbewerber sind, ist unschädlich, da Art. 85 I EGV nicht nur Vereinbarungen zwischen Wettbewerbern erfaßt.

4. Tarifvertragsvereinbarungen sind insbesondere geeignet, den innergemeinschaftlichen Güteraustausch zu beeinträchtigen und dadurch eine Verfälschung des Wettbewerbs innerhalb des Gemeinsamen Marktes zu bezwecken oder zu bewirken, wenn sie zu einer Abschottung eines nicht lediglich unerheblichen Teils des Gemeinsamen Marktes gegenüber Anbietern aus anderen Mitgliedstaaten führen. Der Warenaustausch zwischen den Mitgliedstaaten kann durch tarifvertragliche Regelungen ebenso behindert werden, wie durch horizontale Vereinbarungen zwischen Unternehmen.

5. Für die Beurteilung der Frage, ob von dem jeweiligen Tarifvertrag eine spürbare Wirkung auf den Wettbewerb oder den zwischenstaatlichen Handel ausgeht, bietet sich neben der Anwendung des Marktanteilskriteriums der Bagatellbekanntmachung auch eine wertende Betrachtung unter Berücksichtigung der Umstände des Einzelfalls an.

---

690 KORAH, EC Competition Law, S. 136.

6. Auch Firmentarifverträge können mit den Wettbewerbsvorschriften kollidieren. Die entscheidende Frage liegt hier in dem Tatbestandsmerkmal der Wettbewerbsbeschränkung. Diese kann insbesondere bei Vorliegen eines Netzwerkes gleichartiger Firmentarifverträge gegeben sein.

12. Kapitel: Freistellungsmöglichkeit nach Art. 85 III EGV

Mit der Feststellung der Unvereinbarkeit einer Tarifvertragsvereinbarung mit Art. 85 I EGV ist die Prüfung jedoch noch nicht abgeschlossen. Es stellt sich vielmehr im Anschluß unmittelbar die Frage nach einer eventuellen Freistellung gem. Art. 85 III EGV[691].

I. Allgemeines

Es ist anerkannt, daß Konstellationen auftreten können, in denen eine konsequente Durchsetzung des Primats des Wettbewerbs[692] den Gemeinschaftszielen im Ergebnis weniger dienlich ist, als eine begrenzte Zulassung wettbewerbsbeschränkender Eingriffe[693]. Für diese Fälle sieht Art. 85 III EGV Verbotsausnahmen vor, mit deren Hilfe sich ein Ausgleich widerstreitender Gemeinschaftsinteressen im Sinne einer praktischen Konkordanz erzielen läßt[694]. Danach können Absprachen, die grundsätzlich mit Art. 85 I EGV unvereinbar und daher verboten sind, nach Maßgabe des Art. 85 III EGV von diesem Verbot befreit werden, wenn die Wettbewerbsbeschränkungen für den Wirtschaftsablauf insgesamt objektiv von Vorteil sind.

---

691 Nach ganz h.M. stehen Art 85 III und Art. 85 I in einem einheitlichen Zusammenhang, vgl. EuGH - KGU/Bosch, Rs. 13/61, Slg. 1962, S. 97, 112 f.; GAYK, a.a.O. (Fn. 364), S. 34 f.; GLEISS/HIRSCH, Art. 85, Rz. 1781; G/T/E/SCHRÖTER, Art. 85, Rz. 201; MAILÄNDER, in: GK, Art. 85, Rz. 51; ULMER, RIW 1985, S. 517, 518.

692 OBERENDER/OKRUCH, WuW 1994, S. 507, 516.

693 Kommission ABl. 1976 Nr. L 30/13, 19 - Bayer/Gist-Brocades; G/T/E/SCHRÖTER, Vorbemerkung zu Art. 85 bis 94, Rz. 8 ff.

694 Diese Möglichkeit, die etwa in Section 1 Sherman Act nicht vorgeshen ist, ist das zentrale Argument gegen die Anerkennung einer europarechtlichen Rule of Reason, vgl. GA LENZ, Schlußanträge in der Rs. C-415/93 Jean-Marc Bosman, Tz. 266, EuGRZ 1995, S. 459 ff; FRITZSCHE, ZHR 160 (1996), S. 31, 47 ff.

II. Arten der Freistellung

Art. 85 III EGV stellt rechtstechnisch ein Verbot mit Erlaubnisvorbehalt[695] dar, wobei der Vorbehalt entweder in Form von Einzel- oder von Gruppenfreistellungen ausgeübt werden kann.

1. Gruppenfreistellung

Eine Gruppenfreistellungsverordnung wird dann erlassen[696], wenn eine Vielzahl gemeinsamer oder vergleichbarer kartellrechtlich relevanter Tatbestände und eine weitgehende Gleichförmigkeit der Interessenlagen von Beteiligten, Wettbewerbern und Verbrauchern den Verzicht auf eine Einzelfallprüfung zugunsten einer typisierenden Betrachtungsweise sinnvoll erscheinen läßt[697]. Dies geschieht im Interesse einer Verfahrensbeschleunigung und der Rechts sicherheit[698].

Für die hier behandelten Sachverhalte kann jedoch die Möglichkeit zum Erlaß einer Gruppenfreistellungsverordnung außer Acht gelassen werden. Zum einen fehlt es an dem notwendigen quantitativen Element, denn Tarifverträge mit Doppelwirkung und gemeinschaftsweitem Bezug sind Ausnahmekonstellationen. Zum anderen kommt eine typisierende Betrachtungsweise wegen der Vielzahl tarifvertraglich regelbarer Sachverhalte schwerlich in Betracht.

---

695 Zu den Durchbrechungen des Verbotes mit Erlaubnisvorbehalt nach Art einer Legalausnahme siehe GAYK, a.a.O. (Fn. 364), S. 35 f.; GLEISS/HIRSCH, Art. 85, Rz. 1780; G/T/E/SCHRÖTER, Art. 85 III, Rz. 200.

696 Zum Verfahren bei Erlaß einer Gruppenfreistellungsverordnung vgl. WIEDEMANN, Kommentar zu den Gruppenfreistellungsverordnungen des EWG-Kartellrechts, AT, Rz. 37.

697 BUNTE/SAUTER, EG-Gruppenfreistellungsverordnungen, S. 172; SANDBERGER, Die Nichtigkeit wettbewerbsbeschränkender Vereinbarungen und Beschlüsse im Recht der Europäischen Wirtschaftsgemeinschaft, S. 11.

698 Zur Kritik an der Handhabung der Gruppenfreistellungsverordnungen siehe MARTINEK/HABERMEIER, ZHR 1994, S. 107 ff.

2. Einzelfreistellung

Demgegenüber wird im Einzelfreistellungsverfahren[699] eine individuelle Prüfung der Kartellabsprache dahingehend vorgenommen, ob diese wegen ihrer wirtschaftlichen Gesamtwirkung von dem Verbot ausgenommen werden kann. Eine solche Freistellung ist grundsätzlich für jede Form des unternehmerischen Zusammenwirkens möglich. Kartellabsprachen, die ihrem Wesen nach "per se" nicht freistellungsfähig wären gibt es nach dem Konzept des Art. 85 III EGV nicht[700]. Erst kürzlich hat der Gerichtshof erster Instanz ("EuG") erneut festgestellt, daß es im Gemeinschaftsrecht keine "per-se"-Verstöße gegen das Kartellverbot des Art. 85 I EGV gibt, die nicht nach Art. 85 III EGV freistellungsfähig sind[701]. Entscheidend ist, daß die jeweilige Wettbewerbsbeschränkung einer Rechtfertigung anhand der in Art. 85 III enthaltenen Kriterien zugänglich ist. Dabei gilt grundsätzlich, daß Kartellabsprachen dann als einzelfreistellungsfähig erachtet werden, wenn sie im Rahmen einer Gesamtbetrachtung insgesamt wettbewerbsfördernd wirken.

Ergänzend sei noch auf die Befugnis der Kommission hingewiesen, statt des förmlichen Einzelfreistellungsverfahrens mittels eines qualifizierten Verwaltungsschreibens (sog. formal comfort letter) zu erklären, daß die Voraussetzungen einer Freistellung nach Art. 85 III EGV zwar gegeben sind, für die Einleitung eines solchen förmliches Verfahren jedoch kein Bedürfnis besteht[702]. Die Erteilung eines solchen comfort letters käme grundsätzlich auch im Falle von Tarifverträgen in Betracht.

---

699 Vgl. hierzu Art. 4 bis 9 VO Nr. 17/62

700 EuGH - Metro/Kommission, Rs. 26/76, Slg. 1977, S. 1875, 1905 f.; s.a. GLEISS/HIRSCH, Art. 85, Rz. 1784. Anders ist dies im amerikanischen Antitrustrecht: dort existiert neben der "rule of reason" auch das Konzept der "per se restraints", also solche Wettbewerbsbeschränkungen, die unter allen Umständen und ohne weitere Prüfung als kartellrechtswidrig angesehen werden, vgl. etwa BUNTE/SAUTER, EG-Gruppenfreistellungsverordnungen, S. 153; GA LENZ, Schlußanträge in der Rs. C-415/93 Jean-Marc Bosman, EuGRZ 1995, S. 459, Tz. 266 ff.; MESTMÄCKER, EWR, S. 233 f.; ausführlich SANGMEISTER, Die rule of reason und das per-se Konzept; SULLIVAN, Handbook of the law of Antitrust, S. 165 ff.; ULMER, RIW 1985, S. 517, 519 f.

701 EuG - Matra/Hachette/Kommission, Slg. 1994, II-S. 595, Rz. 85.

702 Vgl. etwa BELLAMY/CHILD, Competition Law, Rz. 3-019; BUNTE/SAUTER, EG-Gruppenfreistellungsverordnungen, S. 164; GLEISS/HIRSCH, Art. 85, Rz. 1834;

3. Stellungnahme in der Literatur

Wenn also in hiesigem Kontext eine Freistellung durch Gruppenfreistellungsverordnung ausscheidet, so ist zu fragen, ob eine individuelle Freistellung wettbewerbsbeschränkender Tarifverträge nach Art. 85 III EGV in Betracht kommt.

Zu diesem Problem Stellung bezogen hat -- soweit ersichtlich -- bislang lediglich *Runggaldier*. Dieser verneint, allerdings ohne ausdrückliche Tatbestandsprüfung, die Möglichkeit einer Einzelfreistellung *de lege lata*, da soziale Gründe, die eine Nichtanwendbarkeit begründen könnten, im Rahmen des Art. 85 III EGV keine Rolle spielten[703].

Anderes solle lediglich dann gelten, wenn die kollektivvertraglichen Beschränkungen erforderlich seien, um solche Bereiche der europäischen Industrie zu schützen, die aufgrund von Niedrigstlöhnen und ausbeuterischer Praktiken der Drittlandskonkurrenz in ihrer Existenz gefährdet sind[704]. *Runggaldier* schließt dies aus dem erklärten Ziel der Gemeinschaft, eine Hebung des Lebensstandards und eine Verbesserung der Beschäftigungsmöglichkeiten herbeizuführen.

Um die soziale Komponente im Rahmen von Einzelfreistellungsverfahren verstärkt berücksichtigungsfähig zu machen, befürwortet *Runggaldier* eine Ergänzung des Art. 85 III EGV *de lege ferenda* in der Weise, daß auch solche Abreden von dem Verbot des Art. 85 I EGV freizustellen sind, die

"*zur Verhinderung oder Linderung von spürbaren sozialen Schäden beitragen*"[705].

Dies wird damit begründet, daß Tarifverträge, insoweit sie geeignet sind, den internationalen Lohnwettbewerb zu beseitigen, gegen das Kartellverbot aus Art. 85 EGV verstoßen. Eine Beseitigung des internationalen Lohn-

---

G/T/E/SCHRÖTER, Art. 85 III, Rz. 204; zum Rechtsschutz gegen comfort letters siehe SCHRÖDERMEIER/WAGNER, WuW 1994, S. 403 ff.

703 RUNGGALDIER, a.a.O. (Fn. 12), S. 355; GA LENZ konnte die Frage nach der Freistellungsfähigkeit der Transferregelungen im Profifußball zwar offenlassen, da es an einem entsprechenden Antrag durch die UEFA fehlte. Im Hinblick auf Art. 48 EGV verneinte er jedoch in einem obiter dictum die Freistellungsfähigkeit, vgl. EuGRZ 1995, S. 495 ff., Tz. 277 f.

704 RUNGGALDIER, a.a.O.

705 RUNGGALDIER, a.a.O., S. 391.

wettbewerbs sei jedoch erforderlich, um die Hauptfunktion des Tarifvertrages, die Kartellierung des Arbeitsmarktes, nicht zu gefährden und eine weitere Anhebung des Sozialniveaus in den Industriestaaten zu gwährleisten.

Im folgenden wird zunächst zu prüfen sein, inwieweit wettbewerbsbeschränkende Kollektivverträge einzelfreistellungsfähig sind. Danach ist noch auf die von *Runggaldier* für Art. 85 III EGV geforderte Ergänzung des Tatbestandes um eine zusätzliche Freistellungsmöglichkeit einzugehen.

III. Der Tatbestand des Art. 85 III EGV

Art. 85 III EGV legt fest, unter welchen, kumulativ zu erfüllenden[706], Bedingungen eine Einzelfreistellung gewährt werden kann.

Danach kommt eine Freistellung nur für solche Vereinbarungen oder Beschlüsse in Betracht, die zur Verbesserung der Warenerzeugung oder -verteilung oder zur Förderung des technischen oder wirtschaftlichen Fortschritts (1. positives Tatbestandsmerkmal) unter angemessener Beteiligung der Verbraucher am Gewinn (2. positives Tatbestandsmerkmal) beitragen. Hierbei dürfen den beteiligten Unternehmen keinerlei Beschränkungen auferlegt werden, die für die Verwirklichung dieser Ziele nicht unerläßlich sind (1. negatives Tatbestandsmerkmal). Schließlich darf den Unternehmen nicht die Möglichkeit eröffnet werden, für einen wesentlichen Teil der betreffenden Waren den Wettbewerb vollständig auszuschalten (2. negatives Tatbestandsmerkmal).

1. Verbesserung der Warenerzeugung oder -verteilung; Förderung des technischen oder wirtschaftlichen Fortschritts

Erste Voraussetzung einer Freistellungsentscheidung nach Art. 85 III EGV ist, daß die vereinbarte Wettbewerbsbeschränkung bei Anwendung eines objektiven Beurteilungsmaßstabes[707] zur Verbesserung der Warenerzeugung oder -verteilung, bzw. der Förderung des technischen oder wirtschaftlichen Fortschritts beizutragen geeignet ist.

---

706 EuGH - Consten und Grundig/Kommission, verb. Rs. 56 und 58/64, Slg. 1966, S. 321, 399; VBVB und VBB/Kommission, verb. Rs. 43 und 63/82, Slg. 1984, S. 19, 70.

707 EuGH - Consten und Grundig/Kommission, verb. Rs. 56 und 58/64, Slg. 1966, S. 321, 396.

Diese Bedingung ist in Zusammenhang mit den allgemeinen Vertragszielen des Art. 2 EGV zu sehen [708]: Die Wettbewerbsbeschränkung muß effektiver zur Zielerreichung sein als das Wirken des unverfälschten Wettbewerbs[709]. Letztlich ist eine Saldierung vorzunehmen zwischen den Vorteilen, die die wettbewerbsbeschränkende Vereinbarung nach sich zieht und den von ihr ausgehenden nachteiligen Wirkungen auf den Wirtschaftsablauf. Nur dann, wenn das Ergebnis spürbar vorteilhaft ist, ist das erste Freistellungskriterium erfüllt[710].

a) Berücksichtigungsfähige Vorteile

Über die Art der Vorteile, die für die erste Voraussetzung des Art. 85 III EGV Relevanz besitzen, macht der Normtext keine Aussage. Allerdings ist, nachdem die Bandbreite berücksichtigungsfähiger Vorteile i.S.d. Art. 85 III EGV mit dem Anwendungsbereich des Art. 85 I EGV korrespondieren muß[711], auch Art. 85 III EGV weit auszulegen[712].

Daher sind grundsätzlich sämtliche positiven, nicht lediglich unerheblichen Auswirkungen auf den Wirtschaftsablauf in die Abwägung einzustellen[713]. Hierunter fallen etwa kostensenkende Rationalisierungsmaßnah-

---

708 GAYK, a.a.O. (Fn. 364), S. 36; G/T/E/SCHRÖTER, Art. 85, Rz 213.

709 Kommission ABl. 1976 Nr. L 30/13, 19 - Bayer/Gist-Brocades; AB1. 1983 Nr. L 376/17, 20 - Carbon Gas Technologie; BELLAMY/CHILD, Competition Law, Rz. 3-027.

710 EuGH - Consten und Grundig/Kommission, verb. Rs. 56 und 58/64, Slg. 1966, S. 321, 397; Kommission ABl. 1972 Nr. L 303/24, 36 - Cimbel; AB1. 1977 Nr. L 242/10, 17 - Cobelpa/VNP.

711 GLEISS/HIRSCH, Art. 85, Rz. 1784.

712 G/T/E/SCHRÖTER, Art. 85, Rz. 214.

713 Kommission ABl. 1976 Nr. L 30/13, 19 - Bayer/Gist-Brocades; GLEISS/HIRSCH, Art. 85, Rz. 1869, 1875.

men[714], Qualitätsverbesserungen[715] und insbesondere auch die Erschließung neuer Märkte[716].

In diesen Kategorien sind jedoch etwaige Vorteile wettbewerbsbeschränkender Tarifvertragsklauseln nicht anzusiedeln. Diese sollen sich vielmehr positiv auf den Bereich der abhängigen Arbeit auswirken, so etwa durch Arbeitsplatzsicherung oder der Verhinderung lohndrückender Konkurrenz, aber auch beispielsweise hinsichtlich Gesundheits- und Umweltschutz am Arbeitsplatz.

Diese Art der Vorteile können nicht unmittelbar den rein wirtschaftlich gefaßten Kriterien der Verbesserung der Warenerzeugung oder -verteilung oder der Förderung des technischen oder wirtschaftlichen Fortschritts zugeordnet werden. Vielmehr kommt ihnen eine sozialpolitische Komponente zu, von der eben fraglich ist, ob sie im Rahmen von Art. 85 III EGV Berücksichtigung findet[717].

b) Insbesondere: sozialpolitische Vorteile

Der Wortlaut des Art. 85 III EGV läßt grundsätzlich vermuten, daß sozialpolitische Faktoren bei der Entscheidung über die Freistellungsfähigkeit keine Rolle spielen. Die Bezugnahme auf Produktion, Distribution, Forschung und Entwicklung, sowie den wirtschaftlichen Fortschritt sprechen zunächst für eine rein ökonomische Bewertung.

Der EuGH hat jedoch demgegenüber, über die Berücksichtigung ausschließlich wettbewerbsrelevanter Faktoren hinaus, in Ausnahmefällen auch solche Auswirkungen als vorteilhaft i.S.d. Art. 85 III EGV anerkannt, die als vornehmlich gemeinwohlbezogen qualifiziert werden können. Dies entspricht auch dem Grundverständnis des Art. 85 III EGV als einem flexiblen Gestaltungsinstrument.

---

714 Vgl. etwa Kommission ABl. 1969 Nr. L 195/1, 3 - ClimaChappée/Buderus; ABl. 1978 Nr. L 61/17, 19 - Jaz/Peter II; ABl. 1987 Nr. L 5/13, 18 f.; ABl. 1990 Nr. 1 100/32, 36 - Moosehead/Whitbread; s.a. G/T/E/SCHRÖTER, Art. 85, Fn. 827 m.w.N.

715 Kommission ABl. 1990 Nr. L 15/25, 28 - Concordato Incendio.

716 Kommission ABl. 1977 Nr. L 215/11, 17 - Laval-Stork; ABl. 1983 Nr. L 376/17, 19 f. - Carbon Gas Technologie. Vgl. zur sog. Markteröffnungstheorie auch FRITZSCHE, ZHR 160 (1996), S. 31, 37 ff.

717 Verneinend RUNGGALDIER, a.a.O. (Fn. 12), S. 355.

aa) Arbeitsplatzerhaltung

So ist in der Rechtsprechung des Gerichtshofes anerkannt, daß die Sicherung von Arbeitsplätzen ein Grund sein kann, eine Freistellung zu rechtfertigen.

Der EuGH führt in seinem Urteil *Metro/SABA I* aus:

"*Außerdem stellt der Abschluß von Lieferverträgen für einen angemessenen Zeitraum ein stabilisierendes Element für die Erhaltung von Arbeitsplätzen dar, die unter dem Gesichtspunkt der Verbesserung der allgemeinen Bedingungen der Warenerzeugung gerade unter den Voraussetzungen einer ungünstigen Wirtschaftskonjunktur zu den Zielen gehört, die Art. 85 III EWGV zu verfolgen gestattet*".[718]

Indem das Gericht auf die "allgemeinen Bedingungen" der Warenerzeugung abstellt, eine Ergänzung, die sich unmittelbar nicht aus Art. 85 III EGV ergibt, wird die Möglichkeit eröffnet, solche Aspekte im Rahmen einer Freistellungsentscheidung zu würdigen, die gesamtwirtschaftlich und sozialpolitisch als generell wünschenswert erkannt werden. Die Subsumtion unter das Tatbestandsmerkmal der Verbesserung der Warenerzeugung erfolgt dann eher ergebnisorientiert.

Eine engere Auffassung vertritt, wie bereits erwähnt, *Runggaldier,* der, allerdings ohne Berücksichtigung der *Metro/SABA I* Entscheidung, wegen der grundsätzlichen Verpflichtung der Gemeinschaft zum Freihandel eine Freistellung aus Gründen der Arbeitsplatzerhaltung oder der Sicherung von Arbeitsbedingungen nur bei der Gefahr gravierender sozialer Nachteile für vertragskonform hält[719].

Allerdings verabsolutiert auch der EuGH das Ziel der Sicherung bestehender und der Schaffung neuer Arbeitsplätze keineswegs. So wurde in der Entscheidung *Remia/Nutricia* eine Wettbewerbsbeschränkung über die unbedingt erforderliche Dauer hinaus auch unter dem Gesichtspunkt der Arbeitsplatzsicherung nicht zugelassen[720].

Die Frage nach der Bedeutung arbeitsplatzerhaltender Maßnahmen im Rahmen der Abwägung nach Art. 85 III EGV wird den EuG in Kürze erneut beschäftigen. Die dänische Gewerkschaft der Luftfahrtbediensteten hat gegen

---

718 EuGH - Metro/Kommission, Rs. 26/76, Slg. 1977, S. 1875, 1915; ebenso Remia u.a./Kommission, Rs. 42/84, Slg. 1985, S. 2545, 2577.

719 RUNGGALDIER, a.a.O. (Fn. 12), S. 355.

720 EuGH - Remia u.a./Kommission, Rs. 42/84, Slg. 1985, S. 2545, 2577.

die Entscheidung der Kommission Klage erhoben, das zwischen der Deutschen Lufthansa und der Scandinavian Airlines System geschlossene Kooperationsabkommen nach Art. 85 III EGV freizustellen. Bemängelt wird, daß die Entscheidung keinerlei Garantie der Erhaltung von Arbeitsplätzen enthalte. Dies widerspricht nach Auffassung der klagenden Gewerkschaft Art. 2, 3 (i) EGV sowie Art. F II EUV, in denen ein subjektives "Recht auf Arbeit" festgeschrieben sei [721].

bb) Umweltschutz

Bei der Entscheidung über die Erteilung einer Freistellung nach Art. 85 III EGV berücksichtigt die Kommission grundsätzlich auch Gesichtspunkte des Umweltschutzes als positiven Aspekt[722].

Eine diesbezügliche Stellungnahme des EuGH steht bislang noch aus; andererseits hat der Gerichtshof in den Entscheidungen *Altöle*[723] und *Plastikflaschen*[724], die zu Art. 30 EGV ergangen sind, judiziert, daß der Umweltschutz ein wesentliches Ziel der Gemeinschaft ist und als solches bestimmte Beschränkungen des freien Warenverkehrs rechtfertigen kann.

Da insoweit die anzustellenden Wertungen jedoch vergleichbar sind, dürfte wohl auch der EuGH den Umweltschutz als geeignet ansehen, i.S.d. Art. 85 III EGV zur Förderung des technischen oder wirtschaftlichen Fortschritts beizutragen[725].

---

721 Vgl. ABl. 1996 Nr. C 145/11. S.a. Kommission ABl. 1996, Nr. L 54/28 - LH/SAS.

722 Kommission ABl. 1983 Nr. L 376/17, 19 f. - Carbon Gas Technologie; ABl. 1988 Nr. L 301/68, 72 - BBC Brown Boveri; ABl. 1991 Nr. L 19/25, 34 - KSB/Goulds/Lowara/ITT; s.a. XXII. Bericht über die Wettbewerbspolitik 1992, S. 53; zu der Frage der Kausalität zwischen wettbewerbsbeschränkender Abrede und dem Vorteil für den Umweltschutz vgl. Kommission ABl. 1991 Nr. L 152/ 54, 59 - ANSAC.

723 EuGH - Procureur de la Republique/ADBHU, Rs. 240/83, Slg. 1985, S. 531, 549.

724 EuGH - Kommission/Dänemark, Rs. 302/86, Slg. 1988, S. 4607, 4630.

725 Vgl. auch BELLAMY/CHILD, Competition Law, Rz. 3-024; RITTER/BRAUN/RAWLINSON, EEC Competition Law, S. 96.

c) Abwägungsrelevante Nachteile

Demgegenüber gibt es bestimmte wettbewerbsbeschränkende Absprachen, die einer Freistellung grundsätzlich entgegenstehen. Es besteht eine -- widerlegliche -- Vermutung dahingehend, daß Beschränkungen dieser Art in ihrer Wirkung auf den Wirtschaftsablauf regelmäßig zu schwerwiegend sind, als daß sie von gleichzeitig auftretenden Vorteilen überkompensiert werden könnten[726].

Hierbei handelt es sich im Wesentlichen um Preiskartelle[727], Marktabschottungen[728] und die Verhinderung oder Erschwerung des Marktzutritts für Wettbewerber[729]. Denn die Errichtung von Marktzutrittsschranken, und erst recht die vollständige oder teilweise Abschirmung nationaler Märkte, laufen dem Vertragsziel der Schaffung eines einheitlichen Binnenmarktes im Wege einer möglichst weitreichenden gegenseitigen Durchdringung der Märkte der Mitgliedstaaten zuwider, und hindern daher die Freistellungsfähigkeit.

d) Ergebnis

Tarifvertragliche Regelungen müssen, um für eine Freistellung in Betracht zu kommen, wenigstens im weitesten Sinne zur Verbesserung der Warenerzeugung oder -verteilung oder zur Förderung des technischen oder wirtschaftlichen Fortschritts beitragen.

Damit wären etwa tarifvertragliche Beschränkungen von Betriebsöffnungszeiten nicht nach Art. 85 III EGV freistellungsfähig, da die Warenerzeugung bzw. -verteilung hierdurch nicht nur nicht verbessert, sondern vielmehr verschlechtert wird.

Demgegenüber sind solche Abreden grundsätzlich einer Freistellung nach Art. 85 III EGV zugänglich, die dem Erhalt von Arbeitsplätzen oder auch ökologischen Gesichtspunkten zu dienen bestimmt sind, sofern diese nicht zu Marktabschottungen oder Behinderungen von Wettbewerbern führen. Dement-

---

726 GLEISS/HIRSCH, Art. 85, Rz. 1897.

727 Kommission ABl. 1972 Nr. L 22/16, 26 - NCH; AB1. 1977 Nr. 242/10, 18 - Cobelpa/VNP; ABl. 1980 Nr. L 318/32, 35 - Solnhofer Natursteinplatten.

728 Kommission ABl. 1972 Nr. L 272/35, 39 - Pittsburgh Corning Europe; ABl. 1978 Nr. L 286/23, 34 - Maissaatgut; ABl. 1990 Nr. L 351/46, 50 - Bayer Dental.

729 Kommission ABl. 1973 Nr. L 296/24 - Prym/Beka; ABl. 1974 Nr. L 237/16, 21 - FRUBO; ABl. 1975 Nr. L 159/22, 27 - Kachelhandelaaren; ABl. 1975 Nr. L 329/30, 34 - Bomee-Stichting.

sprechend wäre ein kollektivvertragliches Verbot der Verlegung von Produktionsstätten, der Verzicht auf die Einführung neuer, Arbeitskräfte freisetzender, Technologien oder die Verpflichtung der Unternehmen auf die Verwendung umweltfreundlichen Kettensägeöls freistellungsfähig. Nicht jedoch gälte dies für das Verbot, bestimmte Waren von Unternehmen anderer Mitgliedstaaten etwa deshalb zu beziehen, weil sie von überproportional niedrig entlohnten Arbeitnehmern hergestellt wurden.

2. Angemessene Gewinnbeteiligung der Verbraucher

Auch die zweite in Art 85 III EGV genannte Bedingung, nämlich das Erfordernis, die Verbraucher an den Ergebnissen der Wettbewerbsbeschränkung angemessen teilhaben zu lassen, dürfte der Freistellung wettbewerbsbeschränkender Tarifvertragsregelungen grundsätzlich entgegenstehen.

Denn Wettbewerbsbeschränkungen durch Kollektivvertrag führen über ihre Kartellwirkung in der Regel zu Nachteilen für die Verbraucher, die sich etwa in nicht marktgemäßen Preisen, eingeschränkten Einkaufsmöglichkeiten oder einem reduzierten Warenangebot niederschlagen. In diesem Zusammenhang ist erneut auch auf die erkennbare Neigung der Tarifparteien hinzuweisen, eine Einigung untereinander zu Lasten Dritter herbeizuführen[730]. Diese Faktoren stellen entscheidende Hindernisse auf dem Wege zu der Freistellung eines marktregelnden Tarifvertrages dar.

Allerdings bildet, neben dem Kriterium der Verbesserung von Produktion und Absatz, auch die Gewinnbeteiligung der Verbraucher ein Bindeglied zwischen den allgemeinen Zielen des Art. 2 EGV und den Wettbewerbsvorschriften des Art. 85 EGV[731]. Damit kommt auch diesem Tatbestandsmerkmal ein gewisser Gemeinwohlbezug zu[732], der den Raum für die Berücksichtigung von Gesichtspunkten mit wirtschaftspolitischer Bedeutung[733] im weiteren Sinne, wie etwa der Sicherung und Hebung des Beschäftigungsniveaus oder der Verbesserung der Lebensqualität der Marktbürger eröffnet. Mit dieser Argu-

---

730 Siehe oben S. 34 f.

731 GAYK, a.a.O. (Fn. 364), S. 36; G/T/E/SCHRÖTER, Art. 85, Rz. 213.

732 G/T/E/SCHRÖTER, a.a.O.

733 BUNTE/SAUTER, EG-Gruppenfreistellungsverordnungen, S. 164; GAYK, a.a.O.; für einen Handelsschutz zur Abwehr schwerer sozialer, wirtschaftlicher oder sicherheitspolitischer Nachteile spricht sich SCHLIEDER, a.a.O. (Fn. 310), S. 1, 12 aus.

mentation ließen sich im Ausnahmefall auch wettbewerbsbeschränkende Kollektivvertragsregelungen als im Interesse der Verbraucher liegend rechtfertigen, wenn mit einem Eintritt solcher -- oder vergleichbarer -- Effekte mit hinreichend großer Wahrscheinlichkeit[734] zu rechnen wäre.

3. Unerläßlichkeit der Wettbewerbsbeschränkung

Die dritte Freistellungsvoraussetzung ist ein positivrechtlicher Niederschlag des Verhältnismäßigkeitsprinzips[735]. Danach dürfen den beteiligten Unternehmen keine Beschränkungen auferlegt werden, die zur Erreichung der angestrebten Vorteile nicht unerläßlich sind.

Diesem Merkmal kommt in der Spruchpraxis der Kommission erhebliche praktische Bedeutung zu[736].

Wettbewerbsbeschränkungen sind dann nicht nach Art. 85 III lit. a) EGV unerläßlich, wenn sie über das hinausgehen, was zur Erreichung der angestrebten Vorteile unbedingt erforderlich ist. Maßgeblich sind insoweit Inhalt, Intensität, Gegenstand und Wirkung der wettbewerbsbeschränkenden Vereinbarung[737]. Erforderlich ist somit eine wertende Prognoseentscheidung[738].

Hinsichtlich der Freistellungsfähigkeit gütermarktregelnder Kollektivvertragsbestimmungen ergibt sich aus dem Erfordernis der Unerläßlichkeit ein kaum zu überwindendes Hindernis. Dies gilt auch dann, wenn man mit der neueren Entscheidungspraxis der Kommission für die Beurteilung der Unerläßlichkeit nicht mehr verlangt, daß die Wettbewerbsbeschränkung schlichtweg die einzige Möglichkeit der Zielerreichung darstellen muß[739].

---

734 Der Entscheidung nach Art. 85 III EGV haftet insgesamt ein Prognosecharakter an, so daß die Wahrscheinlichkeit des Erfolgseintritts genügen muß, vgl. Kommission ABl. 1975 Nr. L 29/20, 24 - Rank/SOPELEM; ABl. 1976 Nr. L 52/15, 19 - KEWA; ABl. Nr. L 1988 311/68, 72 BBC - Brown Boveri.

735 MESTMÄCKER, EWR, S. 321.

736 Vgl. etwa Kommission Abl. 1972 Nr. L 22/16, 26 - NCH; ABl. 1974 Nr. L 237/16, 21 - FRUBO; WuW 1994, 125 - Auditel; s.a. RITTER/BROWN/RAWLINSON, EEC Competition Law, S. 97.

737 G/T/E/SCHRÖTER, Art. 85, Rz. 222; MESTMACKER, a.a.O.

738 GLEISS/HIRSCH, Art. 85, Rz. 1935.

739 So noch Kommission ABl. 1964/2545, 2550 f. - Grundig-Consten; ABl. 1966/37, 39 - Maison Jallatte; zur neueren Auffassung vgl. etwa BELLAMY/ CHILD, Competition Law, Rz. 3-042; GLEISS/HIRSCH, Art. 85, Rz. 1934 m.w.N.

Denn auch bei Zugrundelegen einer wertenden Betrachtung[740] wird es kaum jemals vorkommen, daß die mit der Wettbewerbsbeschränkung bezweckten Ziele vernünftigerweise nur durch eine Begrenzung der unternehmerischen Handlungsfreiheit auf den Gütermärkten zu erreichen sein wird.

So kann etwa der mit der tarifvertraglichen Festschreibung des Endes der täglichen Arbeitszeit und damit zugleich der Betriebsöffnungszeit gewünschte Zweck, einen erweiterten Arbeitnehmerschutz zu gewährleisten, auch mittels anderer, arbeitsmarkttypischer, Modelle, wie etwa der Einführung von Teilzeitarbeit, erreicht werden.

Lediglich dann, wenn die alternativen Gestaltungsmöglichkeiten nicht im selben Maße geeignet sind, den angestrebten Erfolg herbeizuführen, ist das Merkmal der Unerläßlichkeit erfüllt[741]. Denkbar ist dies wiederum bei einem kollektivvertraglichen Verzicht auf eine Produktionsverlagerung ins Ausland im Interesse des Erhalts von Arbeitsplätzen.

4. Ausschaltung des Wettbewerbs für einen wesentlichen Teil der betreffenden Waren

Schließlich darf nach Art. 85 III lit. b) EGV die Absprache nicht dazu führen, daß der wirksame Wettbewerb in dem betreffenden Marktsegment vollständig beseitigt wird. Besteht hierfür eine hinreichend hohe Wahrscheinlichkeit, so ist eine Freistellung ausgeschlossen[742].

Ob der Bestand des Restwettbewerbs in dem relevanten Markt durch die Absprache bedroht ist, richtet sich insbesondere nach den Marktanteilen der verbundenen Unternehmen[743]. Allerdings steht auch ein relativ hoher nationaler Marktanteil der Freistellung nicht entgegen, wenn der EU-weite Marktanteil deutlich darunter liegt[744].

---

740 Vgl. etwa Kommission ABl. 1973 Nr. L 296/24, 27 - Prym-Beka; ABl. 1976 Nr. L 30/13, 20 - Bayer/Gist-Brocades; ABl. 1977 Nr. L 327/26, 34 - GEC-Weir.

741 Kommission ABl. 1983 Nr. L 224/19, 26 - Rockwell/Iveco; ABl. 1986 Nr. L 236/30, 39 - Lichtwellenleiter; ABl. 1987 Nr. L 5/13, 19 f. - ENI/Montedison.

742 Kommission ABl. 1975 Nr. L 29/20, 24 - RANK/SOPELEM; vgl. auch CASPARI, a.a.O. (Fn. 444), S. 69, 70.

743 Vgl. auch GLEISS/HIRSCH, Art. 85, Rz. 1950 f.; G/T/E/SCHRÖTER, Art. 85, Rz. 231, jeweils m.w.N.

744 So wurde eine Vereinbarung für freistellungsfähig gehalten, bei der die Unternehmen national Marktanteile von 40-50%, EU-weit jedoch nur zwischen 12 und 21% hielten,

Abzustellen ist daneben auf den Umfang der vereinbarten Wettbewerbsbeschränkung: Werden durch eine Vereinbarung lediglich bestimmte Wettbewerbsparameter betroffen und besteht daneben der Wettbewerb zwischen den verbundenen Unternehmen ungehindert weiter, so kommt eine Freistellung auch dann in Betracht, wenn es sich um ein branchenweites Kartell handelt[745]. Ähnlich argumentierte die Kommission auch in der Entscheidung *Irish Banks' Standing Committee*[746]; allerdings wurde mit dieser Begründung bereits das Vorliegen einer spürbaren Wettbewerbsbeschränkung verneint[747].

Dieses letzte Kriterium wird einer Freistellung kollektivvertraglich vereinbarter Wettbewerbsbeschränkungen in der Regel nicht entgegenstehen, da diese bereits ihrer Struktur nach grundsätzlich nicht geeignet sind, zu einer vollständigen Beseitigung des wirksamen Wettbewerbs zu führen. Denn auch bei Verbandstarifverträgen gibt es in der Regel noch genügend Außenseiter, die den Wettbewerbsbeschränkungen nicht unterworfen sind. Anderes könnte allerdings dann gelten, wenn der Tarifvertrag für allgemeinverbindlich erklärt worden ist und demgemäß alle Unternehmen einer Branche bindet[748].

V. Ergebnis und Stellungnahme

1. Gütermarktregelnde Tarifvertragsvereinbarungen, die gegen das Kartellverbot des Art. 85 I EGV verstoßen, sind in der Regel nicht freistellungsfähig.

Während man das Kriterium der Verbesserung der Warenerzeugung oder -verteilung oder der Förderung des technischen oder wirtschaftlichen Fortschritts sowie der angemessenen Verbraucherbeteiligung unter dem Gesichtspunkt der Arbeitsplatzsicherung oder des Umweltschutzes noch wird be-

---

Kommission ABl. 1987 Nr. L 5/13, 20 - ENI/Montedison. Demgegenüber hielt die Kommission eine Vereinbarung, die nahezu die gesamte Produktion der betreffenden Ware und gleichzeitig ca. 60% des Verbrauchs erfaßte und dem Wettbewerb entzog, für freistellungsfähig, vgl. Kommission ABl. 1981 Nr. L 326/32, 40 - Flachglas in Italien.

745 G/T/E/SCHRÖTER, Art. 85, Rz. 231.

746 Siehe zu dieser Entscheidung bereits etwa oben S. 140, 148 und 169.

747 Kommission ABl. 1986 Nr. L 295/28, 30; s.a. G/T/E/DRAUZ, Art. 85 - Fallgruppen, Rz. 129; WOLTER, Zulässige Kartelle nach EWGV und GWB, S. 138 ff., für die Fälle einer branchenweiten gemeinsamen Werbung.

748 Siehe hierzu ausführlich unten S. 200 ff.

jahen können, so steht insbesondere das Erfordernis der Unerläßlichkeit der Wettbewerbsbeschränkung einer Einzelfreistellung entgegen.

2. Andererseits wird gerade aus der engen Fassung der Tatbestandsmerkmale des Art. 85 III EGV deutlich, daß die hier behandelten Konstellationen bei der Konzeption des Art. 85 eben nicht bedacht wurden. Dementsprechend sind wettbewerbsbeschränkende Tarifvertragsvereinbarungen kaum geeignet, die Freistellungsvoraussetzungen zu erfüllen.

3. Als Ausgleich wäre an eine Freistellung marktregelnder Tarifverträge jenseits der durch Art. 85 III EGV bestimmten Anforderungen, etwa aufgrund allgemeiner arbeitsmarktpolitischer Erwägungen, zu denken.

Eine solche Möglichkeit soll sich -- nach Ansicht *Runggaldiers* -- bereits nach jetzigem Recht zur Abwendung schwerer sozialer Schäden aus dem Gemeinschaftsziel der Hebung des Beschäftigungsniveaus herleiten lassen.

Hiergegen spricht jedoch zum einen bereits der Umstand, daß dieses Gemeinschaftsziel zu unbestimmt ist, als daß es sich zur Einschränkung des Kartellverbotes heranziehen ließe. Zum anderen besteht, wie gezeigt, grundsätzlich die vorgelagerte Möglichkeit einer Beschränkung des Anwendungsbereiches des Art. 85 I EGV unter dem Gesichtspunkt entgegenstehender Grundrechtspositionen der Tarifvertragsparteien, in deren Rahmen Raum ist für eine Einzelfallprüfung.

4. Auch die Forderung nach einer Erweiterung des Art. 85 III EGV um eine arbeitsmarktbezogene Freistellungsmöglichkeit[749] ist zurückzuweisen:

Die Regelung unternehmerischen Marktverhaltens durch Tarifvertrag widerspricht grundsätzlich dem wettbewerbsorientierten Charakter des Vertrages. Insoweit diese Form der Kartellierung über das zur Wahrung der Tarifautonomie erforderliche Maß hinausgreift, besteht kein Anlaß, sie durch die Eröffnung von Einzelfreistellungsmöglichkeiten zu befördern und das Wettbewerbsprinzip hintan zu stellen.

Eine solche Regelung wäre zudem dazu prädestiniert, zu einem Deckmantel für die Neuerrichtung protektionistischer Schranken gegenüber mißliebiger Konkurrenz aus anderen Mitgliedstaaten zu werden.

5. Schließlich ist auch das Mittel, d.h. eine Verhinderung von internationalem Lohnwettbewerb qua wettbewerbsbeschränkenden Kollektivvertrags, nicht geeignet, das Ziel der Erhaltung von Arbeitsplätzen und der Anhebung des sozialen Standards zu erreichen. Denn das künstliche Abschotten der nationalen In-

---

[749] RUNGGALDIER, a.a.O. (Fn. 12), S. 355 f.

dustrie gegen Auslandskonkurrenz kann nur kurzfristig Erfolg versprechen. Längerfristig führt eine solche Politik unweigerlich zu einer Verringerung der internationalen Wettbewerbsfähigkeit durch eine Fehlallokation von Ressourcen, die sich in Form einer Subventionierung unwirtschaftlich gewordener Produktionszweige durch den Verbraucher auf dem Wege überhöhter Preise manifestiert. Eine solche Subventionierung kann einen Zusammenbruch des jeweiligen Industriezweigs jedoch nicht auf Dauer aufhalten. Das Schicksal der deutschen Kohle- oder Werftenindustrie ist hierfür ein plastisches Beispiel.

Hieran ändert auch die zwischenzeitlich erfolgte Verabschiedung des AEntG nichts, mit dessen Hilfe die Lohndifferenz zwischen deutschen und ausländischen Bauarbeitnehmern künstlich ausgeglichen werden soll. Zum einen muß der Beweis über die Wirksamkeit der Regelungen des AEntG erst noch geführt werden[750], und zum anderen ist die Sachlage im Baubereich insoweit besonders gelagert, als die Unternehmen gezwungen sind, ihre Leistungen vor Ort zu erbringen, und die Abwanderung ins Ausland nur schwer möglich ist.

Der internationalen Konkurrenz kann wirksam lediglich durch eine Verstärkung der Innovationskraft, die auf die Erschließung neuer Märkte und die Entwicklung neuer Produkte gerichtet sein muß, begegnet werden.

---

750 Volkswirtschaftliche Analysen lassen eher einen überwiegend negativen Gesamteffekt des AEntG befürchten. Aus diesem Grunde hatten auch die Arbeitgebervertreter im Tarifausschuß ihre Zustimmung zur Erteilung einer Allgemeinverbindlicherklärung des Tarifvertrages für das Baugewerbe, die für das Inkrafttreten des AEntG erforderlich war, zunächst verweigert; siehe auch oben S. 95 ff.

13. Kapitel: Rechtsfolge: Art. 85 II EGV

Liegen die Voraussetzungen des Art. 85 I EGV vor und ist eine Vereinbarung nicht freistellungsfähig, so ergibt sich die zivilrechtliche Rechtsfolge aus Art. 85 II EGV: Die nach Art. 85 I EGV verbotenen Vereinbarungen und Beschlüsse sind in allen ihren vergangenen oder zukünftigen Wirkungen[751] unmittelbar, d.h. ohne eigene Entscheidung von Kommission und/oder einer nationalen Instanz, nichtig.

I. Umfang der Nichtigkeit

Unmittelbar aus dem Normtext des Art. 85 II EGV ergibt sich jedoch nicht, ob es sich hierbei um eine Gesamtnichtigkeit handelt, oder ob sich die Nichtigkeit auf die konkret mit dem Kartellverbot unvereinbaren Klauseln beschränkt, also lediglich Teilnichtigkeit die Folge ist.

Entgegen einer ursprünglich seitens der Kommission vertretenen Ansicht[752] ist mittlerweile unbestritten, daß eine Absprache nur insoweit der Nichtigkeitsfolge ausgesetzt ist, als "ihr Zweck oder ihre Wirkungen mit dem ... Verbot unvereinbar sind"[753].

Es gilt also im Regelfall der Grundsatz der Teilnichtigkeit. Der Nichtigkeit insgesamt unterfällt eine Vereinbarung nur dann, wenn sich die gegen Art. 85 I EGV verstoßenden Teile "nicht von den übrigen Teilen der Vereinbarung trennen lassen"[754].

---

751 EuGH - De Haecht II, Rs. 48/72, Slg. 1973, S. 77, 89; Lancome/Etos, Rz. 99/79, Slg. 1980, S. 2511, 2534; G/T/E/SCHRÖTER, Art. 85 II, Rz. 161.

752 EuGH - Grundig und Consten/Kommission, verb. Rs. 56 und 58/64, Slg. 1966, S. 321, 339 f.

753 EuGH - Beguelin/S.A.G.L., Rs. 22/71, Slg. 1971, S. 949, 961; ebenso das Schrifttum, vgl. etwa G/T/E/SCHRÖTER, Art. 85 II, Rz. 166; MESTMÄCKER, EWR, S. 572 f.; VAN BAEL/BELLIS, Competition Law of the EEC, S. 47 f., jeweils m.w.N.; van DAMME, La politique de la concurrence dans la C.E.E., Nr. 336.

754 EuGH - Société Technique Minière/Maschinenbau Ulm, Rs. 56/65, Slg. 1966, S. 281, 304; Grundig und Consten/Kommission, verb. Rs. 56 und 58/64, Slg. 1966, S. 321, 392 f.; Delimitis/Henninger Bräu, Rs. C-234/89, Slg. 1991-I, S. I-935, I-990; ebenso die Lit., vgl. GLEISS/HIRSCH, Art. 85 II, Rz. 1711 ff.; G/T/E/SCHRÖTER, Art. 85 II, Rz. 164.; SMIT/HERZOG, Commentary, Art. 85.35.

Beurteilungskriterien, anhand derer die Frage der Trennbarkeit praktisch wirksam gemessen werden könnte fehlen allerdings. Verwiesen wird zumeist auf die Notwendigkeit einer Einzelfallbetrachtung ohne Rücksicht auf die subjektiven Vorstellungen der Parteien[755].

II. Teilnichtigkeit eines Tarifvertrages nach Art. 85 II EGV

Entsprechend dem oben dargestellten Grundsatz, ist auch für den tarifvertraglichen Bereich davon auszugehen, daß eine Gesamtnichtigkeit des Tarifvertrages nur in extremen Ausnahmefällen vorliegen wird. In der Regel liegt der Schwerpunkt tarifvertraglicher Regelungstätigkeit auf den "klassischen" Gebieten der Vereinbarung von Löhnen und Arbeitsbedingungen. Werden daneben noch gütermarktregelnde Klauseln in einen Tarifvertrag miteinbezogen, so ist eine Trennung zwischen wettbewerbsbeschränkenden und nicht wettbewerbsbeschränkenden, d.h. von Art. 85 EGV nicht erfaßten, Klauseln unschwer möglich. Diese haben einen eigenständigen Bedeutungsgehalt und sind daher abtrennbar, ohne daß der Restvertrag seinen Sinngehalt verlöre.

Lediglich dann, wenn die Regelung bestimmter wettbewerblicher Parameter so sehr im Vordergrund des Tarifvertrages stehen sollte, daß sonstigen Teilen keine sinnvolle eigenständige Bedeutung mehr zukäme, wäre ein Fall der Gesamtnichtigkeit gegeben.

Insoweit man die Gewerkschaften -- wie hier -- als Unternehmen im Sinne des Art. 85 EGV ansieht, verstößt der Tarifvertrag als solcher damit bereits unmittelbar gegen Art. 85 I EGV, mit der Folge der Nichtigkeit der entsprechenden Klauseln nach Art. 85 II EGV. Der verbleibende Rest des Vertrages bleibt dagegen von der Sanktion des Art. 85 II EGV verschont.

Doch auch dann, wenn nur der Zustimmungsbeschluß des Arbeitgeberverbandes als kartellrechtsrelevanter Sachverhalt gewertet wird, greift Art. 85 II EGV. Zwar wird in diesem Fall von der Nichtigkeit unmittelbar nur der Zustimmungsbeschluß erfaßt. Den Tarifvertrag selbst trifft allerdings in der Konsequenz die gleiche Rechtsfolge jedenfalls in dem Umfang, als er die

---

755 GLEISS/HIRSCH, Art. 85, Rz. 1712; G/T/E/SCHRÖTER, Art. 85, Rz. 164; a.A. SMIT/HERZOG, Commentary, Art. 85.37, die primär auf den erkennbaren Parteiwillen abstellen. Läßt sich dieser nicht feststellen, so soll eine ergänzende Vertragsauslegung unter Zugrundelegung eines hypothetischen Parteiwillens erfolgen.

nichtigen Teile des Zustimmungsbeschlusses widerspiegelt. Denn Zweck des Zustimmungsbeschlusses ist es, die vereinsrechtlichen Voraussetzungen für den Abschluß des Tarifvertrages zu schaffen. Zustimmungsbeschluß und darauf gegründeter Tarifvertrag gehen gleichsam ineinander auf und bilden eine "Funktionseinheit"[756]. Der Tarifvertrag stellt im Verhältnis zu dem kartellrechtswidrigen Zustimmungsbeschluß somit nicht lediglich einen, im Regelfall wirksamen[757], Folge-, sondern vielmehr einen Durchführungsvertrag dar, der die Aufgabe hat, den -- kartellrechtswidrigen -- Beschluß umzusetzen; seine Wirksamkeit muß parallel zu der verbotenen Absprache beurteilt werden[758].

III. Beurteilung der von der Nichtigkeit unberührten Teile nach nationalem Recht

Nach ständiger Rechtsprechung ist auf diejenigen Vertragsteile, die nicht gegen das Kartellverbot verstoßen, Gemeinschaftsrecht unanwendbar. Deren Wirksamkeit beurteilt sich vielmehr allein nach nationalem Recht[759].

Für das deutsche Recht wäre daher grundsätzlich auf § 139 BGB zurückzugreifen[760], mit der Folge, daß einen nach Art. 85 II EGV teilnichtigen Vertrag insgesamt die Nichtigkeitsfolge träfe, wenn nicht angenommen werden könnte, daß die Parteien die Vereinbarung auch ohne die kartellrechtswidrigen Regelungen abgeschlossen hätten.

---

756 MÖSCHEL, Wettbewerbsbeschränkungen, Rz. 225.

757 Hierzu sogleich unten.

758 Ebenso DAUSES/EMMERICH, Handbuch, H.I, Rz. 165; G/T/E/ SCHRÖTER, Art. 85 II, Rz. 166; RUNGGALDIER, a.a.O. (Fn. 12), S. 350; VAN DAMME, La politique de la concurrence dans la C.E.E., Nr. 337; anders wohl SMIT/HERZOG, Commentary, Art. 85.34, die ausführende Maßnahmen aufgrund verbotener Vereinbarungen ("executory acts") nur dann der Nichtigkeit unterwerfen wollen, wenn diese selbst gegen Art. 85 EGV verstoßen. Daß dann das Kartellverbot eingreift, ist jedoch selbstverständlich. Zu der Behandlung von Tarifverträgen als nach § 1 GWB unwirksamen Ausführungsverträgen vgl. IMMENGA, a.a.O. (Fn. 55), S. 40; KULKA, RdA 1988, S. 336, 346; WINDBICHLER, ZfA 1991, S. 35, 41.

759 EuGH - Société Technique Miniere/Maschinenbau Ulm, Rs. 56/65, Slg. 1966, S. 281, 304; Société de Vente de Ciments et Bétons/Kerpen & Kerpen, Rs. 319/82, Slg. 1983, S. 4173, 4184; VAG France/Magne, Rs. 10/86, Slg. 1986, S. 4071, 4088.

760 BGH WuW/E BGH 2565, 2569 f. - Schaumstoffplatten m.w.N.; GLEISS/HIRSCH, Art. 85 II, Rz. 1715; G/T/E/SCHRÖTER, Art. 85 II, Rz. 165.; MESTMÄCKER, EWR, S. 572.

Allerdings ist § 139 BGB nicht uneingeschränkt auf alle Sachverhalte anwendbar. Hinsichtlich der Behandlung von Tarifverträgen ist darauf abzustellen, daß es sich hierbei um Gesetze im materiellen Sinn handelt. Da § 139 BGB jedoch auf Rechtsgeschäfte zugeschnitten ist, ist diese Vorschrift auf Tarifverträge unanwendbar[761].

Dementsprechend führt die Nichtigkeit einzelner Bestimmungen des Tarifvertrages nicht zur Gesamtnichtigkeit des Vertrages. Vielmehr ist darauf abzustellen, ob der von der Nichtigkeit nicht erfaßte Teil noch eine sinnvolle und abgrenzbare Regelung enthält[762].

IV. Konsequenz für Individualarbeitsverträge

Schließlich bleibt der Frage nachzugehen, wie die Wirksamkeit derjenigen Individualarbeitsverträge zu beurteilen ist, für die der (teil)nichtige Tarifvertrag einschlägig ist.

Wie oben erwähnt, wird in der deutschen Literatur vertreten, Individualarbeitsverträge seien grundsätzlich als sog. Folgeverträge zu den kartellrechtswidrigen Ausgangsvereinbarungen zu betrachten, die von deren Unwirksamkeit unberührt bleiben[763].

Wie in Zusammenhang mit § 1 GWB bereits dargestellt, ist allerdings fraglich, ob diese Übertragung der im Rahmen der Kartellrechtsdogmatik entwickelten Figur des Folgevertrages das Verhältnis zwischen Tarifvertrag und Einzelarbeitsvertrag tatsächlich zutreffend beschreibt.

Unter einem kartellrechtlichen Folgevertrag versteht man einen Vertrag zwischen einem Kartellmitglied und einem Dritten, dem die Bedingungen des -- wegen Verstoßes gegen § 1 GWB (oder Art. 85 I, II EGV) unwirksamen -- Kartellvertrages, etwa eine Preisabsprache, zugrunde gelegt werden[764]. Charakteristisch ist, also daß sich die von den Kartellmitgliedern vorab vereinbarten Konditionen in den Verträgen mit den Dritten wiederfinden.

---

761 Ganz h.M., vgl. HERSCHEL, BB 1965, S. 791, 792; MünchArbR/LÖWISCH, § 252, Rz. 61; MüKo/MAYER-MALY, BGB, § 139, Rz. 2; RUNGGALDIER, a.a.O. (Fn. 12), S. 351; WIEDEMANN/STUMPF, TVG, § 1, Rz. 110 f.

762 BAG AP Nr. 1 zu § 1 TVG Teilnichtigkeit.

763 Siehe oben S. 58 ff.

764 HUBER/BAUMS, FK, § 1, Rz. 682 ff.; IMMENGA/MESTMÄCKER/IMMENGA, GWB, § 35, Rz. 119 f.

Tarifverträge haben in Bezug auf die ihnen unterworfenen Einzelarbeitsverhältnisse hingegen normative Wirkung. Eine eigenständige Aufnahme der Kartellbedingungen des Tarifvertrages in den Einzelarbeitsvertrag ist nicht notwendig[765], da die Tarifnormen gem. §§ 1 I, 4 I TVG unmittelbar und zwingend auf das Arbeitsverhältnis einwirken[766]. Demgemäß werden Normen des Tarifvertrages auch nicht selbst Inhalt des Einzelarbeitsvertrages[767], so daß die Nichtigkeit einzelner Tarifvertragsbestimmungen, oder auch des ganzen Vertrages, die Wirksamkeit der Einzelarbeitsverhältnisse schon aus arbeitsrechtlicher Sicht unberührt läßt[768]. Um die Wirksamkeit der Individualarbeitsverträge zu begründen, bedarf es daher keines Rückgriffs auf kartellrechtliche Rechtsfiguren.

Allerdings kommt die Ansicht, die das Verhältnis von Tarifvertrag zu Individualarbeitsvertrag demjenigen zwischen Kartellvereinbarung und Folgevertrag gleichsetzen will, ebenfalls zu dem Ergebnis der Wirksamkeit der Individualarbeitsverträge. Denn Folgeverträge, die zwar auf mit Art. 85 I EGV unvereinbaren Abreden beruhen, jedoch mit an der Absprache unbeteiligten Dritten getroffen werden, bleiben, ungeachtet der Nichtigkeit der Basisvereinbarung, schon im Interesse der Rechtssicherheit grundsätzlich wirksam[769]. Fraglich ist allerdings, ob in einer Fallkonstellation wie der vorliegenden nicht eine Teilnichtigkeit des Individualvertrages im Hinblick auf die nach Art 85 I EGV nichtigen Teile angenommen werden muß. Denn mit der bloßen Feststellung der (Teil)Nichtigkeit des Tarifvertrages ist dann nicht viel gewon-

---

765 Eine Bezugnahme ist hingegen erforderlich, wenn die Bedingungen des Tarifvertrages auch auf nicht tarifgebundene Arbeitnehmer erstreckt werden soll.

766 Vgl. zur unmittelbaren Wirkung von Tarifverträgen etwa MünchHdbArbR/LÖWISCH, § 246, Rz. 12 ff.

767 SCHAUB, Arbeitsrechtshandbuch, 7. Aufl., § 204 III 1.

768 A.A. offenbar ZÖLLNER/LORITZ, Arbeitsrecht, 4. Aufl, § 33 V 3.a), die auf die von dem unwirksamen Tarifvertrag erfaßten Arbeitsverhältnisse die Grundsätze des fehlerhaften Arbeitsverhältnisses jedenfalls dann zur Anwendung bringen wollen, wenn die Leistungen von einer Seite bereits erbracht wurden.

769 EuGH - Société de Vente de Ciments et Bétons/Kerpen & Kerpen, Rs. 319/82, Slg. 1983, S. 4173, 4184; BUNTE/SAUTER, EG-Gruppenfreistellungsverordnungen, S. 188; DAUSES/EMMERICH, Handbuch, H.I, Rz. 165; HUBER/BAUMS, FK, § 1, Rz. 686; G/T/E/SCHRÖTER, Art. 85 II, Rz. 166; MESTMÄCKER, EWR, S. 573; SMIT/HERZOG, Commentary, Art. 85.34; van DAMME, La politique de la concurrence dans la C.E.E., Nr. 337.

nen, wenn die inkriminierten Bestimmungen in die einzelnen Individualarbeitsverträge Eingang gefunden haben und dort ihre Wirkung entfalten.

Ob die Nichtigkeit des Kartellvertrages auf die Folgevereinbarung in Ausnahmefällen durchschlagen kann, ist umstritten. Die vorherrschende Meinung in der Literatur geht davon aus, daß auch eine Teilnichtigkeit der mit den Dritten abgeschlossenen Folgeverträge nicht in Betracht kommt[770]. Andererseits nimmt die Rechtsprechung zu § 1 GWB ein Durchschlagen der Nichtigkeitsfolgen auf den Folgevertrag dann an, wenn der Zweck des GWB nur durch weitergehende Folgerungen erfüllt werden kann[771].

V. *Die Bezugnahme auf wettbewerbswidrige Tarifverträge*

Neben den unmittelbar aufgrund eines Tarifvertrages abgeschlossenen Einzelarbeitsverträgen ist schließlich noch auf solche Arbeitsverhältnisse einzugehen, die von nicht tarifgebundenen Parteien geschlossen werden und die tarifvertragliche Regelungen mittels Bezugnahme inkorporieren.

Zu fragen ist also, inwieweit die Nichtigkeit derjenigen Tarifnorm, auf die seitens der Parteien Bezug genommen wurde, auf das Individualarbeitsverhältnis einwirkt. Denn anders als bei Arbeitsverhältnissen zwischen Tarifgebundenen werden Tarifvertragsnormen durch Bezugnahme Inhalt des Arbeitsverhältnisses[772].

Grundsätzlich steht es den Parteien frei, jede Tarifnorm ohne Ansehung ihrer rechtlichen Wirksamkeit zum Bezugsobjekt zu wählen[773]. Die nichtige Tarifregelung wird durch Bezugnahme im Einzelarbeitsvertrag wirksam, so daß grundsätzlich eine Situation entstehen kann, in der die rechtliche Qualifizierung von Arbeitsverhältnissen, die der Tarifbindung unterworfen sind und solchen, die Bezug auf ebendiesen Tarifvertrag nehmen, auseinanderfällt. Nachdem ein solches Ergebnis jedoch dem Zweck der Bezugnahme, nämlich für eine Gleichbehandlung der Arbeitnehmer zu sorgen, in Widerspruch stünde, verlangt eine teleologische Vertragsauslegung, daß nichtige Tarifnormen nur dann Teil der Bezugnahme werden, wenn dies dem eindeutigen Willen der Vertragsparteien entspricht. Denn regelmäßig soll die Bezugnahme nur wi-

---

770 HUBER/BAUMS, FK, § 1, Rz. 689.

771 OLG Düsseldorf WuW/E OLG 3271, 3276.

772 MünchHdbArbR/LÖWISCH, § 262 II 2.; SCHAUB, Arbeitsrechtshandbuch, § 208 II.

773 MünchHdbArbR/LÖWISCH, a.a.O.

derspiegeln, was tarifrechtlich gilt, so daß nichtige Tarifvereinbarungen i.d.R. auch dann nicht Inhalt des Arbeitsverhältnisses werden, wenn sie dort hätten vereinbart werden können[774].

VI. Ergebnis

1. Ist ein Tarifvertrag mit Art. 85 I EGV unvereinbar und daher verboten, so ergibt sich als Rechtsfolge gem. Art. 85 II EGV dessen Nichtigkeit insoweit, als die wettbewerbsbeschränkenden Klauseln reichen.
2. Wird der Zustimmungsbeschluß des Arbeitgeberverbandes als kartellrechtsrelevanter Sachverhalt angesehen, so ist die Rechtsfolge die gleiche: Da der Tarifvertrag als Ausführungsvertrag zu diesem, im Umfang seiner Wettbewerbswidrigkeit nichtigen, Beschluß zu qualifizieren ist, schlägt die Nichtigkeit des Beschlusses auf den nachfolgenden Tarifvertrag in gleichem Maße durch.
3. Der das Arbeitsverhältnis mit den Arbeitnehmer begründende Individualarbeitsvertrag wird von der Nichtigkeit des einschlägigen Tarifvertrages nicht erfaßt. Ausschlaggebend ist hierfür, daß Tarifvertragsnormen nicht Inhalt von Einzelarbeitsverträgen werden, sondern kraft Gesetzes auf diese einwirken. Die Nichtigkeit der Tarifvertragsnorm berührt die Rechtswirksamkeit des Individualarbeitsvertrages somit nicht.
4. Grundsätzlich werden nichtige Tarifnormen nicht durch Bezugnahme Bestandteil von Arbeitsverhältnissen. Dies ergibt sich aus einer teleologischen Auslegung der entsprechenden Individualarbeitsverträge.

---

[774] BAG AP Nr. 9 zu § 4 TVG Nachwirkung; MünchHdbArbR/LÖWISCH, a.a.O.

14. Kapitel: Die Allgemeinverbindlicherklärung von Tarifverträgen als Verstoß gegen wettbewerbsrechtliche Verpflichtungen der Mitgliedstaaten

I. Problemstellung

Folgt man dem oben erzielten Ergebnis, nach dem Tarifverträge mit Doppelwirkung grundsätzlich mit europäischem Kartellrecht unvereinbar und daher verboten sein können, so stellt sich weiterführend die Frage, wie solche Tarifverträge zu behandeln sind, wenn diese vermittels einer staatlicher Allgemeinverbindlicherklärung auch auf Außenseiter erstreckt wird. Die Allgemeinverbindlicherklärung von Tarifverträgen ist beispielsweise in Deutschland, Frankreich, den Beneluxländern, Spanien und Portugal vorgesehen.

Hierbei sind zunächst zwei Fallkonstellationen zu unterscheiden:

(i) Zum einen ist zu fragen, ob im Falle der Allgemeinverbindlicherklärung einer, entweder wegen mangelnder Spürbarkeit von Art. 85 I EGV nicht erfaßten oder nach Art. 85 III EGV freigestellten, marktregelnden Tarifvertragsvereinbarung, eine gesonderte kartellrechtliche Beurteilung dieser Allgemeinverbindlicherklärung -- also unabhängig von der Ausgangsabrede -- erforderlich werden kann.

(ii) Zum anderen gilt es zu untersuchen, ob eine tarifvertragliche Regelung, die gegen Art. 85 I EGV verstößt, nach nationalem Recht überhaupt zum Gegenstand einer wirksamen Allgemeinverbindlicherklärung gemacht werden kann und -- wenn ja -- wie dann diese wiederum kartellrechtlich zu bewerten ist.

Daß die Frage nach dem Verhältnis von Allgemeinverbindlicherklärung und Art. 85 EGV keineswegs rein akademischer Natur ist, zeigt die bereits erwähnte Entscheidung des BAG über die Zulässigkeit der Allgemeinverbindlicherklärung eines Tarifvertrages über die Altersversorgung für Redakteure[775].

Dort hatte der beklagte, nicht tarifgebundene Verlag eine Versicherungspflicht für die bei ihm beschäftigten Redakteure über den Kläger, einer

---

775 BAG SAE 1991, S. 181, 187 m.Anm. Manfred WOLF; siehe hierzu auch WONNEBERGER, Die Funktionen der Allgemeinverbindlicherklärung von Tarifverträgen, S. 72 ff.

gemeinsamen Einrichtung der Tarifvertragsparteien zur betrieblichen Altersversorgung für Redakteure an Tageszeitungen und Zeitschriften, unter anderem mit dem Argument abgelehnt, daß die Allgemeinverbindlicherklärung des die Versicherungspflicht beinhaltenden Tarifvertrages gegen die Wettbewerbsvorschriften des EGV verstoße.

Das BAG verneinte zunächst ganz im Sinne der traditionellen Argumentation zu § 1 GWB grundsätzlich die Anwendbarkeit von Art. 85 I EGV auf Tarifverträge.

Das Argument einer möglichen Unvereinbarkeit der Allgemeinverbindlicherklärung mit dem Kartellverbot wurde anschließend mit dem pauschalen Hinweis verworfen, daß sich die von dem Beklagten zur Untermauerung seiner Rechtsansicht angeführte Entscheidung des EuGH *Ministere public/Asjes*[776], auf Flugtarife bezogen habe. Solche Tarife seien aber mit Tarifverträgen der Sozialpartner zur Regelung der Arbeits- und Wirtschaftsbedingungen nicht vergleichbar, weshalb der Entscheidung keinerlei präjudizielle Wirkung zukäme.

Das BAG übersah dabei jedoch geflissentlich, daß die Rechtsprechung des EuGH, auch ungeachtet der Entscheidung *Ministere public/Asjes,* durchaus Anhaltspunkte für eine Auseinandersetzung mit der Frage nach der kartellrechtlichen Relevanz von Allgemeinverbindlicherklärungen enthält. So hatte der EuGH in der Entscheidung *BNIC/Aubert* eine Allgemeinverbindlicherklärung, wenn auch nicht die eines Tarifvertrages, bereits für kartellrechtswidrig erklärt[777].

---

776 EuGH - Ministere public/Asjes, verb. Rs. 209-213/84, Slg. 1986, S. 1425, 1471, siehe auch unten S. 210.

777 Siehe unten S. 214 ff.

II. Voraussetzungen einer Allgemeinverbindlicherklärung nach § 5 TVG

1. Der Wettbewerbsschutz als Funktion der Allgemeinverbindlicherklärung

Die Kartellwirkung von Tarifverträgen wirkt in der Regel nicht von vornherein umfassend. Vielmehr ist sie von Gesetzes wegen beschränkt auf die tarifgebundenen Arbeitnehmer und Arbeitgeber und wird faktisch begrenzt durch den Umfang der vorhandenen Außenseiterkonkurrenz[778].

Die Kartellwirkung zu erweitern und dadurch Wettbewerbsvorteile für nichtorganisierte Arbeitgeber auszuschließen ist eine der Hauptfunktionen der Allgemeinverbindlicherklärung[779]. Das BAG vertrat in seiner älteren Rechtsprechung demgegenüber zwar die Ansicht, daß bei der Frage nach dem Vorhandensein eines öffentlichen Interesses gem. § 5 I S. 1 Nr. 2 TVG nicht auf Konkurrenzvorteile der nicht tarifgebundenen gegenüber den tarifgebundenen Arbeitgebern abgestellt werden könne. Denn das TVG sei ein Gesetz arbeitsrechtlichen Inhalts, welches dem Arbeitnehmerschutz diene[780].

In der oben erwähnten neueren Entscheidung des BAG über die Rechtmäßigkeit der Allgemeinverbindlicherklärung des Altersversorgungstarifvertrages für Redakteure[781] stellte das Gericht demgegenüber allerdings entscheidend darauf ab, daß es ohne Allgemeinverbindlicherklärung zu unterschiedlichen Belastungen bei den Beiträgen für die gemeinsame Einrichtung kommen könnte. Damit wird jedoch die Ausschaltung von Wettbewerbsparametern als Zweck der Allgemeinverbindlicherklärung fruchtbar gemacht, so daß wohl davon ausgegangen werden kann, daß sich das BAG in dieser Frage der h.M. im Schrifttum zwischenzeitlich angeschlossen hat[782].

---

778 Hierzu REUTER, ZfA 1995, S. 1, 43 ff.

779 H.M., vgl. etwa DÄUBLER, Tarifvertragsrecht, Rz. 1244; v. HOYNINGEN-HUENE, BB 1986, S. 1910; STAHLHACKE, NZA 1988, S. 344, 345; a.A. AIGNER, DB 1994, S. 2545, 2546. Daneben kommt der Allgemeinverbindlicherklärung eine Sozial- und Ordnungsfunktion zu. Siehe hierzu MünchHdbArbR/LÖWISCH, § 261, Rz. 1 f.; WIEDEMANN/STUMPF, TVG, § 5, Rz. 3.

780 BAG AP Nr. 30 zu § 1 TVG Tarifverträge: Bau; AP Nr. 16 zu § 5 TVG; s.a. BAG ZTR 1989, S. 109.

781 BAG AP Nr. 25 zu § 5 TVG.

782 Ebenso WONNEBERGER, a.a.O. (Fn. 775), S. 73 f.

2. Tatbestandliche Voraussetzungen

§ 5 I TVG statuiert zwei Voraussetzungen für die Wirksamkeit einer Allgemeinverbindlicherklärung[783]: Die tarifgebundenen Arbeitgeber müssen mindestens 50% der unter den Geltungsbereich des für allgemeinverbindlich zu erklärenden Tarifvertrags fallenden Arbeitnehmer beschäftigen und die Allgemeinverbindlicherklärung muß als im öffentlichen Interesse geboten erscheinen.

a) Das Zahlenquorum

Das in § 5 I S. 1 Nr. 1 TVG vorgesehene Zahlenquorum dient dazu, die Anzahl der für allgemeinverbindlich erklärbaren Tarifverträge zu begrenzen und die seitens der nicht tarifgebundenen Arbeitgeber ausgeübte Außenseiterkonkurrenz jedenfalls dann nicht auszuhebeln, wenn diese eine Mehrzahl der betroffenen Arbeitnehmer beschäftigen[784]. Der Tarifvertrag muß also bereits eine erhebliche praktische Relevanz erreicht haben, bevor eine Allgemeinverbindlicherklärung in Betracht kommt.

Auf die erste der oben unterschiedenen Fallgruppen[785] übertragen bedeutet das Zahlenquorum, daß sich die Frage nach der Vereinbarkeit der Allgemeinverbindlicherklärung mit den wettbewerbsrechtlichen Verpflichtungen der Mitgliedstaaten nur dann stellt, wenn ein Tarifvertrag zwar bereits mindestens die Hälfte der in seinen Geltungsbereich fallenden Arbeitnehmer betrifft, jedoch dennoch wegen mangelnder Spürbarkeit von Art. 85 I EGV nicht erfaßt bzw. nach Art. 85 III EGV freigestellt wurde.

Die Erstreckung der wettbewerbsbeschränkenden Abrede durch Allgemeinverbindlicherklärung auf sämtliche Arbeitgeber und Arbeitnehmer im Geltungsbereich des Tarifvertrags (§ 5 IV TVG) muß also entweder geeignet sein, die Wettbewerbsbeschränkung spürbar zu machen, oder die Bedeutung der prokompetitiven bzw. sozialen Auswirkungen des Tarifvertrags, die zu-

---

783 Zu der Diskussion um die Rechtsnatur der AVE vgl. ANSEY/KOBERSKI, AuR 1987, S. 230, 231 f.; MünchHdbArbR/LÖWISCH, § 261, Rz. 50 ff.; WIEDEMANN/STUMPF, TVG, § 5, Rz. 9 ff.

784 ANSEY/KOBERSKI, a.a.O., S. 230, 232; WONNEBERGER, a.a.O. (Fn. 775), S. 68.

785 Siehe soeben S. 200 bei (i).

nächst eine Freistellung ermöglicht hatten, hinter die Wettbewerbsnachteile zurücktreten zu lassen.

Auch wenn solche Fälle zwar die Ausnahme sein mögen -- denn der jeweilige Tarifvertrag wurde ja in Ansehung seiner nicht unerheblichen Bedeutung freigestellt bzw. war dessen ungeachtet nicht spürbar -- so ist dennoch denkbar, daß die Erweiterung der Kartellwirkung eines wettbewerbsbeschränkenden Tarifvertrags auf sämtliche Arbeitgeber und Arbeitnehmer gerade diejenigen, für den freien und unverfälschten Wettbewerb nachteiligen Auswirkungen nach sich zieht, deren Fehlen die mangelnde Spürbarkeit/Freistellungsfähigkeit bislang begründeten.

Keine gesonderte Bedeutung kommt dem Zahlenquorum dahingegen dann zu, wenn bereits die Ausgangsabrede mit Art. 85 I EGV unvereinbar ist. Ist eine unzulässige Wettbewerbsbeschränkung schon dann anzunehmen, wenn lediglich 50% der Arbeitnehmer von dem Tarifvertrag erfaßt werden, so gilt dies erst recht, wenn die antikompetitiven Effekte durch eine Erweiterung des Tarifvertrags auf bislang nicht betroffenen Arbeitgeber und Arbeitnehmer erstreckt werden.

b) Das öffentliche Interesse

Das Erfordernis des Bestehens eines öffentlichen Interesses an der Allgemeinverbindlicherklärung des jeweiligen Tarifvertrags bildet aus nationaler Sicht -- schon wegen der Unbestimmtheit dieses Tatbestandsmerkmals[786] -- regelmäßig den Schwerpunkt der Prüfung[787]. Hier ist insbesondere auch die bereits angesprochene Problematik angesiedelt, ob ein öffentliches Interesse damit begründet werden kann, daß Wettbewerbsvorteile nicht tarifgebundener Konkurrenzunternehmen ausgeschaltet werden sollen. Allerdings handelt es sich hierbei um eine ausschließlich nach nationalem Recht zu beurteilende Abwägungsfrage, die für die vorliegend zu untersuchende Problematik, ob nämlich ein für allgemeinverbindlich erklärter Tarifvertrag gegen Art. 85 EGV verstoßen kann, nicht entscheidungserheblich ist. Vielmehr ist die Einhaltung der innerstaatlichen Rechtsvorschriften bei der Erteilung von Allgemeinverbindlicherklärungen zu unterstellen, da diese ansonsten bereits wegen Verstoßes gegen

---

786 Hierzu WONNEBERGER, a.a.O., S. 69 f.

787 Vgl. etwa die Diskussion um die Allgemeinverbindlicherklärung des Tarifvertrages für das Baugewerbe von 1996.

nationale Regelungen rechtswidrig wäre. In einem solchen Fall wäre auf die Frage der Vereinbarkeit mit Art. 85 EGV allenfalls noch ergänzend einzugehen.

Andererseits ist die Einhaltung der innerstaatlichen Rechtmäßigkeitsvoraussetzungen bei der Erteilung einer Allgemeinverbindlicherklärung nicht geeignet, deren Bewertung unter dem Gesichtspunkt des Art. 85 I EGV zu determinieren. Andernfalls hinge die Durchsetzung des primären Gemeinschaftsrechts von innerstaatlichen Wertungen ab, was weder mit dem Gedanken einer autonomen europäischen Rechtsordnung, noch mit dem des Vorrangs des Gemeinschaftsrechts vereinbar wäre.

c) Erfordernis eines wirksamen Tarifvertrags

Nicht ausdrücklich angesprochen ist in § 5 TVG die Frage, ob die Allgemeinverbindlicherklärung voraussetzt, daß die Rechtsnormen des Tarifvertrags, der zur Allgemeinverbindlicherklärung ansteht, wirksam sein müssen.

Für die hiesige Problematik ist dies insofern von Bedeutung, als dann, wenn eine wegen Verstoßes gegen Art. 85 I EGV nichtige Tarifvertragsbestimmung für allgemeinverbindlich erklärt werden soll, die Allgemeinverbindlicherklärung bereits nach innerstaatlichem Recht unwirksam wäre.

Nach allgemeiner Ansicht setzt die Allgemeinverbindlicherklärung, anders als die einzelvertragliche Bezugnahme auf einen Tarifvertrag[788], als Bezugsobjekt einen wirksamen Tarifvertrag voraus. Eine Heilung unwirksamer Tarifvertragsbestimmungen durch Allgemeinverbindlicherklärung ist, ohne Ansehung der Natur des Fehlers, ausgeschlossen[789].

Dementsprechend kann eine Allgemeinverbindlicherklärung, die eine nach Art. 85 I EGV nichtige Tarifabsprache inkorporiert, nicht gem. § 5 TVG wirksam werden, denn gegen europäisches Recht verstoßende Tarifvertragsklauseln sind unwirksam.

---

788 Siehe hierzu oben S. 198 f.

789 ANSEY/KOBERSKI, AuR 1987, S. 230, 233; DÄUBLER, Tarifvertragsrecht, Rz. 1248; MünchHdbArbR/LÖWISCH, § 261, Rz. 33; REICHEL/KOBERSKI/ANSEY, TVG, § 5, Rz. 33; WIEDEMANN/STUMPF, TVG, § 5, Rz. 19 ff.

Die Prüfung hinsichtlich der Wirksamkeit des zur Allgemeinverbindlicherklärung anstehenden Tarifvertrags obliegt grundsätzlich[790] dem Bundesminister für Arbeit und Sozialordnung, so daß dieser auch die (Un)Vereinbarkeit des Tarifvertrages mit europäischem Kartellrecht festzustellen hätte[791].

III. Die wettbewerbsrechtlichen Verpflichtung der Mitgliedstaaten aus Art. 5 II, 3 lit. g) i.V.m. 85 EGV

Unabhängig von der Frage nach der Vereinbarkeit einer Allgemeinverbindlicherklärung mit den jeweiligen nationalen Vorschriften, könnte diese auch gegen die Wettbewerbsvorschriften des EGV verstoßen, wenn von ihr wettbewerbsverfälschende Auswirkungen auf den Gemeinsamen Markt ausgehen können. Voraussetzung hierfür ist jedoch wiederum, daß eine Allgemeinverbindlicherklärung -- als staatlicher Normsetzungsakt eigener Art[792] -- überhaupt Art. 85 EGV unterworfen werden kann, nachdem sich dieser seinem Wortlaut nach nur an Unternehmen richtet.

Dies lenkt den Blick auf das im folgenden zu untersuchende Problem der wettbewerbsrechtlichen Behandlung einer Allgemeinverbindlicherklärung nach europäischem Kartellrecht.

1. Dogmatische Grundlagen

Die Erfassung von Wettbewerbsbeschränkungen, die von einzelnen Mitgliedstaaten verursacht werden, ist eine Entwicklung der Rechtsprechung des Gerichtshofs. Ihr kommt hohe praktische Bedeutsamkeit zu.

Ausgangspunkt dieser Rechtsprechungsentwicklung ist eine grundsätzliche Inkonsistenz im europäischen Kartellrecht, nämlich der bestehende Kon-

---

790 Eine Ausnahme beinhaltet § 5 VI TVG, nach dem das Recht zur Durchführung des Verfahrens in Einzelfällen auf die jeweiligen Länderministerien übertragen werden kann.

791 v. HOYNINGEN-HUENE, BB 1986, S. 1909; HAGEMEIER/KEMPEN/ZACHERT/ZILIUS, TVG, § 5, Rz. 10; a.A. DÄUBLER, Tarifvertragsrecht, Rz. 1267, der eine Verwerfungskompetenz nur bei offensichtlicher Rechtswidrigkeit des Tarifvertrages annehmen will.

792 BVerfG AP Nr. 15 und 17 zu § 5 TVG; BVerwG AP Nr. 23 zu § 5 TVG; MünchHdbArbR/LÖWISCH, § 261, Rz. 15.

flikt zwischen dem einschränkenden Normtext des Art. 85 I EGV und dem auf eine umfassende Durchsetzung der Wettbewerbsregeln gerichteten Grundsatz des effet utile:

Grundsätzlich erfaßt Art. 85 EGV nur das Verhalten von Unternehmen und betrifft nicht durch Gesetz oder Verordnung getroffene Maßnahmen der Mitgliedstaaten.

Andererseits besteht die Notwendigkeit, das System des unverfälschten Wettbewerbs, wie es in Art. 3 lit. g) EGV niedergelegt ist, auch gegen wirtschaftslenkende staatliche Eingriffe wirksam zu schützen. Denn staatlich verursachte Wettbewerbsbeschränkungen beeinträchtigen die Funktionsfähigkeit des Wettbewerbs ebenso wie private und gefährden somit die Verwirklichung der Ziele des Vertrages[793].

Angesichts dessen hat der EuGH in der grundlegenden Entscheidung *Walt-Wilhelm* festgestellt:

"es würde dem Wesen dieser Rechtsordnung widersprechen, wenn es den Mitgliedstaaten gestattet wäre, Maßnahmen zu ergreifen oder aufrecht zu erhalten, welche die praktische Wirksamkeit des Vertrags beeinträchtigen könnten. Die Geltungskraft des Vertrages und der zu seiner Anwendung getroffenen Maßnahmen darf nicht von Staat zu Staat aufgrund der nationalen Rechtsakte verschieden sein; andernfalls würde die Wirkung der Gemeinschaftsrechtsordnung beeinträchtigt und die Verwirklichung der Vertragsziele gefährdet werden."[794]

Das Ziel des EuGH mußte es also sein, antikompetitives Verhalten auch dann den Wettbewerbsvorschriften des Vertrages zu unterwerfen, wenn ein solches Verhalten von den einzelnen Mitgliedstaaten ausgeht.

Da eine unmittelbare Anwendbarkeit der Wettbewerbsregeln auf staatliche Maßnahmen nicht in Betracht kam[795], war der EuGH zu einem dogmatischen Umweg gezwungen:

---

793 BACH, a.a.O. (Fn. 288), S. 111; OBERENDER/OKRUCH, WuW 1994, S. 507.

794 EuGH - Walt-Wilhelm/Bundeskartellamt, Slg. 1969, S. 1, 14.

795 Für die unmittelbare Anwendbarkeit des Art. 85 EWGV auf staatliche Maßnahmen spricht sich wohl nur PAULIS, JdT 1985, S. 209, 218 aus.

Ausgangspunkt[796] war die beschränkende Wirkung des in Art. 5 II EGV statuierten Grundsatzes der Gemeinschaftstreue[797]. Zwar konnten direkt aus Art. 5 II EGV keine konkreten Unterlassungspflichten für die Mitgliedstaaten abgeleitet werden, jedoch ließen sich diese aus den Vertragszielen als Kristallisation der allgemeinen mitgliedstaatlichen Pflicht zu loyaler Zusammenarbeit entwickeln[798], indem der EuGH das in Art. 3 lit. g) EGV niedergelegte Gemeinschaftsziel des Systems eines unverfälschten Wettbewerbs sowie die Wettbewerbsregeln der Art. 85, 86 EGV heranzog und das Prinzip der Gemeinschaftstreue hierzu in Beziehung setzte.

Die Literatur ist diesem dogmatischen Ansatz, wenn auch mit Kritik im einzelnen, weitgehend gefolgt[799].

2. Zusammenfassung der Rechtsprechungsentwicklung[800]

Erstmals konkret niedergelegt wurde diese Rechtsprechung 1977 in der Entscheidung *Inno/ATAB*[801]. In diesem Rechtsstreit war dem Gerichtshof die Frage vorgelegt worden, ob eine belgische Vorschrift, durch die ein von Herstellern und Importeuren festgelegter Verkaufspreis für Tabakerzeugnisse für verbindlich erklärt wurde, gegen die Wettbewerbsvorschriften des Vertrages verstoßen könne.

---

796 Hierzu EHRICKE, Staatliche Eingriffe in den Wettbewerb - Kontrolle durch Gemeinschaftsrecht, S. 95 ff.

797 Ausführlich zum Begriff der Gemeinschaftstreue BACH, a.a.O. (Fn. 288), S. 91 ff. m.w.N.; s.a. CASPARI, a.a.O. (Fn. 444), S. 69, 72 ff.

798 BACH, a.a.O., S. 106 ff.; BAUER, a.a.O. (Fn. 310), S. 110.

799 Siehe die in der folgenden Fn. aufgeführten Autoren; kritisch aber etwa DREHER, WuW 1994, S. 193, 202 ff; EHRICKE, a.a.O (Fn. 796), S. 92 ff, insbesondere 98 ff.

800 Die Entwicklung der Rechtsprechung zu Art. 5 II i.V.m. Art. 3 lit. g), 85, 86 EGV ist in der Lit. ausführlich dargestellt und kommentiert worden, vgl. etwa BACH, a.a.O. (Fn. 288), S. 127 ff.; BAUER, a.a.O., S. 39 ff.; BØEGH HENRIKSEN, Anti-Competitive State Measures in the European Community, S. 21 ff.; CASPARI, a.a.O. (Fn. 444), S. 69, 72 f.; v.d.ESCH, ZHR 1991, S. 274 ff.; GYSELEN, CMLR 1989, S. 33 ff.; HOFFMAN, ECLR 1990, S. 11 ff.; KULKA, WRP 1989, S. 769, 770 ff.; SLOT, ELR 1987, S. 179 ff.; SCHWINTOWSKI, RabelsZ 1994, S. 232, 241. Daher beschränkt sich die folgende Darstellung auf eine kurze Zusammenfassung der bisherigen Entwicklung in diesem Bereich.

801 EuGH - GB-Inno-BM/ATAB, Rs. 13/77, Slg. 1977, S. 2115.

Nachdem der EuGH zwar zunächst festgestellt hatte, daß es Sache eines jeden Mitgliedstaates sei, seine eigene Methode der steuerlichen Kontrolle der in seinem Gebiet zum Verkauf stehenden Tabakerzeugnisse zu bestimmen[802], entnahm das Gericht daraufhin, in Anlehnung an *Walt-Wilhelm,* Art. 5 II i.V.m. 86 EWGV die Verpflichtung der Mitgliedstaaten,

"keine Maßnahmen zu treffen oder beizubehalten, die die praktische Wirksamkeit dieser Bestimmung ausschalten können ... Desgleichen dürfen die Mitgliedstaaten keine Maßnahmen treffen, die es privaten Unternehmen ermöglichen, sich den ihnen durch die Artikel 85 bis 94 des Vertrages auferlegten Bindungen zu entziehen."[803]

Dieser Grundsatz wurde, nach einer Übergangsphase[804], 1985 in der Entscheidung *Leclerc/Au blé vert*[805] wieder aufgegriffen und daran anschließend in zahlreichen Urteilen zu einer ständigen Rechtsprechung geformt und entwickelt[806]:

---

802 EuGH, a.a.O., S. 2143.

803 EuGH, a.a.O., S. 2145.

804 In den Entscheidungen EuGH - Buys, Rs. 5/79, Slg. 1979, S. 3203; Roussel Laboratoria/Niederlande, Rs. 181/82, Slg. 1983, S. 3849; Duphar/Niederlande, Rs. 238/82, Slg. 1984, S. 523; Niederländische Staatsanwaltschaft/van de Haar und Kaveka de Meern BV, verb. Rs. 177 und 178/82, Slg. 1984, S. 1797 beschränkte sich das Gericht auf den Hinweis, die Wettbewerbsregeln gälten nur für Unternehmen, weswegen ein Verstoß nicht in Betracht käme und prüfte die jeweilige Regelung dann anhand von Art. 30 EGV. Eine Auseinandersetzung mit dem Urteil *Inno/ATAB* fand nicht statt. Zu den in dieser Zwischenphase ergangenen Entscheidungen siehe etwa BØEGH HENRIKSEN, a.a.O. (Fn. 800), S. 41 ff.

805 EuGH - Leclerc/Au blé vert, Rs. 229/83, Slg. 1985, S. 1.

806 Vgl. aus der Rechtsprechung nach Leclerc/Au Blé Vert etwa EuGH - Cullet/Leclerc, Rs. 231/81, Slg. 1985, S. 315; BNIC/Clair, Rs. 123/83, Slg. 1985, S. 391; Ministere Public/Asjes, verb. Rs. 209-213/84, Slg. 1986, S. 1457; VZW Vereniging van Vlaamse Reisbureaus/VZW Sociale Dienst van de Plaatselijke en Gewestelijke Overheidsdiensten, Rs. 311/85, Slg. 1987, S. 3801; BNIC/Aubert, Rs. 136/86, Slg. 1987, S. 4789; van Eycke/ASPA, Rs. 267/86, Slg. 1988, S. 4769; Ahmed Saeed/Zentrale zur Bekämpfung unlauteren Wettbewerbs, Rs. 66/86, Slg. 1989, S. 803; Meng, Rs. C-2/91, Slg. 1993, S. I-5751; Bundesanstalt für den Güterfernverkehr/Gebrüder Reiff KG, Rs. C-185/91, Slg. 1993, S. I-5801; Tankstation 't Heukske und Boermans, Slg. 1994, S. I-2199; Leclerc-Siplec/TF1, Rs. C-412/93, Slg. 1995, S. I-209.

a) Die Entscheidung Ministère Public/Asjes[807]

In diesem Urteil ging es um die gemeinschaftsrechtliche Wirksamkeit einer französischen Bestimmung, nach der Fluggesellschaften verpflichtet wurden, Tarife, die auf der Grundlage bi- oder multilateraler IATA-Übereinkommen zustande gekommen waren und als solche Art. 85 EGV zuwiderliefen, von den nationalen Verkehrsbehörden genehmigen zu lassen. Nachdem Angestellte von Fluglinien und Reisebüros Flugtickets unterhalb der festgelegten Preise verkauft hatten, waren seitens der französischen Behörden Strafverfahren eingeleitet worden.

Der EuGH stellte zunächst unter Bezugnahme auf das Urteil *Inno/ATAB* die Verpflichtung der Mitgliedstaaten heraus, die praktische Wirksamkeit der Wettbewerbsregeln nicht zu unterlaufen. Im Anschluß konkretisierte das Gericht erstmals seine Auffassung dahingehend, wann von einem Verstoß gegen diese Verpflichtung ausgegangen werden müsse:

"*Ein solcher Fall ist insbesondere gegeben, wenn ein Mitgliedstaat Artikel 85 zuwiderlaufende Kartellabsprachen vorschreibt, erleichtert oder deren Auswirkungen verstärkt.*"[808]

Für den Fall der Unvereinbarkeit der Kartellabsprache mit Art. 85 EGV "*widerspricht es den wettbewerbsrechtlichen Verpflichtungen der Mitgliedstaaten, solche Tarife zu genehmigen und damit ihre Wirkungen zu verstärken.*"[809]

Mit diesem Urteil hatte der EuGH die Doktrin des Zusammenwirkens der Art. 5 II, 3 lit. g) i.V.m. 85 EGV zum festen Bestandteil der Gemeinschaftsrechtsdogmatik erhoben[810].

Daneben erweiterte er die bereits bestehenden wettbewerbsrechtlichen Verpflichtungen der Mitgliedstaaten um eine neue Fallgruppe, nämlich die der Verstärkung der Wirkungen kartellrechtswidriger Vereinbarungen. Diese ist dann einschlägig, wenn Unternehmen unabhängig von der Mitwirkung staatli-

---

807 EuGH - Ministère public/Asjes, verb. Rs. 209-213/84, Slg. 1986, S. 1425, 1471.

808 EuGH, a.a.o., S. 1471.

809 EuGH, a.a.O., S. 1472.

810 Vgl. auch HOFFMAN, ECLR 1990, S. 1, 19. Auf diese Entscheidung hatte sich auch die Beklagte in dem oben erwähnten Redakteurs-Fall des BAG berufen. Unklar ist allerdings, warum der Kläger nicht daneben auch das Urteil *BNIC/Aubert* heranzog, welches unmittelbar eine Allgemeinverbindlichkeit zum Inhalt hatte.

cher Stellen Kartellabsprachen treffen, welche dann durch die nationalen Behörden ausgeweitet werden. Damit stellte das Gericht klar, daß auch die Mitgliedstaaten an die Wettbewerbsregeln des Vertrages gebunden sind und diese bei der Anwendung nationaler Vorschriften zu beachten haben.

Van der Esch hat die sich aus dem *Asjes*-Urteil ergebende Folgerung treffend so zusammengefaßt:

"*Member States can no longer legitimately build a house of state intervention on a cartel basement.*"[811]

In der Entscheidung *Ahmed Saeed*[812] erweiterte der EuGH den Katalog wettbewerblicher Verpflichtungen der Mitgliedstaaten dann schließlich noch um eine weitere Fallgruppe[813], indem er den Mitgliedstaaten aufgab,

"*alles zu unterlassen, was als Ermutigung ... zum Abschluß von gegen den Vertrag verstoßenden Tarifvereinbarungen angesehen werden könnte.*"[814]

Diese Fallgruppe hat der EuGH allerdings bislang nicht wiederaufgegriffen oder näher erläutert. Angesichts der Bestrebungen, der praktischen Wirksamkeit der Wettbewerbsregeln möglichst weitgehende Geltung zu verschaffen, scheint jedoch auch hier eine weite Interpretation geboten zu sein[815]. Hierfür spricht auch, daß es nach Auffassung des EuGH offenbar nicht auf das tatsächliche Vorliegen einer Ermutigung ankommen soll; es reicht aus, daß ein staatliches Verhalten objektiv als ermutigend verstanden werden *kann*.

Allerdings dürfte dieser letzten Gruppe wohl deshalb nur geringe eigenständige Bedeutung zukommen, da sie von der weiter gefaßten Kategorie der "Erleichterung" kaum trennscharf abzugrenzen ist und von dieser regelmäßig

---

811 Van der ESCH in der Podiumsdiskussion "Anticompetitive State Measures in the EEC and EEC Competition Policy and Enforcement" in: Annual Proceedings of the Fordham Corporate Law Institute 1988, S. 19-6.

812 EuGH - Ahmed Saeed/Zentrale zur Bekämpfung unlauteren Wettbewerbs, Rs. 66/86, Slg. 1989, S. 803.

813 Eine weitere Fallgruppe findet sich in der Entscheidung EuGH - van Eycke/ASPA, Rs. 267/86, Slg. 1988, S. 4769, 4791: Danach soll eine gegen Art. 5 i.V.m. 85, 86 EGV verstoßende Maßnahme auch dann vorliegen, wenn ein Mitgliedstaat einer eigenen Regelung daurch ihren staatlichen Charakter nimmt, daß er die Verantwortung für in die Wirtschaft eingreifende Entscheidungen privaten Wirtschaftsteilnehmern überträgt.

814 EuGH - Ahmed Saeed/Zentrale zur Bekämpfung unlauteren Wettbewerbs, Rs. 66/86, Slg. 1989, S. 803, 852 (Hervorhebung durch Verf.).

815 Ebenso KULKA, WRP 1989, S. 769, 775 f.

mitumfaßt werden wird. Sie ist daher wohl weitgehend als Präzisierung anzusehen[816].

b) Die Entscheidung *Vlaamse Reisbureaus*[817]

In diesem Urteil, welches ein staatliches Verbot der Weitergabe von Vermittlungsprovisionen von Reisebüros an ihre Kunden zum Gegenstand hatte, setzte sich das Gericht erneut mit der Fallgruppe des "Verstärkens" wettbewerbswidriger Kartellabsprachen auseinander, wobei es unmittelbar auf die *Asjes*-Entscheidung zurückgriff[818].

Dabei machte der EuGH die Annahme eines Verstoßes gegen Art. 5 II, 3 lit. g) i.V.m. 85 EGV in dieser Fallgruppe von dem Vorliegen zweier Voraussetzungen abhängen:

Zunächst ist festzustellen, ob das Vorliegen einer kartellrechtswidrigen Abrede zwischen den beteiligten Unternehmen anzunehmen ist. Zweitens ist zu prüfen, ob die staatlichen Maßnahmen geeignet sind, die

"*spezifischen Auswirkungen der Vereinbarungen zu verstärken.*"[819]

Damit ist, jedenfalls bei dieser Fallgruppe, ein dem Kartellverbot zuwiderlaufendes unternehmerisches Vorverhalten notwendige Bedingung eines staatlichen Verstoßes gegen seine wettbewerbsrechtlichen Verpflichtungen. Mit dieser Auffassung setzte sich der EuGH in Gegensatz zu der Ansicht von Generalanwalt *Lenz,* der die Ansicht vertreten hatte, eine solche Regelung verstoße selbst dann gegen Art. 5 II, 3 lit. g) i.V.m. 85 EGV, wenn keine vorgelagerten wettbewerbswidrigen Handlungen seitens der Unternehmen gegeben seien[820].

Unklar bleibt allerdings, ob der EuGH *generell* verlangt, daß eine Verletzung mitgliedstaatlicher Pflichten ein vorhergehendes unternehmerisches Verhalten voraussetzt, also Akzessorietät notwendige Bedingung einer gemein-

---

816 BACH, a.a.O. (Fn. 288), S. 148 f.

817 EuGH - VZW Vereniging van Vlaamse Reisbureaus/VZW Sociale Dienst van de Plaatselijke en Gewestelijke Overheidsdiensten, Rs. 311/85, Slg. 1987, S. 3801.

818 EuGH, a.a.O., S. 3826.

819 EuGH, a.a.O., S. 3829; Zu dieser zweistufigen Prüfung vgl. auch GYSELEN, CMLR 1989, S. 33, 47 f.

820 Schlußantrag des GA in dieser Rechtssache, Slg. 1987, S. 3801, 3820; kritisch zu der Akzessorietät zwischen unternehmerischem und staatlichem Handeln auch DREHER, WuW 1994, S. 193, 202 ff.

schaftsrechtlichen Kontrolle staatlicher Eingriffe in den Wettbewerb ist. Zwar sprechen einige Anzeichen für diese Akzessorietätstheorie[821], jedoch lassen etwa die Entscheidungen *Leclerc/Au blé vert* und *van Eycke/ASPA*[822] auch gegenteilige Schlüsse zu: In ersterem Urteil fuhr das Gericht in der Prüfung des Art. 5 II i.V.m. Art. 85 EWGV fort, obwohl es festgestellt hatte, daß in dem Gesetz über die Festsetzung von Buchpreisen weder der Abschluß wettbewerbsbeschränkender Vereinbarungen noch andere Verhaltensweisen im Sinne des Art 85 I EWGV vorgeschrieben wurden. Und in *van Eycke* judizierte der EuGH dahingehend, daß eine die praktische Wirksamkeit der Wettbewerbsregeln aufhebende staatliche Maßnahme auch dann vorläge, wenn der Staat die Verantwortung für interventionistische Eingriffe in die Wirtschaft auf Private übertrage. Die Übertragung der Befugnisse ist deren Ausübung aber notwendigerweise vorgelagert. Davon, daß die Befugnisse tatsächlich ausgeübt werden müssen, sagt der EuGH nichts. Die Akzessorietätsthese ist danach wohl nicht zwingend[823].

Konkret sah der Gerichtshof in *Vlaamse Reisbureaus* unter anderem darin ein Verstärken der Absprachen durch die staatliche Regelung, daß eine ursprünglich rein vertragliche Regelung in eine Rechtsvorschrift umgesetzt wurde, diese dadurch Dauercharakter erhalten hatte und somit nicht mehr der Parteidisposition unterworfen war. Daneben wurde beanstandet, daß die Regelung es den Kartellmitgliedern ermöglicht habe, Außenseiter zur Beobachtung der Absprachen zu zwingen[824].

Diese Beanstandungen treffen jedoch gerade auch auf Allgemeinverbindlicherklärungen zu:

Auch dort wird eine vertragliche Regelung in eine der Parteidisposition entzogene Rechtsvorschrift umgewandelt. Zudem werden Kartellaußenseiter nicht nur, wie in dem Fall *Vlaamse Reisbureaus,* durch Sanktionen zur Beachtung der Kartellabsprachen gezwungen; vielmehr wird die Absprache auch für die Außenseiter unmittelbar rechtlich verbindlich. Es liegt also ein "Verstärken" in besonders gravierendem Maß vor.

---

821 Vgl. etwa EHRICKE, a.a.O. (Fn. 796), S. 92 ff.

822 Siehe hierzu sogleich unten.

823 A.A. EHRICKE, a.a.O., der die Akzessorietät, die der EuGH nach seiner Ansicht unbedingt voraussetzt, jedoch kritisch beleuchtet.

824 EuGH, a.a.O.

c) Die Entscheidung *BNIC/Aubert*[825]

Konsequenterweise entschied der EuGH in einem, nur zwei Monate nach *Vlaamse Reisbureaus* ergangenen, Urteil dann auch, daβ die Allgemeinverbindlicherklärung einer wettbewerbsbeschränkenden Unternehmensabsprache gegen Art. 5 II, 3 lit. g) i.V.m. 85 EGV verstoßen könne:

Zur Beurteilung gestellt war eine französische Verordnung, die eine Quotenvereinbarung, welche von, in einer spartenübergreifenden Landwirtschaftsorganisation -- dem BNIC -- verbundenen Winzern und Händlern von Cognacweinen getroffen worden war, für allgemeinverbindlich erklärte.

Im Ergebnis kam der EuGH zu dem Schluß, daß sowohl die der Allgemeinverbindlicherklärung zugrundeliegende Absprache, als auch die Allgemeinverbindlicherklärung selbst gemeinschaftsrechtswidrig waren:

Zunächst konzentrierte sich der Gerichtshof, entsprechend der in *Vlaamse Reisbureaus* vorgegebenen Prüfungsfolge auf die getroffene Vereinbarung.

Nicht überzeugen konnte den EuGH hierbei der Einwand, daß die Allgemeinverbindlicherklärung *per se* dazu geeignet sei, die ursprüngliche Vereinbarung vor einer Überprüfung nach Art. 85 EGV zu bewahren. Diesen Einwand hatte der EuGH bereits in der Entscheidung *BNIC/Clair*[826], in der es eine Vereinbarung über die Festsetzung von Mindestpreisen zu beurteilen galt, zurückgewiesen und klargestellt, daß eine spätere behördliche Allgemeinverbindlicherklärung eine gegen das Kartellverbot verstoßende Absprache nicht der Anwendung des Art. 85 EGV entziehen kann[827].

Diese Rechtsprechung brachte das Gericht hier auch für die Vereinbarung über die Festsetzung von Erzeugungsquoten zur Anwendung[828]. Der EuGH bejahte zunächst die Unwirksamkeit dieser Absprache nach Art. 85 I EGV, da sie bezwecke, den Handel zwischen den Mitgliedstaaten zu verfälschen: ein vertragliches Verbot, die Produktion zu erhöhen sei dazu geeignet, die bestehenden Marktverhältnisse zu zementieren, da Produzenten eine Verbesserung ihrer wettbewerblichen Position erschwert werde.

---

825 EuGH - BNIC/Aubert, Rs. 136/86, Slg. 1987, S. 4789.

826 EuGH - BNIC/Clair, Rs. 123/83, Slg. 1985, S. 391; vgl. auch STEINDORFF, FIW-Schriftenreihe, Heft 127, S. 27, 49.

827 EuGH, a.a.O., S. 424. S.a. KORAH, EC Competition Law, S. 27.

828 EuGH - BNIC/Aubert, Rs. 136/86, Slg. 1987, S. 4789, 4813.

Zweitens fragte der EuGH danach, ob und inwieweit es mit der Verpflichtung der Mitgliedstaaten aus Art. 5 II, 3 lit. g) i.V.m. 85 EGV unvereinbar sei, eine gegen Art. 85 EGV verstoßende Vereinbarung durch Hoheitsakt für allgemeinverbindlich zu erklären[829].

Hierzu wies das Gericht zunächst erneut auf die Verpflichtung der Mitgliedstaaten hin, keine Maßnahmen zu treffen oder aufrecht zu erhalten, die die praktische Wirksamkeit der Wettbewerbsvorschriften aufheben könnten. Eine solche mitgliedstaatliche Pflichtverletzung liegt nach Auffassung des Gerichtes jedoch dann vor,

"*wenn ein Mitgliedstaat die Wirkungen von gegen Artikel 85 verstoßenden Vereinbarungen durch eine Allgemeinverbindlicherklärung verstärkt.*"[830]

Dementsprechend verletze eine Ministerialverordnung, die eine mit Art. 85 EGV unvereinbare Festsetzung von Erzeugungsquoten für allgemeinverbindlich erkläre, gegen die Verpflichtung der Mitgliedstaaten aus Art. 5 II i.V.m. Art. 3 f. und 85 EGV.

Gegen den Vertrag verstößt nach der Rechtsprechung damit ein solches staatliches Verhalten, das eine bestehende Kartellabsprache dafür nutzt -- aus welcher Motivation auch immer --, die von dieser ausgehende Wettbewerbsbeschränkung auf dem Markt zu etablieren.

Damit spiegelt die Rechtsprechung eine allgemeine Erkenntnis der Kartelltheorie wider, daß nämlich ohne staatliche Unterstützung die Durchführung vieler Kartellvereinbarungen erheblich erschwert wäre[831]. Gerade Allgemeinverbindlicherklärungen mit ihrer zusätzlichen Kartellwirkung[832] können zur Durchsetzbarkeit von Kartellabsprachen führen, die ansonsten wegen der weiter bestehenden Konkurrenz durch Außenseiter oder Newcomer am Markt[833] entweder überhaupt nicht zustande gekommen, oder dem Außenseiterdruck nicht lange Stand gehalten hätten[834]. Jeder Allgemeinverbindlicherklärung haftet daher eine besondere Gefährlichkeit im Hinblick auf das Ziel der Aufrechterhaltung eines Systems des unverfälschten Wettbewerbs an. Denn nur die

---

829 EuGH, a.a.O., S. 4815.

830 EuGH, a.a.O.

831 Vgl. KORAH, EC Competition Law, S. 26: "*Without state protection, cartels seldom survive for long.*"

832 Hierzu etwa WIEDEMANN/STUMPF, TVG, § 5, Rz. 2.

833 MESTMÄCKER, Der verwaltete Wettbewerb, S. 7.

834 So verhielt es sich im Fall des Tarifvertags im Hamburger Einzelhandel von 1988.

möglichst weitgehende Durchsetzung am Markt verhilft der kooperativen Wettbewerbsbeschränkung zur Wirksamkeit[835], weswegen jedes Kartell danach trachten wird, sich in die Breite zu entwickeln.

d) Die Entscheidung *van Eycke/ASPA*[836]

In dem Urteil *van Eycke,* das zu einer belgischen Rechtsverordnung, welche die Höchstsätze für Zinsen und Sparprämien vorschrieb, erging, konkretisierte der EuGH seine Rechtsprechung zum Vorliegen einer, die Wirkung einer wettbewerbsbeschränkenden Abrede verstärkenden staatlichen Maßnahme schließlich dahingehend, daß eine vollständige oder teilweise inhaltliche Kongruenz zwischen der Vereinbarung und der anschließenden staatlichen Umsetzung Voraussetzung des "Verstärkens" sei[837]. Die staatliche Regelung müsse die Elemente der Ausgangsvereinbarung

"*ganz oder teilweise ... übernehmen.*"[838]

Allgemeinverbindlicherklärungen erschöpfen sich ihrem Inhalt nach jedoch ohnehin in der Erstreckung einer Vereinbarung auf bislang unbeteiligte Dritte. Zwar kann die Allgemeinverbindlicherklärung eines Tarifvertrags auf bestimmte Klauseln beschränkt werden, sachliche Veränderungen finden jedoch auch hierbei nicht statt.

IV. Übertragung der Rechtsprechung auf die Allgemeinverbindlicherklärung von Tarifverträgen

1. Erfordernis einer konkreten Gemeinschaftspolitik?

a) Die Entscheidung *Leclerc/Au blé vert*

Eine Übertragung der oben dargestellten Rechtsprechung auf die Allgemeinverbindlicherklärung von Tarifvertragsvereinbarungen mit marktregelnden Bestandteilen könnte dann ausgeschlossen sein, wenn es an einer konkreten Wett-

---

[835] MESTMÄCKER, a.a.O.

[836] EuGH - van Eycke/ASPA, Rs. 267/86, Slg. 1988, S. 4769.

[837] EuGH, a.a.O., S. 4792.

[838] EuGH, a.a.O.

bewerbspolitik seitens der Kommission in Bezug auf Vorgänge des Arbeitsmarktes fehlte.

Mit diesem Argument hatte der EuGH in dem Fall *Leclerc/Au blé vert*[839] jedenfalls die Anwendbarkeit der Art. 5 II, 3 lit. g) i.V.m. 85 EGV auf ein französisches Gesetz verneint, welches Bucheinzelhändler verpflichtete, Bücher nur zu einem von Verlegern und Importeuren festgesetzten Preis zu veräußern.

Ohne dabei die Frage zu entscheiden, ob eine solche Regelung gegen die wettbewerbsrechtlichen Verpflichtungen verstoßen könne[840], nahm der EuGH Bezug auf die besonderen Gegebenheiten des Büchermarktes und die Maßnahmen, die die Kommission auf diesem Sektor bislang getroffen (bzw. unterlassen) hatte und stellte dabei fest, daß

"bisher in bezug auf rein nationale Systeme oder Praktiken im Buchsektor keine Wettbewerbspolitik der Gemeinschaft besteht, welche die Mitgliedstaaten aufgrund ihrer Verpflichtung, Maßnahmen zu unterlassen, die die Verwirklichung der Vertragsziele gefährden könnten, zu respektieren hätten. Daraus folgt, daß beim gegenwärtigen Stand des Gemeinschaftsrechts die Verpflichtung aus Artikel 5 in Verbindung mit den Artikeln 3 Buchstabe f und 85 EWGV nicht hinreichend bestimmt sind, um ihnen den Erlaß von Rechtsvorschriften über den Wettbewerb bei den Endverkaufspreisen von Büchern zu verbieten ..."[841]

Da es zum damaligen Zeitpunkt im Hinblick auf den Buchbereich an einer kohärenten Wettbewerbspolitik der Gemeinschaft fehlte, war die erforderliche Konkretisierung der aus Art. 5 II EGV erwachsenden Unterlassungspflichten nicht erfolgt, die Rechtssetzungsbefugnis der Mitgliedstaaten mithin nicht beschränkt[842].

---

839 EuGH - Leclerc/Au blé vert, Rs. 229/83, Slg. 1985, S. 1.

840 Der EuGH, a.a.O., S. 32, stellte aber die Frage, ob nicht ein Verstoß gegen Art. 5 II EWGV deshalb anzunehmen sei, weil die staatliche Regelung eine entsprechende Vereinbarung zwischen den Unternehmen ohnehin überflüssig machte. Das Gericht verzichtete allerdings darauf, diese Frage selbst zu beantworten. Die Literatur bejaht sie unter Berufung auf die nachfolgende Entscheidungspraxis, vgl. etwa BACH, a.a.O. (Fn. 288), S. 135, Fn. 41 m.w.N.; GYSELEN, CMLR 1989, S. 33, 43; HOFFMAN, ECLR 1990, S. 11, 16.

841 EuGH, a.a.O., S. 33.

842 BAUER, a.a.O. (Fn. 310), S. 116.

b) Hinreichende Bestimmtheit der Verpflichtung aus Art. 5 II, 3 lit. g) und 85 EGV auf dem Sektor Arbeitsmarkt?

Leclerc/Au blé vert macht es zur Voraussetzung, daß die Verpflichtung aus Art. 5 II, 3 lit. g), 85 EGV hinreichend bestimmt sein muß, bevor ein Verstoß seitens der Mitgliedstaaten angenommen werden kann.

Über die Tragweite dieses Erfordernisses besteht Streit. Die engere, herrschende, Ansicht vertritt die Auffassung, es bedürfe für die Annahme eines Verstoßes einer positiv formulierten sektoriellen Wettbewerbspolitik[843]. Demgegenüber ist insbesondere *Joliet* der Meinung, ein Verstoß komme nur dann nicht in Betracht, wenn die Kommission den Mitgliedstaaten zu erkennen gebe, daß sich deren Verhalten im Einklang mit der Wettbewerbspolitik befinde [844].

Nach letzterer Auffassung können Mitgliedstaaten durch die Allgemeinverbindlicherklärung von Tarifverträgen ohne weiteres gegen Gemeinschaftsrecht verstoßen, da es an gegenteiligen Verlautbarungen der Kommission dergestalt, daß sie die Wettbewerbsvorschriften im Bereich des Arbeitsmarktes für unanwendbar hielte, fehlt.

Doch auch nach der ersteren Interpretation kann die Allgemeinverbindlicherklärung eines wettbewerbswidrigen Tarifvertrags einen Verstoß gegen Art. 5 II, 3 lit. g), 85 EGV bedeuten.

Denn während es die Kommission in *Leclerc/Au blé vert*, entgegen vorheriger Ankündigungen, unterlassen hatte, im Hinblick auf nationale Systeme oder Praktiken im Buchsektor eine Wettbewerbspolitik zu formulieren, ist dies in Bezug auf den Arbeitsmarkt nicht der Fall.

In dem Urteil zum deutschen Arbeitsvermittlungsmonopol[845] wurde der Arbeitsmarkt ebenso dem Wettbewerbsprinzip unterworfen, wie in der Kommissionsentscheidung zu den Öffnungszeiten von Banken[846] und auch in dem Weißbuch "Wachstum, Wettbewerbsfähigkeit, Beschäftigung" setzt die

843 KUYPER, CMLR 1985, S. 797, 804 ff.; MÜLLER-GRAFF, EuR 1985, S. 293, 297 f.; PAULIS, JdT 1985, S. 209, 214; PESCATORE, 1986 Fordham Corp.L.Inst., S. 381, 423; SLOT, ELR 1987, S. 179, 187.

844 JOLIET, Cahiers de Droit Européen 1988, S. 363, 371.

845 EuGH - Höfner und Elser/Macrotron, Rs. C-41/90, Slg. 1991, I-1979.

846 ABl. 1986 Nr. L 295/28 Irish Banks' Standing Committee.

Kommission explizit auf die Wettbewerbspolitik als Mittel, die strukturelle Krise auf dem Arbeitsmarkt zu überwinden[847].

Die insoweit vorhandenen Anhaltspunkte mit ihrer erkennbaren Ausrichtung auf die Durchsetzung des Wettbewerbsprinzips auch in diesem Bereich dürften ausreichen, um dem Anspruch einer positiven sektoriellen Wettbewerbspolitik zu genügen. Denn hierunter kann nicht eine in jedem Detail ausformulierte Politik gemeint sein, da ein solches Erfordernis den Anwendungsbereich der Art. 5 II, 3 lit. g) i.V.m. 85 EGV weitgehend eliminieren würde. Dementsprechend hielt auch Generalanwalt *Lenz* in den bereits mehrfach erwähnten Schlußanträgen in der Rechtssache Jean-Marc *Bosman* eine Anwendung der Wettbewerbsregeln auf den Sektor Arbeitsmarkt ohne weiteres für möglich.

Dieser restriktiven Betrachtungsweise entspricht auch die weitere Behandlung des Kriteriums der fehlenden Gemeinschaftspolitik durch den EuGH, die von auffallender Zurückhaltung geprägt ist. Seit *Leclerc/Au blé vert* wurde die Anwendung der Art. 5 II, 3 lit. g) i.V.m. 85 EGV nicht wieder mit dem Argument fehlender Gemeinschaftspolitik abgelehnt.

Diese restriktive Haltung des EuGH läßt darauf schließen, daß er die in *Leclerc*-Bücher getroffene Aussage gerade nicht generalisieren, sondern vielmehr einzelfallbezogen verstanden wissen wollte.

Dementsprechend kann es den Mitgliedstaaten selbst in den Bereichen, in denen die Gemeinschaftsorgane noch keine konkreten wettbewerbsrechtlichen Maßnahmen getroffen haben, nicht gestattet sein, die Wettbewerbsregeln zu mißachten. Generalanwalt *Lenz* hat dies in *Vlaamse Reisbureaus* zutreffend dahingehend zusammengefaßt, daß die Mitgliedstaaten

"*in diesem Fall zumindest die unmittelbar anwendbaren Bestimmungen der Gemeinschaftsrechtsordnung zu achten [haben] und ... somit verpflichtet [sind], alle Maßnahmen zu unterlassen, die die praktische Wirksamkeit der für die Unternehmen geltenden Wettbewerbsregeln ausschalten könnten.*"[848]

---

847 S.a. van MIERT, WuW 1995, S. 553.

848 Schlußanträge in der Rs. 311/85, Slg. 1987, S. 3810, 3815; in diesem Sinne auch BACH, a.a.O. (Fn. 288), S. 178 ff; BAUER, a.a.O. (Fn. 310), S. 119 ff; PAULIS, JdT 1985, S. 209, 214; STEINDORFF, FIW-Schriftenreihe, Heft 127, S. 27, 48.

d) Ergebnis

Das Kriterium einer hinreichenden Bestimmbarkeit der wettbewerbsrechtlichen Verpflichtungen steht einer Anwendung der Art. 5 II, 3 lit. g) i.V.m. 85 EGV auf die Allgemeinverbindlicherklärung einer tarifvertraglichen Vereinbarung mit marktregelnden Inhalten nicht entgegen.

Zum einen besteht seit langem eine Gemeinschaftspolitik in Bezug auf den Arbeitsmarkt, mit einer klaren Einbindung des Wettbewerbsprinzips auch in diesem Bereich.

Im übrigen ist die Entscheidung *Leclerc/Au blé vert* eng auszulegen und auf den ihr zugrundeliegenden Sachverhalt zu beschränken[849].

2. Das Vorschreiben oder Erleichtern von Kartellvereinbarungen

Insoweit es den Mitgliedstaaten nach Art. 5 II, 3 lit. g) i.V.m. 85 EGV darüber hinaus untersagt ist, Kartellabsprachen vorzuschreiben[850] oder zu erleichtern, spielen diese Fallgruppen für die kartellrechtliche Beurteilung staatlicher Maßnahmen in Bezug auf wettbewerbsbeschränkende Tarifvertragsvereinbarungen keine Rolle.

Vor einer staatlichen Verpflichtung zum Abschluß solcher Tarifverträge werden die Tarifparteien bereits durch die in allen Mitgliedstaaten anerkannte Tarifautonomie wirksam geschützt.

Auch das Merkmal des Erleichterns im Sinne eines begünstigenden oder fördernden Beitrages des Staates[851] zum Abschluß solcher Abreden kommt hier wohl nicht in Betracht. Insbesondere kann der Begriff des "Erleichterns" nicht so weit interpretiert werden, daß unter diesem Gesichtspunkt bereits das Bereitstellen eines rechtlichen oder organisatorischen Rahmens im Sinne des TVG, innerhalb dessen die Absprachen dann getroffen werden, als Verstoß gegen die wettbewerbsrechtlichen Verpflichtungen aus Art. 5 II, 3 lit. g) i.V.m. 85 EGV anzusehen ist.

In Einzelfällen könnte allerdings eine "Ermutigung" zu wettbewerbswidrigen Absprachen durch staatliches Verhalten gegeben sein, etwa wenn die

849 Ebenso GA Lenz in der Rs. 311/85, Vlaamse Reisbureaus, Slg. 1985, S. 3810, 3814.

850 Zum Begriff des "Vorschreibens" vgl. van der ESCH, ZHR 1991, S. 274, 277.

851 Van der ESCH, a.a.O., S. 278; einschränkend KULKA, WRP 1989, S. 769, 774; MARKERT, Nationales Kartellrecht im Europäischen Binnenmarkt, S. 10 ff.

für die Allgemeinverbindlicherklärung zuständige Stelle den Tarifvertragsparteien zu verstehen gibt, sie stehe einer bestimmten wettbewerbsbeschränkenden Regelung positiv gegenüber und wenn die Tarifparteien im Bewußtsein der zu erwartenden Allgemeinverbindlicherklärung den Tarifvertrag abschließen[852].

3. Die Allgemeinverbindlicherklärung als Verstärkung der Wirkungen einer Kartellabsprache

Wie oben gezeigt, kommt in der Rechtsprechung des Gerichtshofes der Fallgruppe der Verstärkung der Auswirkungen unternehmerischer Kartellabsprachen zentrale Bedeutung zu[853]. Hierauf greift der EuGH auch bei der Allgemeinverbindlicherklärung wettbewerbsbeschränkender Unternehmensvereinbarungen zurück.

a) Allgemeines

Wird eine wettbewerbswidrige Absprache für allgemeinverbindlich erklärt, so ist es in diesem Falle nicht erforderlich, in einem gesonderten Schritt festzustellen, ob das staatliche Verhalten die Auswirkungen vorhergehender Absprachen verstärkt. Eine Allgemeinverbindlicherklärung erstreckt qua definitione die Absprache auf Kartellaußenseiter und Newcomer und verhilft ihr dadurch erst zur wirklichen Durchsetzung -- und damit zur Wirksamkeit am Markt --, indem sie den Wettbewerb in dem betroffenen Bereich vollständig beseitigt[854].

Die Allgemeinverbindlicherklärung stellt damit bereits ihrer Natur nach einen Verstoß gegen die wettbewerbsrechtlichen Verpflichtungen der Mitgliedstaaten dar, wenn sie ein kartellrechtswidriges Unternehmerverhalten umsetzt.

Dementsprechend hatte sich der EuGH auch in *BNIC/Aubert* nicht damit aufgehalten, die tatsächlichen Auswirkungen der Allgemeinverbindlicherklä-

---

852 Die enge Verbindung zwischen wettbewerbsbeschränkenden Tarifverträgen und der Allgemeinverbindlicherklärung illustriert das Beispiel des Tarifvertrages 1988 im Hamburger Einzelhandel: Darin wurde vereinbart, daß der Tarifvertrag ohne Nachwirkungen außer Kraft treten sollte, wenn der Antrag auf Allgemeinverbindlicherklärung abgelehnt würde, vgl. hierzu ANZINGER/ KOBERSKI, NZA 1989, S. 737, 742 ff.

853 Kritisch insoweit KULKA, WRP 1989, S. 769, 773.

854 BACH, a.a.O. (Fn. 288), S. 201, 203 ff.; MESTMÄCKER, a.a.O. (Fn. 833), S. 7.

rung gesondert zu überprüfen. Deren verstärkende Wirkung zum Nachteil des effet utile der Wettbewerbsregeln war vielmehr notwendigerweise zu bejahen[855].

Entscheidender Anknüpfungspunkt ist demnach die der Allgemeinverbindlicherklärung zugrundeliegende Vereinbarung: Verstößt eine Absprache zwischen Unternehmen gegen das Kartellverbot, so ist eine Allgemeinverbindlicherklärung, die sich auf diese Absprache bezieht, ihrerseits notwendigerweise mit Art. 85 EGV unvereinbar[856]. Daher wäre beispielsweise die Allgemeinverbindlicherklärung eingetragener Wettbewerbsregeln von Wirtschafts- und Berufsvereinigungen als Verstoß gegen die mitgliedstaatlichen Unterlassungspflichten aus Art. 5 II, 3 lit. g) i.V.m. 85 EGV anzusehen[857].

b) Akzessorietät von wettbewerbsbeschränkendem Tarifvertrag und Allgemeinverbindlicherklärung

Aber auch die Allgemeinverbindlicherklärung von wettbewerbsbeschränkenden Tarifverträgen, die gegen Art. 85 I EGV verstoßen, kann mit diesen Pflichten grundsätzlich unvereinbar sein:

Die Allgemeinverbindlicherklärung von Tarifverträgen soll verhindern, daß tarifungebundene Arbeitgeber Wettbewerbsvorteile gegenüber tarifgebundenen Arbeitgebern erreichen könnten[858]. Die Wettbewerbsparameter werden vereinheitlicht, der Wettbewerb branchenweit beschränkt. Der Schutz vor Wettbewerb ist eine Zentralfunktion der Allgemeinverbindlicherklärung[859]. Zwar ist dies unschädlich, soweit der Tarifvertrag innerhalb des oben beschriebenen kartellrechtsfreien Raumes angesiedelt ist: die Allgemeinverbindlicherklärung ist dann ebenfalls Art. 85 EGV entzogen[860]. Anderes

---

855 EuGH - BNIC/Aubert, Rs. 136/86, Slg. 1987, S. 4789, 4815.

856 So auch die h.M., vgl. BACH, a.a.O., S. 204 f.; BAUER, a.a.O. (Fn. 310), S. 89; v.d.ESCH, ZHR 1991, S. 274, 278 f.; GYSELEN, CMLR 1989, S. 33, 48 f.; MESTMÄCKER, RabelsZ 1988, S. 526, 553; REICH, in FS Steindorff, S. 1065, 1078; WAELBROECK, in FS Pescatore, S. 781, 800.

857 Ebenso BACH, a.a.O.; MESTMÄCKER, a.a.O. (Fn. 819), S. 26; ders., RabelsZ 1988, S. 526, 553.

858 WIEDEMANN/STUMPF, TVG, § 5, Rz. 2.

859 Siehe oben S. 202.

860 Dem entspricht auch, daß der EuGH das Institut der Allgemeinverbindlicherklärung als arbeitsmarkttypisches Gestaltungsmittel grundsätzlich anerkennt, vgl. EuGH - Rush

kann aber dann gelten, wenn es sich um Tarifverträge handelt, die über die eigentliche Gestaltung der Arbeitsverhältnisse hinausgehen und die unternehmerische Tätigkeit der Arbeitgeber regelt.

Ist demgemäß eine tarifvertragliche Vereinbarung, welche wettbewerbsbeschränkende Passagen enthält, für allgemeinverbindlich erklärt worden, so ist, entsprechend der Entscheidung *BNIC/Aubert,* zunächst zu prüfen, ob der Tarifvertrag selbst das Kartellverbot verletzt.

Wird dies bejaht, so verstößt die jeweilige nationale Behörde, die einen solchen Tarifvertrag für allgemeinverbindlich erklärt ohne weiteres gegen die wettbewerblichen Verpflichtungen der Mitgliedstaaten aus Art. 5 II, 3 lit. g) i.V.m. Art. 85 EGV[861].

4. Die Allgemeinverbindlicherklärung einer nicht spürbaren bzw. freigestellten Wettbewerbsbeschränkung

Abschließend bleibt zu untersuchen, wie die Allgemeinverbindlicherklärung einer Tarifvertragsvereinbarung zu bewerten ist, deren wettbewerbsbeschränkende Auswirkungen ursprünglich entweder nicht spürbar waren oder die nach Art. 85 III EGV freigestellt wurde.

Hier sind wiederum zwei Alternativen zu unterscheiden:

(i) Unproblematisch ist der Fall, in dem auch nach der Allgemeinverbindlicherklärung eine Spürbarkeit i.S.d. Art. 85 I EGV verneint werden kann, bzw. in dem die Allgemeinverbindlicherklärung die Voraussetzungen der Freistellung nicht entfallen läßt. Hier verstoßen die Mitgliedstaaten nicht gegen ihre Verpflichtungen aus Art. 5 II, 3 lit. g), 85 EGV, wenn sie den Tarifvertrag für allgemeinverbindlich erklären.

Ob diese qualitative Grenze überschritten wird, ist einzelfallabhängig und letztlich seitens der Gerichte zu beurteilen. Nachdem, jedenfalls nach § 5 I 1 Nr. 1 TVG, Voraussetzung der Allgemeinverbindlicherklärung ohnehin bereits das Erreichen des gesetzlichen Zahlenquorums ist, wird die Spürbarkeit

---

Portugesa/Office national d'immigration, Rs. C-113/89, Slg. 1990, S. I-1417, I-1445. Es handelt sich also vorliegend nicht darum, eine *generelle* Unvereinbarkeit von Allgemeinverbindlicherklärungen von Tarifverträgen mit europäischem Wettbewerbsrecht begründen zu wollen.

861 Daneben ist nach deutschem Recht ein Verstoß gegen § 5 TVG anzunehmen, da eine unwirksame (vgl. Art. 85 II EGV) Regelung in die Allgemeinverbindlicherklärung übernommen wird, siehe hierzu oben S. 205 f.

auch bei Erstreckung des Tarifvertrags auf tarifungebundene Arbeitgeber und Arbeitnehmer häufig zu verneinen sein.

(ii) Denkbar ist jedoch auch der entgegengesetzte Fall, daß nämlich gerade durch die Allgemeinverbindlicherklärung die wettbewerbsbeschränkenden Auswirkungen einer Vereinbarung zu spürbaren Wettbewerbsverzerrungen führen und/oder die Voraussetzungen für die Freistellung nach Art. 85 III EGV entfallen. Der qualitative Sprung hin zu einer negativen wettbewerbsrechtlichen Bewertung der Vereinbarung wird also durch die Allgemeinverbindlicherklärung herbeigeführt.

Relevant wird hier insbesondere die Konstellation der freigestellten Kartellvereinbarung. Denn Voraussetzung einer Freistellung ist gem‰_ Art. 85 III lit. b) EGV, daß auf dem jeweiligen Markt ein Restwettbewerb in bezug auf die betreffenden Waren oder Dienstleistungen bestehen bleibt. Dieser soll durch die Allgemeinverbindlicherklärung jedoch gerade ausgeschaltet werden.

Handelt es sich um typische Kartellabsprachen -- und nicht um Tarifverträge --, so hat die Allgemeinverbindlicherklärung einer solchen Abrede grundsätzlich zu unterbleiben, da eine entsprechende private Vereinbarung zwischen Unternehmen, die jeden Wettbewerb für ein bestimmtes Produkt beseitigte, nicht freistellungsfähig wäre[862].

Fraglich ist allerdings, ob sich diese Erkenntnis auch auf die Problematik von freigestellten Tarifvertragsvereinbarungen übertragen läßt:

Denn wettbewerbsbeschränkende Tarifverträge erfassen meist lediglich einzelne Wettbewerbsparameter, wie etwa die Betriebsöffnungszeiten, nicht jedoch den Gesamtwettbewerb für ein bestimmtes Produkt[863]. Sind jedoch von der Absprache lediglich einzelne Wettbewerbsmittel betroffen, so ist diese auch dann nicht geeignet, den Restwettbewerb zu beeinträchtigen, wenn sämtliche Unternehmen eines Wirtschaftszweiges daran beteiligt sind[864]. Dementsprechend werden Tarifvertragsvereinbarungen, wenn sie denn schon freigestellt wurden, i.d.R. auch durch eine nachfolgende Allgemeinverbindlicherklärung nicht mit Art. 85 EGV unvereinbar.

---

862 S.a. BACH, a.a.O. (Fn. 288), S. 205; Schlußanträge des GA LENZ in der Sache Vlaamse Reisbureaus, Rs. 311/85, Slg. 1987, S. 3801, 3815 f.

863 Vgl. Kommission ABl. 1986 Nr. L 295/28 - Irish Banks' Standing Committee.

864 Kommission ABl. 1969 Nr. L 69/13, 19 - EWA; ABl. 1971 Nr. L 227/26, 31 - CEMATEX; ABl. 1975 Nr. L 228/17, 21 - UNIDI.

Anderes kann lediglich dann gelten, wenn der freigestellte Tarifvertrag sämtliche für ein bestimmtes Produkt wesentlichen Wettbewerbsparameter festlegt. In diesem Fall bedeutete die Erstreckung des Tarifvertrags auf tarifungebundene Arbeitgeber und Arbeitnehmer eine Ausschaltung des Wettbewerbs i.S.d. Art. 85 III lit. b) EGV, so daß eine dennoch erfolgte Allgemeinverbindlicherklärung gegen Art. 85 EGV verstieße.

IV. Ergebnis

1. Erklärt ein Mitgliedstaat einen Tarifvertrag für allgemeinverbindlich, obwohl der Tarifvertrag wegen seines wettbewerbsbeschränkenden Charakters gegen das Kartellverbot aus Art. 85 I EGV verstößt, so verletzt dieser ohne weiteres seine aus Art. 5 II, 3 lit. g) i.V.m. Art. 85 I EGV erwachsende Pflicht, alles zu unterlassen, was die praktische Wirksamkeit der Wettbewerbsregeln unterlaufen könnte. Denn die Allgemeinverbindlicherklärung verstärkt die Wirkungen eines solchen Tarifvertrages über das ursprüngliche Maß hinaus.
2. Ein Tarifvertrag der entweder nicht spürbar i.S.d. Art. 85 I EGV ist, oder der nach Art. 85 III EGV freigestellt wurde, kann im Regelfalle für allgemeinverbindlich erklärt werden. Problematisch ist eine Allgemeinverbindlicherklärung jedoch dann, wenn durch sie die wesentlichen Wettbewerbsparameter vereinheitlicht werden sollen. In diesem Fall kann es zu einem Ausschluß des Restwettbewerbs kommen mit der Folge, daß ein Mitgliedstaat gegen seine wettbewerblichen Verpflichtungen verstößt, wenn er einen solchen Tarifvertrag für allgemeinverbindlich erklärt.
3. Handelt es sich um die Allgemeinverbindlicherklärung eines Tarifvertrages, der in dem kartellrechtsfreien Raum angesiedelt ist, so ist diese zulässig:

Denn zwar wird auch dann, wenn es sich um die Allgemeinverbindlicherklärung eines Tarifvertrages handelt, der sich auf die Regelung von Arbeitsbedingungen beschränkt, die tarifvertragsimmanente Kartellwirkung ebenfalls im Sinne der Rechtsprechung des EuGH verstärkt. Da jedoch bereits Art. 85 I EGV aufgrund einer teleologischen Restriktion auf den Tarifvertrag selbst unanwendbar ist, kann, nachdem der EuGH jedenfalls bei der Fallgruppe des Verstärkens wettbewerbswidriger Vereinbarungen von einer Akzessorietät zwischen unternehmerischem Verhalten und staatlicher Maßnahme ausgeht, auch die anschließende Allgemeinverbindlicherklärung keinen Verstoß des Mitgliedstaates gegen Art. 5 II, 3 lit. g) i.V.m. 85 EGV darstellen.

15. Kapitel: Zusammenfassung

Zusammenfassend kann als Ergebnis der vorliegenden Untersuchung festgehalten werden:

1. In Deutschland ist die Diskussion um die kartellrechtliche Erfaßbarkeit von Tarifverträgen mit Doppelwirkung nach den Entscheidungen von BAG und Kammergericht zu der Vereinbarkeit einer tarifvertraglichen Festsetzung des Endes der täglichen Arbeitszeit mit § 1 GWB zu einem -- vorläufigen -- Stillstand gekommen. Dies wird von Teilen des gewerkschaftsnahen Schrifttums mit kaum verhohlener Freude zur Kenntnis genommen[865].

Andererseits ist insbesondere die Argumentation des BAG zu schwach, als daß sie eine weitere -- auch gerichtliche -- Auseinandersetzung um einen Ausgleich der Interessen von Wettbewerbsrecht und kollektivem Arbeitsrecht auf Dauer aufhalten könnte.

Demgegenüber ist das Parallelurteil des KG geeignet, als Fundament für eine Neubetrachtung der geltenden Rechtslage zu dienen. Das KG vermeidet jedenfalls die Verbindung von tarifvertraglicher Vereinbarungsbefugnis gem. § 1 TVG und kartellrechtlicher Immunität und damit die Auflösung des Konfliktes zweier gleichrangiger Normsysteme einseitig zu Lasten des Wettbewerbsrechts. Es bietet damit einen dogmatischen Ansatz, der eine differenzierte Betrachtung der Problematik ermöglicht.

2. Im Hinblick auf den Tatbestand des § 1 GWB konnte gezeigt werden, daß marktregelnde Tarifverträge unter diesen subsumierbar sind, ohne daß dabei die zulässige Grenze der Auslegung, der Wortlaut des Gesetzes, überschritten würde.

3. Dem Schnittpunkt zwischen kollektivem Arbeitsrecht und Wettbewerbsrecht kommt nicht nur eine nationale, sondern auch eine europarechtliche Dimension zu. Die Frage nach einer Vereinbarkeit marktregelnder Tarifverträge mit Art. 85 EGV ist dabei nicht lediglich eine der Tatbestandsmäßigkeit, sondern sie zwingt zu einer grundsätzlichen Klärung der Stellung und Reichweite des Wettbewerbsprinzips im EGV im Verhältnis zu der gemeinschaftsrechtlichen Verankerung von Koalitionsfreiheit und Kollektivvertrag.

4. Festzustellen ist in diesem Zusammenhang, daß, auch nach Inkrafttreten des Maastrichter Vertrages, das Prinzip des unverfälschten Wettbewerbs ein fun-

---

865 Vgl. DÄUBLER, Tarifvertragsrecht, Rz. 34.

damentaler Grundsatz der Gemeinschaft ist, dem Verfassungsrang zukommt und der jedenfalls nur insoweit eingeschränkt werden kann, als es zu Wahrung anderer anerkannter Vertragsziele unbedingt notwendig ist. Das Wettbewerbsprinzip beansprucht dabei Geltung in allen Sektoren der Wirtschaft, also auch auf dem Arbeitsmarkt. Das kollektive Arbeitsrecht ist demgegenüber weitaus weniger deutlich ausformuliert. Weder wird das Grundrecht der Koalitionsfreiheit ausdrücklich durch den EGV garantiert, noch existiert eine explizite Verankerung des Instituts Tarifvertrag, oder gar ein europäisches Tarifstatut.

Andererseits setzt der EGV den Tarifvertrag als Koalitionsmittel voraus und schützt die Koalitionsfreiheit als Grundrecht im Rahmen der allgemeinen Grundsätze des Gemeinschaftsrechts. Gleichzeitig läßt sich aus dieser gemeinschaftsrechtlichen Verbürgung der Koalitionsfreiheit auch eine Garantie des Instituts Tarifvertrag ableiten. Daneben führt das Abkommen zu Sozialpolitik, das im Rahmen des Maastrichter Vertragswerks Bestandteil des primären Gemeinschaftsrechts wurde, durch eine Ausweitung sozialrechtlicher Gemeinschaftskompetenzen -- das Gebiet des Koalitionsrechts allerdings ausgenommen (Art. VI des Abkommens) -- und einer Verstärkung der Rolle der Sozialpartner zu einer deutlichen Aufwertung arbeitsrechtlicher Gehalte im EGV.

Diese Parameter beschreiben die Eckpunkte, zwischen denen die Konfliktlösung zu erfolgen hat.

5. Daraus folgt zunächst, daß die Kartellwirkung von Tarifverträgen auch europarechtlich grundsätzlich zu akzeptieren ist. Eine uneingeschränkte Anwendung des Kartellverbotes auf Tarifverträge kommt nicht in Betracht. Vielmehr wirkt der Kartelleffekt als Einschränkung des Anwendungsbereiches des Art. 85 I EGV.

Andererseits bedeutet auch die grundsätzliche Anerkennung der Kartellwirkung nicht den vollständigen Rückzug des Wettbewerbsrechts aus dem Bereich der Kollektivverträge. Dies entspräche nicht der herausragenden Bedeutung, die dem Wettbewerbsprinzip durch das Gemeinschaftsrecht zugemessen ist.

6. Die praktische Konkordanz in Form eines Ausgleichs der Interessen beider Bereiche kann durch eine teleologische Reduktion des Tatbestandes des Art. 85 I EGV herbeigeführt werden. Anknüpfungspunkt ist dabei die gemeinschaftsgrundrechtlich garantierte Koalitionsfreiheit, die in ihrem Wesensgehalt unantastbar ist. Einen unverhältnismäßigen, und damit unzulässigen, Eingriff

in den Wesensgehalt bedeutete es jedoch, wenn den Tarifparteien mittels des Kartellverbotes das Instrument des Tarifvertrages als tarifautonomem Gestaltungsmittel zur Regelung von Arbeitsbeziehungen aus der Hand geschlagen würde. Dementsprechend entziehen sich Tarifverträge, deren Inhalt sich auf das zur sachgerechten Gestaltung der Arbeitsverhältnisse notwendige beschränkt, *per se* dem Anwendungsbereich des Art. 85 I EGV.

Die konkrete Ausgestaltung dieses Maßstabes hat, ungeachtet aller einzelstaatlichen Unterschiede in der Ausgestaltung des jeweiligen Tarifvertragswesens, anhand der gemeinsamen kollektivvertraglichen Tradition der Mitgliedstaaten zu erfolgen. Dies hat zur Folge, daß Art. 85 I EGV auf diejenigen Tarifverträge unanwendbar ist, welche die Regelung von Löhnen und Arbeitsbedingungen zum Inhalt haben. Wettbewerbsbeschränkende Folgewirkungen auf den Märkten für Waren- und Dienstleistungen bleiben hier außer Betracht.

7. Der Tatbestand des Kartellverbotes ist hingegen zu prüfen, wenn es sich um tarifvertragliche Inhalte handelt, die nicht mehr diesem Kern zugerechnet werden können, sondern über die Gestaltung der Arbeitsverhältnisse hinausgehen und die unternehmerische Tätigkeit der Arbeitgeber regeln. Die Kommission hat dies in ihrer Entscheidung *Irish Banks' Standing Committee*[866] deutlich zum Ausdruck gebracht. Dementsprechend mag es zwar tarifrechtlich zulässig sein, auch Wettbewerbsparameter tarifvertraglich festzulegen; dies hindert jedoch nicht eine mögliche Anwendbarkeit von Art. 85 I EGV.

8. Auf der Tatbestandsebene ragt, ebenso wie bei der Diskussion um § 1 GWB, insbesondere die Problematik der Unternehmenseigenschaft der Gewerkschaften heraus. Eine teleologische Interpretation führt jedoch zu dem Ergebnis, daß die unmittelbare gewerkschaftliche Einflußnahme auf das unternehmerische Marktverhalten als eigenständiges Tätigwerden im Wirtschaftsverkehr -- und damit als unternehmerisch i.S.d. Art. 85 I EGV -- zu werten ist.

Jedenfalls stellt aber der Zustimmungsbeschluß des Arbeitgeberverbandes zu einem marktregelnden Tarifvertrag einen Kartellbeschluß dar, so daß -- zumindest bei Verbandstarifverträgen -- die Frage nach der Unternehmenseigenschaft der Gewerkschaften an Signifikanz verliert.

Bezeichnenderweise beschäftigte sich die Kommission in *Irish Banks' Standing Committee* mit keinem Wort mit dem Unternehmensbegriff, sondern stellte unmittelbar auf die Wettbewerbsbeschränkung ab. Dies ist schon allein

---

866 Kommission ABl. 1986, Nr. L 295/28.

deshalb konsequent, da das zentrale Kriterium des Art. 85 I EGV eben nicht der Unternehmensbegriff, sondern das der Wettbewerbsbeschränkung ist: das Ziel der Wettbewerbsvorschriften des Vertrages ist der Schutz des freien und unverfälschten Wettbewerb auf dem Gemeinsamen Markt.

Ob ein Tarifvertrag geeignet ist, diesen Wettbewerb zu verzerren, ist eine Frage des Einzelfalles. Maßgebliches Kriterium ist dabei das der Unternehmensautonomie: Die Freiheit des Unternehmens zur selbständigen Entscheidung über die Ausgestaltung der Wettbewerbsparameter darf nicht fremdbestimmt werden.

9. Die Zwischenstaatlichkeitsklausel hindert die Anwendbarkeit des Kartellverbotes auch dann nicht, wenn es sich nicht um transnationale Tarifverträge handelt. Nach der Rechtsprechung des EuGH ist lediglich notwendig, daß eine Abschottung eines nicht lediglich unwesentlichen Teils des nationalen Marktes Folge der Vereinbarung ist und dadurch ein Eindringen von Wettbewerbern aus anderen Mitgliedstaaten erschwert wird. Darauf, daß die Kartellbeteiligten in demselben Mitgliedstaat ansässig sind und die Absprache nur auf einen Mitgliedstaat bezogen ist, kommt es nicht an.

10. Für die Frage nach der Spürbarkeit der Wettbewerbsbeschränkung bietet sich insbesondere eine wertende Betrachtungsweise im Einzelfall an. Sowohl der EuGH wie auch die Kommission greifen hierauf bei der Bewertung atypischer Sachverhalte zurück.

11. Auch Haustarifverträge, die inhaltlich über die Regelung von Arbeitsverhältnissen hinausgreifen und das Verhalten der Unternehmen an den Märkten für Waren und Dienstleistungen bestimmen, können gegen Art. 85 I EGV verstoßen.

Neben dem Unternehmensbegriff kommt es hier entscheidend auf die Feststellung des Vorliegens einer spürbaren Wettbewerbsbeschränkung an. Eine solche wird insbesondere dann anzunehmen sein, wenn eine Anzahl gleichartiger Haustarifverträge abgeschlossen wurde und diese ein Netzwerk einheitlicher Regelungen ergeben. Mittels einer derartigen Konstruktion können faktisch die Wirkungen eines Flächentarifvertrages erzielt und der Wettbewerb verfälscht werden.

Zwar ist die sog. Bündeltheorie des EuGH in diesem Zusammenhang nur eingeschränkt anwendbar, da diese zu dem Sonderfall vertikaler Bierlieferungsverträge ergangen ist. Andererseits trifft die zentrale Aussage, daß nämlich bei der Beurteilung der Wirkung von Kartellabsprachen eher auf die wettbewerbsbeschränkende Wirkung des Gesamtnetzes als auf die isolierte Betrachtung jeder einzelnen Abrede abzustellen ist, auch für die Bewertung gleichartiger Haustarifverträge zu.

12. Zwar gibt es im europäischen Recht keine *per se* freistellungsunfähigen Kartellabsprachen, so daß auch marktregelnde Tarifverträge grundsätzlich einer Freistellung gem. Art. 85 III EGV teilhaftig werden können.

Andererseits hat die Untersuchung ergeben, daß die Möglichkeit einer solchen Freistellung vor dem Hintergrund des Tatbestandes des Art. 85 III EGV weitgehend theoretischer Natur ist. Auch unter Berücksichtigung sozialpolitischer Ziele bei der Abwägung wird eine Freistellung regelmäßig an den Hürden der angemessenen Gewinnbeteiligung für Verbraucher bzw. der Unerläßlichkeit der Wettbewerbsbeschränkung scheitern. Eine denkbare Konstellation, die eine Freistellung ermöglichen könnte, wäre möglicherweise ein tarifvertragliches Verbot der Produktionsverlagerung im Interesse des Erhaltes von Arbeitsplätzen.

Insgesamt ist jedoch *Runggaldier* zuzugeben, daß *de lege lata* eine Freistellung kollektivvertraglicher Eingriffe in die Güter- und Dienstleistungsmärkte praktisch ausgeschlossen ist und es, wollte man eine Freistellungsmöglichkeit eröffnen, der Erweiterung des Art. 85 III EGV um eine zusätzliche Alternative bedürfte.

Nach der hier vertretenen Auffassung gibt es jedoch für eine Freistellung marktregelnder Tarifverträge keine Veranlassung: Zum einen bestünde ansonsten die Gefahr des Mißbrauchs von Tarifverträgen zugunsten protektionistischer Interessen, zum anderen ist der Kartelleffekt -- auch in seinem hinzunehmendem Umfang -- grundsätzlich systemwidrig. Daher ist er auf das zur Funktionsfähigkeit der Tarifautonomie erforderliche Maß zu begrenzen.

13. Spürbar wettbewerbsbeschränkende und nicht freistellungsfähige Tarifvertragsklauseln sind nach Art. 85 II EGV nichtig. Die Nichtigkeit beschränkt sich dabei auf die inkriminierten Bestimmungen und läßt den Vertrag darüber hinaus unberührt.

Dies gilt unabhängig davon, ob man unmittelbar den Tarifvertrag oder den vorgelagerten Zustimmungsbeschluß des Arbeitgeberverbandes als gegen das Kartellverbot verstoßend ansieht. In letzterem Falle bilden Zustimmungsbeschluß und Tarifvertrag eine Funktionseinheit, so daß die Nichtigkeit des einen Teils die des anderen in gleichem Umfang bedingt.

Individualarbeitsverträge, die in den Geltungsbereich eines nichtigen Tarifvertrages fallen, bleiben dessen ungeachtet wirksam. Dies allerdings nicht, wie von der h.M. angenommen, weil es sich dabei um Folgeverträge zu einer unwirksamen Ausgangsvereinbarung handele, sondern vielmehr deshalb, weil die normativen Bestimmungen von Tarifverträgen bereits nach deutschem Tarifvertragsrecht nicht Bestandteil der Einzelarbeitsverhältnisse werden, sondern vielmehr unmittelbar und zwingend auf diese einwirken.

14. Dogmatischer Ansatzpunkt für die kartellrechtliche Erfassung von Allgemeinverbindlicherklärungen ist die wettbewerbsrechtliche Verpflichtung der Mitgliedstaaten aus Art. 5 II, 3 lit. g) i.V.m. 85 EGV. Nach ständiger Rechtsprechung des EuGH verstößt ein Mitgliedstaat gegen diese Verpflichtungen, wenn er die spezifischen Auswirkungen einer kartellrechtswidrigen Vereinbarung verstärkt.

Ob allerdings die Allgemeinverbindlicherklärung eines marktregelnden Tarifvertrages mit den Wettbewerbsvorschriften des Vertrages kollidieren kann, wurde seitens des EuGH noch nicht entschieden. Das BAG verneinte die Frage in seiner Entscheidung über die tarifvertragliche Altersversicherung von Redakteuren.

Die Auffassung des BAG ist jedoch in dieser Pauschalität abzulehnen.

Vielmehr ist entscheidend auf die jeweilige Sachverhaltsgestaltung abzustellen:

(i) Handelt es sich um einen Tarifvertrag, der gegen Art. 85 EGV verstößt ohne freistellungsfähig zu sein, so verletzt eine nationale Behörde ihre wettbewerbsrechtlichen Vertragspflichten aus Art. 5 II, 3 lit. g) i.V.m. 85 EGV, wenn sie diesen für allgemeinverbindlich erklärt. Die Allgemeinverbindlicherklärung stellt ein Verstärken einer kartellrechtswidrigen Abrede im Sinne der Rechtsprechung des EuGH dar.

(ii) Schwieriger ist der Fall zu beurteilen, wenn es sich um Tarifverträge handelt, die entweder nicht spürbar, oder zwar spürbar, jedoch freigestellt sind. Dabei ist allerdings daran zu erinnern, daß die Freistellung eines marktregelnden Tarifvertrages nach geltendem Recht praktisch ausgeschlossen ist.

Wird durch die Allgemeinverbindlicherklärung bei Zugrundelegen einer wertenden Betrachtungsweise die Frage der Spürbarkeit nicht geändert, bzw. läßt sie die Bedeutung der prokompetitiven Wirkungen des Tarifvertrages unberührt, so liegt kein Verstoß eines Mitgliedstaates gegen Art. 5 II, 3 lit. g),

85 EGV vor, wenn er den fraglichen Tarifvertrag für allgemeinverbindlich erklärt.

Für freigestellte Tarifverträge gilt allerdings im umgekehrten Fall nicht notwendigerweise, daß das Überschreiten dieser qualitativen Grenze durch die Allgemeinverbindlicherklärung gleichbedeutend ist mit einem mitgliedstaatlichen Verstoß gegen die Wettbewerbsverpflichtungen. Denn die unter dem Gesichtspunkt von Art. 85 I EGV relevanten Tarifvertragsklauseln beschränken sich meist auf einzelne Wettbewerbsparameter und lassen einen Restwettbewerb zwischen den betroffenen Unternehmen bestehen. Solange der Restwettbewerb jedoch nicht unterbunden ist, ist auch die Allgemeinverbindlicherklärung unter dem Gesichtspunkt der Wettbewerbsvorschriften unschädlich.

Eine andere Beurteilung ist demgegenüber nur dann gerechtfertigt, wenn der Tarifvertrag sämtliche wesentlichen Parameter, die für die wettbewerbliche Auseinandersetzung zwischen den Unternehmen entscheidend sind, betrifft. Die Allgemeinverbindlicherklärung eines solchen Tarifvertrages stellte einen Verstoß des jeweiligen Mitgliedstaates gegen die wettbewerbsrechtlichen Verpflichtungen dar.

15. Am Ende dieser Untersuchung bleibt die Feststellung, daß die Diskussion über die angemessene Bewältigung des Konfliktes zwischen kollektivem Arbeitsrecht und Wettbewerbsrecht auf europarechtlicher Ebene erst am Anfang steht. Hierzu einen Beitrag zu leisten, war Ziel der vorliegenden Arbeit. Daß diese Auseinandersetzung langwierig und schwierig sein kann, zeigt das U.S. amerikanische Beispiel, wo sie seit mittlerweile 80 Jahren andauert[867].

---

[867] Der Bogen streckt sich von dem berühmten Fall Danbury Hatters' (Loewe v. Lawlor, 235 U.S. 522 [1915] und reicht bis in die Gegenwart: aus der jüngsten Rechtsprechung vgl. etwa In re Detroit Auto Dealers Association v. FTC, 955 F.2d 457 (6th Cir. 1992), cert. denied, 113 S.Ct. 461 (1992); Sheet Metal Workers Local Union No. 54 v. Etie Sheet Metal Co., 1 F.3d 1464 (5th Cir. 1993); Phoenix Electric Co. v. National Electrical Contractors Association, 861 F.Supp. 1498 (D. Or. 1994)

LITERATURVERZEICHNIS

Adamy, Wilhelm: Soziale Grundrechte in der EG, in: Arbeitsrecht der Gegenwart, Bd. 27 (1990), S. 21-32

Adomeit, Klaus: Grenzen der Tarifautonomie neu gezogen, in: NJW 1984, S. 595-596

\- Wen schützt das Arbeitsrecht? Stuttgart 1987

\- Unser Arbeitsrecht - europäisch getestet, in: NJW 1989, S. 155-156

\- Arbeitsrecht für die 90er Jahre, München 1991

Agnew, John H.: Competition Law, London 1985

Aigner, Martin: Ausgewählte Probleme in Zusammenhang mit der Allgemeinverbindlicherklärung von Tarifverträgen, in: DB 1994, S. 2545-2547

American Bar Association Section of Antitrust Law: ABA Antitrust Section, Antitrust Law Developments, Volume II, 3rd ed., Chicago 1992

Ansey, Siegfried/ Koberski, Wolfgang: Die Allgemeinverbindlicherklärung von Tarifverträgen, in: AuR 1987, S. 230-237

Armingeon, Klaus: Die Regulierung der kollektiven Arbeitsbeziehungen in der Europäischen Union, in: Streeck, Wolfgang, Staat und Verbände, Politische Vierteljahresschrift, Sonderheft 25, Opladen 1994, S. 207-222

Arnull, Anthony/ Ashkam, Tony u.a.: What Shall We Do on Sunday, in: ELR 1991 S. 112-124 EC Sunday Trading Rules, London 1990

Backhaus, Ludger: Können Tarifparteien auf Allgemeinverbindlicherklärung eines Tarifvertrages klagen? in: DB 1988, S. 115-119

Badura, Peter: Das Recht der Koalitionen-Verfassungsrechtliche Fragestellungen, in: Arbeitsrecht der Gegenwart, Bd. 15 (1978), S. 17-36 *van Bael, Ivo/ Bellis, Jean-François*: Competition Law of the European Community, 3rd. ed., Oxfordshire 1994

Bary, Gottfried von: Das Mißbrauchsverbot des Art. 86 EWGV, München 1986

Basedow, Jürgen: Von der deutschen zur europäischen Wirtschaftsverfassung, Tübingen 1992

- Die Wettbewerbspolitik in den Ausnahmebereichen, in: Beschränkung des staatlichen Einflusses in der Wirtschaft, FIW-Schriftenreihe, Heft 155, Köln 1993, S. 23-40

Bauer, Günter: Wettbewerbsbeschränkungen durch Staaten? Die Verantwortung der Mitgliedsstaaten der EG für den Wettbewerb im Gemeinsamen Markt, München 1990

Baums, Theodor: Kartellverbot und gemeinsamer Zweck, in: JuS 1990, S. 608-613

Baur, Jürgen F.: Der Mißbrauch im deutschen Kartellrecht, Tübingen 1972

- Schadensersatz und Unterlassungsansprüche bei Verstößen gegen die Kartellvorschriften des EWGV, in: EuR 1988, S. 257-272

Bechtold, Rainer: Zur Anwendung des Kartellverbots auf wettbewerbsbeschränkende Tarifverträge, in: RdA 1983, S. 99-101

- Kartellgesetz: Gesetz gegen Wettbewerbsbeschränkungen, München 1993

Beck, Thorsten: Rationalisierungsschutz und Grenzen der Tarifmacht, in: AuR 1981, S. 333-344 und 367-377

Behrens, Peter: Die ökonomischen Grundlagen des Rechts, Tübingen 1986

Beise, Marc: EG-Industriepolitik nach Maastricht: Der Europäische Gerichtshof als Hüter der Marktwirtschaft, in: Scholz, Rupert (Hrsg.), Deutschland auf dem Weg in die Europäische Union: Wieviel Eurozentralismus - Wieviel Subsidiarität?, Köln 1994, S. 320-328

Belke, Rolf: Grundfragen des Kartellverbots, in: ZHR 143 (1979), S. 74-94

Bellamy, Christopher/ Child, Graham: Common Market Law of Competition, 4th ed., London 1993

Beltz Rübelmann, Manfred: Zukunft der Tarifautonomie, Mannheim 1988

Bercusson, Brian: The European Community's Charter of Fundamental Social Rights of Workers, in: 1990 MLR, S. 624-642

Berg, Peter u.a.: Die Zulässigkeit tarifvertraglicher Besetzungsregelungen, in: RdA 1980, S. 299-313

Berger-Delhey, Ulf: Anmerkung zum Urteil des BAG v. 28.3.1990, in: EzA § 5 TVG Nr. 10, S. 21-24

Bernhadt, Rudolf: Zur Auslegung des europäischen Gemeinschaftsrechts, in: Festschrift für Kutscher, Baden-Baden 1981, S. 17-24

Beuthien, Volker: Mitbestimmung unternehmerischer Sachentscheidungen kraft Tarif- oder Betriebsautonomie, in: ZfA 1984, S. 1-30

- Die Unternehmensautonomie im Zugriff des Arbeitsrechts, in: ZfA 1988, S. 1-30

Beutler, Bengt: Die Erklärung des Europäischen Parlaments über Grundrechte und Grundfreiheiten vom 12. April 1989, in: EuGRZ 1989, S. 185-189

Biedenkopf, Kurt: Vertragliche Wettbewersbeschränkungen und Wirtschaftsverfassung, Heidelberg 1958

- Unternehmer und Gewerkschaften im Recht der Vereinigten Staaten, Heidelberg 1961

- Die Grenzen der Tarifautonomie, Karlsruhe 1964

- Sinn und Grenzen der Vereinbarungsbefugnis der Tarifparteien, in: Gutachten zum 46. DJT, München 1966, S. 97-167

- Die Entwicklung des Unternehmens in arbeitsrechtlicher Sicht, in: v. Caemmerer/Zweigert (Hrsg.), Deutsche Landesreferate zum VII. internationalen Kongreß für Rechtsvergleichung, Berlin 1967, S. 353-368

Binder, Martin: Allgemeine und rechtliche Aspekte der Mobilität von Arbeitnehmern, in: ZfA 1978, S. 75-130

Birk, Rolf: Das internationale Arbeitsrecht der Bundesrepublik Deutschland, in: RabelsZ 1982, S. 384-417

- Der Einfluß des Gemeinschaftsrechts auf die Entwicklung des Arbeitsrechts der Mitgliedstaaten, in: Lichtenberg (Hrsg.), Sozialpolitik in der EG, Baden-Baden 1986, S. 155-177

- Der Einfluß des Gemeinschaftsrechts auf das Arbeitsrecht der Bundesrepublik Deutschland, in: RIW 1989, S. 6-15

- Die Realisierung des europäischen Binnenmarktes 1992 und ihre Auswirkungen auf das Arbeitsrecht, in: NZA 1989, S. 329-334

- Die Auswirkungen des Rechts der EG auf das nationale Arbeitsrecht, in: ZAS 1989, S. 73-79

- Die Gesetzgebungszuständigkeit der Europäischen Gemeinschaft im Arbeitsrecht, in: RdA 1992, S. 68-73

- Die Tarifautonomie in rechtsvergleichender Sicht, in: RdA 1995, S. 71-76

Bispinck, Reinhard/ Lechner, Wolfgang (Hrsg.): Tarifpolitik und Tarifsysteme in Europa, Köln 1993

Bittner, Claudia: Neue Formen der Zusammenarbeit zwischen Arbeitgebern, Arbeitnehmern und Gewerk-schaften - Versuche zur Überwindung eines alten Antagonismus, in: ZIAS 1990, S. 346-366

Blank, Michael: Europäische Kollektivverträge und Sozialer Dialog, in: Arbeit und Recht, Festschrift für Albert Gnade, Köln 1992, S. 649-660

Blanpain, Roger: Labour Law and Industrial Relations of the European Union, Deventer 1992

Blanpain, Roger/ Klein, Elisabeth: Europäisches Arbeitsrecht, Baden-Baden 1992

Bleckmann, Albert: Teleologie und dynamische Auslegung des Europäischen Gemeinschaftsrechts, in: EuR 1979, S. 239-260

- Die Freiheiten des gemeinsamen Marktes als Grundrechte, in: Gedächtnisschrift für Christoph Sasse, Band II, Kehl am Rhein 1981, S. 665-684

- Zu den Auslegungsmethoden des EuGH, in: NJW 1982, S. 1177-1182

- Ordungsrahmen für das Recht der Subventionen, Gutachten zum 55. DJT, internationaler Teil, in: Rabelsz 1984, S. 419-455

- Die Bindung der EG an die EMRK, Köln 1986

- Zum Begriff des Gemeinsamen Marktes im EWGV, in: MDR 1986, S. 5-10

- Europarecht, 5. Aufl., München 1990

- Das Verbot der Wettbewerbsverfälschung im EWGV, in: Festschrift für Rudolf Lukes, Köln 1989, S.273-286

Bleckmann, Albert/ Pieper, Ulrich: Maastricht, die grundgesetzliche Ordnung und die "Superrevisionsinstanz" in: RIW 1993, S. 969-977

Bøegh Henriksen, Ulla: Anti-Competitive State Measures in the European Community, Copenhagen 1994

Böhm, Franz: Kartelle und Koalitionsfreiheit, Berlin 1933

Börner, Bodo: Wirtschaftswissenschaftliche Begriffe im GWB, in: FIW-Schriftenreihe, Heft 75, Köln 1976, S. 77-86

Borchardt, Knut/ Fikentscher, Wolfgang: Wettbewerb, Wettbewerbsbeschränkung, Marktbeherrschung, Stuttgart 1957

Bork, Robert H.: The Antitrust Paradox. A Policy at War with Itself, New York 1993

Brauchitsch, Isabelle v.: Staatliche Zwangsschlichtung, Frankfurt/Main 1990

- Arbeitskampf und Schlichtung, AuR 1993, S. 137-141

Bredimas, Anna E.: Methods of interpretation and Community Law, Amsterdam 1978

Brothwood, Michael: The Court of Justice on Art. 90 of the EEC Treaty, in CMLR 1983, S. 336-346

Brunn, Johann Heinrich v.: Die Verpflichtung der EWG-Staaten zur Wettbewerbswirtschaft, Köln 1965

Buchner, Herbert: Rezension der Abhandlung von Mathys: "Das Verhältnis zwischen Kartellrecht und kollektivem Arbeitsrecht", in: ZHR Bd. 134 (1970), S. 165-166

- Die sozialpolitische Entwicklung der Europäischen Gemeinschaft im Spannungsfeld von hoheitlicher Regelung und tarifautonomer Gestaltung, in: RdA 1993, S. 193-203

- Tarifzuständigkeit beim Abschluß von Verbands- und Firmentarifverträgen, in: ZfA 1995, S. 92-121

Bulla, Werner: Tarifverträge über Rationalisierungsmaßnahmen in Betrieben und Unternehmen, in: DB 1980, S. 103-108 und 158-161

Bundeskartellamt: Quo vadis, Wettbewerbspolitik, Berlin 1988

Bunte, Hermann-Josef/ Sauter, Herbert: EG-Gruppenfreistellungsverordnungen, München 1988

Buttler, Friedrich: Regulierung und Deregulierung der Arbeitsbeziehungen, in: Winterstein, Helmut (Hrsg.), Sozialpolitik in der Beschäftigungskrise II, Berlin 1986

Butzer, Hermann: Verfassungsrechtliche Grundlagen zum Verhältnis zwischen Gesetzgebungshoheit und Tarifautonomie, in: RdA 1994, S. 385-394

Campbell, J.: Labor Law and Economics, in: 38 Stan.L.Rev. (1986), S. 991-1064

Caspari, Manfred: Europäisches Wettbewerbsrecht und nationale Ausnahmebereiche, in: Problematik der Ausnahmebereiche im Kartellrecht, in: FIW-Schriftenreihe, Heft 128, Köln 1988, S. 69-78

-	EWG-Wettbewerbsrecht - Praxis der Kommis sion, in: WuR 1989, S. 15-33
Cloos, Jim/ Reinesch, Gaston/ Vignes, Daniel/ Weyland, Joseph:	Le Traité De Maastricht, Brüssel 1993
Constantinesco, Vlad:	La Structure du Traite Instituant L'Union Européenne, in: Cahiers de droit européen 1993, S. 251-284
Córdova, Efren:	Collective Bargaining, in: Blanpain, Roger (Hrsg.), Comparative Labour Law and Industrial Relations, 2d. ed., Deventer 1985, S. 307-334
Curtin, Deirdre:	The Constitutional Structure of the Union: A Europe of Bits and Pieces, in: CMLRev. 1993, S. 17-69
Däubler, Wolfgang:	Das Grundrecht auf Mitbestimmung und seine Realisierung durch tarifvertragliche Begründung von Beteiligungsrechten, Frankfurt 1973
-	Soziale Mindeststandards in der EG - eine realistische Perspektive?, in: Birk, Rolf (Hrsg.), Die soziale Dimension des Europäischen Binnenmarktes, Baden-Baden 1990, S. 49-71
-	Europäische Tarifverträge nach Maastricht, in: EuZW 1992, S. 329-336
-	Tarifvertragsrecht, 3. Aufl., Baden-Baden 1993
Däubler, Wolfgang/ Hege, Hans:	Tarifvertragsrecht, 2. Aufl., Baden-Baden 1981
Dauses, Manfred (Hrsg.):	Handbuch des EG-Wirtschaftsrechts, München 1993
-	Die Rechtsprechung des EuGH zum Verbraucherschutz und zur Werbefreiheit im Binnenmarkt, in: EuZW 1995, S. 435-431
Deregulierungskommission:	Marktöffnung und Wettbewerb, Stuttgart 1991
Deringer, Arved:	EWG-Wettbewerbsrecht, Kommentar zu den EWG-Wett-bewerbsregeln (Art. 85 bis 94), Düsseldorf 1962
Dichmann, Werner:	Kollektive Interessenvertretung, Recht und ökonomische Effizienz, Freiburg i.Br. 1992

Donges, Juergen: Deregulierung am Arbeitsmarkt und Beschäftigung, Tübingen 1992

Dorndorf, Eberhard: Mehr Individualvertragsfreiheit im Arbeitsrecht?, in: Arbeit und Recht, Festschrift für Albert Gnade, Köln 1992, S. 39-55

- Das Verhältnis von Tarifautonomie und individueller Freiheit als Problem dogmatischer Theorie, in: Arbeitsrecht in der Bewährung, FS für Otto Rudolf Kissel, München 1994, S. 139-159

Dürig, Günther: Art. 9 GG in der Kartellproblematik, in: NJW 1955, S. 729-733

Dütz, Wilhelm: Koalitionsautonome Regelung der Arbeits- und Wirtschaftsbedingungen auf der Grundlage der bundesverfassungsrechtlichen Rechtsprechung, in: JA 1987, S. 405-415

Dreher, Meinrad: Die einzelstaatliche Regulierung des Wettbewerbs und das europäische Recht, in: WuW 1994, S. 193-210

Edward, David: Constitutional Rules of Community Law In EEC Competition Cases, in: 1989 Fordham Corporate Law Institute, S. 383-418

Ehlermann, Claus-Dieter: The Contribution of EC Competition Policy To The Single Market, in: CMLR 1992, S. 257-282

- Der Beitrag der Wettbewerbspolitik zum Europäischen Binnenmarkt, in: WuW 1992, S. 5-20

Ehricke, Ulrich: Staatliche Regulierungen und EG-Wettbewerbsrecht, in: WuW 1991, S. 183-191

- Staatliches Arbeitsvermittlungsmonopol und Gemeinschaftsrecht, in: WuW 1991, S. 970-977

- Der Art. 90 EWGV - eine Neubetrachtung, in: EuZW 1993, S. 211-216

- Die Kontrolle von Eingriffen der EG-Kommission bzw. des Ministerrates der EG in den Wettbewerb durch das Gemeinschaftsrecht, in: Scholz, Rupert (Hrsg.), Deutschland auf dem Weg in die Europäische Union: Wieviel Eurozentralismus - Wieviel Subsidiarität, Köln 1994, S. 379-384

- Staatliche Eingriffe in den Wettbewerb - Kontrolle durch Gemeinschaftsrecht, Baden-Baden 1994

Eich, Rolf-Achim: Tarifverträge und Sozialbeziehungen am Beispiel der chemischen Industrie, in: NZA 1995, S. 149-155

Eickhof, Norbert: Soziale Marktwirtschaft und wettbewerbspolitische Ausnahmebereiche, in: Fischer, Wolfram (Hrsg.): Währungsreform und Soziale Marktwirtschaft, Berlin 1989, S. 135-148

Eisold, Holger: Tarifpolitik bei Arbeitslosigkeit in der sozialen Marktwirtschaft, Frankfurt/Main 1989

Emmerich, Volker: Nationale Postmonopole und europäisches Gemeinschaftsrecht, in: EuR 1983, S. 216-226

- Die Ausnahmebereiche in dem Regierungsentwurf der fünften GWB-Novelle, in: WuW 1989, S. 363-376

- Kartellrecht, 7. Aufl., München 1994

Enderlein, Wolfgang: Zur Richtigkeitsgewähr der tarifvertraglichen Einigung als Leitgedanken des Arbeitskampfrechts, in: RdA 1995, S. 264-280

Erman, Walter: Handkommentar zum BGB, 8. Aufl., Münster 1989

Erdmenger, Jürgen: Zur Anwendung des EG-Kartellrechts auf die Seeschiffahrt, in: Festschrift für Peter Raisch, Köln 1995, S. 387-415

Esch, Bastian v. d.: The System of Undistorted Competition of Article 3(f) of the EEC Treaty and the Duty of Member States to Respect the Central Parameters Thereof, in: Fordham International Law Journal 1988, S.409-431

- Der Stellenwert des unverfälschten Wettbewerbs, in: WuW 1988, S. 563-575

- Die Artikel 5, 3 f., 85/86 und 90 EWGV als Grundlage der wettbewerbsrechtlichen Verpflichtung der Mitgliedsstaaten, in: ZHR 155 (1991), S. 274-299

Eucken, Walter: Grundsätze der Wirtschaftspolitik, 5. Aufl., Tübingen 1975

Everling, Ulrich: Das Europäische Gemeinschaftsrecht im Spannungsfeld von Politik und Wirtschaft, in: Festschrift für Hans Kutscher, Baden-Baden 1981, S. 155-187

- Zur neueren EuGH-Rechtsprechung zum Wettbewerbsrecht, in EuR 1982, S. 301-314

- Zum Vorrang des EG-Rechts vor nationalem Recht, in: DVBL 985, S. 1201-1206

- Rechtsanwendungs- und Auslegungsgrundsätze des Gerichtshofs der Europäischen Gemeinschaften, in: Kruse, Heinrich Wilhelm (Hrsg.): Zölle, Verbrauchsteuern, europäisches Marktordnungs-recht, Köln 1988, S. 51-73

- Der Beitrag des EuGH zur Weiterentwicklung des Wettbewerbsrechts der Gemeinschaft, in: FIW-Schriftenreihe, Heft 134, Köln 1989, S. 103-121

- EG-Wettbewerbsrecht - Praxis des Gerichtshofs, in: WuR 1989, S. 34-52

Feger, Dieter: Die Grundrechte in den übrigen Mitgliedsstaaten der EG einschließlich der Rechte der EMRK, in: JURA 1987, S. 6-16

Fels, Gerhard: Beruf und Arbeitsrecht im EG-Binnenmarkt, Köln 1989

Fikentscher, Wolfgang: Zu Begriff und Funktion des "gemeinsamen Zwecks" im Gesellschafts- und Kartellrecht, in Festschrift für H. Westermann, 1974, S. 87-96

- Wirtschaftsrecht, Band I, München 1983

Fikentscher, Wolfgang/ Heinemann, Andreas: Der "Draft International Antitrust Code" - Initiative für ein Weltkartellrecht, in WuW 1994, S. 97-107

Fleischer, Holger: Absprachen im Profisport und Art. 85 EGV, in: WuW 1996, S. 473-485

Forrester, Ian/ Norall, Christopher: The Laicization of Community Law: Self-Help and the Rule of Reason: How Competition Law Is and Could Be Applied, in: CMLR 1984, S. 11-51

Frankfurter Kommentar zum Gesetz gegen Wettbewerbsbeschränkungen: Band 1, 3. Aufl., Stand: 30. Lieferg., Köln Januar 1993

Friauf, Karl Heinrich: Eigentum am Unternehmen, Köln 1977

Friedrich, Klaus: Probleme der Tarifverträge mit Auslandsberührung, in: RdA 1980, S. 109-116

Frieges, Holger: Wegfall der Tarifbindung und einzelvertragliche Inbezugnahme von Tarifverträgen, in: DB 1996, S. 1281-1283

Frignani, Aldo/ Waelbroeck, Michel: Disciplina della concorrenza nella CEE, Terza edizione, Napoli 1983

Fritzsche, Jörg: Die Auslegung des § 1 GWB und die Behandlung von Einkaufsgemeinschaften im Kartellrecht, in: FIW-Schriftenreihe, Heft 149, Köln 1993

\- "Notwendige" Wettbewerbsbeschränkungen im Spannungsfeld von Verbot und Freistellung nach Art. 85 EGV, in: ZHR 160 (1996), S. 31-58

Furter, Robert: Kollektives Arbeitsrecht und Kartellrecht: Über Sinn und Grenzen der Tarifautonomie unter wirtschaftlichen Gesichtspunkten, Diss. Bern 1982

Gaertner, Reinhard: Wandlung in der Interpretation des § 1 GWB durch die Rechtsprechung, Diss. Mainz 1984

Gamillscheg, Franz: Die Grundrechte im Arbeitsrecht, in AcP 164 (1964), S. 385-445

\- "Betrieb" und "Bargaining unit" - Versuch eines Vergleichs zweier Grundbegriffe, in: ZfA 1975, S. 357-400

\- Die Grundrechte im Arbeitsrecht, Berlin 1989

Gamm, Otto Friedrich Frhr. v.: Wettbewerbsrecht, Köln 1987

\- Neuere Rechtsprechung zum Kartellverbot und zur Abgrenzung der zu einem gemeinsamen Zweck geschlossenen Verräge, in: NJW 1988, S. 1245-1250

- Kartellrecht, Kommentar zum Gesetz gegen Wettbewerbsbeschränkungen und zu Art. 85, 86 EWGV, 2. Aufl., München 1990

Gandenberger, Otto: Was ist ein Unternehmen? Volkswirtschaftliche Überlegungen zum GWB, Heidelberg 1963

Gayk, Andreas: Restriktionen des Tatbestandes des Art. 85 Abs. 1 EWG-Vertrag, Diss. Tübingen 1991

Gellhorn, Ernest/ Kovacic, William E.: Antitrust Law and Economics, 4th ed., St. Paul, 1994

Gifford, J.: Redefining the Antitrust Labor Exemption, in: 72 Minn.L.Rev. (1988), S. 1379-1438

Gleiss, Alfred/ Hirsch, Martin: Kommentar zum Kartellrecht, Bd. 1, 4. Aufl., Heidelberg 1993

Gnoth, Karl: Die deutschen Arbeitskosten sind zu hoch, in: Die Bank 1994, S. 68-75

Görgens, Egon: Die Beeinträchtigung marktwirtschaftlicher Anpassungsfähigkeit durch ordnungspolitische Fehlsteuerungen: Das Beispiel Arbeitsmarkt, in: Ordo Bd. 40 (1989), S. 383-399

Götz, Volkmar: Verfassungscharakter interventionistischer Regulierung nach europäischem Gemeinschaftsrecht im Vergleich mit dem Grund-gesetz, in: JZ 1989, S. 1021-1024

Gormley, L.W.: Prohibiting restrictions on Trade within the E.E.C., Amsterdam 1985

Goyder, D.G.: EEC Competition Law, 2nd ed., Oxford 1993

Grabitz, Eberhard: Das Verhältnis des Europarechts zum nationalen Recht, in: Kruse, Heinrich Wilhelm: Zölle, Verbrauchsteuern, europäisches Marktordnungsrecht, Köln 1988, S. 33-49

- Über die Verfassung des Binnenmarktes, in: Festschrift für Ernst Steindorff, Berlin 1990, S. 1229-1246

- Kommentar zum EWG-Vertrag, Bd. 1 München, Stand September 1992

Groeben, Hans, v.d.: Zur Wirtschaftsordnung der Europäischen Gemeinschaft, in: Intergration 1/81, S. 3-21

- EG-Wettbewerbsregeln und Wettbewerbspolitik als Instrumente der europäischen Integration, in: FIW-Schriftenreihe, Heft 75, Köln 1976, S. 105-122

- Probleme einer europäischen Wirtschaftsordnung, in: Europarecht, Energierecht, Wirtschaftsrecht, FS für Bodo Börner, Köln 1992, S. 99-125

Groeben, Hans v.d./ Thiesing, Jochen/ Ehlermann, Claus-Dieter: Kommentar zum EWG-Vertrag, 4. Aufl., Baden-Baden 1991

Groger, Thomas/ Janicki, Thomas: Weiterentwicklung des Europäischen Wettbewerbsrechts, in: WuW 1992, S. 991-1005

Grussendorf, Werner: Die Problematik des Art. 90 EWGV, in WuW 1965, S. 383-387

Gyselen, Luc: State Action and the Effectiveness of the EEC Treaty's Competition Provisions, in: CMLR 1989, S. 33-60

Hagemeier, Christian/ Kempen, Otto Ernst/ Zachert, Ulrich/ Zilius, Jan: Tarifvertragsgesetz. Kommentar für die Praxis, 2. Aufl., Köln 1992

Hanau, Peter: Die tarifvertragliche Regelungsbefugnis der Sozialversicherungsträger, Stuttgart 1982

- Handlungsbedarf im Arbeitsrecht aus rechtlicher Sicht, in: RdA 1988, S. 1-4

- Neues im Europäischen Arbeitsrecht, in: Das Arbeitsrecht der Gegenwart Bd 28 (1991), S. 89-112

- Das Arbeitnehmer-Entsendegesetz, in: NJW 1996, S. 1369-1373

Handler, Milton/ Zifchak, William: Collective Bargaining and the Antitrust Laws: The Emasculation of the Labor Exemption, in: 81 Col.L.Rev., S. 459-515

Hartley, Trevor Clayton: The Foundations of European Community Law, Oxford 1981

Hancher, Leigh/ Slot, Piet Jan: Article 90, in: ECLR 1990, S. 35-39

Hauschka, Christoph: Arbeitsrechtliche Rahmenbedingungen des EG-Binnenmarktes 1992, in: R.I.W. 1990, S. 81-91

Heinze, Meinhard: Tarifautonomie und sog. Günstigkeitsprinzip, in: NZA 1991, S. 329-336

- Europa und das nationale Arbeits- und Sozialrecht - Maastricht und die Konsequenzen, in: Arbeitsrecht in der Bewährung, Festschrift für Otto Rudolf Kissel, München 1994, S. 363-386

- Kollektive Arbeitsbedingungen im Spannungsfeld zwischen Betriebs- und Tarifautonomie, in: NZA 1995, S. 5-8

Hendriks, Birger: Arbeitsrechtliche Vereinbarungen und Kartellrecht, Diss. Hamburg 1976

- Die kartellrechtliche Zulässigkeit von Streikhilfeabkommen, in: ZHR 141 (1977), S. 1-17

Henssler, Martin: Flexibilisierung der Arbeitsmarktordnung, in: ZfA 1994, S. 487-515

Herschel, Wilhelm: Teilnichtigkeit kollektiver Regelungen, in: BB 1965, S. 791-792

- Kernbereichslehre und Kodifikationsprinzip in der Tarifautonomie, in: AuR 1981, S. 265-269

Hilf, Meinhard/ Pache, Eckhard: Das Bosman-Urteil des EuGH, in: NJW 1996, S. 1169-1177

Hilf, Meinhard/ Wilms, Benno: Europa 1992: Europäisches Arbeits- und Sozialrecht, in: JuS 1992, S. 368-372

Hilger, Marie Luise: Zum "Arbeitnehmerbegriff", in: RdA 1989, S.1-7

Himmelmann, Gerhard: Lohnbildung durch Kollektivverhandlungen, Berlin 1971

Hintermayer, Martin: Der Beitrag der deutschen Rechtsprechung zu Art. 85, 86, München 1984

Hoffman, Alan B.: Anti-competitive State Legislation Condemned Under Art. 5, 85, 86 of the EEC Treaty: How Far Should the Court Go After Van Eycke, in: ECLR 1990, S. 11-27

Hoffmann, Elinor: Labor and Antitrust Policy: Drawing a Line of Demarcation, in: 50 Brooklyn L.Rev. (1983), S. 1-51

Hohenstatt, Klaus-Stefan: Der Europäische Betriebsrat und seine Alternativen, in: EuZW 1995, S. 169-172

Homburger, Eric/ Schmidhauser, Bruno/ Hoffet, Franz/ Ducrey, Patrick: Kommentar zum schweizerischen Kartellgesetz, Zürich 1996

Hommelhoff, Peter: Industriepolitik versus Wettbewerbspolitik im Maastricht-Vertrag, in: Hommelhoff, Peter/ Kirchhof, Paul (Hrsg.), Der Staatenverbund der Europäischen Union, Heidelberg 1994

Hoyningen-Huene, Gerrick v.: Die Allgemeinverbindlicherklärung der Vorruhestandstarifverträge im Baugewerbe, in: BB 1986, S. 1909-1914

Hrbeck, Rudolf: Kontroversen und Manifeste zum Vertrag von Maastricht, in: Integration 4/1992, S. 225-245

Hübner, Klaus: Außerkartellrechtliche Einschränkungen des Kartellrechts, Köln 1971

Hueck, Alfred/ Nipperdey, Hans Carl: Lehrbuch des Arbeitsrechts, Bd. II/1, 7. Aufl., Berlin 1967

ifo Institut für Wirtschaftsforschung: Überprüfung des Ladenschlußgesetzes vor dem Hintergrund der Erfahrungen im In- und Ausland, München 1995

Immenga, Ulrich: Grenzen des kartellrechtlichen Ausnahmebereichs Arbeitsrecht, München 1989

-: Nationale Ausnahmeregelungen vom Recht der Wettbewerbsbeschränkungen als Verstoß gegen Gemeinschaftsrecht, in: Festschrift für Ernst Steindorff, Berlin 1990, S. 967-978

Immenga, Ulrich/ Mestmäcker, Ernst-Joachim: GWB Gesetz gegen Wettbewerbsbeschränkungen, Kommentar, 2. Aufl., München 1992

Ipsen, Hans Peter: Europäisches Gemeinschaftsrecht, Tübingen 1972

Jacobs, D.M./ Stewart-Clark, J.: Competition Law in the EC, 2nd ed., London 1991

Jakobs, Francis G.: Civil Enforcement of EEC antitrust law, in: Festschrift für Eric Stein, 2. Aufl., Baden-Baden 1987, S. 226-238

Jansen, Bernhard: Das Arbeits- und Sozialrecht im Zweck- und Kompetenzgefüge der Europäischen Gemeinschaften, in: Nicolaysen, Gert/Rabe, Hans-Jürgen (Hrsg.), Europäisches Arbeits- und Sozialrecht, EuR 1990, Beiheft 1, S. 5-15

Jestaedt, Thomas/ Tostmann, Stefan: Die Bereichsausnahmen des GWB und Art. 85 I EWGV, in: WuW 1991, S. 275-287

Johannes, Hartmut: Zum Begriff der Wettbewerbseinschränkung in Art. 85 Abs I des EWG-Vertrages, in: AWD des BB 1968, S. 408-415

Joliet, Rene: The Rule of reason in Antitrust law: American, German and Common Market Laws in Corporate Perspective, Liège/La Haye 1967

-: National Anti-Competitive Legislation And Community Law, in: 1988 Fordham Corporate Law Institute, Chap. 16

-: Réglementations étatiques anticoncurrentielles et droit communautaire, in: Cahiers de Droit Européen 1988, S. 363-383

Joost, Detlev: Betrieb und Unternehmen als Grundbegriffe im Arbeitsrecht, München 1988

Junker, Abbo: Der Flächentarifvertrag im Spannungsverhältnis von Tarif-autonomie und betrieblicher Regelung, in: ZfA 1996, S. 353-417

Junker, Abbo/ Wichmann, Julia: Das Arbeitnehmer-Entsendegesetz - Doch ein-Verstoß gegen Europäisches Recht?, in: NZA 1996, S. 505-513

Käppler, Renate: Tarifvertragliche Regelungsmacht, in: NZA 1991, S. 745-754

Kantzenbach, Erhard: Die Funktionsfähigkeit des Wettbewerbs, 2.Aufl., Göttingen 1967

Kapteyn, Paul/ Verloren Van Themaat: Introduction to the law of the European Communities, 2nd ed., Boston 1989

Kartte, Wolfgang: Entscheidung für den Wettbewerb - Marktwirtschaftliche Ordnungspolitik im EG - Binnenmarkt, in: Referat einer Fachveranstaltung von BILD, Hamburg 1989

- Chancen und Risiken für den Wettbewerb im EG-Binnenmarkt, in: Festschrift für Fritz Rittner, 1991, S. 251-264

Kaufmann, Karl-Heinz: Arbeitsmarkt und Wettbewerbspolitik, Bern 1970

Kempen, Otto Ernst: Ansätze zu einer Neuorientierung des gegenwärtigen Tarifvertragsrechts, in: AuR 1980, S. 193-203

Keuchel, Matthias: Kann der Arbeitsmarkt dem Wettbewerb unterworfen werden?, Köln 1989

Kirchhof, Paul: Deutsches Verfassungsrecht und Europäisches Gemeinschafts-recht, in: Europarecht, Beiheft I/1991, S. 11-26

Kissel, Otto Rudolf: Das Spannungsverhältnis zwischen Betriebsvereinbarung und Tarifvertrag, in: NZA 1986, S. 73-80

- Kollektive Arbeitsbedingungen im Spannungsfeld zwischen Tarif- und Betriebsautonomie, in: NZA 1995, S. 1-5

Kittner, Michael: Arbeitsrecht und marktwirtschaftliche Unternehmensführung - ein Gegensatz?, in AuR 1995, S. 385-395

Kitz, Heinz-E.: Die Koalitionsfreiheit der Arbeitnehmer nach der Europäischen Menschenrechtskonvention und der Europäischen Sozialcharta, in: Die Koalitionsfreiheit des Arbeitnehmers, MPI für ausländisches öffentliches Recht und Völkerrecht (Hrsg.), Berlin 1980, S. 1073-1098

Klaue, Siegfried: Zum gemeinsamen Zweck in § 1 GWB, in: BB 1964, S. 538-540

- Einige Bemerkungen über die Herkunft der Zweischrankentheorie, in: Festschrift für Ernst Steindorff, Berlin 1990, S. 979-988

Klein, Eckart: Unmittelbare Geltung, Anwendbarkeit und Wirkung von EG-Recht, in: Vorträge, Reden und Berichte aus dem Europa-Institut, Heft 119, Saarbrücken 1988

Köhler, Helmut: Wettbewerbsverbote bei Veräußerung und Stillegung von Unternehmen in kartellrechtlicher Sicht, in: ZHR 148 (1984), S. 487-496

Köhler, Karl-Heinz, v.: Wie weit gilt im Wettbewerbsrecht der Grundsatz der Einheit der Rechtsordnung?, in: NJW 1971, S. 118-121

Koenigs, Folkmar: Die Beeinträchtigung des Handels zwischen Mitgliedstaaten als Abgrenzungskriterium europäischen und nationalen Kartellrechts, in: Strafrecht, Unternehmensrecht, Anwaltsrecht, Festschrift für Gerd Pfeiffer, Köln 1988, S. 569-588

\- EWG-Kartellrecht, in: Schwerpunkte des Kartellrechts 1986/87, FIW-Schriftenreihe, Heft 127, Köln 1988

\- Rechtsfragen des Arbeitnehmer-Entsendegesetzes und der EG-Entsenderichtlinie, in: DB 1997, S. 225-231

Koller, Ingo: Die Zulässigkeit von Rationalisierungsschutzabkommen in Tarifverträgen, in: ZfA 1978, S.45-74

Kommission der Europäischen Gemeinschaften: Vollendung des Binnenmarktes - Weißbuch der-Kommission an den Europäischen Rat, Luxemburg 1985

\- Soziales Europa - die soziale Dimension des Binnenmarktes, Luxemburg 1988

\- Wachstum, Wettbewerbsfähigkeit, Beschäftigung - Weißbuch, Luxemburg 1993

\- Europäische Sozialpolitik, Weichenstellung für die Europäische Union - Grünbuch, Luxemburg 1993

\- Europäische Sozialpolitik - Weißbuch, Luxemburg 1994

Konertz, Wolfram: Tarifrechtliche Regelungsmöglichkeiten der Rationalisierung, Frankfurt 1983

Konzen, Horst: Die Tarifautonomie zwischen Akzeptanz und Kritik, in: NZA 1995, S. 913-920

- Der europäische Einfluß auf das deutsche Arbeitsrecht nach dem Vertrag über die europäische Union, in: EuZW 1995, S. 39-50

Korah, Valentine: An Introductory Guide to EEC Competition Law and Practice, 4th ed., Oxford 1990

Kraft, Alfons/ Hönn, Günther: Streikhilfeabkommen im Schnittpunkt von Kartell- und Arbeitsrecht, in: ZHR 141 (1977), S. 230-255

Kriebel, Volkhart: Zentralisation und Dezentralisation im Tarifsystem, Berlin 1984

Krimphove, Dieter: Europäisches Arbeitsrecht, in: EuZW 1993, S. 244-250

- Europäisches Arbeitsrecht, München 1996

Krokowski, Michael: Regulierung in der BRD, Hamburg 1988

Kronberger Kreis: Mehr Markt im Arbeitsrecht, Frankfurt/Main 1986

Kronke, Herbert: Regulierungen auf dem Arbeitsmarkt, Baden-Baden 1990

Krüger, Herbert: Sinn und Grenzen der Vereinbarungsbefugnis der Tarifparteien, in: Gutachten für den 46. DJT, S. 9-96, München 1966

Küsters, Hans Jürgen: Die Gründung der Europäischen Wirtschaftsgemeinschaft, Baden-Baden, 1982

Küttner, Wolfdieter/ Rebel, Wolfgang: Rechtsprobleme der Tarifverträge über Arbeitszeitverkürzung und Arbeitszeitflexibilisierung, in: DB 1985, S. 172-178

Kulka, Michael: Kollektives Arbeitsrecht und Kartellrecht, in: WuW 1987, S. 5-23

- Die kartellrechtliche Zulässigkeit von Tarifverträgen über das Ende der täglichen Arbeitszeit im Einzelhandel, in: RdA 1988, S. 336-346

- Art. 5 II EWG-Vertrag und die Ausnahmebereiche des GWB, in: WRP 1989, S. 769-779

- Das Verhältnis von Art. 85 und 86 EWGV, in: Festschrift für Fritz Rittner, München 1991, S. 343-368

Kurz, Stefan: Das Verhältnis der EG-Fusionskontrollverordnung zu Artikel 85 und 86 des EWG-Vertrages, Frankfurt 1993

Kuyper, Pieter Jan: Anmerkung zum Urteil des Gerichtshofes vom 10.1.1985, Leclerc-Bücher, in: CMLR 1985, S. 787-811

Lang, John Temple: Community Constitutional Law: Article 5 EEC Treaty, in: CMLR 1990, S. 645-681

Langen, Eugen/ Bunte, Hermann-Joseph: Kommentar zum deutschen und europäischen Kartellrecht, 7. Aufl., Berlin 1994

Langen, Eugen/ Niederleithinger, Ernst/ Ritter, Lennart/ Schmidt, Ulrich: Kommentar zum Kartellgesetz, 6. Aufl., Darmstadt 1982

Langer, Lutz: Der Begriff Unternehmen im GWB, Berlin 1978

Langguth, Gerd: Grundrechtsschutz und Europäische Union, in: EuZW 1991, S. 393-394

Lasok, Paul: The Law of the Economy in the EEC, London 1980

-: Unwritten Principles of Community Law, in: Vorträge, Reden und Berichte aus dem Europa-Institut, Heft 8, Saarbrücken 1982

Le Friant, Martine: Die Tarifverhandlungen in grenzüberschreitenden Unternehmen, in: NZA 1994, S. 158-162

Lehmann, Michael: Das Prinzip Wettbewerb, in: JZ 1990, S. 61-67

Leinemann, Wolfgang: Die Zukunft des Arbeitsrechts im Gemeinsamen Markt, in: Ernsthaler, Jürgen (Hrsg.), Europäischer Binnenmarkt - Stand und Perspektiven der Rechtsharmonisierung, Berlin 1989, S. 79-94

Lenz, Carl Otto: Die Rechtsprechung des Gerichtshofes der Europäischen Gemeinschaften zur Anwendung des EWG-Vertrages auf den Luftverkehr, in: Europarecht, Energierecht, Wirtschaftsrecht, Festschrift für Bodo Börner, Köln 1992

Lenz, Uwe: Personenverbände, Verbandspersonen, Kartellverträge, München 1987

Leslie, Douglas L.: Labor Law, 3rd Ed., St. Paul 1992

\- Principles of Labor Antitrust, in: 66 Va.L.Rev. (1980), S. 1183-1234

Lichtenberg, Hagen (Hrsg.): Sozialpolitik in der EG, Baden-Baden 1986

Lieb, Manfred: Arbeitsrecht, 4. Aufl., Heidelberg 1989

Lieberknecht, Otfried: Das Verhältnis der EWG-Gruppenfreistellungsverordnungen zum deutschen Kartellrecht, in: Festschrift für Gerd Pfeiffer, Köln 1988, S. 589-606

Linnenkohl, Karl: Deregulierung und Arbeitsmarkt, in: Arbeitsrecht der Gegenwart Bd. 29 (1992), S. 127-142

Linnenkohl, Karl/ Kilz, Gerhard/ Reh, Dirk: Die arbeitsrechtliche Bedeutung des Begriffs "Deregulierung", in: BB 1990, S. 2038-2043

Loewenheim Ulrich/ Belke Rolf: Gesetz gegen Wettbewerbsbeschränkungen, Kommentar, Herne 1986

Löwisch, Manfred: Günstigkeitsprinzip als Kartellverbot, in: Festschrift für Fritz Rittner, München 1991, S. 381-389

Löwisch, Manfred/ Rieble, Volker: Tarifvertragsgesetz. Kommentar, München 1992

Loos, Alexander: Arbeitskampfhilfeabkommen der Arbeitgeberseite im Schnittpunkt von Wettbewerbsrecht und Arbeitsrecht, Diss. Marburg 1979

Loritz, Karl-Georg: Tarifautonomie und Gestaltungsfreiheit des Arbeitgebers, Berlin 1990

\- Sinn und Aufgabe der Mitbestimmung heute, in: ZfA 1991, S. 1-33

Lutter, Marcus (Hrsg.): Rechtsgrundlagen freiheitlicher Unternehmenswirtschaft, Köln 1991

Mac Gowan, Nicholas/ Quinn, Mary: Could Art 30 Impose Obligations on Individuals, in: ELR1987, S. 163-178

Mäßen, Christian/ Mauer, Reinhold: Allgemeinverbindlicherklärung von Tarifverträgen und verwaltungsgerichtlicher Rechtsschutz, in: NZA 1996, S. 121-126

Mahlein, Leonhard: Streik in der Druckindustrie: Erfolgreicher Widerstand, in: GMH 1978, S. 261-271

Markert, Kurt: Tarifvereinbarungen und Antitrustrecht, in: WuW 1965, S. 922-928

- Wettbewerb und Wirtschaftspolitik in der EWG, in: EuR 1970, S. 349-366

- Nationales Kartellrecht im europäischen Binnenmarkt, Saarbrücken 1988

Marks, Randall: Labor and Antitrust: Striking a Balance without Balancing, in: 35 Am.U.L.Rev. (1986), S. 699-771

Mathys, Peter: Das Verhältnis zwischen Kartellrecht und kollektivem Arbeitsrecht, Basler Studien zur Rechtswissenschaft, Heft 88, Basel 1969

Matthies, Heinrich: Die Verfassung des Gemeinsamen Marktes, in: Bieber/Bleckmann/Caporti (Hrsg.), Das Europa der zweiten Generation, Baden-Baden 1981, S. 115-130

Maunz, Theodor/ Dürig, Günter: Grundgesetz Kommentar, Band I, München 1993

May, Matthias: Die verfassungsmäßige Zulässigkeit der Bindung von Außenseitern durch Tarifverträge, Frankfurt 1989

Maydell, Bernd v.: Die europäische Gemeinschaftscharta sozialer Grundrechte, in: ders. (Hrsg.), Soziale Grundrechte in der EG, Berlin 1990

Meessen, Karl: Verdrängt die Industriepolitik in der EG das System des unverfälschten Wettbewerbs, in: Beschränkung des staatlichen Einflusses in der Wirtschaft, FIW-Schriftenreihe, Heft 155, Köln 1993, S. 61-75

Meier-Krenz, Ulrich: Die Erweiterung von Beteiligungsrechten des Betriebsrates durch Tarifvertrag, Europäische Hochschulschriften, Bd. 718, Frankfurt 1988

Meik, Frank A.: Der Kernbereich der Tarifautonomie, Berlin 1987

Merz, Hans: Das schweizerische Kartellgesetz, Bern 1967

Mestmäcker, Ernst-Joacchim: Offene Märkte im System unverfälschten Wettbewerbs in der EWG, in: Festschrift für Franz Böhm, Karlsruhe 1965, S. 345-391

- Die Abgrenzung von öffentlich-rechtlichem und privatrechtlichem Handeln im Wettbewerbsrecht, in: NJW 1969, S. 1-6
- Europäisches Wettbewerbsrecht, München 1974
- Der verwaltete Wettbewerb, Tübingen 1984
- Staat und Unternehmen im europäischen Gemeinschaftsrecht, in: RabelsZ Bd. 52 (1988), S. 526-582
- Wirtschaftsrecht, in: RabelsZ Bd. 54 (1990), S. 409-430
- Marktzugang und Monopolmißbrauch auf deregulierten Märkten, in: Festschrift für Ernst Steindorff, Berlin 1990, S. 1045-1064
- Zur Anwendbarkeit der Wettbewerbsregeln auf die Mitgliedsstaaten und die Europäischen Gemeinschaften, in: Europarecht, Energierecht, Wirtschaftsrecht, Köln 1992, S. 277-288
- Die Wirtschaftsverfassung der Europäischen Union, in: Zentrum für Europäisches Wirtschaftsrecht, Vorträge und Berichte, Nr. 28, Bonn 1993
- Über das Verhältnis der europäischen Wirtschaftsordnung zu den Mitgliedstaaten, in: Seifert, Gerhard (Hrsg.), Vereinigtes Europa und nationale Vielfalt - Ein Gegensatz?, Hamburg 1994, S. 149-169

Meyer, Dirk: Rent Seeking am Arbeitsmarkt, in: WuW 1987, S. 885-894

Meyer-Cording, Ulrich: Die Grundbegriffe des Wettbewerbsrechts, in: WuW 1962, S. 461-474

van Miert, Karel: Die Wettbewerbspolitik der neuen Kommission, in: WuW 1995, S. 553-560

Misera, Karlheinz: Tarifmacht und Individualbereich unter Berücksichtigung der Sparklausel, Berlin 1969

Möschel, Wernhard: Der Oligopolmißbrauch im Recht der Wettbewerbsbeschränkungen, Tübingen 1974
- Recht der Wettbewerbsbeschränkungen, Köln 1983
- Deutsches und europäisches Recht der Wettbewerbsbeschränkungen - ein Vergleich, in: JA 1986, S. 7-12

- Arbeitsmarkt und Arbeitsrecht, in: ZRP 1988, S. 48-51
- Wettbewerbspolitik aus ordoliberaler Sicht, in: Festschrift für Gerd Pfeiffer, Köln 1988, S. 707-726
- Schutzziele eines Wettbewerbsrechts, in Festschrift für Fritz Rittner, München 1991, S. 405-421
- EG-Industriepolitik nach Maastricht, in: Festschrift für Rudolf Nirk, München 1992, S. 707-714
- Hoheitliche Maßnahmen und die Wettbewerbsvorschriften des Gemeinschaftsrechts, in: Weiterentwicklung der Europäischen Gemeinschaften und der Marktwirtschaft, FIW-Schriftenreihe Heft 148, Köln 1992
- Neuere Entwicklungen im deutschen und europäischen Wettbewerbsrecht, in: Coing, Helmut/Hirano, Ryuichi u.a. (Hrsg.), Staat und Unternehmen aus der Sicht des Rechts, Tübingen 1994, S. 119-144
- Reform des europäischen und des deutschen Kartellrechts, in: EWS 1995, S. 249-255
- Subsidiaritätsprinzip und europäisches Kartellrecht, in: NJW 1995, S. 281-285
- Tarifautonomie - ein überholtes Ordnungsmodell?, in: WuW 1995, S. 704-713

Monopolkommission: Wettbewerbspolitik oder Industriepolitik, IX. Hauptgutachten, 1990/1991, Baden-Baden 1992

- Mehr Wettbewerb auf allen Märkten, X. Hauptgutachten, 1992/1993, Baden-Baden 1994

Mosler, Hermann/ Bernhard, Rudolf/ Hilf, Meinhard (Hrsg.): Grundrechtsschutz in Europa, in: Beiträge zum ausländischen öffentlichen Recht und Völkerrecht, Bd. 72, Berlin 1977

Maasch, Beate: Auslegung von Normen - ein spezifisches Problem im Kartellrecht, in: ZHR 150 (1986), S. 354-365

Müller, Gerhard: Ablösung bertrieblicher Einheitsregelungen durch Tarifvertrag, Düsseldorf 1983

- Arbeitskampf und Arbeitskampfrecht - insbesondere die Neutralität des Staates, Bonn 1985

- Arbeitskampf und Recht: Grundsätze der Tarifvertragsautonomie, Frankfurt 1987

- Die Tarifautonomie in der Bundesrepublik Deutschland: rechtliche und ethische Grundlagen, Berlin 1990

Müller-Graff, Peter-Christian: Wettbewerbsbeschränkungen durch Gesetz: Preisbindungspflicht bei Büchern - Zum Leclerc-Urteil des EuGH vom 10.1.1985, in: EuR 1985, S. 293-308

- Privatrecht und Europäsches Gemeinschaftsrecht - Gemeinschaftsprivatrecht, in: Müller-Graff, Peter-Christian/Zuleeg, Manfred (Hrsg.), Staat und Wirtschaft in der EG, Baden-Baden 1987, S. 17-52

- Grundelemente des Gemeinschaftsrechtsrahmens für Verkehrsdienstleistungen, in: FS für Rudolf Nirk, München 1992

Müller-Uri, Rolf: Kartellrecht, München 1989

Münchener Handbuch des Arbeitsrechts: Band 3, München 1993

Münchener Kommentar zum BGB: Band 1, Allgemeiner Teil (§§ 1-240), 2. Aufl., München 1984

Muhr, Gerd: Die Internationale Arbeitsorganisation, in: Arbeitsrecht der Gegenwart, Bd. 29 (1992), S. 87-116

Nacken, Gert: Tarifverträge über das Ende der Arbeitszeit und § 1 GWB, in: WuW 1988, S. 475-488

- Anmerkungen zu BAG WuW/E VG 347, in: WuW/E VG 352-354

Neifer-Dichmann, Elisabeth: Arbeitsmarktordnung auf dem Prüfstand, in: Der Arbeitgeber 1991, S. 586-589 und 668-670

Nesemann, Thomas: Der deutsche Ladenschluß im europäischen Wirtschafts- und Wettbewerbsrecht, Diss. Göttingen 1995

Nicolaysen, Gert: Europäisches Gemeinschaftsrecht, Köln 1979

Niederleithinger Ernst: Neue Konfliktfelder zwischen nationalem und Gemeinschaftskartellrecht, in Festschrift für Rudolf Lukes, Köln 1989, S. 513-523

\- Neue Kartellrechtspraxis und Kartellrechtsprechung, 3. Aufl. Köln 1988

Nobel, Peter: Kartellrecht und Arbeitsmarkt, in: SAG 51(1979), S. 46-68

Notthoff, Martin: Grundrechte in der Europäischen Gemeinschaft, in: RIW 1995, S. 541-545

Oberender, Peter/ Okruch, Stefan: Gegenwärtige Probleme und zukünftige Perspektiven der europäischen Wettbewerbspolitik, in: WuW 1994, S. 507-520

Odersky, Walter: Zu den Grenzen staatlicher Marktregulierung - dargestellt am Beispiel des deutschen Arbeitsvermittlungsmonopols, in: Beschränkung des staatlichen Einflusses in der Wirtschaft, FIW-Schriftenreihe, Heft 155, Köln 1993, S. 77-92

Ophüls, C.F.: Über die Auslegung der Europäischen Gemeinschaftsverträge, in: Festschrift für Müller-Armack, Berlin 1961, S. 279-290

Oppermann, Thomas: Europarecht, München 1991

Palandt, Otto/ Heinrichs, Helmut: Bürgerliches Gesetzbuch, 56. Aufl., München 1997

Paulis, Emil: Les États peuvent-ils enfreindre les articles 85 et 86 du Traité C.E.E.? in: Journal des Tribunaux 1985, S. 209-220

Pernice, Ingolf: Grundrechtsgehalte im EG-Recht, Baden-Baden 1979

- Die neuere Rechtsprechung des EuGH zur Wettbewerbsordnung der EWG, in: EuR 1981, S. 164-180, 253-268

Perone, Gian C.: Tarifvertragsrecht in den Ländern der EG, Luxemburg 1984

Pescatore, Pierre: Das Zusammenwirken der Gemeinschaftsrechtsordnung mit den nationalen Rechtsordnungen, in: EuR 1970, S. 307-323

- Die Gemeinschaftsverträge als Verfassungsrecht - ein Kapitel Verfassungsgeschichte in der Perspektive des europäischen Gerichtshofs, systematisch geordnet, in: Festschrift für Hans Kutscher, Baden-Baden 1981, S. 319-338

Petersmann, Ernst-Ulrich: Thesen zur Wirtschaftsverfassung der EG, in: EuZW 1993, S. 593-598

Pieper, Ralf: Tarifpolitik im Europa des Wandels, AuR 1993, S. 141-143

Pipkorn, Jörn: Maßnahmen der Gemeinschaft im Bereich des Arbeitsrechts, in: NZA 1986, Beilage 3, S. 2-11

Posner, Richard: Some Economics of Labor Law, in: 51 U.Chi.L.Rev. (1984), S. 988-1011

Poth, Holger: Kartellrechtliche Grenzen der Regelung betrieblicher Nutzungszeiten durch Tarifvertrag, in: NZA 1989, S. 626-632

- Die Grenzen des Arbeitsrechts aus kartellrechtlicher Sicht, Frankfurt/Main 1990

Pullen, Mike: The Bosman Case, in: ECLR 1996, S. 155-156

Raisch, Peter: Besprechung zu Wernhard Möschel, Recht der Wettbewerbsbeschränkungen, in: ZHR 148 (1984), S. 304-309

Ramm, Thilo: Die Parteien des Tarifvertrags, Stuttgart 1961

Rehbinder, Eckard: Zur kartellrechtlichen Beurteilung von Absprachen und Empfehlungen über Geschäfts-zeiten und Betriebsferien, in: BB 1964, S. 895-901

Reich, Norbert: Die Bedeutung der Binnenmarktkonzeption für die Anwendung der EWG-Wettbewerbsregeln, in: Festschrift für Ernst Steindorff, Berlin 1990, S. 1065-1084

- Binnenmarkt als Rechtsbegriff, in: EuZW 1991, S. 203-210

Reichel, Hans/ Koberski, Wolfgang/ Clasen, Lothar/ Menzel, Horst: Tarifvertragsgesetz, 3. Aufl., Stand 2/1996, Frankfurt/Main

Reimann, Günter: Zur kartellrechtlichen Beurteilung von Absprachen und Empfehlungen gegen Abwerbung von Arbeitskräften, in: BB 1961, S. 157-158

Reuß, Wilhelm: Die Stellung der Koalitionen in der geltenden Rechtsordnung, in: Arbeitsrecht der Gegenwart, Bd. 1, 1963, S.144-163

Reuter, Dieter: Zulässigkeit und Grenzen tarifvertraglicher Besetzungsregelungen, in: ZfA 1978, S. 1-44

- Reichweite und Grenzen der Legitimität des Bestandsschutzes von Arbeitsverhältnissen, in: Ordo 1982, S. 165-198

- Die Rolle des Arbeitsrechts im marktwirtschaftlichen System - eine Skizze, in: Ordo 1982, S. 51-88

- Funktionsfähigkeit der Arbeitsmärkte durch Tarifautonomie?, in: Fischer, Wolfram (Hrsg.): Währungsreform und Soziale Marktwirtschaft, Berlin 1989, S. 507-519

- Die Stellung des Arbeitsrechts in der Privatrechtsordnung, Göttingen 1989

- Das Verhältnis von Individualautonomie, Betriebsautonomie und Tarifautonomie, in: RdA 1991, S. 193-204

- Möglichkeiten und Grenzen einer Auflockerung des Tarifkartells, in: ZfA 1995, S. 1- 91

Richardi, Reinhard: Kollektivgewalt und Individualwille bei der Gestaltung des Arbeitsverhältnisses, München 1968

- Der Mitbestimmngsgedanke in der Arbeitsrechtsordnung, in: Arbeitsrecht der Gegenwart, Bd. 13, 1975, S. 19-52

- Die rechtliche Ordnung der Arbeitswelt, in: JA 1986, S. 289-298

- Empfielt es sich, die Regelungsbefugnis der Tarifparteien im Verhältnis zu den Betriebs-parteien neu zu ordnen?, in: NJW Beilage zu Heft 23/1996, S. 13*-16*

Rieble, Volker: Arbeitsmarkt und Wettbewerb: der Schutz von Vertrags- und Wettbewerbsfreiheit im Arbeitsrecht, Berlin 1996.

Rieger, Harald: Das Problem der Güterabwägung bei der Anwendung des Kartellrechts, Diss. Frankfurt/Main 1967

Rieth, Horst: Die Steuerung unternehmerischen Verhaltens durch Tarifvertrag, Diss. Konstanz 1980

Riley, Alan: The European Social Charter and Community Law, in: EuLR 14 (1989), S. 80-86

Ritter, Ernst-Hasso: Der Wandel der Wirtschaftspolitik und die wirtschaftsverfassungsrechtliche Bedeutung des Gesetzes gegen Wettbewerbsbeschränkungen, in: BB 1968, S. 1393-1399

Ritter, Lennart/ Brown, David/ Rawlinson, Francis: EEC Competition Law. A practitioner's guide, Deventer1991

Rittner, Fritz: Die Ausschließlichkeitsbindung nach dem GWB, in DB 1957, S. 1091-1095 und 1118-1123

- Unternehmen und freier Beruf als Rechtsbegriff, Tübingen 1962

- Die Rechtssicherheit im Kartellrecht, in: WuW 1969, S. 65-78

- Konvergenz und Divergenz der europäischen Wettbewerbsrechte? in: Integration oder Desintegration der europäischen Wettbewerbsordnung, FIW-Schriftenreihe, Heft 105, 1983

- Wirtschaftsrecht, 2. Aufl., Heidelberg 1987

- Die Beurteilung der Ausnahmebereiche aus wissenschaftlicher Sicht, FIW-Schriftenreihe, Heft 128, Köln 1988, S. 79-105

- Wettbewerbs- und Kartellrecht, 4. Aufl., Heidelberg 1989

- Die wirtschaftliche Ordnung der EG und das Privatrecht, in: JZ 1990, S. 838-846

- Das Handelsvertreterverhältnis im GWB- u. EG-Kartellrecht und die Figur der unternehmensbedingten Abhängigkeit, in: WuW 1993, S. 592-608

Röper, Burkhardt: Kartelle und Konzentration, in: Wettbewerbsordnung im Spannungsfeld von Wirtschafts- und Rechtswissenschaft, FIW-Schriftenreihe, Heft 75, S. 273-282

Roth, Wulf-Henning: Tarifverträge aus kartellrechtlicher Sicht, in: Tarifautonomie und Kartellrecht, FIW-Schriftenreihe, Heft 136, Köln 1990, S. 7-25

Rüthers, Bernd: Arbeitsrecht und politisches System, Frankfurt/Main 1973

- Tarifmacht und Mitbestimmung in der Presse, Berlin 1977

- Kollektives Arbeitsrecht und Wettbewerbsordnung, in: WuW 1980, S. 392-400

- Arbeitsrecht und Arbeitsmarkt, in: Maier-Leibnitz, Heinz (Hrsg.), Zeugen des Wissens, Mainz 1986, S. 739-782

- Arbeitsrecht und Arbeitsmarkt auf Kollisionskurs, in: Giger, Hans/Linder, Willy (Hrsg.): Sozialismus - Ende einer Ilusion, Köln 1988, S. 521-579

- Der Abbau des "ultima ratio"-Gebotes im Arbeitskampfrecht durch das Bundesarbeits-gericht, in: DB 1990, S. 113-123

Runggaldier, Ulrich: Kollektivvertragliche Mitbestimmung bei Arbeitsorganisation und Rationalisierung, Frankfurt 1983

Säcker, Franz Jürgen: Grundprobleme der kollektiven Koalitionsfreiheit, Düsseldorf 1969

- Streikhilfeabkommen und Kartellrecht, in: ZHR 137 (1973), S. 455-481

- Gruppenparität und Staatsneutralität als verfassungsrechtliche Grundprinzipien des Arbeitskampfrechts, Heidelberg 1974

- Zielkonflikte und Koordinationsprobleme im deutschen und europäischen Kartellrecht, Düsseldorf 1972

- Aktuelle Probleme des Betriebsverfassungsrechts, Köln 1989

Säcker, Franz Jürgen/ Oetker, Hartmut: Grundlagen und Grenzen der Tarifautonomie, München 1992

Salje, Peter: Individualarbeitsrecht und Kartellverbot, in: ZfA 1991, S. 653-682

Samkalden, I./ Druker, I.E.: Legal Problems relating to Art. 86 of the Rome-Treaty, in: CMLR 1965/66, S. 158-138

Sandberger, Georg: Die Nichtigkeit wettbewerbsbeschränkender Vereinbarungen und Beschlüsse im Recht der Europäischen Wirtschaftsgemeinschaft, Tübingen 1969

Sandrock, Otto: Grundbegriffe des GWB, München 1968

Sangmeister, Bernd: Die rule of reason und das per-se Konzept in der Rechtsprechung des Supreme Court der USA zu § 1 Sherman Act, Köln 1975

Sanmann, Horst: Sozialpolitik im Prozeß der Vereinigung Europas, in: Seifert, Gerhard (Hrsg.), Vereinigtes Europa und nationale Vielfalt - ein Gegensatz? Hamburg 1994, S. 107, 127

Schaub, Günter: Arbeitsrechtshandbuch, 7. Aufl., München 1992

- Auslegung und Regelungsmacht von Tarifverträgen, in: NZA 1994, S. 597-602

- Europäisierung des deutschen Arbeitsrechts, in: NZA 1994, S. 769-775

- Tarifautonomie in der Rechtsprechung, in: RdA 1995, S. 65-71

Schepers, Stefan: The legal force of the preamble of the EEC-Treaty, in: ELR 1981, S. 356-361

Scherer, Josef: Die Wirtschaftsverfassung der EWG, Baden-Baden 1970

Schermers, Henry/ Pearson, Patrick: Some Comments on Article 5 of the EEC Treaty, in: Festschrift für Ernst Steindorff, Berlin 1990, S. 1359-1378

Schertz, Wolfgang: Tarifgestaltung zwischen Innovationsnotwendigkeit und sozialer Verpflichtung, in: Festschrift für Bruno Gleitze, Berlin 1978, S. 315-328

Schiefer, Bernd: Europäisches Arbeitsrecht, in: NJW 1995, S. 160-169

Schilling, Florian: Der Einigungsprozeß bei Tarifverhandlungen, Berlin 1984

Schilling, Theodor: Der EuGH, das Eigentum und das deutsche Recht, in: EuZW 1991, S. 310-312

Schlarmann, Josef: Die kartellrechtliche Behandlung von Selbstbeschränkungsabkommen, in: NJW 1971, S. 1394-1395

Schlecht, Otto: Ist die Wettbewerbsordnung teilbar? in: FIW-Schriftenreihe, Heft 128, Köln 1988, S. 7-22

Schlieder, Willy: Protektionismus contra Freiheit der Weltmärkte? Konsequenzen für die europäische Wettbewerbspolitik, in: Schwerpunkte des Kartellrechts 1977/78, FIW-Schriftenreihe Heft 86, Köln 1979, S. 1-12

Schmidt, Ingo: Besprechung von Gandenberger, was ist ein Unternehmen? in: WuW 1964, S. 419-420

- Wettbewerbspolitik und Kartellrecht, Stuttgart 1993

- Europäische Industriepolitik - ein Widerspruch zur Wettbewerbsordnung?, in: WuW 1995, S. 971-985

Schmidt, Karsten: Kartellverfahrensrecht, Kartellverwaltungsrecht, Bürgerliches Recht, Köln 1977

- Kartellverbot und "sonstige Wettbewerbsbeschränkungen", München 1978

- Wettbewerbsverbot und Kartellverbot, in: BB 1979, S. 1173-1175

- Unternehmen und Abhängigkeit: Begriffseinheit und -vielfalt im Kartell- und Konzernrecht, in: ZGR 1980, S. 277-288

- Vertragliche Wettbewerbsverbote im deutschen Kartellrecht, in: ZHR 149 (1985), S. 1-27

- Gesellschaftsrecht, 2.Aufl., Köln 1991

Schmidt-Eriksen, Christoph: Tarifvertrag und Wettbewerbsschutz, in: AuR 1991, S. 137-145

- Tarifvertragliche Betriebsnormen, Baden-Baden 1993

Schmidt-Leithoff, Christian: Gedanken über die Privatrechtsordnung als Grundlage zum EGV, in: Festschrift für Fritz Rittner, München 1991, S. 597-611

Schmitz, Werner G.: Der Wettbewerbsbegriff im Kartellrecht, in: NJW 1961, S. 2089-2093

Schmude, Jürgen: Der Unternehmensbegriff im GWB, Bonn 1968

Schoch, Norbert: Vereinbarkeit einer tarifvertraglichen Bestimmung mit dem Kartellgesetz, in: BB 1965, S. 477-478

Schockenhoff, Martin: Wettbewerbswidrige Folgeverträge, in: NJW 1995, S. 500-502

Schödermaier, Martin: Einige Anmerkungen zum Verhältnis von Art. 30 und Art. 85 EWGV, in: GRUR Int. 1987, S. 85-89

Schödermaier, Martin/ Wagner, Achim: Rechtsschutz gegen Verwaltungsschreiben der EG- Kommission, in: WuW 1994, S. 403-415

Schoefer, Detlef: Die unmittelbare Wirkung des Verbots der nichttarifären Handelshemmnisse (Art. 30 EWGV) in den Rechtsbeziehungen zwischen Privaten, Frankfurt 1987

Scholz, Rupert: Koalitionsfreiheit als Verfassungsproblem, München 1971

- Verdeckt Verfassungsneues zur Mitbestimmung? in: NJW 1986, S. 1587-1591

- Wie lange noch bis Solange III, in: NJW 1990, S. 941-946

- Tarifautonomie, Arbeitskampf und privatwirtschaftlicher Wettbewerb, in: Festschrift für Fritz Rittner, München 1991, S. 629-650

Schnorr, Gerhard: Entwicklungstendenzen des Europäischen Gemeinschaftsrechts auf arbeitsrechtlichem Gebiet, in: RdA 1981, S. 347-351

Schrödl, Karl-Heinz: Das Unternehmen und seine Verfassung, Regensburg 1984

Schröter, Helmuth: Antitrust Analysis Under Article 85 (1) And (3), in: Fordham Corporate Law Institute 1987, S. 645-692

Schüren, Peter: Die Legitimation der tariflichen Normsetzung, München 1990

Schulze, Peter: Das Günstigkeitsprinzip im Taifvertragsrecht, Frankfurt/Main 1985

Schumacher, Wolfgang: Nachfragemacht und Gegengewichtsprinzip, in: ZHR 140 (1976), S. 317-345

Schwarz, Theo: Die Anwendbarkeit des kartellrechtlichen Unternehmensbegriffs auf die Beschaffungs-tätigkeit der Öffentlichen Hand, in: BB 1973, S. 1283-1287

Schwarze, Jürgen: Schutz der Grundrechte in der Europäischen Gemeinschaft, in: EuGRZ 1986, S. 293-299

- Die Auswirkungen des Vorrangs des Gemeinschaftsrechts auf das deutsche Kartell- und Wettbewerbsrecht, JZ 1996, S. 57

Schweitzer, Michael: Zur neueren Entwicklung des Verhältnisses von EG-Recht und bundesdeutschen Grundrechten, in: JA 1982, S. 174-180

Schweitzer, Michael/ Hummer, Waldemar: Europarecht, 3. Aufl., Frankfurt 1990

Schwintowski, Hans-Peter: Staatlich veranlaßte Wettbewerbsbeschränkungen auf europäischen und internationalen Märkten, in: RabelsZ Bd. 58 (1994), S. 232-289

Sedemund, Joachim/ Montag, Frank: Liberalisierung des Luftverkehrs durch europäisches Wettbewerbsrecht? in: NJW 1986, S. 2146-2150

- Die Entwicklung des Europäischen Gemeinschaftsrechts, in: NJW 1994, S. 625-634

Seidel, Martin: Tarifpolitik und europäische Integration, Berlin 1981

Simitis, Spiro: Europäisierung oder Renationalisierung des Arbeitsrechts, in: Arbeitsrecht in der Bewährung, Festschrift für Otto Rudolf Kissel, München 1994, S. 1097-1120

Slot, Piet Jan: The Application of Articles 3 (f), 5 and 85 to 94 EEC, in: ELR 1987, S. 179-189

Smit, Hans/ Herzog, Peter: The Law of the EEC, A commentary on the EEC-Treaty, New York 1983

Söllner, Alfred: Das Begriffspaar der Arbeits- und Wirtschaftsbedingungen in Art. 9 III GG, in: Arbeitsrecht der Gegenwart, Bd. 16 (1979), S. 19-28

Söllner, Renate: Art. 5 EWGV in der Rechtsprechung der Europäischen Gerichtshofes, München 1985

Sölter, Arno: Durch Flexibilisierung der Arbeitskartelle aus der Beschäftigungskrise, Stuttgart 1985

\- Arbeitslosigkeit und Tarifautonomie, Stuttgart 1985

Soltwedel, Rüdiger: Mehr Markt am Arbeitsmarkt, München 1984

\- Deregulierungspotentiale in der Bundesrepublik, Tübingen 1986

Soltwedel, Rüdiger et al.: Regulierungen auf dem Arbeitsmarkt der Bundesrepublik, Tübingen 1990

Sowka, Hans-Harald: Ladenschlußgesetz - Arbeitsrechtliche Aspekte einer Liberalisierung, in: NZA 1995, S. 1126-1130

Speyer, Stefan: Disparität zwischen gesetzlichem Vermittlungsmonopol und Marktausfüllung als Mißbrauchstatbestand, in: EuZW 1991, S. 399-401

Stahlhacke, Eugen: Die Allgemeinverbindlicherklärung von Tarifverträgen über das Arbeitszeitende im Verkauf, in: NZA 1988, S. 344-347

Stark, Ernst: Verfassungsfragen einer Arbeitsplatzsicherung durch Tarifvertrag, München 1988

Stauffenberg, Franz Ludwig Graf v./ Langenfeld Christine: Maastricht - ein Fortschritt für Europa?, in: ZRP 1992, S. 252- 259

Stein, Torsten: Die Koalitionsfreiheit des Arbeitnehmers und die Europäischen Gemeinschaften, in: MPI für ausländisches öffentliches Recht und Völkerrecht (Hrsg.): Die Koalitionsfreiheit des Arbeitnehmers, Berlin 1980, S. 1099-1118

\- Freier Wettbewerb und Werbeverbote in der Europäischen Union, in: EuZW 1995, S. 435-438

Steinberg, Friedhelm: Der europäische Tarifvertrag, in: RdA 1971, S. 18-25

Steindorff, Ernst: Wirtschaftsrechtliche Maßstäbe im Arbeitsrecht, in: RdA 1965, S. 253-259

- Gesetzeszweck und gemeinsamer Zweck des § 1 GWB, in: BB 1977, S. 569-571

- Bezugsbedingungen und gemeinsamer Zweck in § 1 GWB, in: BB 1981, S. 377-383

- Art. 85 and the rule of reason, in: CMLR 1984, S. 639-646

- Ansprüche gegen die EG-Kommission auf Einschreiten gegen Kartellrechtsverstöße, in: ZHR 150 (1986), S. 222-253

- Spannungen zwischen deutschem und europäischen Wettbewerbsrecht, in: Schwerpunkte des Kartellrechts 1986/87, FIW-Schriftenreihe, Heft 127, Köln 1988, S. 27-54

- Grenzen der EG-Kompetenzen, Heidelberg 1990

- Quo vadis Europa? Freiheiten, Regulierung und soziale Grundrechte nach den erweiterten Zielen der EG-Verfassung, in: Weiterentwicklung der Europäischen Gemeinschaften und der Marktwirtschaft, FIW-Schriftenreihe Heft 148, S. 11-86

Steinmayer, Heinz-Dietrich: Harmonisierung des Arbeits- und Sozialrechts in der Europäischen Gemeinschaft - eine Konsequenz aus der Schaffung eines einheitlichen Binnenmarktes, in: ZIAS 1989, S. 208-228

Steuer, Werner: Die Grenzen der Tarifautonomie, in: Festschrift für Bruno Gleitze, Berlin 1978, S. 303-314

Stiller, Klaus-Peter: Europäische Tarifverträge als Instrumente der sozialen Integration der Gemeinschaft, in: ZIAS 1991, S. 194-222

Strohmeier, Rudolf: Die soziale Dimension des Binnenmarktes, in: DB 1992, S. 38-42

Stucke, Herwart: Die Tarifautonomie, Frankfurt 1990

Sullivan, Lawrence Anthony: Handbook of the Law of Antitrust, St. Paul 1977

Szönyi, Catherine: Die Sonntagsöffnung im Handel als Wettbewerbsparameter in Frankreich, in: GRUR Int. 1996, S. 1196-1201

Teichmann, Arndt: Die Gesetzesumgehung, Göttingen 1962

- Die Zwischenstaatlichkeitsklausel in Art. 85 I EWGV, in: WuW 1969, S. 671-681

Thiel, Jürgen: Europa 1992: Grundrechtlicher Eigentumsschutz im EG-Recht, in: JuS 1991, S. 274-281

Toepke, Utz-Peter: EEC Competition Law, New York 1982

Trautmann, Lutz: Ein Fall für das Bundeskartellamt? Der Tarifvertrag "Neue Techniken" an den Grenzen der Tarifautonomie, in: Blick durch die Wirtschaft, v. 30.5.1978, S. 1

Turner, J: Competition and the Common Market after Maize Seeds, in: ELR 1983, S. 103-117

Ulmer, Peter: Der Unternehmensbegriff im EGKSV, Heidelberg 1960

- "Wettbewerbsbeschränkende Absprachen" im Rahmen von Unternehmenszusammenschlüssen, in: WuW 1960, S. 163-173

- Der sachliche Anwendungsbereich des EWG-Kartellverbots. Analyse des Merkmals der Handelsbeeinträchtigung in Art. 85 I EWGV, in: juristische Analysen 1970, S. 5-33

- Rule of reason im Rahmen von Art. 85 EWGV, in: RIW 1985, S. 517-524

Ulmer, Peter/ Habersack, Mathias: Zur Beurteilung des Handelsvertreter- und Kommissionsagenturvertriebs nach Art. 85 Abs. I EGV, in: ZHR 159 (1995), S. 109-134

Ullrich, Hanns: Das Recht der Wettbewerbsbeschränkungen des Gemeinsamen Marktes und die einzelstaatliche Zivilgerichtsbarkeit, Berlin 1971

Väth, Andreas: Die Wettbewerbskonzeption des EuGH, Bayreuth 1987

Van Bael, Ivo/ Bellis, Jean-Francois: Competition Law of the EEC, 2nd ed., Oxfordshire 1990

Van Damme, J.A.: La politique de la concurrence dans la C.E.E., Kortrijk 1980

Vaubel, Ernst-Dirk: Die Anwendbarkeit des Gesetzes gegen Wettbewerbsbeschränkungen auf Tarifvertragsklauseln, München 1968

Vaughan, David (Hrsg.): Law of the European Communities, London 1986

Venturini, Patrick: Ein europäischer Sozialraum für 1992, Luxemburg 1988

Verlooren van Themaat, Pieter: Die Aufgabenverteilung zwischen dem Gesetzgeber und dem Europäischen Gerichtshof bei der Gestaltung der Wirtschaftsverfassung der Europäischen Gemeinschaften, in: Festschrift für Hans v.d.Groeben, Baden-Baden 1987, S. 425-443

\- Einige Bemerkungen zu dem Verhältnis zwischen den Begriffen Gemeinsamer Markt, Wirtschaftsunion, Währungsunion, Politische Union und Souveränität, in: Festschrift für Bodo Börner, Köln 1992, S. 459-471

Verstrynge, Jean-Francois: The Obligations of Member States As Regards Competition In the EEC Treaty, in: Fordham Corporate Law Institute 1988, Chapter 17

Vollmer, Lothar: Einflußnahme auf unternehmerische Sachentscheidungen durch Mitbestimmung und/oder Tarifvertrag, in: JA 1978, S. 53-57

\- Die wettbewerbsrechtlichen Grenzen der Tarifautonomie, in: Festschrift für Manfred Bulling, Baden-Baden 1990, S. 355-369

\- Wirtschaftsverfassung und Wirtschaftspolitik der EG nach "Maastricht", in: DB 1993, S. 25-30

Vygen, Klaus: Öffentliche Unternehmen im Wettbewerbsrecht der EWG. Ihre Stellung nach Art. 90 EWGV im Vergleich zu privaten Unternehmen, FIW-Schriftenreihe, Heft 37, Köln 1967

Wägenbaur, Rolf: Werberecht und Werbeverbote, in: EuZW 1995, S. 431-435

Waelbroeck, Michael: Les Rapports entre règles sur la libre circulation des marchandises les règles de concurrence applicables aux enterprises dans la CEE, in: Festschrift für Pierre Pescatore, Baden-Baden 1987, S. 781-803

- Antitrust Analysis Under Article 85 (1) And (3), in Fordham Corporate Law Institute 1987, S. 693-724

Walz, Karl: Systemfragen im europäischen Kartellrecht, Heidelberg 1972

Walz, Stefan: Multinationale Unternehmen und internationaler Tarifvertrag, Baden-Baden 1981

Wank, Rolf: Arbeitsrecht nach Maastricht, in: RdA 1995, S. 10-26

Watson, Philippa: The Community Social Charter, in: CMLR 1991, S. 37-68

- Social Policy After Maastricht, in: CMLR 1993, S. 481-513

Weiss, Manfred: Die Bedeutung von Maastricht für die EG-Sozialpolitik, in: Arbeit und Recht, Festschrift für Albert Gnade, Köln 1992, S. 583-596

- Der soziale Dialog als Katalysator koordinierter Tarifpolitik in der EG, in: Arbeitsrecht in der Bewährung, Festschrift für Otto Rudolf Kissel, München 1994, S. 1253-1267

- Die Umsetzung der Richtlinie über Europäische Betriebsräte, in: AuR 1995, S. 438-444

Weizsäcker, Carl-Christian v.: Deregulierung und Privatisierung als Ziel und Instrument der Ordnungspolitik, in: Vogel, Otto (Hrsg.), Deregulierung und Privatisierung, Köln 1988

Wend, Rainer: Die Zulässigkeit tarifvertraglicher Arbeitsplatzbesetzungsregelungen, Bielefeld 1984

Wiedemann, Gerhard: Kommentar zu den Gruppefreistellungsverordnungen des EWG-Kartellrechts, Band I Allgemeiner Teil, Köln 1989

Wiedemann, Herbert: Rationalisierungsschutz, Tarifmacht und gemeinsame Einrichtung, in: RdA 1968, S. 420-424

- Unternehmensautonomie und Tarifvertrag, in: RdA 1988, S. 231-241

Wiedemann, Herbert/ Stumpf, Hermann: Tarifvertragsgesetz, 5. Aufl., München 1977

Windbichler, Christine: Arbeitsrecht im Konzern, München 1989

- Grenzen der Mitbestimmung in einer marktwirtschaftlichen Ordnung, in: ZfA 1991, S. 35-52

- Arbeitsrecht und Wettbewerb in der europäischen Wirtschaftsverfassung, in: RdA 1992, S. 74-84

Winter, Ralph: Collective Bargaining and Competition: The Application of Antitrst Standards to Union Activities, in: 1963 Yale Law Journal, S. 14-73

Wish, Richard/ Sufrin, Brenda: Competition Law, 3rd. ed, London 1993

Wißmann, Hellmut: Arbeitsrechtliche Impulse der EG im Jahr 1991, in: Arbeitsrecht der Gegenwart, Bd. 29 (1992), S. 49-66

Wlotzke, Otfried: EG-Binnenmarkt und Arbeitsrechtsordnung - eine Orientierung, in: NZA 1990, S. 417-423

Wolf, Manfred: Anmerkung zum Urteil des BAG v. 28.3.1990, in: SAE 1991, S. 187-188

Wolter, Jörn: Zulässige Kartelle nach EWG-Vertrag und GWB, Diss. Göttingen 1991

Wonneberger, Wolfgang: Die Funktionen der Allgemeinverbindlicherklärung von Tarifverträgen, Heidelberg 1992

Wyatt, Derrick/ Dashwood, Alan: The Substantive Law of the EEC, London 1980

Zachert, Ulrich: Zur Erweiterung der Mitbestimmung durch Tarifvertrag, in: AuR 1985, S. 201-210

- EG-Binnenmarkt und Arbeitsrecht, in: AuR 1989, S. 161-167

- Die Wirkung des Tarifvertrages in der Krise, Baden-Baden 1991

Zöllner, Wolfgang: Einsatz neuer Technologien als arbeitsrechtliches Problem, DB 1986, Heft 10, Beilage Nr. 7, S. 1-8

- Arbeitsrecht und Marktwirtschaft, in: ZfA 1994, S. 423-437

Zöllner, Wolfgang/ Loritz, Karl-Georg: Arbeitsrecht, 4. Aufl., München 1992

Zuleeg Manfred: Die Auslegung des Europäischen Gemeinschaftsrechts, in: EuR 1969, S. 97-108

- Die Wirtschaftsverfassung der Europäischen Gemeinschaften, in: Arbeitskreis Europäische Integration (Hrsg.), Wirtschafts- und gesellschaftspolitische Ordnungsprobleme der Europäischen Gemeinschaften, Baden-Baden 1978, S. 73-100

- Die Charta der Rechte des Bürgers der Europäischen Gemeinschaft, in: Festschrift für Hans-Jürgen Schlochauer, Berlin 1981, S. 983-997

- Demokratie und Wirtschaftsverfassung in der Rechtsprechung des EuGH, in: EuR 1982, S. 21-29

- Betrachtungen zum Gleichheitssatz im Europäischen Gemeinschaftsrecht, in: Festschrift für Bodo Börner, Köln 1992, S. 473-483

- Eine neue Gemeinschaftscharta der sozialen Grundrechte?, in: AuR 1995, S. 429-438

VERZEICHNIS DER ZITIERTEN ENTSCHEIDUNGEN DES EUGH

A. Amtliche Sammlung

Name	Datum	Rechtssache	Amtliche Sammlung
KGU/Bosch	06.04.1962	13/61	1962, S. 97
van Gend & Loos/ nederländische Finanzverwaltung	05.02.1963	26/62	1963, S. 1
Costa/ENEL	15.07.1964	6/64	1964, S. 1251
Societé Technique Minière/ Maschinenbau Ulm	30.06.1966	56/65	1966, S. 282
Consten u. Grundig/ Kommission	13.07.1966	56, 58/64	1966, S. 321
De Haecht/ Wilkin und Janssen	13.12.1967	23/67	1967, S. 543
Walt-Wilhelm/ Bundeskartellamt	13.02.1969	14/68	1969, S. 1
Völk/Vervaecke	09.07.1969	5/69	1969, S. 295
Sirena/Eda	18.02.1971	40/70	1971, S. 69
Fruit Company/ Kommission	13.05.1971	41-44/70	1971, S. 411
Béguelin/S.A.G.L.	25.11.1971	22/71	1971, S. 949
Cementhandelaren/ Kommission	17.10.1972	8/72	1972, S. 977

Europemballage und Continental Can/ Kommission	21.02.1973	6/72	1973, S. 215
Rheinmühlen/ Einfuhr- und Vorratsstelle Getreide	16.01.1974	166/73	1974, S. 33
BRT/SABAM und Fornior	30.01.1974	127/73	1974, S. 51
Instituto Chemioterapico und Commercial Solvents/Kommission	06.03.1974	6, 7/73	1974, 223
Kommission/Frankreich	04.04.1974	167/73	1974, 359
Nold/Kommission	14.05.1974	4/73	1974, S. 491
Gewerkschaftsbund, Massa, Kortner/Rat,	08.10.1974	175/73	1974, S. 917
van Duyn/Home Office	04.12.1974	41/74	1974, S. 1337
Walrave/ Union Cycliste Internationale	12.12.1974	36/74	1974, S. 1405
Frubo/Kommission	15.05.1975	71/74	1975, S. 563
Papiers Peints u.a./ Kommission	26.11.1975	73/74	1975, S. 1491
Suiker Unie u.a./ Kommission	16.12.1975	40-48 u.a.	1975, S. 1663
EMI Records/ CBS Grammofon	15.06.1976	86/75	1976, S. 871
Defrenne/SABENA	08.04.1976	43/75	1976, S. 455

Gaetano Donà/ Mario Mantero	14.07.1976	13/76	1976, S. 1333
Officier van Justitie/ van den Hazel	18.05.1977	111/76	1977, S. 901
Metro/Kommission	25.10.1977	26/76	1977, S. 1875
INNO/ATAB	16.11.1977	13/77	1977, S. 2115
Commissionaires Réunis/ Receveur des Douanes	20.04.1978	80, 81/77	1978, S. 927
Strafverfahren gegen Tullio Ratti	05.04.1979	148/78	1979, S. 1629
Hugin/Kommission	31.05.1979	22/78	1979, S. 1869
Strafverfahren gegen HansBuys	18.10.1979	5/79	1979, S. 3203
Liselotte Hauer/ Land Rheinland-Pfalz	13.12.1979	44/79	1979, S. 3727
Camera Care/Kommission	17.01.1980	792/79 R	1980, S. 119
DCL/Kommission	10.07.1980	30/78	1980, S. 2229
Procureur de la Rèpublique u.a./Giry und Guerlain	10.07.1980	253/78, 1-3/79	1980, S. 2327
Marty/Lauder	10.07.1980	37/79	1980, S. 2481
Lancôme/ETOS	10.07.1980	99/79	1980, S. 2511
van Landewyck/ Kommission	29.10.1980	209-215, 218/78	1980, S. 3125
Maizena/Rat	29.10.1980	139/79	1980, S. 3393

L'Oreal/PVBA	11.12.1980	31/80	1980, S. 3775
Salonia/ Poidomani und Giglio	16.06.1981	126/80	1981, S. 1563
Bußgeldverfahren gegen Sergius Oebel	14.07.1981	155/80	1981, S. 1993
Züchner/ Bayerische Vereinsbank	14.07.1981	172/80	1981, S. 2021
Polydor/Harlequin	09.02.1982	270/80	1982, S. 329
CILFIT/ Ministerio della sanità	06.10.1982	283/83	1982, S. 3415
Musique Diffusion Française/Kommission	07.06.1983	100-103/80	1983, S. 1825
AEG/Kommission	25.10.1983	107/83	1983, S. 3151
IAZ/Kommission	08.11.1983	96-102 u.a./82	1983, S. 3369
Michelin/Kommission	09.11.1983	322/81	1983, S. 3461
Société de Vente de Ciments/Kerpen & Kerpen	14.12.1983	319/82	1983, S. 4173
VBVB und VBB/ Kommission	17.01.1984	43, 63/82	1984, S. 19
Duphar/Niederlande	07.02.1984	238/82	1984, S. 523
Hasselblad/Kommission	21.02.1984	86/82	1984, S. 883
Rewe-Zentrale/ Landwirtschaftskammer Rheinland	29.02.1984	37/83	1984, S. 1229
Strafverfahren gegen van de Haar und Kaveka de Meern BV	05.04.1984	177, 178/82	1984, S. 179

Hydrotherm/Compact	12.07.1984	170/83	1984, S. 2999
Leclerc/Au Blé Vert	10.01.1985	229/83	1985, S. 1
Cullet/Leclerc	29.01.1985	231/81	1985, S. 315
BNIC/Clair	30.01.1985	123/83	1985, S. 391
Procureur de la République/Association de Défense des Brûleurs d´Huiles Usagées	07.02.1985	240/83	1985, 538
Remia/Kommission	11.07.1985	42/84	1985, S. 2545
Cinéthèque/ Fédération nationale des cinémas français	11.07.1985	60, 61/84	1985, 2605
NSO/Kommission	10.12.1985	260/82	1985, S. 3801
SSI/Kommission	10.12.1985	240/82	1985, S. 3831
Ministère Public/Asjes	30.04.1986	209-213/84	1986, S. 1457
VAG France/Magne	18.12.1986	10/86	1986, S. 4071
Verband der Sachversicherer/Kommission	27.01.1987	45/85	1987, S. 405
Giménez Zaera/ Instituto Nacional de la Seguridad Social und Tesoréna	29.09.1987	126/86	1987, S. 3697
BNIC/Aubert	03.12.1987	136/86	1987, S. 4789
Vincent Blaizot/ Universität Lüttich u.a.	02.02.1988	24/86	1988, S. 379
Kommission/Dänemark	20.09.1988	302/86	1988, S. 4607
Van Eycke/ASPA	21.09.1988	267/86	1988, S. 4769

Cowan/Tresor public	02.02.1989	186/87	1989, S. 216
Ahmed Saeed/ Zentrale zur Bekämpfung unlauteren Wettbewerbs	11.04.1989	66/86	1989, S. 803
Kommission/ Griechische Republik	30.05.1989	305/87	1989, S. 1461
Belasco u.a./Kommission	11.07.1989	246/86	1989, S. 2117
Schräder/ Hauptzollamt Gronau	11.07.1989	265/87	1989, S. 2237
Torfaen Borough Council/ B & Q plc	23.11.1989	C-145/88	1989, S. 3851
Union départmentale des syndicats CGT de l´Aisne/SIDF-Conforama u.a.	28.02.1991	C-332/89	1991, S. I-997
Strafverfahren gegen André Marchandise u.a.	28.02.1991	C-332/89	1991, S. I1027
Höfner und Elser/Macrotron	23.04.1991	C-41/90	1991, S. I-1979
Kommission/Deutschland	8.04.1992	C-62/90	1992, S. I-2575
Council of the City of Stoke-on-Trent und Norwich City Council/B & Q plc.	16.12.1992	Rs. C-169/91	1993, I-1191
Chistian Poucet/AGF und	17.02.1993	C-159/91 u. C-160	1993, I-637
Strafverfahren gegen W.W. Meng	17.11.1993	C-2/91	1993, I-5801
Bundesanstalt für den Güterfernverkehr/ Gebrüder Reiff GmbH & Co. KG	17.11.1993	Rs. C-185/91	1993, I-5801
P. Kirsammer-Hack/ Nurhan Sidal	17.11.1993	Rs. C-189/91	1993, I-6185

X/Kommission	05.10.1994	C-404/92 P	1994, S. I-4737

B. Europäische Zeitschrift für Wirtschaftsrecht ("EuZW")

Name	Datum	Rechtssache	EuZW
CCMSA	16.11.1995	C-244-/94	1996, S. 277
Jean-Marc Bosman	15.12.1995	C-415/93	1996, S. 82
Semerano Casa Uno Srl. u.a.	20.06.1996	C-418/93, C-419/93 u.a.	1996, S. 600

Zivilrechtliche Schriften
Beiträge zum Wirtschafts-, Bank- und Arbeitsrecht

Herausgegeben von Peter Kreutz und Dieter Reuter

Band 1 Sabine Koch: Eigenkapitalleistungen und eigenkapitalersetzende Leistungen des Kommanditisten in der gesetzestypischen Kommanditgesellschaft. 1992.

Band 2 Knut Weigle: Die leitenden Angestellten zwischen Sprecherausschuß und Betriebsrat. 1993.

Band 3 Stephan Worpenberg: Die konzerninterne Arbeitnehmerüberlassung. 1993.

Band 4 Carsten Führling: Sonstige Unternehmensverträge mit einer abhängigen GmbH. 1993.

Band 5 Heike Grote-Seifert: Das englische Arbeitskampfrecht unter besonderer Berücksichtigung der Entwicklung seit 1979. Zugleich: Vergleichende Analyse der Rechtslage in Deutschland und England. 1994.

Band 6 Uwe Theobald: Gesamthaftungsverhältnisse. Die Gesamtschuld als Ausgleichsmodell bei der mehrfachen Drittsicherung einer Forderung. 1994.

Band 7 Kay-Uwe Jacobs: Die Wahlvorstände für die Wahlen des Betriebsrats, des Sprecherausschusses und des Aufsichtsrats. 1995.

Band 8 Horst-Jürgen Michallek: Die Verteilung des wirtschaftlichen Risikos der Nothilfe. Eine rechtsvergleichende Studie. 1995.

Band 9 Sibylle Kessal-Wulf: Die Innenverbände. Am Beispiel Publikumsgesellschaft, Franchising, Mitarbeiterbeteiligung und Betriebsverband. 1995.

Band 10 Britta Holdorf-Habetha: Der Übergang von gewerblich genutztem Vermögen im Wege der Erbfolge im Einkommensteuerrecht. 1996.

Band 11 Sönke-Peter Nehlsen: Nutzungsausfallersatz. Ein notwendiges Übel? Versuch einer dogmatischen Begründung und Alternativlösungen. 1997.

Band 12 Sebastian Graf von Wallwitz: Tarifverträge und die Wettbewerbsordnung des EG-Vertrages. Wettbewerbsbeschränkende Tarifverträge und das Kartellverbot des Artikel 85 EGV. 1997.

Printed by
CPI books GmbH, Leck

Kolibri 360 GmbH
Ferdinand-Jühlke-Straße 7
99095 Erfurt, Deutschland
produktsicherheit@kolibri360.de